Marcel Gisler

ErlebnisWandern mit Kindern

Schwäbische Alb

WEST: VOM HEGAU BIS BURG HOHENNEUFFEN

Hallo Kinder!

Ich bin Rothi, das Murmeltier. Von mir erfahrt ihr, wie ein hydraulischer Widder funktioniert, was es mit den Erdleutlein auf dem Lochenstein auf sich hat, wo ihr eine tolle Kanutour starten könnt, warum das Hardtfräulein so manchen Wanderer in die Irre führt und wo Deutschlands höchste Besucherplattform steht.

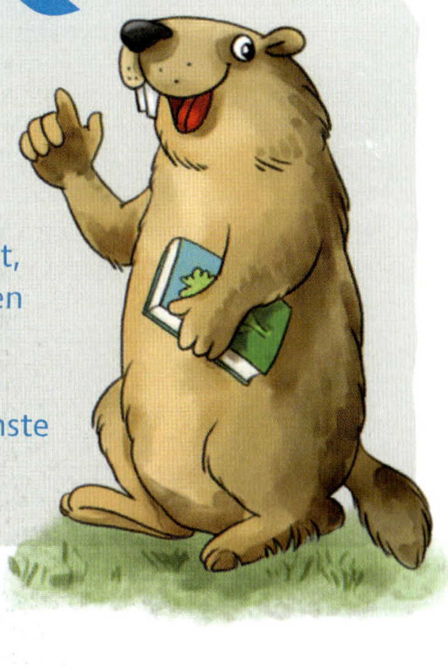

ROTHER

Vorwort

Immer mehr Menschen zieht es in unserer schnelllebigen Zeit hinaus in die Natur, denn sie suchen einen Ausgleich für den teils stressigen Alltag. Sie merken, dass sie gesünder, zufriedener und ausgeglichener sind, wenn sie sich eine gewisse Zeit im Freien aufhalten oder bewegen.

Um schon bei unseren Kindern das Bewusstsein für die Natur zu fördern und Körper und Geist gesund zu halten, ist es wichtig, sie so oft wie möglich in grüne Wälder, auf die Berge und zu klaren Flüssen zu führen. Im engen Kontakt mit der Natur lernen sie die Schönheit und Wichtigkeit gesunder Landschaften schätzen und erkennen, wie wenig es zum Glücklichsein bedarf. Und auch wir Erwachsene profitieren vom Wandern in Mutter Natur, die nicht umsonst so heißt, denn sie sorgt für uns, gibt uns Nahrung, Kleidung, Heilmittel und Wärme, und wer regelmäßig im Wald »badet«, fühlt sich nachweislich wohler in seiner Haut.

Dieses Erlebniswanderbuch soll möglichst vielen Familien Lust machen, einfach den Rucksack zu packen und rauszugehen, auf urigen Wanderpfaden unsere Umgebung zu erkunden, und sie animieren, Flugzeug und Auto seltener zu benutzen, um dafür öfter auf Schusters Rappen mit fröhlichen Kindern die Wunder der Natur zu erkunden.

Die Schwäbische Alb ist ein idealer Ort für dieses Vorhaben, denn die Berge sind nicht allzu hoch und die Menge der Sehenswürdigkeiten schier unerschöpflich. Selten sieht man so viele abenteuerlich an Felsenklippen thronende Burgen wie an den kleinen und großen Läufen der Lauchert, der Großen Lauter, der Bära oder der jungen Donau. Und die Flüsse haben sich im Lauf von Jahrmillionen so tief in die Kalksteinschichten des Jura eingegraben, dass wir staunend vor imposanten Taleinschnitten und Felsformationen stehen. Wir genießen grandiose Aus-und Fernsichten und die Kinder haben derweil einen Riesenspaß beim Überqueren von Brücken und Furten und stürmen jubelnd jeden Wasserspielplatz, der sich unterwegs findet. Und auch ihnen bleibt die Einzigartigkeit der Alb nicht verborgen. Die Wasserfälle des Juragebirges bilden dank des kalkhaltigen Gesteins oftmals Kalktuffsteine aus, die von leuchtend grünem Moos bewachsen werden und über die gurgelnd und glucksend das Flusswasser hinwegschäumt. Oft glaubt man, in eine Fantasielandschaft für Zwerge und Elfen geraten zu sein. Wer dazu noch das Glück hat, im Frühling durch liebliche Wacholderheiden zu streifen und mit den Kindern an blühenden Streuobstwiesen vorbeizuwandern, fühlt sich annähernd wie im Paradies angekommen und teilt diese Augenweide gerne mit den vielen Schafen, Ziegen und Pferden, die auf den Albweiden zu finden sind und die durch ihr Knabbern und Grasen diese herrliche Landschaft mitgestalten.

Meine Kinder und ich hatten große Freude dabei, die Touren in diesem Buch zu unternehmen, und wir freuen uns, diese Erlebnisse mit anderen Menschen teilen zu können. Geteilte Freude ist doppelte Freude.

Marcel Gisler

Frühjahr 2023

Inhalt

Allgemeine Hinweise

Anforderungen

Die Touren in diesem Wanderführer sind in drei farbig gekennzeichnete Schwierigkeitskategorien eingeteilt (siehe unten), um die Suche nach einer geeigneten Wanderung zu erleichtern. Bei der Schwierigkeitsbewertung spielen die Steilheit des Geländes und die Beschaffenheit des Bodenbelags, aber auch die Dauer der Tour, die zu bewältigende Streckenlänge und die Höhenmeter eine Rolle. Wichtig ist es jedoch auch, die Konstitution des eigenen Kindes richtig einzuschätzen, da gerade bei Kindern große Unterschiede hinsichtlich der Leistungsfähigkeit bestehen. Oft erkennt man das Potenzial der Kinder erst während des Wanderns, da auch die Motivation eine große Rolle spielt. Kinder ohne große Wandererfahrung sollte man nicht gleich überfordern, denn das kann sie demotivieren und ihnen die Freude am Wandern nehmen. Deshalb beginnt man besser mit einfacheren Touren und steigert die Dauer und Schwierigkeit langsam.

Gehzeiten

Die im Buch angegebenen Gehzeiten sind reine Gehzeiten, Pausen sind also nicht mit eingerechnet. Dabei gilt, je jünger die Kinder sind, desto häufiger machen wir eine Pause, weil die Ausdauerleistung noch nicht so hoch ist. Da die Kleinen aber schnell regenerieren, müssen die Rastzeiten nicht lang sein, um wieder voller Tatendrang weitermarschieren zu können. Oft ergeben sich kurze Pausen durch die Sehenswürdigkeiten am Wegesrand, zum Beispiel Blumen

SCHWIERIGKEIT: **LEICHT**	**MITTEL**	**SCHWER**
Die blau markierten Touren sind kurze Wanderungen von ein bis zwei Stunden Gehzeit, selten mehr. Hierbei legen die Kinder zwei bis fünf Kilometer zurück. Das Gelände ist flach und auch der Untergrund macht den Kindern beim Wandern keine Probleme. Diese Touren eignen sich prinzipiell für alle Kinder, besonders aber für die Kleinsten ab drei oder vier Jahren.	**In der grünen Kategorie finden wir Touren, die zwei bis vier Stunden dauern und durchaus kürzere steile Abschnitte aufweisen können. Die Streckenlänge liegt bei vier bis zehn Kilometern mit einem Höhenunterschied von bis zu 300 Metern, wobei der Untergrund stellenweise uneben sein kann, wie auf kleinen, verwurzelten Bergpfaden, aber immer griffig und fest. Diese Touren sind für Kinder im Alter ab fünf oder sechs Jahren zu empfehlen.**	**Bei Touren dieser Kategorie wandern wir meist vier oder etwas mehr Stunden und bewältigen acht bis elf Kilometer. Der Höhenunterschied kann über 300 Meter betragen. Längere steile Abschnitte sind möglich, wenn wir auf höhere Berge steigen. Bei Nässe herrscht auf erdigem Untergrund größere Rutschgefahr. Trittsichere Kinder im Schulalter, die schon etwas Wandererfahrung und Kondition haben, können sich diese Touren zutrauen.**

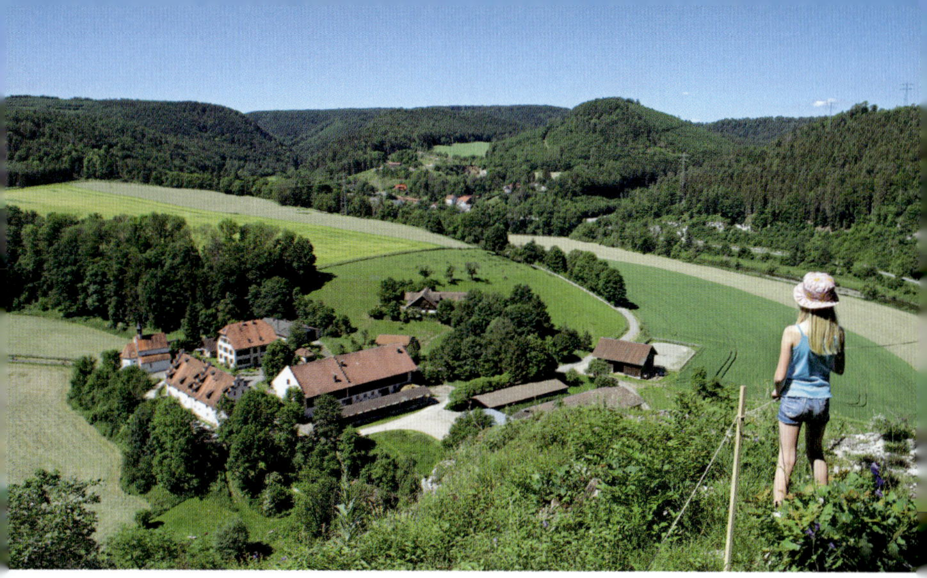

oder Pilze, die ausgiebig inspiziert werden. Die längeren Pausen nutzen die Kinder sowieso eher zum Klettern und Rennen als zum Stillsitzen und Krafttanken. Das Wandertempo ist bei den verschiedenen Altersgruppen sehr unterschiedlich und hängt auch ganz maßgeblich von der Motivation der Kinder ab. Ein einzelnes Kind geht meist langsamer als eine Gruppe aus zwei oder mehr Kindern, wobei erfahrungsgemäß Freunde und Freundinnen mehr Ansporn darstellen als Geschwister. Wir rechnen in diesem Buch mit rund zweieinhalb Kilometern pro Stunde, die wir im flachen Gelände zurücklegen können, da wir oft Kinder unter zehn Jahren dabeihaben. Man sollte prinzipiell eher mehr Zeit für die Strecken einrechnen, damit aus der Tour keine Tortur wird, besonders da viele Wege auf der Schwäbischen Alb Steigungen aufweisen und wir dort automatisch langsamer werden. Am Berg rechnet man bei Erwachsenen mit circa 400 Höhenmetern pro Stunde im Anstieg, Kinder brauchen je nach Alter und Kondition mehr Zeit. Wir haben bei den Gehzeiten in diesem Buch mit rund 250 Höhenmetern

OBEN

Donauschleifen gehören zu schönsten Wandergebieten auf der Schwäbischen Alb (Tour 28).

UNTEN

Trau ich mich schon in die Höhle?

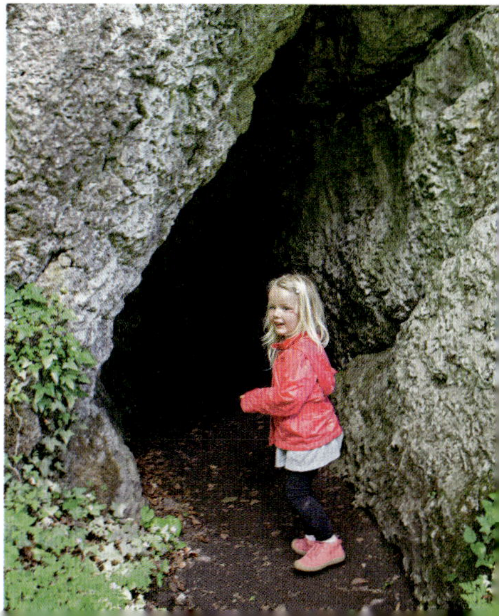

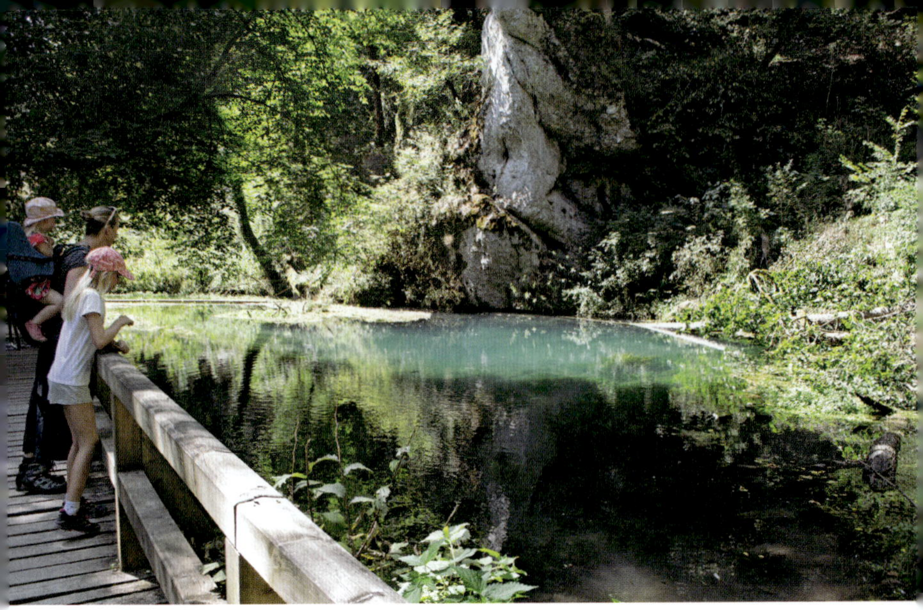

Das türkisblaue Wasser der Zwiefalter Ach verzaubert Groß und Klein (Tour 15).

pro Stunde gerechnet. Das Bergablaufen mögen Kinder meist lieber als Erwachsene und sie sind dabei oft auch genauso schnell. Da wir zu allen Jahreszeiten wandern, bedenken wir im Winter, dass wir im Schnee langsamer vorankommen und bis zu 50 Prozent mehr Zeit einrechnen müssen, denn vor allem für kleinere Kinder ist es mühsamer, durch höheren Schnee zu stapfen.

Anfahrt

Die Ausgangspunkte der allermeisten Touren in diesem Buch sind von einem größeren Regionalbahnhof mit dem Öffentlichen Personennahverkehr (ÖPNV) erreichbar, wobei darauf geachtet wurde, dass es maximal einen Umstieg gibt. Im Bereich der Westalb bieten die Verkehrsverbände naldo (Verkehrsverbund Neckar-Alb-Donau), VSB (Verkehrsverbund Schwarzwald-Baar), VVR (Verkehrsverbund Rottweil), TuTicket (Verkehrsverbund Landkreis Tuttlingen), VHB (Verkehrsverbund Hegau-Bodensee) und SAB (Schwäbische Albbahn) ein dichtes Netz an Reisemöglichkeiten. Als Besonderheit ermöglicht es die auf der ganzen Schwäbischen Alb gültige AlbCard allen Übernachtungsgästen, die ÖPNV-Angebote kostenlos zu nutzen (nach 9 Uhr ist die Fahrradmitnahme enthalten). Selten sind die Einstiegspunkte unserer Wanderungen nicht direkt oder nur schlecht mit den öffentlichen Verkehrsmitteln erreichbar. In diesen Fällen werden in der Kurzinfo der jeweiligen Wanderung Zugangsvarianten vom nächsten Bahnhof oder einer nahen Bushaltestelle beschrieben, teilweise kann auch die Vorbestellung eines Taxis für die letzten Kilometer bis zum Startpunkt sinnvoll sein. Für die Anfahrt mit dem Auto sind bei jeder Tour Hinweise zu Parkmöglichkeiten angegeben. Ladestationen für elektrisch betriebene Autos sind vermerkt, wenn sie sich direkt am Ausgangspunkt befinden.

Einkehr

Bei allen Touren in diesem Buch sind am Weg liegende Einkehrmöglichkeiten in der Kurzinfo aufgeführt. Dazu ist die genaue Adresse angegeben sowie Öffnungszeiten, Telefonnummer und Internetadresse, falls vorhanden. So kann man sich schon vorab informieren, damit man gerade unter der Woche nicht vor verschlossenen Türen steht. In den Detailkarten der Touren sind die Gaststätten ebenfalls eingezeichnet. Zur Sicherheit sollte man genug Essen und Trinken im Rucksack mitführen, auch wenn es Einkehrmöglichkeiten auf dem Weg gibt. Meist macht es sowieso viel mehr Spaß, wenn man eine selbst mitgebrachte Brotzeit an einem schönen Fleckchen in der Natur genießen kann. Da es gerade bei den Öffnungszeiten auch kurzfristige Änderungen gibt, ist es sinnvoll, direkt vor der Tour die Zeiten im Internet oder per Telefon nochmals zu prüfen.

Ausrüstung

Kleidung: Die Schwäbische Alb ist zwar kein Hochgebirge, dennoch gibt es hier in höhergelegenen Regionen oft stärkere Winde, die uns schnell auskühlen lassen. Vom Albvorland bis hinauf zum Lemberg sind es immerhin rund 400 Meter Höhendifferenz. In der Regel liegen die Temperaturen in den Höhen der Schwäbischen Alb drei bis vier Grad tiefer als in den unteren Lagen, was im Sommer ganz erfrischend sein kann, im Herbst oder Winter jedoch einen wichtigen Unterschied bei der Kleidungswahl ausmacht. Wir passen deshalb unsere Kleidung an und nehmen für die Kinder immer noch einen Satz Wechselkleidung mit, falls wir im Anstieg stark geschwitzt haben oder im Bach nass geworden sind,

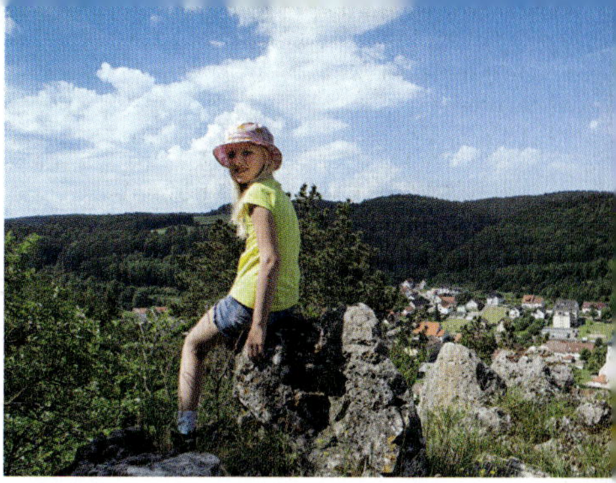

Am Stangenfels (Tour 23): Die Schwäbische Alb lässt tief blicken.

GPS-Tracks und Koordinaten der Ausgangspunkte

Auf **gps.rother.de** stehen zu diesem Wanderführer GPS-Tracks und die Koordinaten der Ausgangspunkte zum kostenlosen Download bereit. Dieser QR-Code führt direkt zum Download.

1. Auflage, Passwort: **337701mgw**

Die GPS-Tracks können in die **Rother App** importiert werden. In der App kann man unterwegs stets sehen, wo man gerade ist und wo es langgeht. **Anleitungen dazu: rother.de/gps**

Trotz sorgfältiger Prüfung können wir Fehler und zwischenzeitliche Veränderungen nicht ausschließen. Verlassen Sie sich für die Orientierung niemals einzig und allein auf die GPS-Daten, sondern beurteilen Sie die Verhältnisse vor Ort.

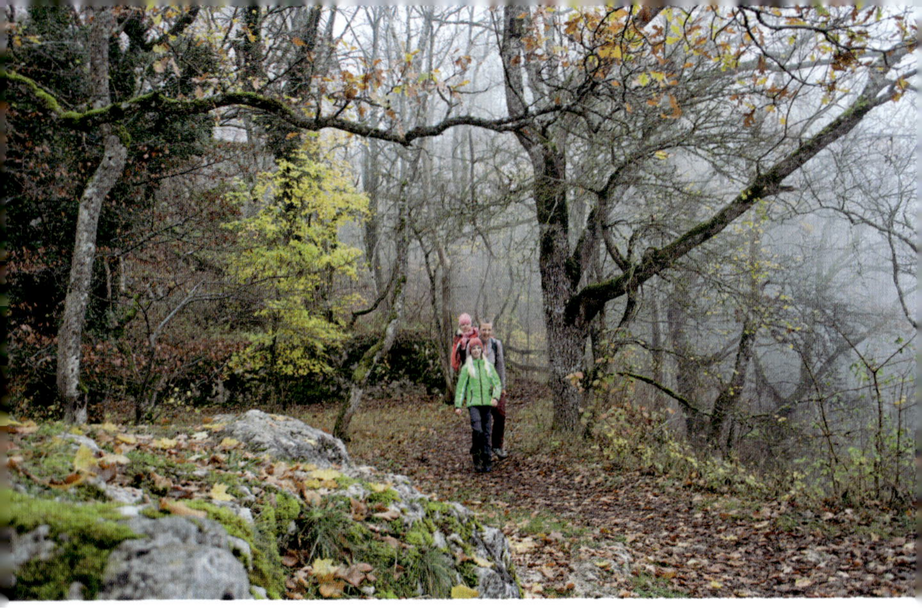

In Höhenlagen, wie hier bei Burg Wildenstein (Tour 30), kann schon mal dichter Nebel einfallen.

sowie eine Windjacke und ein wärmendes Fleecehemd oder einen Fleecepullover. Auch für den Besuch einer der vielen Höhlen in der Region ist warme Kleidung sogar im Hochsommer Pflicht, denn dort herrschen oftmals Temperaturen von 10 Grad oder weniger. Einen Regenschutz sollte man immer dabeihaben, auch wenn die Wetter-App trockenes Wetter vorhersagt, er schützt auch vor kaltem Wind. Für kältere Tage sollte man an Handschuhe denken. Als Kopfbedeckung gegen Sonne oder Kälte gibt es mittlerweile schicke Schlauchtücher, Schirmmützen oder Hüte mit integriertem UV-Schutz. Jeans eignen sich vor allem bei schweißtreibenden Anstiegen nicht als Wanderbekleidung, denn einmal nassgeschwitzt trocknen sie nur schwer wieder ab. Dünne, längere Hosen schützen vor Sonne, Wind, Regen und, ganz besonders auf der Schwäbischen Alb wichtig, vor Zecken, die es hier reichlich gibt. Prinzipiell hat sich beim Wandern das Zwiebelprinzip bewährt, bei dem man mehrere Schichten dünnerer Kleidung übereinander anzieht, sodass man auf alle Wetterschwankungen vorbereitet ist. Für Wanderungen an kalten Wintertagen hat sich eine weitere Kleiderlage gut bewährt. Man zieht also zum Beispiel eine warme Fleecejacke über das T-Shirt und hat eine wind- und regenfeste Jacke darüber, unter der Wanderhose trägt man eine lange Unterhose.

Schuhe und Socken: Das Schuhwerk sollte der Wanderung angemessen sein, so empfehlen sich für steilere Wege knöchelhohe, gut profilierte Wander- oder Trekkingschuhe für mehr Stabilität im Fußgelenk und besseren Grip an den Sohlen. Bei flachen Wanderungen genügen Sportschuhe oder leicht geschlossene Trekkingsandalen. Bei Schnee sollten knöchelhohe Schuhe getragen werden, damit die Füße trocken und warm bleiben können. Empfehlenswert sind zudem Wandersocken, die robuster sind und besser unangenehme Blasen an den Füßen verhindern als gewöhnliche Socken. Merinosocken zum Bespiel nehmen kaum Gerüche an, man kann sie dadurch öfter tragen und damit nachhaltiger mit der Wäsche umgehen.

Sonnenschutz: Im Sommer und an sonnigen Wintertagen in höheren Lagen der Schwäbischen Alb sollten Sonnenbrille, Kopfbedeckung mit UV-Schutz und Sonnencreme im Gepäck dabei sein. Die Haut und die Augen danken es uns, wenn sie abends nach der Wanderung nicht gerötet sind oder brennen.

Rucksack: Jedes Kind ist stolz, wenn es seinen eigenen Rucksack bekommt und auf der Wanderung dafür verantwortlich ist. Natürlich sollte er nicht zu schwer sein, maximal zehn Prozent des Körpergewichts halten wir hier ein. Das genügt, um die eigene Brotzeit, ein Wechselshirt, Taschentücher und eventuell eine Wasserflasche selbst zu tragen. Falls noch genug Platz für gesammelte Tannenzweige oder andere Schätze, wie selbst geklopfte Fossilien, im Rucksack bleibt, können die Kinder ihrem Sammeltrieb nachgehen. Ältere Kinder können noch den Wanderführer, ein Fernglas und einen Fotoapparat dazu bekommen. Oft sind Taschenmesser zum Schnitzen sowie eine Lupe zur Insektenerkundung sinnvolle Ausrüstungsgegenstände.

Sonstiges: Ein Erste-Hilfe-Set ist unbedingt empfehlenswert, denn eine Schürfwunde oder ein Kratzer sind schnell passiert. Für Erwachsene, die viel mit dem Handy navigieren, ist eine Powerbank angezeigt, denn Navigationsapps benötigen sehr viel Strom. Tipp: Die App nur ab und zu zur groben Orientierung starten, um Akkuleistung zu sparen. Zudem gibt es Apps, wie die Rother App, mit denen man Karten auf dem Handy speichern und dann offline und unabhängig von der teils spärlichen Netzabdeckung im Gebiet der Westalb nutzen kann. Es genügt dann der reine GPS-Empfang zur Navigation. Aber besonders in steilen Lagen oder in Schluchten und Tälern verlassen wir uns nicht ausschließlich auf das GPS, denn dort ist auch das GPS-Signal nicht zuverlässig.

Essen und Trinken: Gerade kleinere Kinder machen lieber öfter kurze Pausen und freuen sich schon beim Rucksackpacken auf das Essen. Mehrere kleine Knabberpausen sind also sinnvoller als einmal ein Riesenschnitzel mittags in der Gaststätte. Frisches Obst und Gemüse in kleine Stücke aufgeschnitten sollte auf der Wandertour immer verfügbar sein, denn das ist gesund und lecker zugleich, und danach ist gegen die Gipfelschokola-

An der Großen Lauter (Tour 13): Badesachen einpacken wird wärmstens empfohlen.

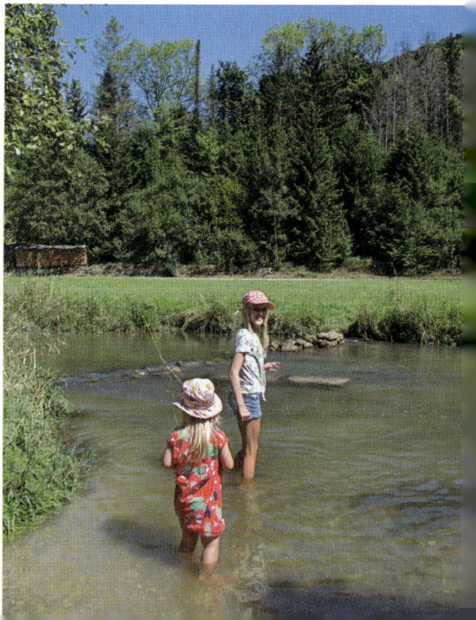

de oder die Limonade nach der Tour nichts einzuwenden. Zum Trinken ist am besten Wasser zu empfehlen, bei großem Flüssigkeitsverlust auf Bergtouren dürfen auch elektrolytreiche Saftschorlen im Gepäck sein. Wichtig ist, immer reichlich Getränke mitzunehmen, denn manchmal dauern Touren länger als geplant oder das Gasthaus hat doch nicht geöffnet wie angenommen. Im Sinne der Umwelt und unserer Mitmenschen führen wir immer auch einen kleinen Müllbeutel mit uns, um Reste nicht in der Natur liegen zu lassen, sondern mit nach Hause zu nehmen und dort zu entsorgen.

Gefahren

Kinder haben Freude in der Natur und erweitern durch das Wandern ihren Horizont wie von selbst. Dazu gehört auch, dass sie lernen, Gefahren selbstständig und eigenverantwortlich einzuschätzen. Schaffe ich es über diesen Bach zu hüpfen? Komme ich auf diesen Felsen hinauf und heil wieder hinunter? Diese Lernchancen sollten wir Erwachsene ihnen nicht vorenthalten. Am förderlichsten ist es, das Alter und den Entwicklungsstand des Kindes zu berücksichtigen und es zumutbare Risiken eingehen zu lassen. Blaue Flecken, Kratzer oder Schürfwunden gehören mit zum Wachstumsprozess. Übergeordnete Gefahren, wie sie zum Beispiel durch Wind und Wetter entstehen, sollten die Erwachsenen unter sich kalkulieren und ihre Schlüsse ziehen.

Albtrauf: Besonders an den Abbruchkanten des Albtraufs passen wir auf uns und auf die Kinder gut auf, denn es geht teilweise viele Meter senkrecht in die Tiefe, manche Kanten hängen sogar über wie am Mössinger Bergrutsch. Auch gibt es an vielen Ausichtsfelsen im Donautal kein Schutzgeländer, sondern höchstens ein Hinweisschild.

Höhlen: Gekennzeichnete Schauhöhlen können ohne Vorbereitung, aber mit warmer Wechselkleidung im

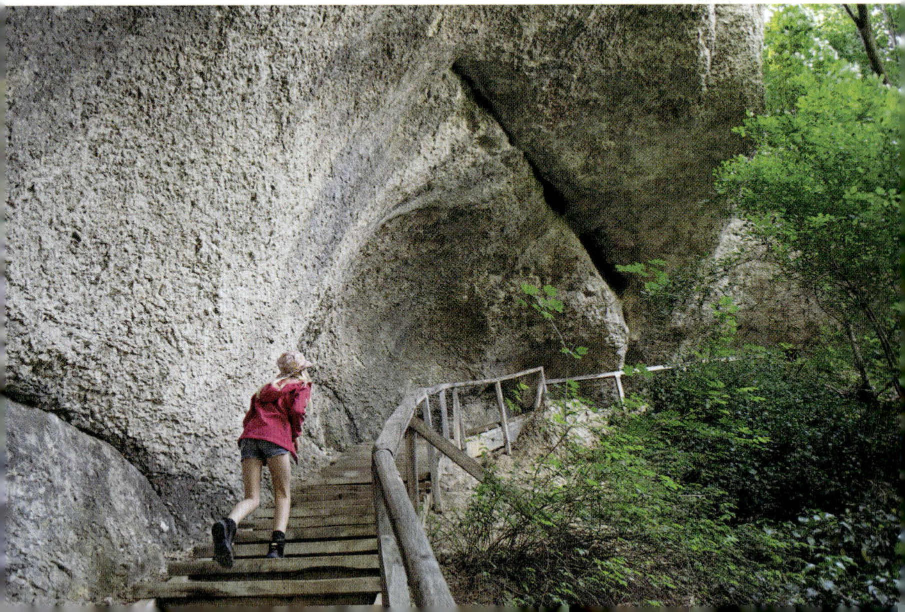

Die Inzigkofer Grotten lassen sich leicht über die Holztreppen erklimmen (Tour 29).

Rucksack, zu den Öffnungszeiten besichtigt werden. Exkursionen in eine der zahlreichen Naturhöhlen der Alb sollten immer von erfahrenen Höhlenkundigen begleitet werden, denn unerwarteter Wassereinbruch oder eine Sturzverletzung können zu gefährlichen Situationen führen. Außerdem sollte man nie alleine in größere Höhlen vordringen und im Vorfeld sollten immer weitere Personen über das Vorhaben informiert werden, um gegebenenfalls Hilfsaktionen starten zu können. Kleinere Höhlen dagegen lassen sich mit einer Stirn- oder Taschenlampe prima selbst erforschen, für die Kinder gibt es kaum etwas Spannenderes.

Tiere: Falls eine große Schafherde unseren Weg kreuzt, und das kommt auf der Schwäbischen Alb schon mal vor, brauchen wir keine Angst zu haben, denn die Tiere finden immer einen Weg um uns herum. Auch Ziegen sind harmlos. Sie fressen uns höchstens das Pausenbrot aus dem offenen Rucksack, lassen sich aber mit sanfter Gewalt wegschieben. Seltener werden wir auf unserem Wanderweg auf Kühe treffen. Dann aber gilt es, besonnen zu handeln, besonders bei übermütigen Jungtieren oder Mutterkühen mit Kälbern. Wir leinen unseren Hund an, gehen langsam und ruhig in größerem Abstand weiter, und machen keine hektischen Bewegungen, um die Tiere möglichst nicht zu provozieren oder zu erschrecken.

Trifft man auf Wildschweine oder die mäßig giftige Kreuzotter, ziehen wir uns ruhig und langsam zurück. Beide Tierarten haben Angst vor dem Menschen und bevorzugen großen Abstand. Kreuzottern lieben warme Plätzchen zum Sonnenbaden, z. B. an oder unter Steinhaufen.

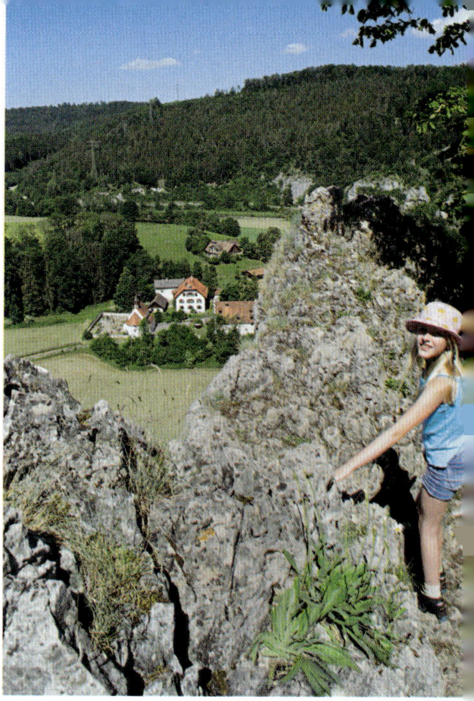

Kinder lieben knackige Kraxelpartien wie hier am Rabenfelsen (Tour 28).

Um uns vor Zecken zu schützen, die es vor allen in tieferen Lagen des Alb-Donau-Kreises gibt, ist lange Kleidung am effektivsten. Das Robert-Koch-Institut empfiehlt zusätzlich für ganz Süddeutschland eine Impfung gegen die von Zecken übertragene Frühsommer-Meningoenzephalitis (FSME). Gegen die ebenfalls übertragene Borreliose hilft sie allerdings nicht. Am besten sucht man nach der Wanderung den Körper nach Zecken ab, vor allem wenn man durch hohes Gras gewandert ist, und entfernt sie so frühzeitig wie möglich.

Pflanzen: Beeren und Pilze lassen wir stehen oder essen sie erst nach Rücksprache mit den Erwachsenen. Manchmal kommt es zu gefährlichen Verwechslungen, zum Beispiel

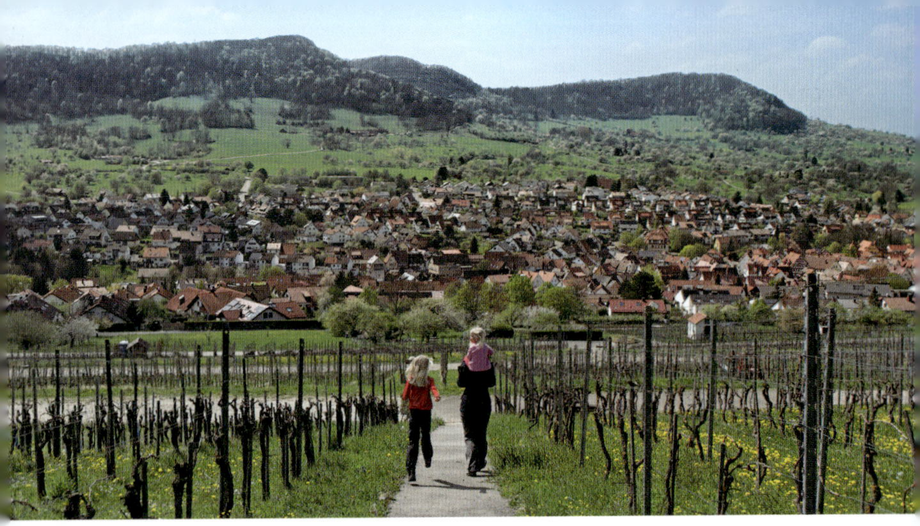

Schnurstracks durch die Weinberge mit Blick auf den Jusiberg und das Neuffener Hörnle (Tour 1).

werden Maiglöckchen für Bärlauch, Knollenblätterpilze für Champignons oder Kirschlorbeeren für Heidelbeeren gehalten. Heidelbeeren und andere Strauchbeeren sind übrigens der Wissenschaft zufolge kein Überträger des Fuchsbandwurms, wir können sie bedenkenlos essen. Wer auf Nummer sicher gehen möchte, wäscht sie vorher oder kocht sie ein.
Landwirtschaft: Die Früchte der Obstbäume auf den Streuobstwiesen auf dem Früchtetrauf sind für die Kinder sicher eine große Verlockung, jedoch sind sie zum einen nicht unser Eigentum, zum anderen wissen wir nicht, wann hier zum letzten Mal mit Pflanzenschutzmittel gearbeitet wurde. Aber die Bauern sind meist sehr nett und werden eine Bitte um das moderate Pflücken ihrer Früchte nicht ablehnen.

Verhalten in der Natur

Da wir ja Besucher der Natur sind, sollten wir uns an einige Regeln halten, die zum Schutz und Erhalt von Tieren und Pflanzen wichtig sind. Teilweise bewegen wir uns in ausgewiesenen **Schutzgebieten**, die wir gut an den Schildern am Wegesrand erkennen. Insbesondere sind das Naturschutzgebiete und Landschaftsschutzgebiete. Wir verlassen dort die Wege nur im Ausnahmefall und pflücken keine Blumen oder Pilze. Essbare **Pilze** wie beispielsweise Pfifferlinge, Rotkappen, Birkenpilze und Steinpilze dürfen grundsätzlich in geringen Mengen für den Eigenbedarf gesammelt werden, maximal 1–2 kg für eine Familie. In Naturschutzgebieten und in Gebieten mit Wegegebot ist es aber generell verboten, Pilze zu sammeln. Blumen oder Bärlauch pflücken wir maximal in der Größe eines Handstraußes, also soviel wie von Zeigefinger und Daumen umschlossen werden kann. Wir vermeiden unnötigen Lärm, der Tiere stören könnte, meiden Uferböschungen, wo Wassertiere brüten können, und durchstöbern nicht jedes Dickicht.
In den zahlreichen **Höhlen** auf der Alb achten wir besonders auf den strengen Schutz der Fledermäuse, denn die putzigen Flattertiere halten

ihren Winterschlaf von November bis April in den Höhlen und dürfen nicht gestört werden.
In den Bergen oder an Abhängen ist es ein ungeschriebenes Gesetz, dass Steine oder andere Gegenstände nicht geworfen werden dürfen, da sie andere Wanderer treffen könnten. Und sie können beim Bergabrollen an Geschwindigkeit und Kraft zunehmen, wodurch Steinschlag ausgelöst werden kann.
Im Bereich einiger Aussichtsfelsen ist das Betreten des Felsengeländes verboten, denn dort wachsen seltene Pflanzen wie Flechten, Moose oder das Berg-Steinkraut.
Unseren Müll nehmen wir natürlich wieder mit nach Hause, und wo immer möglich reisen wir mit öffentlichen Verkehrsmitteln an.
In trockenen Jahreszeiten besteht auf der Schwäbischen Alb Waldbrandgefahr, deswegen grillen wir nur an ausgewiesenen Grillstellen und halten uns an eventuelle Feuerverbote.

Beschilderung

Die typischen Wanderschilder des Schwäbischen Albvereins, der sich um die albweite Beschilderung kümmert, sind für Fernwanderwege und längere Themenwege, wie z. B. der Albschäferweg, in gelber Farbe und für regionale Rundwege oder kürzere Themenwege in grüner Farbe gehalten. In der Spitze des Schildes befindet sich das Markierungszeichen, das wir auf unserer Route an Bäumen oder anderen Wegpunkten befestigt finden. Für die Fernwanderwege ist das oft ein kleines rotes Dreieck, für die regionalen Rundwege ist es meist ein gelber Kringel oder ein themenwegbezogenes Logo. An den Standorten der Wanderschilder findet sich auch noch eine weiße, quadratische Standortplakette mit dem Ortsnamen, der Höhe und den GPS-Koordinaten. Mithilfe dieser Daten können in Not geratene Wanderer schneller geortet und gefunden werden (siehe Kapitel Notruf). Kommen wir an Abzweigungen, die nicht in den Karten verzeichnet oder im Buch beschrieben sind, gelten folgende alte Wandererregeln: Wir bleiben auf dem größeren Weg und wenn die Wege gleich groß sind, halten wir uns geradeaus und folgen damit dem Wegverlauf.

Notruf

Im Notfall alarmiert man die Rettungsleitstelle unter dem bekannten Euronotruf 112, unabhängig davon, um welche Art Unfall es sich handelt oder wo man sich befindet. Von dort wird dann dem Bedarf entsprechend der Rettungsdienst, die Bergwacht oder eine andere Organisation ausgesendet.

Vor dieser prächtigen Kulisse machen Wasserspiele noch mehr Spaß (Tour 31).

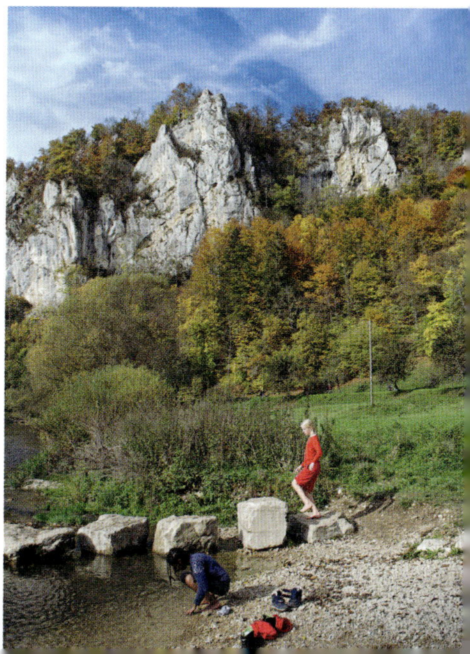

Wandern mit Kindern auf der westlichen Schwäbischen Alb

Wandern auf der Westalb

Das Wandern auf der Schwäbischen Alb ist besonders bei Familien sehr beliebt, denn die Anstiege sind kürzer als in den Alpen oder im Hochschwarzwald, und die Region bietet viele abwechslungsreiche Sehenswürdigkeiten, die es mit den Kindern zu entdecken gilt. Spektakulär ist das an steilen Felswänden reiche Tal, das sich die Donau durch das Mittelgebirge bei Beuron und Fridingen gebahnt hat. Sie hat die schroffen, weißen Jurakalkfelsen regelrecht durchbrochen, von denen man beim Wandern immer wieder aufregende Blicke in die Schluchten genießen kann. Eine Seltenheit ist die berühmte Donauversinkung bei Immendingen, wo das Wasser an rund 200 Tagen im Jahr komplett im Flussbett versinkt, unterirdisch durch Kalksteinhöhlen fließt und aus der Quelle des Aachtopfes wieder austritt. Auch kann so manche Kalksteinhöhle zu Fuß erkundet werden, wie die mit Tropfsteinen geschmückte Nebelhöhle und die Bärenhöhle bei Sonnenbühl, während die Wimsener Wasserhöhle bei Hayingen kurioserweise nur mit dem Boot erreichbar ist. Die zahlreichen Höhlen auf der Alb sind auch oft Fundorte für steinzeitliche Kunstgegenstände, wie die kleinen 15.000 Jahre alten Venusfigurinen vom Petersfels im Eiszeitpark von Engen.
Für Bergliebhaber empfiehlt sich der sogenannte Albtrauf, der sich an der westlichen Seite der Schwäbischen Alb wie eine ins tropische Urzeitmeer abfallende Steilküste entlangzieht. Hier können wir auf schmalen Wanderpfaden zünftige Bergtouren auf den Lemberg, den Lochen oder den Plettenberg unternehmen, die uns auf Höhenlagen über 1000 Meter führen und tolle Fernblicke bis zu den Alpen ermöglichen. Auf vielen dieser Gipfel stehen große Türme, die man besteigen kann, wie der Sternbergturm in Gomadingen oder der Schönbergturm bei Pfullingen. Äußerst sehenswert und zugleich selten sind die Tuffsteinwasserfälle, die nur in Karstgebieten wie dem Juragebirge der Schwäbischen Alb vorkommen.
In der Gegend von Bad Urach am Nordrand des Wandergebietes sind gleich mehrere dieser Tuffnasen zu finden, über die sich die Bäche in die Tiefe stürzen.
Am Südrand der Alb ändert sich die Landschaft dann komplett und wir staunen über die markanten Vulkankegel der Hegauer

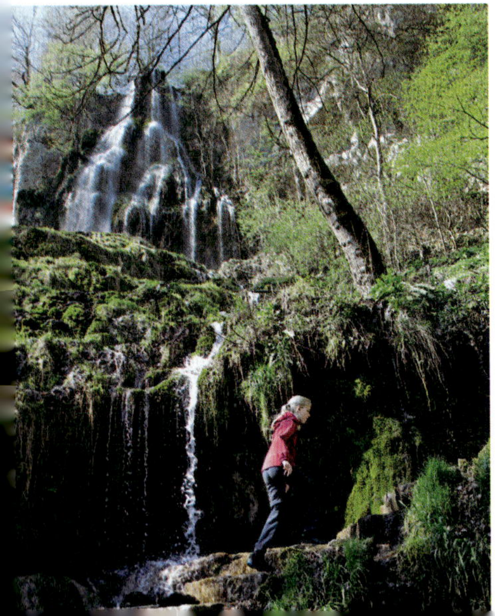

Über eine große Tuffnase ergießt sich der Uracher Wasserfall (Tour 3).

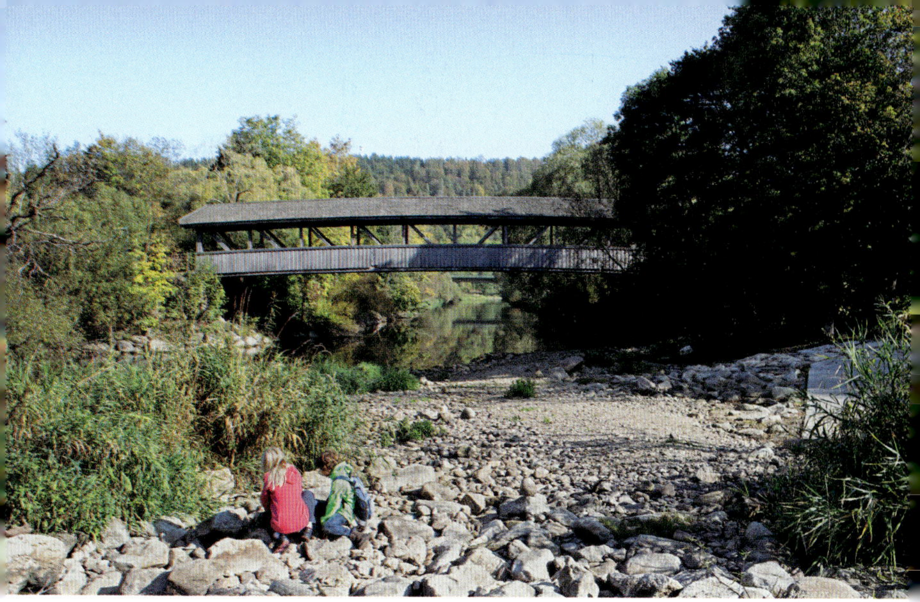

Berühmt: die Donauversinkung bei Immendingen (Tour 37).

Vulkane, die vor Millionen von Jahren aktiv waren und den Landstrich geprägt haben. Und dank seiner besonderen Vielfalt mit ausgedehnten Streuobstwiesen, Wacholderheiden, Schluchtenwäldern und Schafweiden ist ein großer Teil der Schwäbischen Alb sogar als UNESCO-Biosphärenreservat anerkannt.

Tourenauswahl

Bei der Auswahl der Touren wurde besonders darauf geachtet, dass sich auf der Route spannende Ziele für den Nachwuchs befinden, denn eine alte Ritterburg, ein Abenteuerspielplatz oder ein Wasserfall motiviert auch Kinder, die sonst nicht so gerne länger laufen. Was Kindern immer Spaß macht, sind möglichst schmale Pfade, die mit Wurzeln und Steinen übersät sind. Auch dies wurde bei der Routenwahl berücksichtigt, wo immer es möglich war. Die steileren Stücke gehen wir meistens bergauf, um das Verletzungsrisiko zu minimieren, während sich flacher abfallende Forstwege gut für das Bergabgehen am Ende einer Wanderung eignen. Einige Touren beinhalten kürzere oder längere Stücke von kommunalen Erlebnispfaden, die erfahrungsgemäß bei allen Kindern sehr beliebt sind. Sie können es meist kaum erwarten, die jeweils nächste Station zu entdecken. Ein guter Teil der Touren in diesem Buch kommt jedoch ohne Erlebnisstationen aus, denn die Kinder brauchen nicht immer vorgefertigte Erlebnisse, um die Natur, ihre Schönheit und Besonderheit zu erkennen. Zudem wurde versucht, Routen zu beschreiben, die weniger frequentiert sind und trotzdem die sehenswertesten Ziele beinhalten. Das kann nicht immer gelingen, vor allen Dingen an Sonn- und Feiertagen sind manche Wege sehr gut besucht.
Damit Kinder aller Altersgruppen Freude am Wandern haben, wurden in diesem Buch Streckenlängen

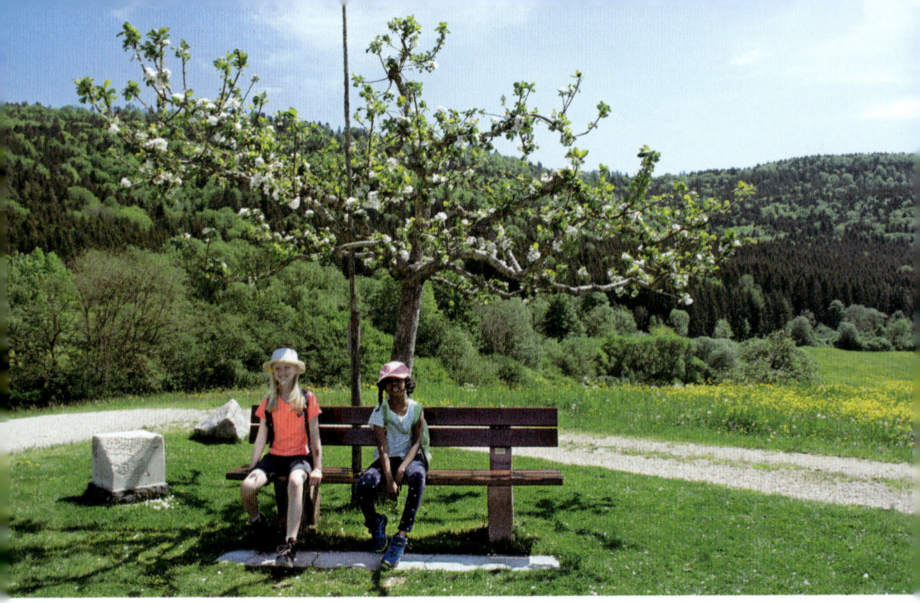

Rast auf den Streuobstwiesen von Denkingen (Tour 33): Gemeinsam macht Wandern doppelt Spaß.

zwischen 3 und 11 km ausgewählt und die zu bewältigenden Höhenmeter überschreiten 400 m selten. Dadurch bewegen sich die reinen Gehzeiten zwischen 1.30 und 5 Stunden. Eine der kürzesten Touren ist die Runde durch das Brudertal zum Eiszeitpark bei Engen, in dem die Kinder alles über die Eiszeitmenschen erfahren, die hier früher lebten. Die Wanderung auf den Hohenneuffen ist mit 10,6 km die längste Tour und führt uns zu so albtypischen Sehenswürdigkeiten wie der Burg Hohenneuffen, der Barnberghöhle und der Wacholderheidelandschaft des Naturschutzgebietes Neuffener Heide. Für Kinder ab 8 Jahren stellt sie schon eine kleine Herausforderung dar, für Familien mit Jugendlichen ist sie angenehm zu gehen.

Einkehrmöglichkeiten sind in der Kurzinfo der jeweiligen Tour beschrieben, denn natürlich genießen wir beim Wandern gerne die Annehmlichkeiten von Cafés und Gasthäusern. Andererseits schmeckt das selbstgeschmierte Butterbrot auf einem Baumstamm im Wald oder auf dem Gipfel eines Berges verspeist oft besser als jede andere Mahlzeit.

Bei allen Wanderungen wurde darauf geachtet, dass sie unkompliziert mit öffentlichen Verkehrsmitteln zu erreichen sind, möglichst von größeren Städten wie Reutlingen, Balingen, Albstadt oder anderen Regionalbahnhöfen. Dies schont die Umwelt und alle können entspannter anreisen. Die meisten Wanderungen können zudem das ganze Jahr über durchgeführt werden, dazu muss nur die Kleidung angepasst, eine Thermoskanne mit heißem Tee gekocht werden und schon kann es losgehen. Viele Familien verzichten mittlerweile aus Umwelt- und Klimaschutzgründen auf Skiurlaube oder Fernreisen und erkunden mit ihren Kindern auch in der kalten Jahreszeit die Natur in der eigenen Region.

Altersempfehlungen

Dank der praktischen Tragen, in denen man Babys am Bauch oder Kleinkinder bis zum 3. Lebensjahr in Kraxen auf dem Rücken tragen kann, können Wandertouren in jedem Kindesalter geplant werden. Dabei ist es wichtig, auf die Körpertemperatur der Babys und Kleinkinder zu achten, denn beim Bergwandern wird es schon mal sehr warm am Bauch, wenn sich dort auch noch eine lebendige Wärmflasche anschmiegt. Bei der Kleidung empfiehlt sich das Zwiebelprinzip für Eltern und Kind, um eine angenehme Temperatur für beide zu finden. Beim Kauf einer Kraxe achtet man auf einen guten Nackenschutz und einen Sonnenschutz, denn die Kleinen schlafen dort oben gern ein und sind dem Wetter ausgesetzt. Gegen Kälte helfen ein warmer Schneeanzug und eine Lammfelleinlage.

Ab dem 3. Lebensjahr werden die Kinder immer längere flache Strecken mitlaufen, bevor sie eine Pause brauchen. Wanderungen, die auch mit einem geländegängigen Kinderwagen unternommen werden können, sind im Infobereich jeder Tour extra gekennzeichnet. Der Wagen sollte möglichst große Räder und luftgefüllte Reifen besitzen, um Wurzeln und Steine gut bewältigen zu können. Bei kürzeren unwegsamen oder steileren Abschnitten holt man das Kind aus dem Wagen und schiebt ihn im Leerzustand ein Stück.

Da nahezu jede Tour in diesem Wanderführer einige Anstiege aufweist, ist ein Laufrad generell nicht geeignet, auch wenn es auf flachen Strecken gerne benutzt wird. Ausnahmen sind Tour 19 am Schömberger Stausee, die generell barrierefrei ist, und Tour 22 ins Fehla-Tal bei Hermentingen.

Erste richtige Steigungen werden von Kindern ab dem 4. oder 5. Lebensjahr bewältigt, die man von Tour zu Tour langsam ausbauen kann. Sechsjährige schaffen dann bei guter Konstitution schon bis zu 400 Höhenmeter und mehr am Tag und damit alle hier beschriebenen Touren.

Motivation

Damit die kleinen Wanderer immer viel Spaß bei den Touren haben, ist es sinnvoll, wenn wir sie schon bei der Planung einer Tour miteinbeziehen und mit ihnen Ziel und Länge der Wanderung besprechen. Wenn sie ihre eigenen Ideen einbringen können, erhöht das ihre Begeisterung und alle werden am Wandertag mehr Freude haben. Kinder haben oft eigene Vorstellungen, welche ihrer Freunde sie zur Tour einladen, was sie gerne zum Essen und Trinken einpacken und ob sie gerne etwas auf der Wandertour sammeln möchten, um es als wertvollen Schatz mit nach Hause zu nehmen.

Minidorf voraus (Tour 19): Bei richtiger Auswahl des Ziels geht das Wandern mit Kindern fast von alleine.

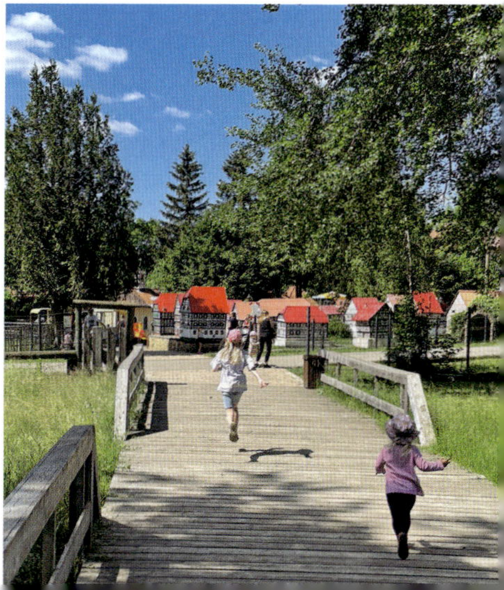

Gerade mit selbst gesammelten Naturmaterialien lassen sich daheim die schönsten Fantasielandschaften, Traumfänger und vieles andere mehr basteln.
Unterwegs wird es vor allem bei kleinen Wanderern ab und an einmal Phasen geben, in denen sie keine Lust mehr haben, weiter zu laufen, weil zum Beispiel die Strecke gerade etwas langweiliger ist. Mit einem kleinen Spiel können wir aber die Zeit bis zur nächsten kleinen oder großen Attraktion überbrücken. Zum Beispiel lassen wir unsere Fantasie spielen und erkennen in Wolken, Felsen oder Wurzeln verschiedene Tiere oder Gegenstände. Oder wir spielen, wer zuerst einen bestimmten Vogel oder ein Insekt findet. Hier sind die Möglichkeiten endlos und irgendetwas ergibt sich immer, was den Kindern Freude macht und sie ansporn. Auch von einem einfachen selbstgefundenen Wanderstock lassen sich die meisten Kinder begeistern, noch mehr, wenn sie mit einem Schnitzmesser Verzierungen oder Initialen anbringen oder die Rinde abschaben dürfen.

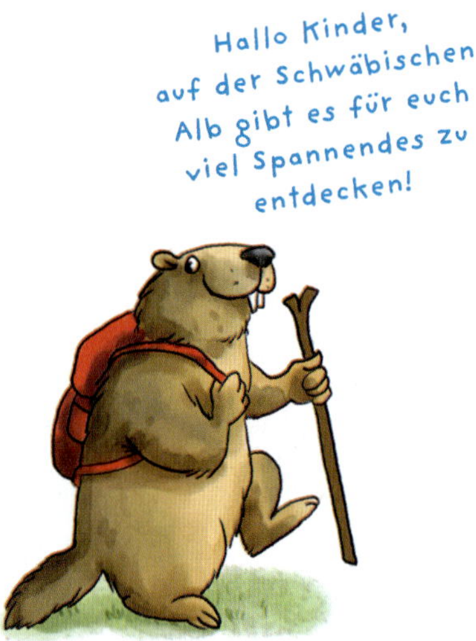

Den versierten Geschichtenerzählern unter uns Eltern sei empfohlen, sich über einige der zahlreichen spannenden Sagen der Schwäbischen Alb zu informieren. Diese können bei Bedarf zum Besten gegeben werden und so zur Unterhaltung der kleineren und größeren Kinder beitragen.

Kinder-Highlights

Welche Besonderheiten und Sehenswürdigkeiten jede Wanderung für Kinder zu bieten hat, ist unter »Highlights« zusammengefasst. Und das sind natürlich jede Menge, denn damit für alle Kinder etwas vorhanden ist, sind die Wanderungen speziell für sie zusammengestellt und ausgesucht worden. Das Angebot reicht von tollen Wasserfällen, spannenden Höhlen, mächtigen Ritterburgen über fantasievoll zusammengestellte Abenteuerspielplätze bis hin zu Wildgehegen und spektakulären Aussichtsfelsen. Unter der Rubrik »Hallo Kinder« wird zudem in leicht verständlicher Form ein zur Wanderung passendes Thema erklärt und Rothi, das Murmeltier, gibt Tipps.

Freizeit- und Schlechtwettertipps

Im Anschluss an den Tourenteil ist eine Auswahl an zusätzlichen Freizeit- und Schlechtwettertipps zusammengestellt, geordnet nach Kategorien und teilweise bebildert. Hier finden sich Erlebnis- und Kletterparks, Schlösser und Burgen, Bademöglichkeiten, Sommerrodelbahnen und Etliches mehr. Diese Vorschläge können als Alternative oder als Ergänzung zu einer Wanderung geplant werden. Zur besseren Übersicht wurden die Tipps mit Buchstaben gekennzeichnet und zusätzlich in der Übersichtskarte verzeichnet.

Felsriesen im Klettergebiet des Geschlitzten Felsens (Tour 2).

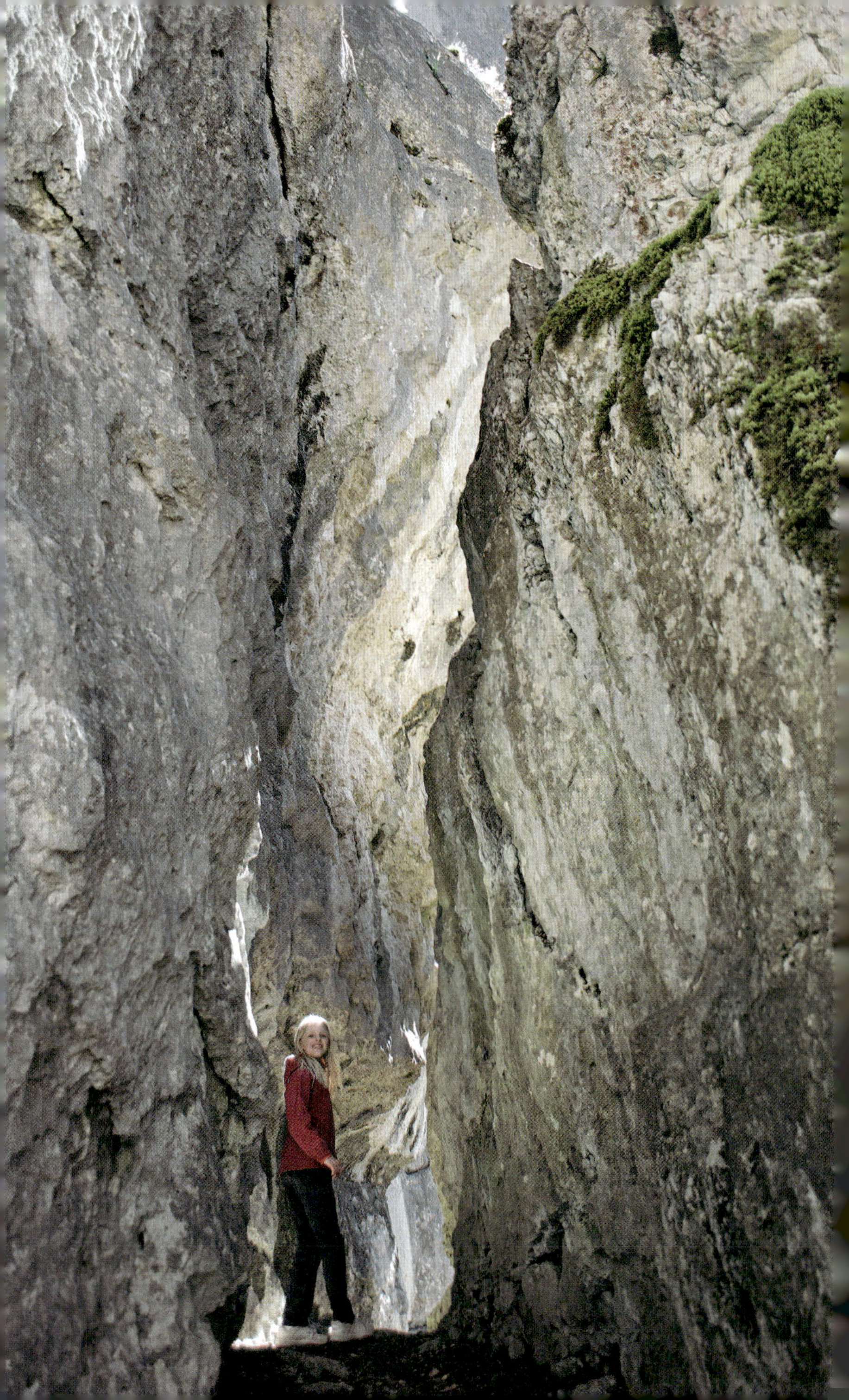

1

Auf den Hohenneuffen

ÜBER DIE BURGRUINE ZUR BARNBERGHÖHLE

5.00
STUNDEN

10,6
KILOMETER

↗ 470
HÖHENMETER

↘ 470
HÖHENMETER

SCHWER
ab 8
Jahren

Im Wald und auf der Heide: Alles was die Schwäbische Alb auszeichnet, erwandern wir uns auf der großen Albtraufrunde um die imposante Festungsruine Hohenneuffen. Auf einem von Bärlauch gesäumten Waldweg steigen wir vom Städtchen Neuffen hinauf zur über 800 Jahre alten Burg, die so mancher Belagerung standgehalten hat und von der wir eine tolle Fernsicht ins Neckarland genießen. Vielleicht treffen wir auch auf einen Ritter mit Rüstung. Die Kante des Albtraufs führt uns dann zum Startplatz der Drachen- und Gleitschirmflieger und zum Biotop Molach, einem wassergefüllten Vulkanembryo. Vorbei an einigen für den Albtrauf typischen sogenannten Höllenlöchern gruseln wir uns am Eingang der dunklen Barnberghöhle, die man mit einer Taschenlampe erforschen kann. Von der Höhle steigen wir steil hinab und erreichen an der Bauerlochschlucht das Bächlein Steinach, an dem wir spielen und unsere Füße kühlen können. Das folgende Naturschutzgebiet Neuffener Heide ist für seine Orchideenvielfalt bekannt und schenkt uns wunderbare Aussichten auf die hügelige Heidelandschaft mit ihren Obstbäumen und bunten Wiesen. Das restliche Wegstück verläuft durch die Rebterrassen von Neuffen und gewährt uns letzte Blicke zur Burg hinauf.

Ausgangspunkt: Bahnhof Neuffen, 394 m. Anfahrt ab Bahnhof Nürtingen mit der Regionalbahn RB65 Richtung Neuffen. – Mit dem Auto: Kostenfreie Parkplätze am Bahnhof Neuffen, Bahnhofstraße.
Ausrüstung: Die An- und Abstiege lassen sich am sichersten mit knöchelhohen Wanderschuhen mit gutem Profil bewältigen. Ausreichend Vesper und Wasser für die lange Wanderung einpacken. Für die Höhle ist eine Taschen- oder Stirnlampe erforderlich.
Anforderungen: Der lange Anstieg zu Beginn der längsten und höhenmeterreichsten Tour in diesem Buch fordert die Wanderkinder ordentlich heraus, die meist schmalen, spannenden Pfade lassen jedoch alle Anstrengung schnell vergessen.

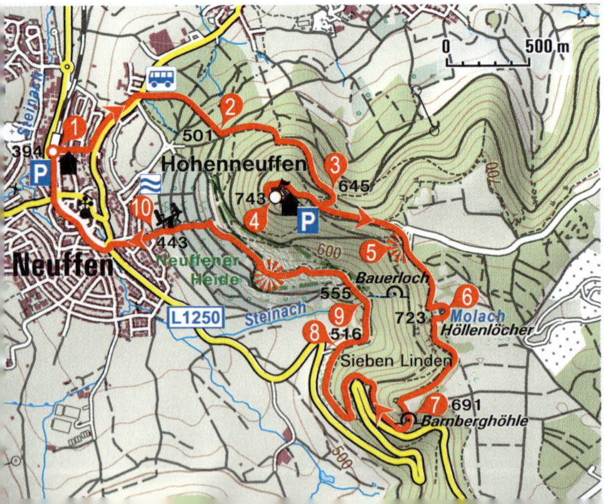

Einkehr: Der Kiosk in der Burganlage Hohenneuffen versorgt uns im schattigen Biergarten oder auf der Sonnenterrasse mit regionalen Speisen sowie Kuchen und Eis. Geöffnet täglich ab 9.00 Uhr bis mindestens 17.00 Uhr, Tel. +49 7025 2206, hohenneuffen.de.

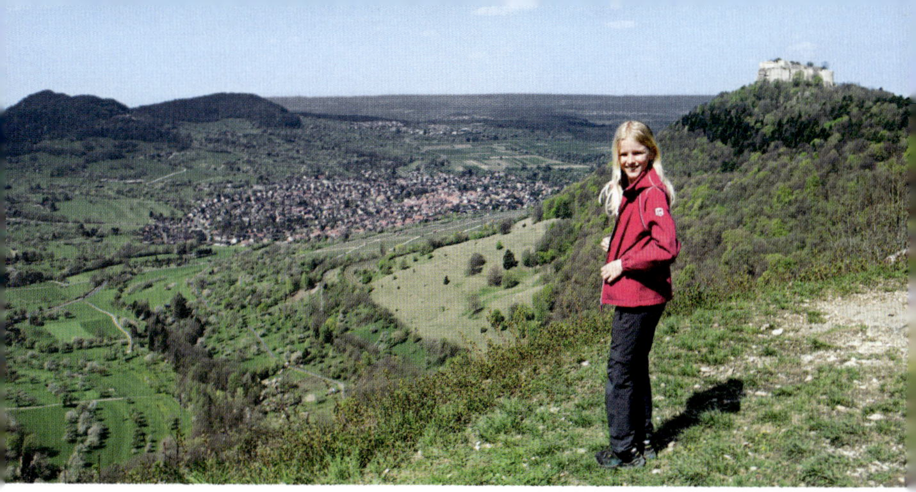

Tipp: Wie wäre es nach der langen Tour mit einem Sprung ins kühle Nass des Höhenfreibads Neuffen? Das Kinderbecken ist beheizt. In der warmen Jahreszeit täglich außer Montag 10.00–19.30 Uhr geöffnet, Breitensteinstraße, 72639 Neuffen, Tel. +49 7025 842811.

Links im Bild der Vulkanschlot des Jusiberges und das Neuffener Hörnle, rechts die Burg Hohenneuffen.

LOS GEHT'S

Gegenüber dem Café Täles im **Bahnhof Neuffen 1** biegen wir links in die Schillerstraße ein, die Festung Hohenneuffen ist hier bereits ausgeschildert. Es geht steil bergauf und am Ende der Straße geradeaus die noch steileren Treppen hinauf. Eine weitere Treppe folgt geradeaus, an deren Ende wir links in die Kirchheimer Straße abbiegen und bis zur Bushaltestelle Max-Planck-Straße marschieren. Direkt rechts an der Bushaltestelle leitet uns ein Forstweg den Buchenwald hinauf. Der Weg wird nach wenigen Minuten an einer Kreuzung zum schmalen Pfad, dicht gesäumt von Bärlauch und gut mit einem blauen Dreieck beschildert. Schließlich treffen wir auf einen Teerweg, in den wir links einbiegen. Am **Wanderschild Pfahlhau 2** schwenken wir halb rechts Richtung Hohenneuffen ein. Den links abzweigenden Weg nach 100 m ignorieren wir und halten uns mit

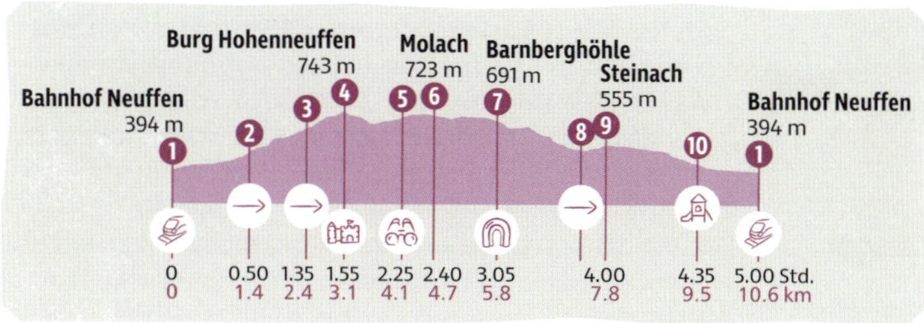

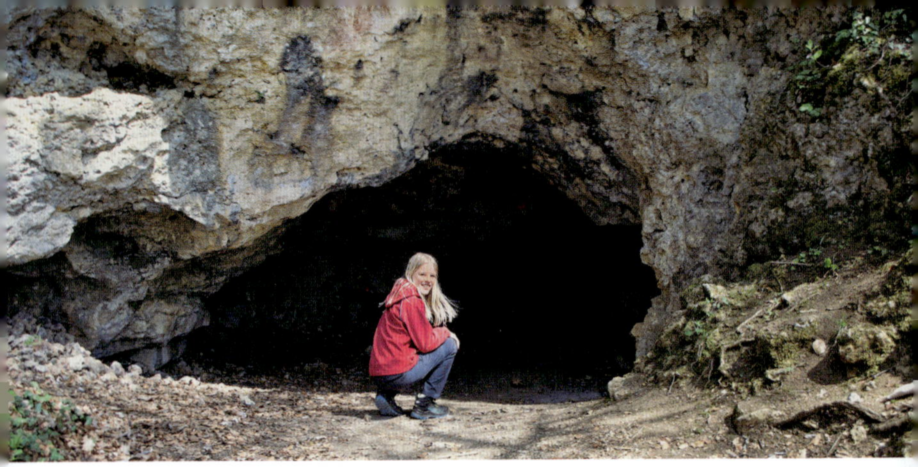

Der Eingang der Barnberghöhle ist besser für kleinere Menschen geeignet.

der Hochgekeltert-Plakette geradeaus. Das nächste Wanderschild weist uns nach rechts und knapp 100 m nach dem Queren eines Forstweges gehen wir links in Richtung Hohenneuffen. Immer noch zieht sich der Pfad steil den Berg hinauf, bis wir nach einer Weile einen weiteren Forstweg überqueren und am **Wanderschild Östlich Hohenneuffen** ❸ rechts die Burgmauer ansteuern. Serpentinenartig verläuft der Pfad erst links, dann gleich wieder rechts, und schon finden wir uns am Wanderschild Hohenneuffen Burgweg wieder. Scharf rechts steigt die gepflasterte Burgauffahrt steil bergauf, bis wir das Burgtor durchschreiten und bald im inneren Burghof mit dem gemütlichen Biergarten stehen. Die weitläufige **Burg** ❹ ist mit ihren Wehrgängen, Schießscharten und Gewölben ein herrlicher Tummelplatz für alle Kinder. Die Aussichten sind atemberaubend und reichen bei guter Sicht bis Stuttgart, ein Meer von Hügeln und Bergen zieht sich weit ins württembergische Land hinein.

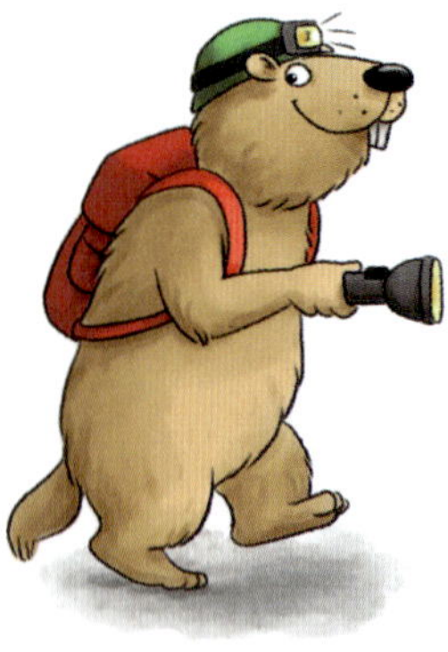

Nach einer langen Pause setzen wir unsere Tour am Wanderschild Hohenneuffen Burgweg fort und wandern geradeaus entweder auf der Straße oder besser auf dem parallel verlaufenden Pfad in Richtung des Wanderparkplatzes Hohenneuffen. Unser schmaler Pfad verläuft auf dem Bergrücken rechts vom Wanderparkplatz in einer lang gezogenen Rechtskurve, gekennzeichnet mit gelbem Kringel, vorbei am Naturdenkmal des **Neuffener Parkplatzfelsens** ❺, vom dem man eine tolle Sicht ins Tal hat. Wir bleiben auf dem schmalen Wanderpfad in Richtung Molachsee, passieren das Wanderschild Bei der Schanze und erreichen bald den steil abfallenden Startplatz der Gleitschirmflieger und den etwas abseits liegenden Vulkanembryo **Molach** ❻. Der Molach ist ein ehemaliger Vulkanschlot, der unter Naturschutz steht und in dessen Mitte ein kleiner Teich entstanden ist.

Hallo Kinder!

Die **Burg Hohenneuffen** galt als uneinnehmbar, so riesig ist sie und so dicke Mauern hat sie. Beinahe aber wäre sie doch erobert worden. Monatelang wurde sie von einem feindlichen Heer belagert, bis die Burgbewohner nichts mehr zu essen hatten als einen **Esel** und einen **Sack voll Korn**. Da verfielen sie auf eine List: Sie gaben dem Esel den ganzen Sack Korn zu fressen, schlachteten ihn dann und knoteten seinen Magen zu einer Kugel zusammen, die sie den Berg zu den Belagerern hinunterrollen ließen. Die Feinde glaubten daraufhin, dass ihre Belagerung umsonst gewesen sei, denn anscheinend hatten ja sogar die Esel noch genug zu fressen. Sie gaben den Versuch auf, die Burgbewohner auszuhungern und zogen mitsamt ihren Soldaten und den Waffen ab. Die Burg war gerettet und seitdem steht in Neuffen der Esel als Symbol für die Gewitztheit der Neuffener Bürger und Bürgerinnen.

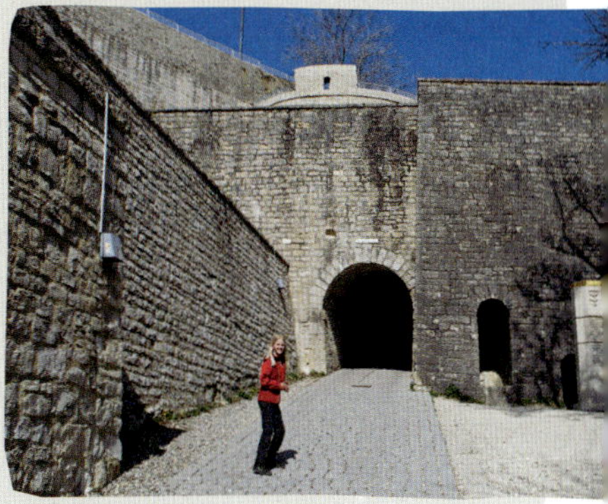

Wieder zurück auf unserem Weg passen wir auf, dass wir nicht in die Höllenlöcher fallen, die sich hier im Laufe von Jahrmillionen durch Felsbewegungen der Albtraufkante gebildet haben. Nach einigen Minuten kommen wir ans Wanderschild Beim Molachsee und halten uns halb rechts in Richtung Blauer Rank-Hütte. Der weiterhin schmale Pfad führt uns an den nächsten beiden Weggabelungen jeweils rechts zur **Barnberghöhle** **7** im Barnbergfels hinunter, immer begleitet von den

★Highlights

Durch den Bärlauch-Wald geht es hinauf zur Burg.

Die hohen und dicken Mauern der wehrhaften Burg Hohenneuffen sind beeindruckend.

In einem erloschenen Vulkanschlot befindet sich heute der kleine Molachsee.

Wer traut sich durch den niedrigen Eingang in die dunkle Barnberghöhle hinein?

Das Naturschutzgebiet Neuffener Heide steht im Frühling prachtvoll in Blüte.

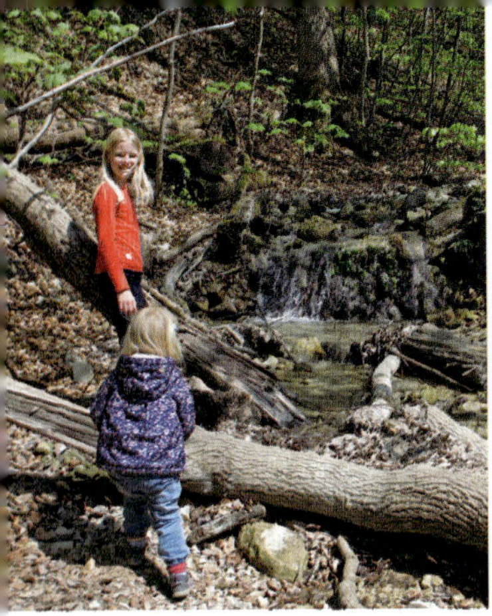 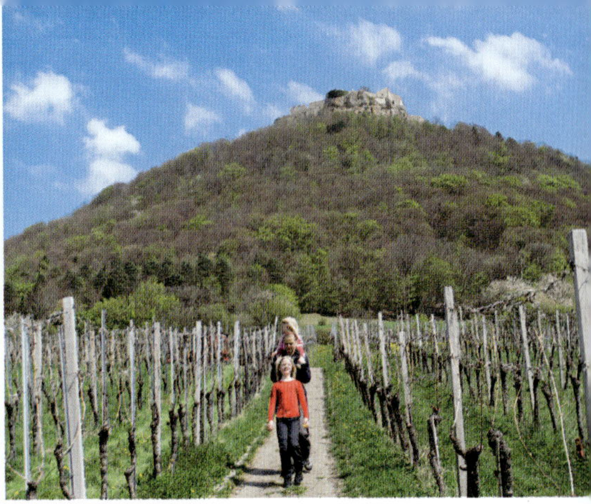

LINKS

Wasserspiele an der Steinach.

RECHTS

Die Burg Hohenneuffen thront über den Reben inmitten herrlicher Natur.

Markierungen mit dem gelben Kringel. Die Höhle ist 46 Meter lang und nur am Eingang etwas niedrig.
Nach der Höhlenerkundung mit einer guten Taschenlampe verlieren wir auf den bergabführenden Serpentinen schnell an Höhe. Unten angelangt beschreibt der Weg eine Rechtskurve und schwenkt rechts auf einen Forstweg ein, welchen wir nach wenigen Minuten zugunsten eines Pfades nach links unten wieder verlassen. Am Wanderschild Alte Steige Süd biegen wir scharf rechts Richtung Neuffener Heide ein. Nach rund 10 Min. treffen wir auf einen Forstweg und das **Wanderschild Alte Steige 8**, das uns zur Neuffener Heide nach rechts weist. Wir genießen die ersten Blicke auf die Heidelandschaft und das Tal vor uns und marschieren auf dem Weg bis zur **Steinach 9**, die etwas oberhalb in der Bauerlochhöhle entspringt. Knapp unterhalb der Steinach befindet sich die kleine Quellfassung, an der wir den Bach überqueren und rechts bergauf Richtung Neuffener Heide weitergehen. Wir kommen bald aus dem Wald heraus und freuen uns für die Kinder, die nun durch die Heidelandschaft tollen können. Kurz darauf orientieren wir uns am Wanderschild Neuffener Heide Ost leicht links Richtung Neuffen Bahnhof. Der kleine Heidepfad am Hang entlang hält immer wieder Bänke zum Innehalten bereit, so schön ist hier die Aussicht über die Landschaft, die im Sommer von weidenden Schafen gepflegt wird. Wir schlendern auf dem Pfad weiter bis zur Wanderkreuzung Neuffener Heide West, wandern links in Richtung Bahnhof und stechen nach gut 150 m links in die Reben hinein. Der gelbe Kringel begleitet uns auf dem Weg steil bergab, die mächtige Burg Hohenneuffen immer im Rücken und der erloschene Vulkan Jusiberg samt Neuffener Hörnle voraus am Horizont. Nach den letzten Reben kommen wir an einem kleinen schattigen **Spielplatz 10** vorbei und steigen immer geradeaus die Schloßgasse hinunter, bis wir auf die Eberhardstraße treffen. Wir biegen links ab und spazieren gleich darauf rechts auf der Albstraße durch die Altstadt von Neuffen und am Kreisel geradeaus bis zum **Bahnhof 1**.

Zur Burg Hohenwittlingen

2

DURCH DIE WOLFSSCHLUCHT

3.15 STUNDEN

7,7 KILOMETER

↗ 310 HÖHENMETER

↘ 310 HÖHENMETER

ab 6 Jahren SCHWER

Felsige Abenteuerrunde hoch über dem Ermstal: Auf dem Hohenwittlingensteig vom Bad Uracher Stadtteil Wittlingen zum Ermstal geht nichts ohne Felsen. Die Kalksinterterrassen der steil abfallenden Wolfsschlucht steigen wir auf einer gesicherten Leiter und feuchten Felstreppen hinab und bestaunen die wandhohen Felswände, durch die sich der Wittlinger Bach sein Bett gegraben hat. Danach gruseln wir uns in der kühlen Schillerhöhle und begeistern uns an den Ausblicken von der tausend Jahre alten Burgruine Hohenwittlingen, die auf den Steilwänden eines Bergsporns oberhalb der Erms errichtet wurde. Durch herrlichen Buchenwald erreichen wir erst die Aussichtsplattformen Rauchiger Fels und Buckfelsen und danach das beliebte Klettergebiet Geschlitzter Fels, das uns mit bizarren Felsformationen begeistert. Vom offiziellen Hohenwittlingensteig abweichend wandern wir hinunter bis fast ins Tal und gleich wieder steil hinauf zur im Volksmund Mörderschlössle genannten Ruine Baldeck, die einen abenteuerlichen Blick in den Ermstalkessel bereithält, bevor es entlang von Streuobstwiesen und Pferdekoppeln nach Wittlingen zurückgeht.

Ausgangspunkt: Bushaltestelle Wittlingen Uracher Straße, 690 m. Anfahrt ab Bahnhof Bad Urach mit dem Regionalbus 7646 Richtung Westerheim. – Mit dem Auto: Wanderparkplatz Wittlingen, Fischburgstr. 49, 72574 Bad Urach-Wittlingen. Von dort rund 700 m in die Ortsmitte zum Toureinstieg an der Bushaltestelle Uracher Straße.

Ausrüstung: Wanderschuhe mit gutem Profil sind besonders für die feuchten Steinstufen in der Wolfsschlucht sinnvoll. Ausreichend Getränke und Verpflegung sowie eine gute Taschen- oder Stirnlampe für die Schillerhöhle einpacken.

Anforderungen: Teils felsige, teils steile Wege und gut 300 Höhenmeter machen die Tour zur Herausforderung für junge Bergwanderer. Auf den Aussichtsfelsen ist Trittsicherheit und Schwindelfreiheit von Vorteil, aber kein Muss, wenn man genug Abstand zur Kante einhält. Dort besonders auf kleinere Kinder achtgeben.

Einkehr: Auf dem Weg keine. Im Ortskern von Wittlingen findet man Tante-M, einen sehr praktischen SB-Supermarkt, der täglich 5.00–23.00 Uhr geöffnet ist. Zehntplatz 4, 72574 Bad Urach-Wittlingen, tante-m.shop.

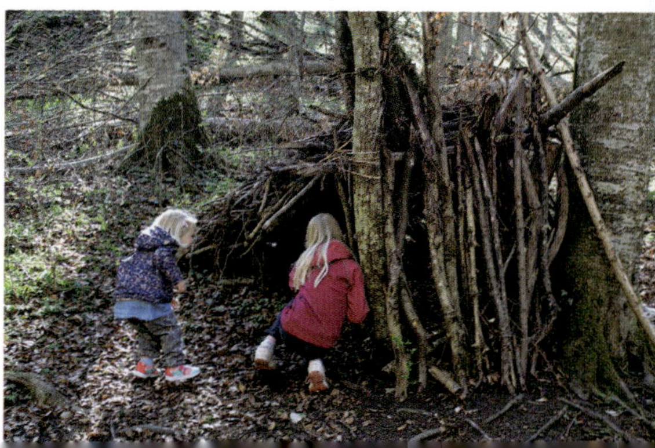

Platz ist in der kleinsten Hütte.

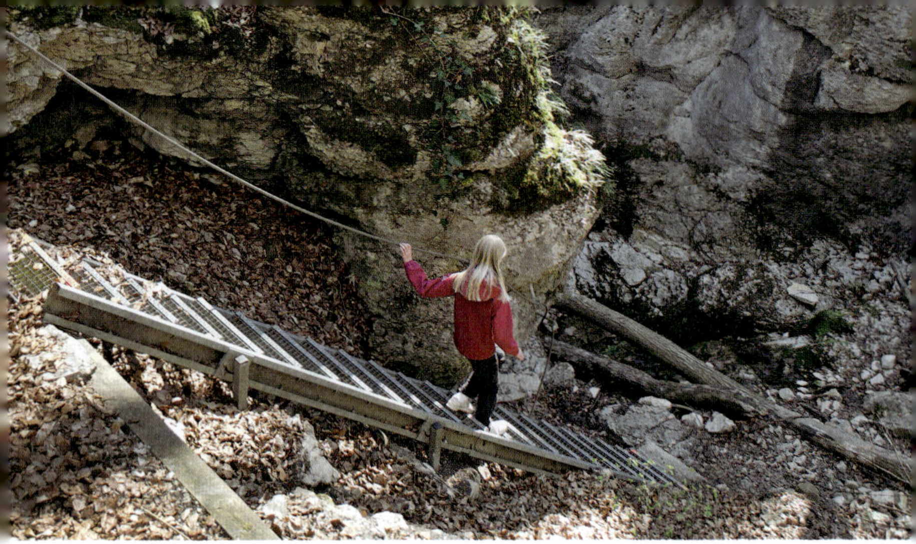

Über gesicherte Stahl- und Natursteintreppen geht es tief in die Wolfsschlucht hinunter.

LOS GEHT'S An der **Bushaltestelle Wittlingen Uracher Straße ❶** finden wir in östlicher Richtung eine Treppe nach unten, die uns über den Winkelweg zum Zehntplatz in der Ortsmitte bringt. Hier biegen wir scharf rechts in die Sackgasse des Rulamanwegs ein, dem wir uns, vorbei an Weiden und Streuobstwiesen, für rund 1 km anvertrauen. Das Glucksen des Wittlinger Bachs begleitet uns in den Wald, wo wir einen weiteren kleinen Bach überqueren und vom **Wanderschild Wolfsschlucht ❷** geradewegs zur Schlucht geleitet werden. Das folgende Schild weist uns an einer Verzweigung nach rechts Richtung Schillerhöhle und wir erblicken kurz darauf die Treppe, die uns steil hinunter in die **Wolfsschlucht ❸** führt. Wir überqueren eine Steinbrücke und halten uns an der Verzweigung links Richtung Schillerhöhle. Der herrliche Steinpfad verläuft ganz im Schatten der mächtigen Felsen steil bergauf. Zwischen April und November dürfen wir die mit einer Fledermaustür versehene **Schillerhöhle ❹** erkunden, jedoch nur bis zu einem Lehmtümpel, der für uns Höhlenlaien das Ende markiert.

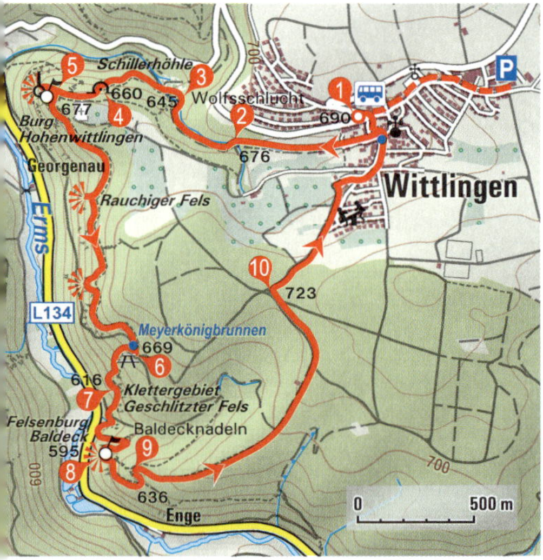

Nach der Höhle steigt unser Weg weiterhin steil an, bis wir nach wenigen Minuten knapp unterhalb der **Burgruine Hohenwittlingen** ❺ stehen. Um den Talblick von der Aussichtskanzel zu genießen und die Ruine zu erforschen, wandern wir um die Burg herum zum Eingang. Nach ausgiebigem Ritter- und Burgfräuleinspielen kehren wir auf unsere Route zurück und gelangen zu einem Wegekreuz, an dem wir uns geradeaus auf dem Hohenwittlingensteig Richtung Buckfelsen halten. Unser Steig schlängelt sich nun immer etwa 150 m über dem Ermstal entlang und schenkt uns vom Rauchigen Felsen und vom Buckfelsen atemberaubende Blicke in die Tiefe. Vorsicht, es geht steil hinunter! Hungrig und durstig nach so vielen Eindrücken freuen wir uns über den **Picknickplatz** ❻ an der nächsten Wegkreuzung. Wir setzen rechts auf einem breiten Forstweg die Wanderung fort und zweigen nach 40 m links auf einen schma-

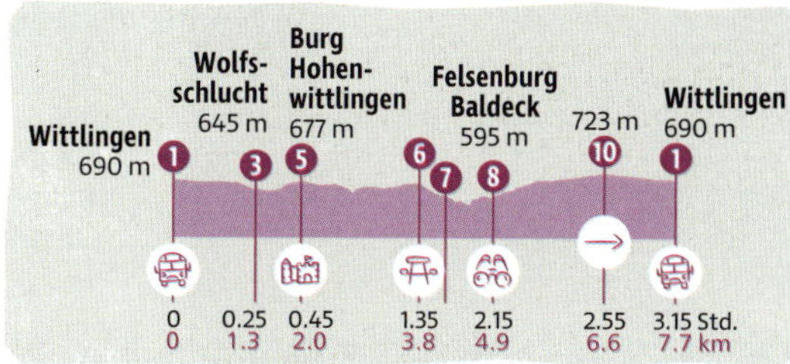

Hallo Kinder!

Die Mischung aus Wacholderheiden, Hang- und Schluchtwäldern sowie Streuobstwiesen macht den einmaligen Reiz der **Schwäbischen Alb** aus, weshalb die UNESCO (Organisation der Vereinten Nationen für Bildung, Wissenschaft und Kultur) das Gebiet als **Biosphärenreservat** anerkannt hat. Dadurch wird der Erhalt dieser von Menschen gemachten Kulturlandschaft zu einem wichtigen Ziel erklärt, an dem viele Verbände, Vereine und staatliche Institutionen mitarbeiten. Auch ihr Kinder könnt beim Schutz und Erhalt dieser Landschaft mitmachen, indem ihr euch zum einen beim Wandern an das Wegegebot in den ausgewiesenen Kernzonen des Biosphärengebietes haltet, also dort auf den freigegebenen Wegen bleibt. Zum anderen könnt ihr euch als **Junior-Ranger** engagieren und die Alb mit den Rangerinnen und Rangern auf einer der vielen angebotenen Exkursionen noch besser kennenlernen (Anmeldung unter www.biosphaerengebiet-alb.de/foerdern-mitmachen/junior-ranger).

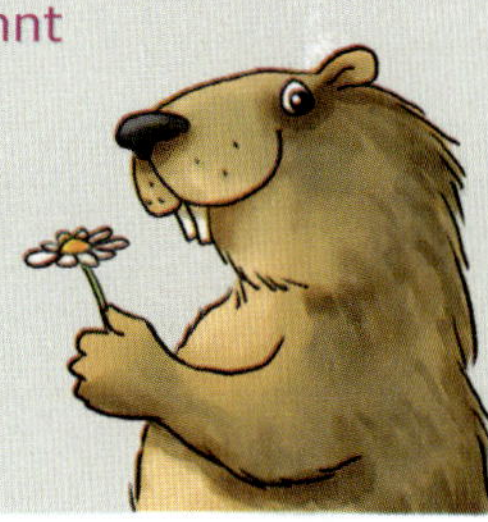

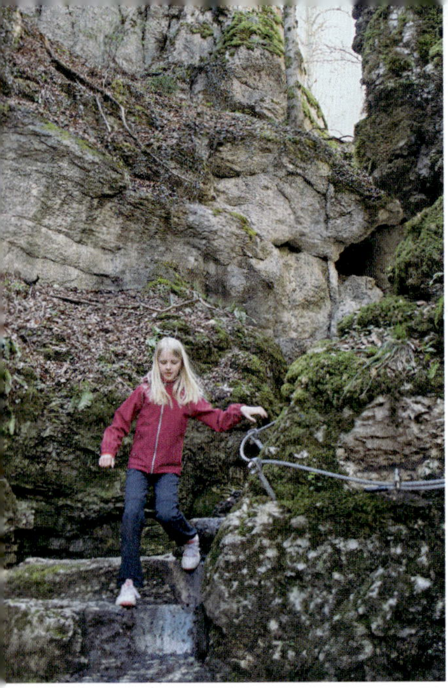

len Pfad ab, immer in Richtung Geschlitzter Felsen, unserem nächsten Ziel. Wasserliebende Wanderkinder machen vorher auf dem Forstweg noch einen kleinen Umweg zum Meyerkönigbrunnen, der kurz nach der Abzweigung am Wegrand als kleine Erfrischung wartet. Auf dem Pfad steigen wir dann weiter bergab, vorbei an immer höher aufragenden Felsnadeln, die zum beliebten **Klettergebiet Geschlitzter Fels ❼** gehören. Hier bestaunen wir wagemutige Kletterer und Kletterinnen bei ihrem Versuch, abenteuerliche Routen namens Malaria oder Unendliches Trauma zu erklimmen. Über Serpentinen schlängelt sich der Pfad hinunter ins Tal, bis wir auf einen breiten Forstweg treffen, in den wir links Richtung Kaisereiche einschwenken. 20 m weiter zweigen wir rechts in einen schmalen Weg ab, der in ein kleines, feuchtes Tälchen führt. Nach knapp 100 m überqueren wir ein winziges Bächlein und wandern nun auf einem Pfad bergauf, bis wir zu den nächsten Kletterfelsen gelangen, den Baldecknadeln. Hier folgen wir an der Verzweigung dem Pfad nach rechts hinauf bis zur nächsten Wegkreuzung. Rechts von uns liegt die ehemalige **Felsenburg Baldeck ❽**, von der nurmehr Reste zu sehen sind und von der wir einen weiten Blick auf das Ermstal genießen. Zurück an der Wegkreuzung halten wir uns rechts, bis wir nach

OBEN
Der Bach nimmt manchmal auch den Weg über die Stufen.

UNTEN
Im Gipfelbuch auf dem Rauchigen Fels verewigen sich die Kinder.

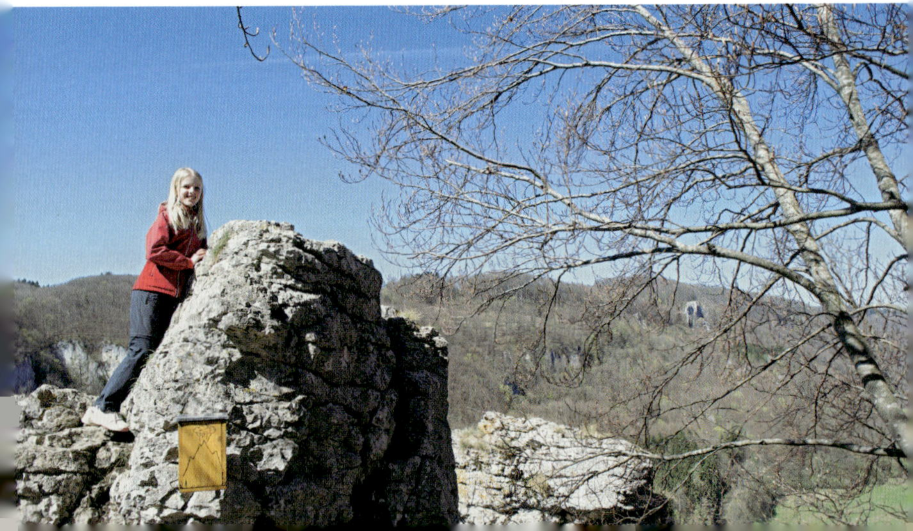

200 m links in einen Pfad abbiegen, der uns zum **Wanderschild Ehemalige Burg Baldeck ⑨** bringt. Wir halten uns rechts an den Wanderweg Nr. 15 Richtung Kaisereiche, der sich für gut 20 Min. auf einem breiten Grat immer geradeaus durch einen jungen Buchenwald hinaufzieht. Wir passieren eine Forsthütte und verlassen am folgenden Wanderschild Hockenloch den Rundwanderweg Nr. 15, um geradeaus weiter Richtung Parkplatz Hohenwittlingen zu marschieren. Am nächsten, gleichnamigen **Wanderschild Hockenloch ⑩** schlagen wir rechts den Weg ebenfalls Richtung Parkplatz Hohenwittlingen ein. Das dritte Wanderschild namens Hockenloch auf 718 m ignorieren wir und wandern geradeaus an Pferdekoppeln und Obstbäumen vorbei den unbeschilderten Wiesenweg hinunter. Den Spielplatz am Wittlinger Ortsrand nehmen die Kinder noch freudig mit, bevor der nun kiesige Weg rechts in den geteerten Litzelwiesenweg übergeht. An dessen Ende biegen wir links in den Flachsäckerweg, der links in den Buchenweg mündet. Nach rund 100 m erreichen wir wieder den Zehntplatz und auf dem bekannten Weg die **Bushaltestelle Wittlingen Uracher Straße ①**.

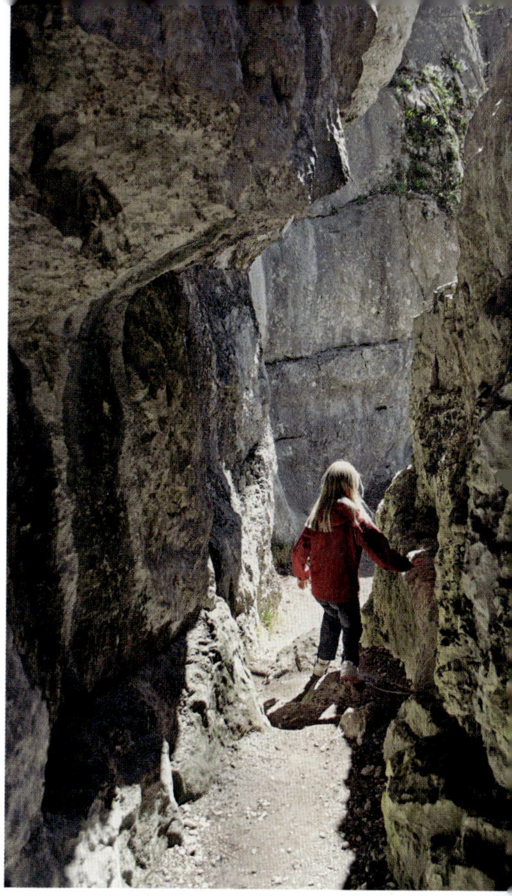

Hier macht der Geschlitzte Fels seinem Namen alle Ehre.

★Highlights

Wir steigen am Sicherungsseil vorsichtig hinab in die abenteuerliche Wolfsschlucht.

Mit Taschen- oder Stirnlampen ausgerüstet betätigen wir uns in der Schillerhöhle als Speläologen (Höhlenforscher).

Klippenartige Aussichtsfelsen lassen uns auf dem Höhenweg tief ins Ermstal hinunterschauen.

Zwischen den steilen Felsriesen des Klettergebietes Geschlitzter Fels fühlen wir uns ganz klein.

Im Frühling freuen wir uns über die Blütenpracht der Streuobstwiesen.

3 Bad Uracher Wasserfall

RUNDWANDERUNG UM DEN RUNDEN BERG

4.00 STUNDEN
9,3 KILOMETER
↗ 420 HÖHENMETER
↘ 420 HÖHENMETER
SCHWER ab 6 Jahren

Von Tuffnasen und Traufkanten: Das kleinen Fachwerkstädtchen Bad Urach ist Ausgangsort für eine der spektakulärsten Wanderungen auf der Alb. Wir erklimmen die Hochalbfläche entlang des herrlichen Bad Uracher Wasserfalls, dessen Wasser gerne mal über den Wanderweg fließen und der auch in frostigen Wintern besonders sehenswert ist. Von oben staunen wir über die steil abfallende Albtraufkante, die wir schon von unten bewundern konnten. Wir folgen ihr über den Aussichtspunkt am Rutschenfelsen, bis es hinuntergeht zum Gütersteiner Wasserfall, der mit moosbewachsenen Fallstufen und üppiger Vegetation wie ein verwunschener Ort wirkt. Im Maisental angekommen erfreuen wir uns am Ende der Wanderung am Anblick der prächtigen Junghengste des Vorwerks Güterstein, einer Zweigstelle des berühmten Marbacher Gestüts, das früher einmal ein Zisterzienserkloster war und nun der Aufzucht edler Rassepferde dient.

Ausgangspunkt: Haltepunkt Bad Urach Wasserfall, 442 m. Anfahrt ab Metzingen mit der Regionalbahn RB63 Richtung Bad Urach. – Mit dem Auto: Parkplätze am Haltepunkt Bad Urach Wasserfall oder 200 m weiter am Parkplatz Uracher Wasserfälle, jedoch kostenpflichtig.
Ausrüstung: Gut profilierte Wanderschuhe sind besonders auf den nassen Stufen am Wasserfall wichtig.
Anforderungen: Herausfordernde Tour aufgrund der Länge und des Anstiegs. Meist schmale Pfade, nur die Zuwege am Anfang und Ende sind breitere Forst- oder Wanderwege. Vorsicht, an den Abbruchkanten der Aussichtsfelsen auf kleinere Kinder aufpassen!
Einkehr: Oberhalb des Bad Uracher Wasserfalls wartet der große, schattige Biergarten der Wasserfallhütte mit kleinen, regionalen Speisen; Hochwiese Bad Urach, tägl. geöffnet 10.30–18.00 Uhr. Gegen Ende der Tour freuen sich die Kinder auf ein Eis im Biergarten des Maisentalstüble; tägl. geöffnet 11.00–22.00 Uhr, Vorderes Maisental 5, 72574 Bad Urach, Tel. +49 7125 4241.
Tipp: Der von der deutschen UNESCO-Kommission zum Immateriellen Kulturerbe erhobene Uracher Schäferlauf findet alle zwei Jahre statt (nächster Termin: 21.–24. Juli 2023). Dieses Volksfest wird seit 1723 gefeiert und zieht mit seinem Festumzug, dem Schäferwettlauf, weiteren Veranstaltungen und dem Marktplatzhock viele Besucher an.

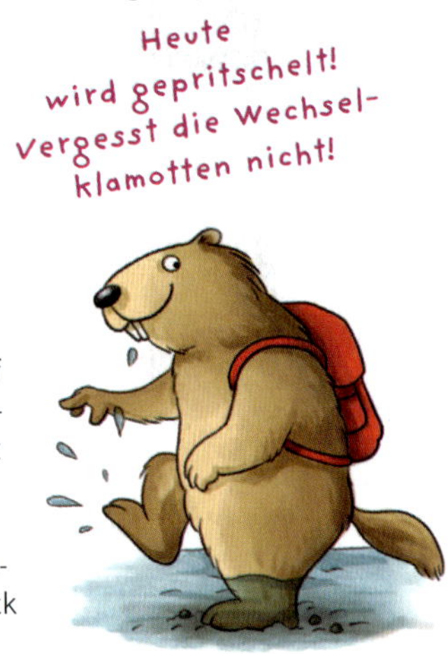

RECHTS
Oben schäumt er, unten gluckst er: der Uracher Wasserfall.

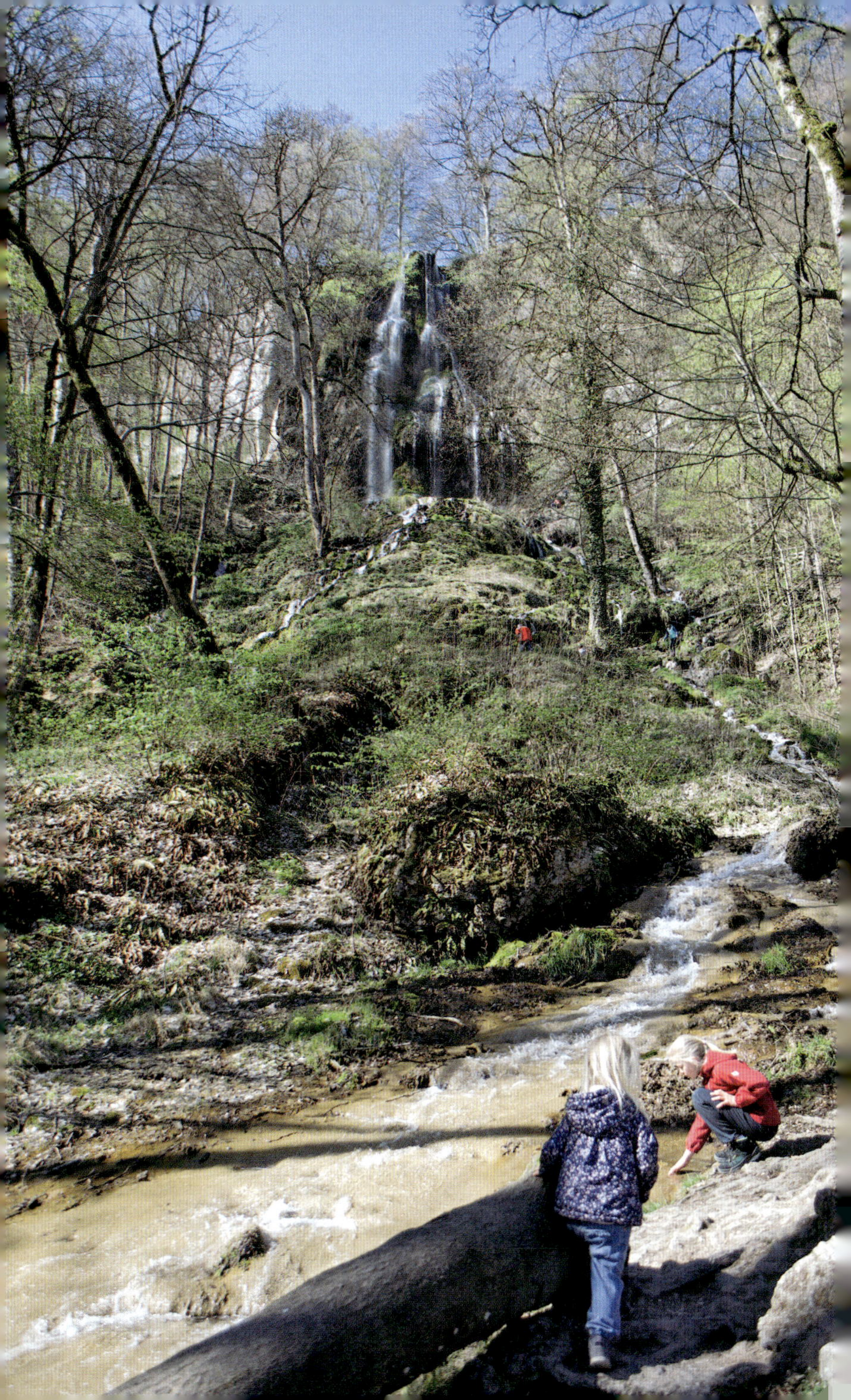

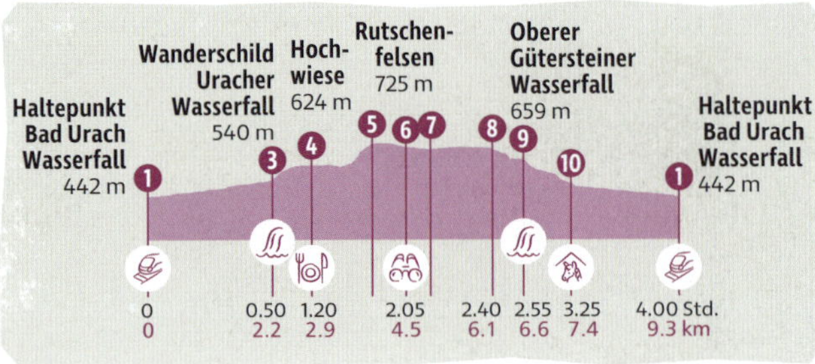

LOS GEHT'S Vom Haltepunkt **Bad Urach Wasserfall** ❶ spazieren wir auf der Teerstraße in Richtung der Wanderparkplätze, wo die Kinder schon das erste Mal mit Wasser in Kontakt kommen, wenn sie in das Kneippbecken steigen, das kurz vor dem gemütlichen **Maisentalstüble** ❷ überhitzten Füßen Kühlung verheißt. Das Klettergerüst des Biergartens heben wir uns für den Rückweg auf und marschieren weiter geradeaus auf einem breiten Kiesweg Richtung Uracher Wasserfall. An der nächsten Weggabelung geht es für uns auf dem Unteren Wasserfallweg nach rechts, dem Schild Wasserfallhütte folgend. Direkt am Ufer des Brühlbaches mit vielen Gelegenheiten zum Spielen am Wasser verläuft unser Weg das Tal entlang, die steil abfallende imposante Albkante haben wir immer im Blick. Vogelgezwitscher und Bachrauschen begleiten uns bis zum **Wanderschild Uracher Wasserfall** ❸, an dem wir uns links hinauf in Richtung Rutschenfelsen orientieren. Wie in einem Zauberland ergießt sich hier der Wasserfall über die Steinstufen und grünbemoosten Felsen. Eine komplett von Wasser umgebene Holzbank zieht die Kinder magisch an, wir steigen jedoch weiter den Pfad unterhalb der Steilwand mit den Elefantenhöhlen hinauf. Diese Höhlen sind leider nicht zugänglich. Nach wenigen Minuten biegen wir auf den Steinstufen scharf links ab und folgen der Beschilderung zur Hochwiese und der bewirtschafteten Wasserfallhütte. Am Wanderschild Elefantenhöhle haben wir einen Blick bis zum Schlossberg mit der Burg Hohenurach und 50 m weiter geradeaus sehen wir das Wasser des Brühlbaches über eine Felsnase aus Kalktuff hinweggurgeln. Wir drehen eine kleinen Runde

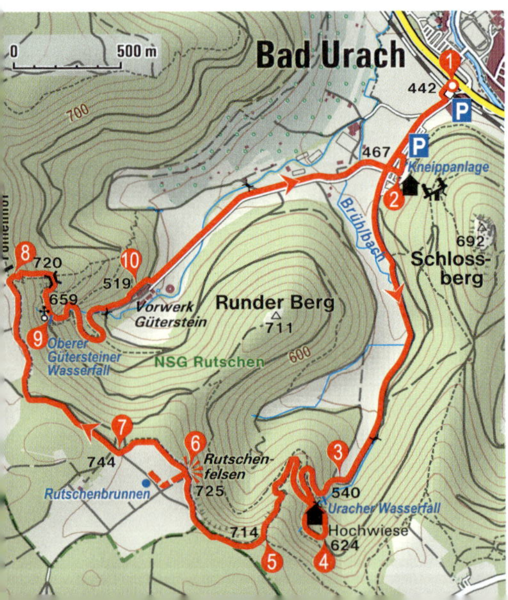

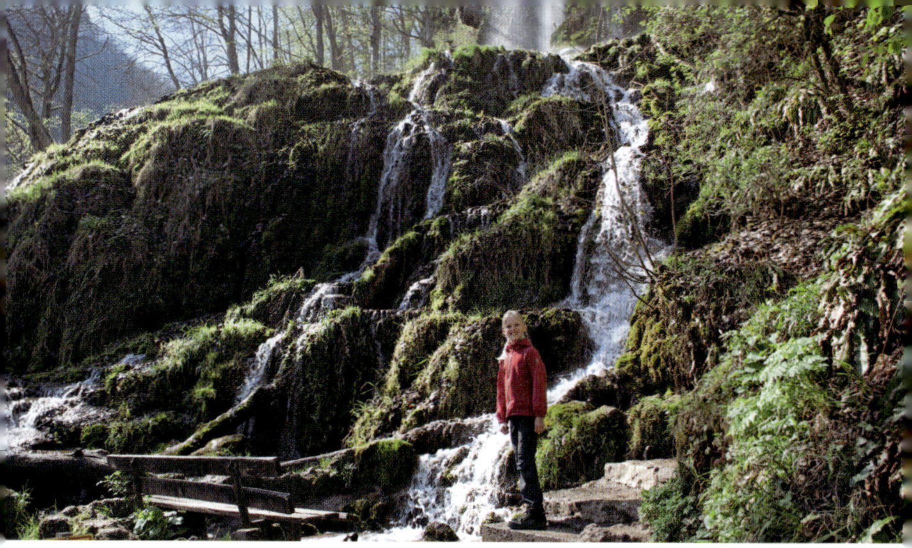

Elfen und Feen würden sich hier wie zu Hause fühlen.

Hallo Kinder!

Der **Uracher Wasserfall** ist ein eigentümlicher Geselle, denn er verändert beständig sein Aussehen. Immer wenn in der steinernen Rinne des Bachbettes das stark kalkhaltige Wasser über die Ufer schwappt, setzen sich feine Kalkkristalle ab und bilden ein Gestein, das an Blumenkohl erinnert, den sogenannten **Kalktuff**. Mit diesem Kalktuffstein wurden früher sogar ganze Häuser gebaut, zum Beispiel das Wasserkraftwerk in Seeburg (siehe auch Tour 5). An dem Plateau, von dem aus sich der Bach in die Tiefe stürzt, lagern sich pro Jahr einige Tonnen des Kalktuffs ab und bilden eine sogenannte **Tuffnase** oder **Tuffschnauze**. Sie wächst jedes Jahr um ein paar Zentimeter, bis sie so stark hervorsteht, dass sie abbricht. Das ist das letzte Mal im Jahr 1951 geschehen. Die abgebrochenen Nasen sammeln sich am Fuß des Uracher Wasserfalls als Geröllhaufen und werden von Moos überwachsen.

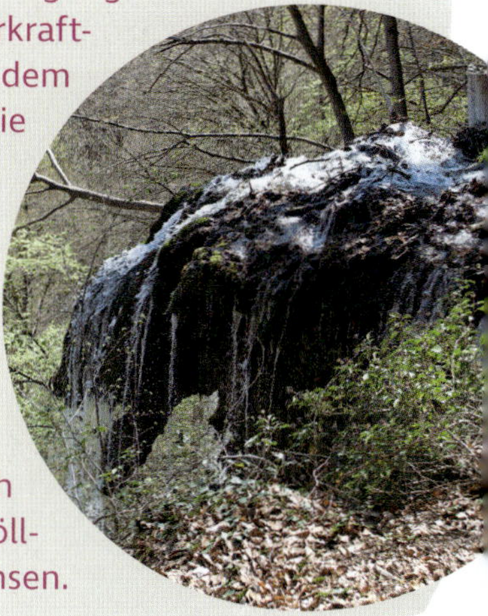

auf der **Hochwiese** ❹ mit dem Biergarten und kehren zum Wanderschild Elefantenhöhle zurück. 20 m nach dem Schild wählen wir an einer Gabelung den linken Weg Richtung Rutschenfelsen, der uns mit schaurigen Blicken in die Tiefe hinauf zur Traufkante am **Wanderschild Kalkwald** ❺ geleitet. Wir biegen rechts Richtung **Rutschenfelsen** ❻ ab, den wir nach einigen Minuten erreichen, um eine längere Aussichtspause einzulegen. Die Berge und Täler um Bad Urach breiten sich vor uns aus, auch die Burg Hohenneuffen (siehe Tour 1) und der Römerstein (siehe Tour 4) sind zu erkennen und ergeben zusammen mit den senkrecht ins Tal abfallenden Steilkanten ein einmaliges Bild. Vorsicht an den Felsenklippen, nicht zu nah herangehen und die Kinder gut im Auge behalten oder an die Hand nehmen, es gibt kein Geländer! Wer möchte, kann einen kurzen Abstecher zum 150 m entfernten Rutschenbrünnele machen, eine der seltenen Quellen auf der Alb. Vom Rutschenfelsen aus wandern wir dann weiter an der Traufkante entlang, folgen an einer Verzweigung dem Schild zur Rohrauer Hütte und wenden uns am folgenden **Wanderschild Ramschel Hütte** ❼ nach rechts in Richtung Hohe Warte. Nach rund 300 m steuern wir an der Verzweigung links die Hohe Warte an und biegen gleich darauf am Wanderschild Leimberg West rechts in den kleinen Waldweg Richtung Gütersteiner Wasserfälle ein, der im Frühjahr von gelb-weiß blühenden Buschwindröschen eingefasst ist. Er bringt uns direkt an einer Koppel des Fohlenhofes vorbei, zur Rechten immer begleitet vom bewaldeten Abhang. Am **Wanderschild Essenteich Südwest** ❽ steigen wir rechts die Serpentinen hinab Richtung Gütersteiner Wasserfall. An der nächsten Weggabelung halten wir uns rechts und folgen anschließend weiter der Beschilderung zum Wasserfall. An der Kapelle Güterstein angekommen, genießen wir den Anblick der vielen kleinen Bäche, die über die bemoosten Felsen und Steinen plätschern und sich in einem smaragdgrünen Becken sammeln, um von dort als **Oberer Gütersteiner Wasserfall** ❾ den

LINKS
Ist der Aufstieg noch sicher und bequem ...
RECHTS
... passen wir umso besser am spektakulären, ungesicherten Rutschenfelsen auf.

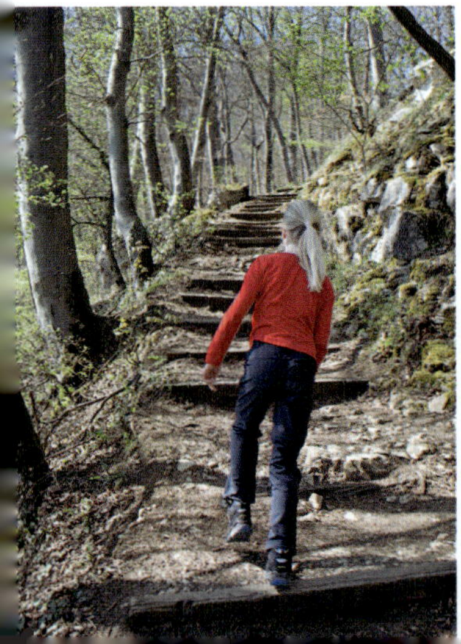

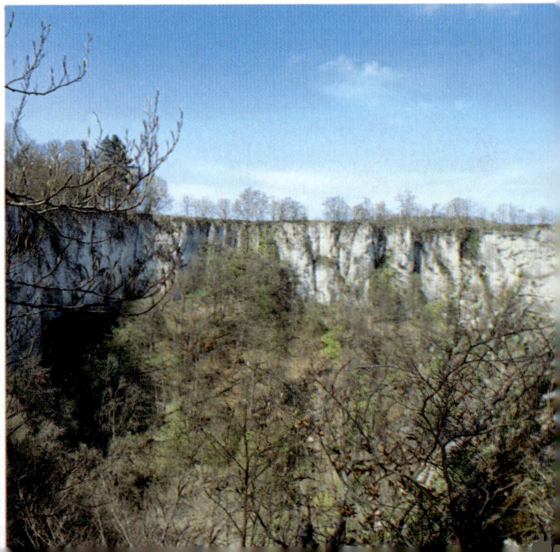

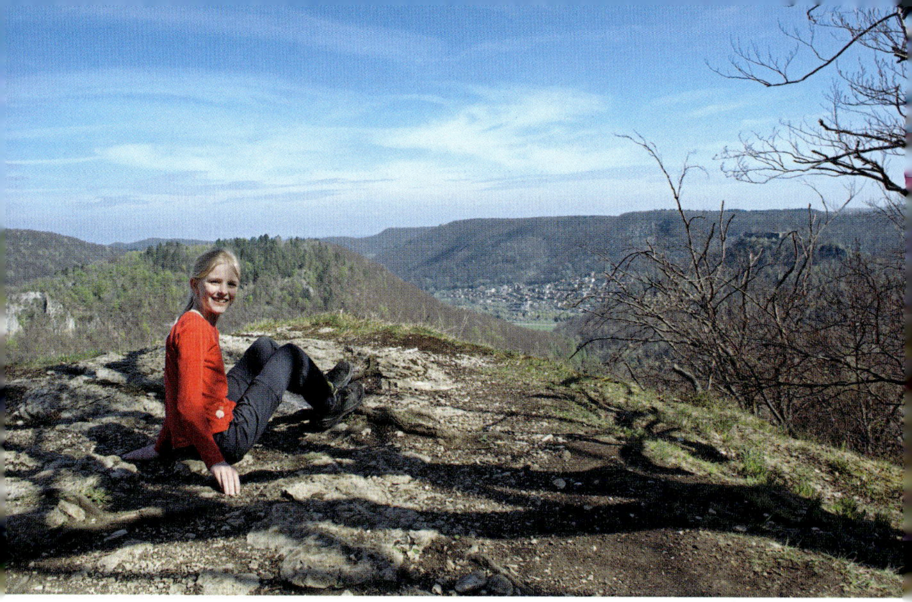

Wir genießen die Fernsicht aus sicherer Entfernung zur Felskante.

Berg hinunterzustürzen. Hinter der Kapelle steigen wir links zu diesem Becken hinunter und halten uns beim Abstieg an die Beschilderung des Wasserfallsteigs, bis wir vor dem Wanderschild »Gütersteiner Wasserfall 613 m« stehen. Wir biegen rechts vom Wasserfallsteig ab in Richtung Gestütshof Güterstein. An den nächsten beiden Wanderschildern, die ebenfalls Gütersteiner Wasserfall heißen, aber unterschiedliche Höhenangaben haben, gehen wir jeweils links und erreichen nach einigen Minuten den **Gestütshof ⑩**. Mit etwas Glück bekommen wir ein paar Rassepferde auf den herrlichen Koppeln zu sehen. Vom Haupttor des Gestüts machen wir uns auf der gekiesten, schnurgeraden Obstbaumallee durch das Maisental auf den Rückweg. Wir treffen schließlich auf die Hochsträß, auf der wir links wieder zurück zum Haltepunkt **Bad Urach Wasserfall ①** kommen.

★Highlights

Am teils flachen, teils reißenden Brühlbach können die Kinder herrlich planschen und spielen.

Der Uracher Wasserfall mit seinen ausufernden Armen ist ein herrlicher Abenteuerspielplatz und begeistert kleine und große Wanderer.

Die senkrecht abfallende Albtraufkante nötigt uns vom Tal und vom Berg aus einigen Respekt ab.

Der Gütersteiner Wasserfall liegt verwunschen mitten im Wald und begleitet unseren Abstieg hinunter ins Tal.

Der Fohlenhof und der Gestütshof Güterstein beherbergen prächtige Rassepferde.

4

Zum Römersteinturm

VON ZAININGEN NACH DONNSTETTEN

3.00 STUNDEN

7,7 KILOMETER

↗ 160 HÖHENMETER

↘ 150 HÖHENMETER

MITTEL ab 6 Jahren

Von Hüle zu Hüle auf dem Schwäbischen Vulkan: Auf den sanften Hügeln zwischen Zainingen und Donnstetten verläuft diese kinderwagentaugliche Route, die sich im Winter auch hervorragend zum Winterwandern oder Skilanglauf eignet. Von der idyllischen Hüle (siehe auch »Hallo Kinder«) im Zaininger Vulkankessel wandern wir an Äckern und Feldern vorbei in einen lauschigen Buchenwald bis zum Aussichtsturm auf dem Römerstein. Großzügige Grill- und Sitzgelegenheiten um den Turm herum laden zum längeren Verweilen und Spielen ein. Mit etwas Glück sehen wir über uns einen Rotmilan kreisen, der in dieser Gegend öfter vorkommt. Kurz vor Donnstetten können sich die Wanderkinder auf der Ganzjahres-Bobbahn eine Runde Bauchkribbeln abholen, ehe die Wanderung an der beschaulichen Hüle in Donnstetten endet.

Ausgangspunkt: Bushaltestelle Zainingen Rathaus, 797 m. Anfahrt ab Bahnhof Bad Urach mit dem Regionalbus 7646 Richtung Westerheim. – Mit dem Auto: Parken ist in den Straßen rings um die Bushaltestelle Zainingen Rathaus möglich.
Endpunkt: Bushaltestelle Donnstetten, 803 m. Zurück zum Ausgangspunkt mit dem Regionalbus 7646 Richtung Bad Urach.
Ausrüstung: Halbhohe Wanderschuhe oder Wandersandalen genügen auf der leicht zu wandernden Strecke. Wechselkleidung für das Spielen am Wasser, eventuell Picknick- oder Grillutensilien für eine ausgedehnte Pause am Römersteinturm.
Anforderungen: Mittellange Wanderung ohne große Anstiege auf breiten Wander- und Forstwegen, die auch mit einem geländegängigen, luftbereiften Kinderwagen gut zu bewältigen ist.
Einkehr: An der Bobbahn und am Skilift Donnstetten gibt es kleine Snacks und Kuchen sowie Getränke. Öffnungszeiten unter bobbahn-donnstetten.de, Böhringer Straße 18, 72587 Römerstein.
Tipps: Sollte der Römersteinturm geschlossen sein, z. B. an Wochentagen oder im Winter, kann man einen Schlüssel an den Rathäusern in

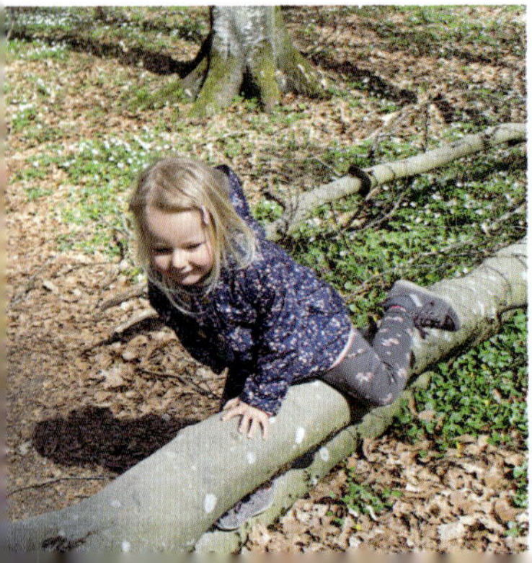

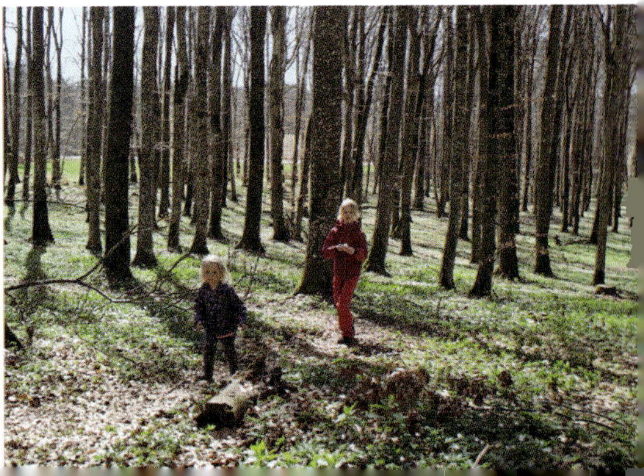

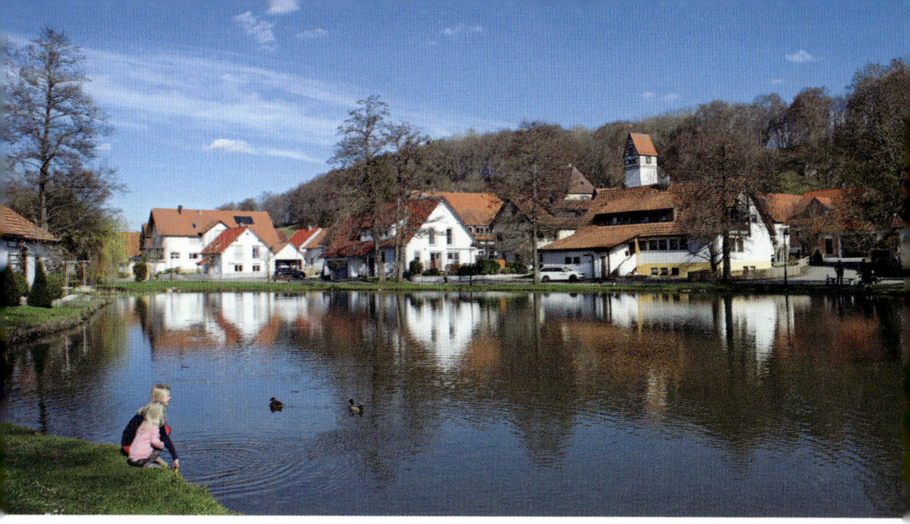

Donnstetten und Böhringen sowie in Zainingen im Gasthof Engel erhalten. Knapp 2 km außerhalb von Zainingen gibt es einen Sternguckerplatz des Sternenparks Schwäbische Alb. Himmelsliegen und Infotafeln helfen nachts beim Sterne suchen.

OBEN

Die größte Hüle auf der Schwäbischen Alb: die Zaininger Hüle.

LINKS UNTEN

Erst über große Hindernisse kommen wir in einen Wald voller Buschwindröschen.

LOS GEHT'S An der **Bushaltestelle Zainingen Rathaus ➊** gehen wir nach einem ausgiebigen Besuch der großen Hüle mit ihren Fisch- und Froschbeständen links um das Rathaus herum, passieren das alte Backhaus und biegen am Feuerwehrhaus links in die Alte Straße ein. Wir treffen nach einigen Minuten steil bergauf auf die Uracher Straße, auf der wir rechts zur Bundesstraße gelangen. Wir überqueren sie vorsichtig, denn manche Autofahrer fahren hier zu schnell. An einem geteerten Wirtschaftsweg finden wir bald eine Rastbank und genießen den weiten Blick über die Felder und Wiesen, die sich auch zum Barfußlaufen anbieten. An der Bank halten wir uns rechts bis zum Ende des Weges, um dann links in einen weiteren Wirtschaftsweg einzubiegen. Wir folgen ihm durch ein kleines Waldstück, vorbei am Skilift Hesel, bis

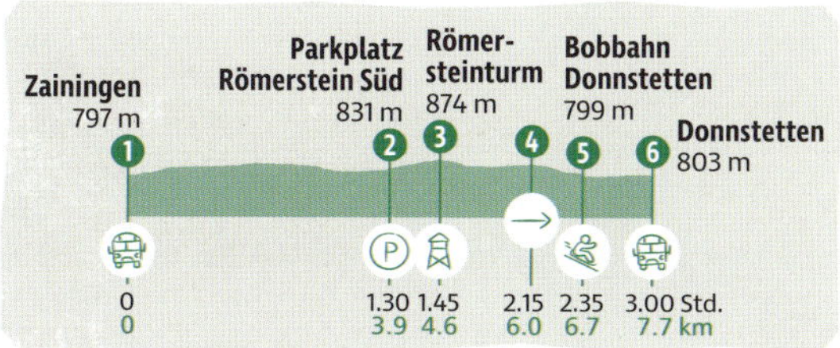

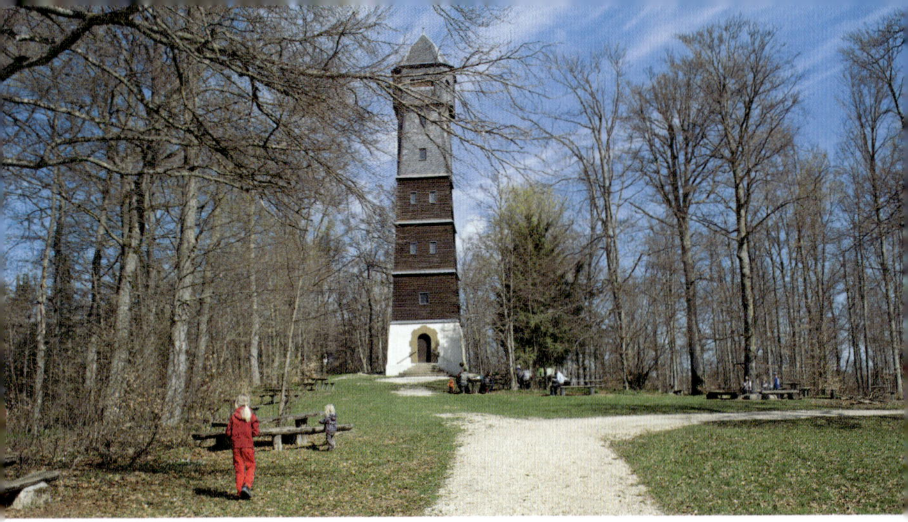

Gern besucht: Der Römersteinturm aus dem Jahr 1912 lässt uns bis zu den Alpen schauen.

er auf einen breiteren Weg trifft. Hier biegen wir rechts ab und nach weiteren 200 m am Waldrand links. Nach 10 Min. stoßen wir auf eine Landstraße, queren diese und folgen am **Parkplatz Römerstein Süd ❷** dem Wanderschild Richtung Römerstein in den Wald hinein. Ein schöner Wanderweg bringt uns durch den im Frühling mit blühenden Buschwindröschen übersäten Buchenwald. Am nächsten Abzweig geht es für uns rechts den Berg hinauf, bis wir kurz darauf den **Römersteinturm ❸** erreichen. Feuermachen und Grillen am Fuß des riesigen Turmes macht den Kindern besonderen Spaß.

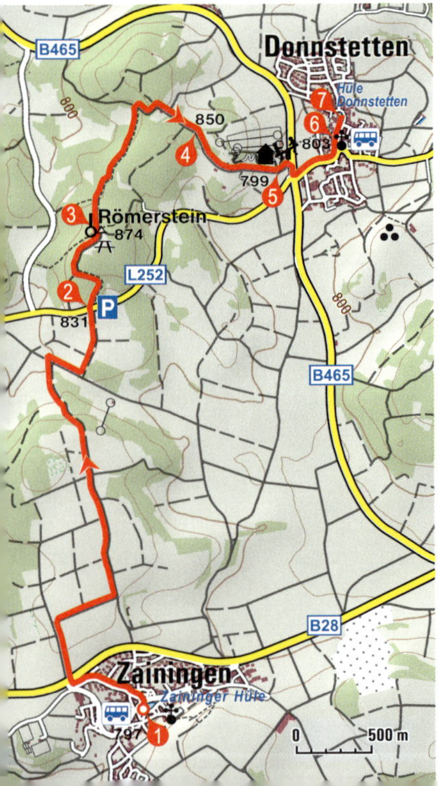

Hinter dem Turm setzen wir unsere Wanderung fort und steigen auf einem steilen, schmalen Pfad bergab. Diese Stelle ist mit Kinderwagen knifflig, aber machbar. Nach knapp 20 Min. schwenken wir rechts in den Forstweg ein, der erst eine Links- und gleich darauf eine Rechtskurve beschreibt, bevor es geradeaus weiter bis zu einer **Gabelung ❹** geht, an der wir den rechten Weg einschlagen. Auf einem Steinplattenweg passieren wir das Gelände der **Bobbahn Donnstetten ❺**, die sich zu unserer Linken den Berg hinunterschlängelt. Am zugehörigen Spielplatz legen wir

Hallo Kinder!

Sicher habt ihr schon gemerkt, dass es auf der Schwäbischen Alb kaum größere Seen gibt. Das **löchrige** und **poröse Kalkgestein** im Untergrund kann Regen- oder Quellwasser nicht speichern, das Wasser versickert in Höhlen, Schlundlöchern und Klüften ins Erdinnere. Deswegen entstanden die ersten menschlichen Siedlungen der Alb um kleine, wasserundurchlässige Senken, die durch **Ton-** oder **Vulkanstein** abgedichtet waren. Hier bildeten sich kleine Seen oder Tümpel, die sogenannten **Hülen**. Später hat man diese Hülen auch künstlich angelegt, denn Wasser war zum Bewässern der Felder, zum Tränken des Viehs und zum Feuerlöschen für die Dörfer überlebenswichtig. Die **Zaininger Hüle** füllt einen der 350 Schlote des sogenannten **Schwäbischen Vulkans** und ist heute die größte und vielleicht auch idyllischste Hüle auf der Alb.

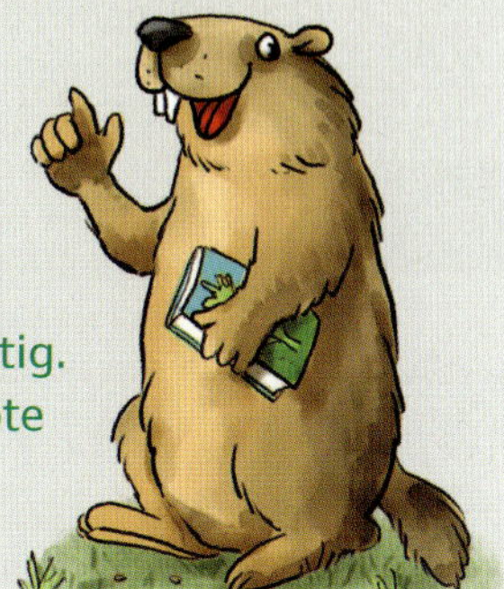

eine weitere Pause ein und beobachten die mutigen Bobfahrer aller Altersklassen, zu denen natürlich unsere Kinder auch gehören wollen. Nach der Rodelsause überqueren wir vorsichtig die Bundesstraße und wandern auf der Feldstetter Straße nach Donnstetten hinein. Nach wenigen Minuten halten wir uns an der Uhlandstraße links und passieren die **Bushaltestelle Donnstetten Rathaus** ❻, zu der wir nach dem Besuch der kleinen **Hüle** ❼ zurückkehren, wenn wir mit dem Bus zum Ausgangspunkt nach Zainingen möchten.

★Highlights

Auf den weitläufigen Wiesen lässt es sich im Sommer prima Barfußlaufen.

Oben auf dem 28 Meter hohen Römersteinturm genießen wir eine herrliche Aussicht auf die Albhochfläche.

Grillen und im Wald spielen sind auf dem Römerstein ausdrücklich erwünscht.

Auf der Ganzjahres-Bobbahn von Donnstetten nehmen wir ordentlich Fahrt auf.

Und am dazugehörigen Spielplatz kann sich jeder noch mal richtig austoben.

Am Anfang und am Ende der Tour kühlen wir unsere Füße in den Hülen.

5 Die Trailfinger Schlucht

DURCH DIE KERNZONE DES BIOSPHÄRENGEBIETES

2.30 STUNDEN

5,6 KILOMETER

↗ 210 HÖHENMETER

↘ 210 HÖHENMETER

MITTEL ab 5 Jahren

Über dem tief eingeschnittenen Tal der Erms: Start und Ziel unserer kleinen Rundwanderung ist der Bad Uracher Stadtteil Seeburg, der beschaulich am Fuße gewaltiger Felsen aus Kalktuff im Treffpunkt von Erms-, Mühl-, See- und Fischburgtal auf Erkundung wartet. Viele kleine Sehenswürdigkeiten machen die Tour für die Kinder so spannend, beginnend mit der liebevoll errichteten Grünanlage um das Löwirtsmaries Häusle an der Erms und der an Felsen und Halbhöhlen reichen Trailfinger Schlucht. Hier stoßen wir auf den türkisgrün schimmernden Quellsee der Erms, der so klar ist, dass man leicht bis auf den Grund sehen kann. Nach dem Anstieg auf den Littstein, der nurmehr in der kalten, blätterlosen Jahreszeit eine Aussicht ins Tal erlaubt, geht es durch Wälder, über Wiesen und einige Weiden mit grasenden Schafen und Ziegen zum Seeburger Ehrenmal am Burgberg. Hier genießen wir einen herrlichen Blick auf das von Felsen eingerahmte Dorf, bevor wir hinunterwandern und die Kinder an einem Wunschbaum ein Bändchen mit ihrem Herzenswunsch hinterlassen dürfen.

Ausgangspunkt: Bushaltestelle Seeburg (Württ), 591 m. Anfahrt vom Bahnhof Bad Urach mit dem Regionalbus X2 Richtung Münsingen bis Seeburg. – Mit dem Auto: Kostenloser Parkplatz an der Bushaltestelle, Wiesentalstraße, 72574 Seeburg, GPS: N48.446479, E9.455463.

Ausrüstung: Die steileren Pfade lassen sich mit knöchelhohen Wanderschuhen sicherer bewältigen. Evtl. Wechselkleidung für das Spielen am Bach vorsehen.

Anforderungen: Leichte Wanderung mit einigen Höhenmetern. Der schmale Pfad im Anstieg zum Littsteinfelsen und der steile Abstieg vom Kriegerdenkmal eignen sich nicht für Kinderwägen. Vorsicht am Littsteinfelsen, es geht steil hinunter!

Einkehr: Kurz nach Tourstart können die Wandervorräte am Kiosk Zum Brüggle (Trailfinger Weg 14, 72574 Bad Urach-Seeburg, Tel. +49 152 06392098, Fr 15.00–17.30 Uhr, Sa und So 12.30–17.30 Uhr geöffnet) und an der Getränkestation am Schuppen (Trailfinger Weg 27, 72574 Bad Urach-Seeburg, Tel. +49 7381 4020576, tägl. 9.00–20.00 Uhr, Fr bis 22.00 Uhr geöffnet) aufgefüllt werden.

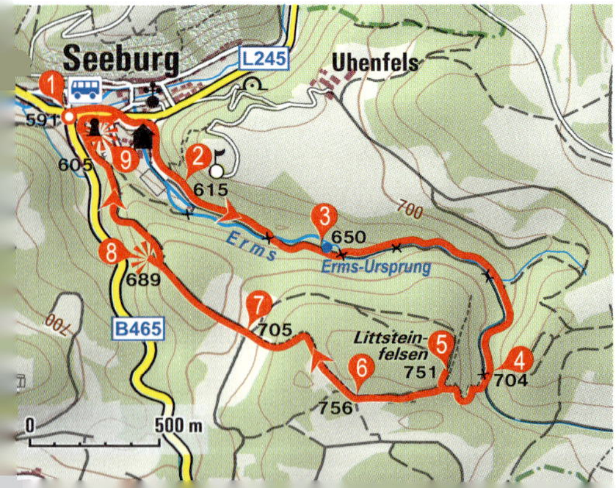

Tipp: Den vor Ort ausgewiesenen Seesteig erwandern, um das sehenswerte Speisecafé Schlüssel und weitere Ziegen- und Schafweiden zu besuchen.

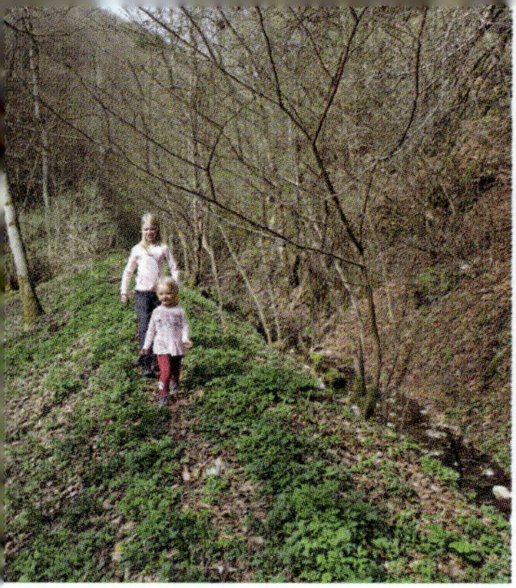

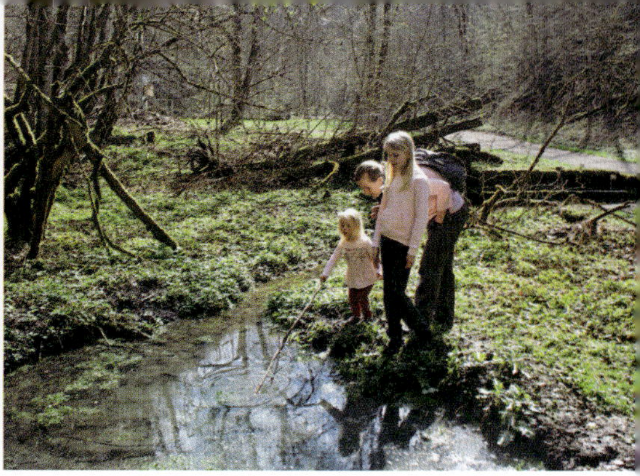

LOS GEHT'S Start unserer Runde ist die Kreuzung mit der **Bushaltestelle Seeburg ❶**, an der auch der Parkplatz liegt. Wir halten uns an der Kreuzung in Richtung Römerstein und gehen die Gruorner Straße ein paar Schritte entlang, bis wir links am **Löwirtsmaries Häusle** und der historischen Tuffsteinquetsche stehen. Der schmale Ermskanal, das Häuschen und die Sitzgelegenheiten in dieser Gartenanlage sind romantisch anzuschauen und eine Besichtigung wert. Nach 100 m biegen wir rechts in den Trailfinger Weg in Richtung Erms-Ursprung ab und folgen ihm über eine Brücke, bis wir vom Wanderschild Seeburgsteig am **Kiosk zum Brückle** rechts weitergeleitet werden. Wir passieren am Sportplatz die **Getränkestation am Schuppen ❷** sowie das aus Kalktuffstein gebaute Wasserkraftwerk und befinden uns schon im kleinen Tal der **Trailfinger Schlucht**, immer begleitet vom Flusswasser der gerade geborenen Erms. Bald erreichen wir auf einem sanft ansteigenden, breiten Forstweg den leuchtend türkisgrünen Teich des **Erms-Ursprungs ❸**, in den die Quelle unermüdlich ihr herrlich klares Wasser hineinpumpt. Die Schlucht wird im weiteren Verlauf immer felsiger und es zeigen sich kleinere und größere Halbhöhlen, die die Kinder erforschen können. Nach einer guten Weile überqueren wir am zweiten Wanderschild namens **»Trailfinger Schlucht, 704 m« ❹** rechts eine Brücke und steigen auf einem schmalen Bergpfad steil hinauf zum Littstein, den wir bald über uns, von Bäumen umgeben, ausmachen können. Oben am Wanderschild Littstein angekommen, können wir eine verdiente Verschnaufpause einlegen oder ein paar Meter rechts durch den Wald zum **Littsteinfelsen ❺** absteigen. Von der

OBEN LINKS

Auf dem Weg zur türkis schimmernden Ermsquelle.

OBEN RECHTS

Gibt es schon Kaulquappen?

UNTEN

In der Trailfinger Schlucht nicht den Abzweig verpassen!

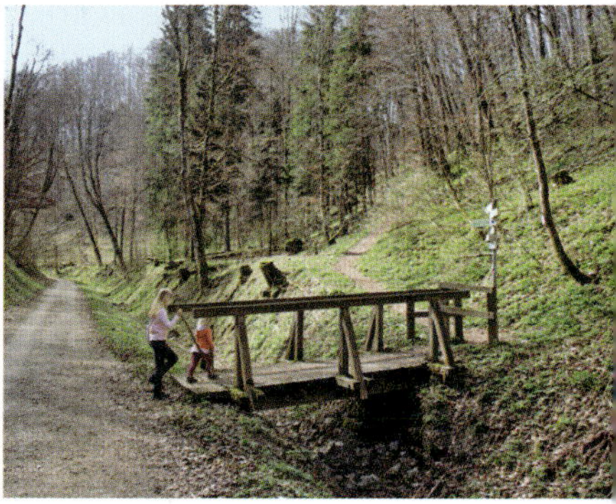

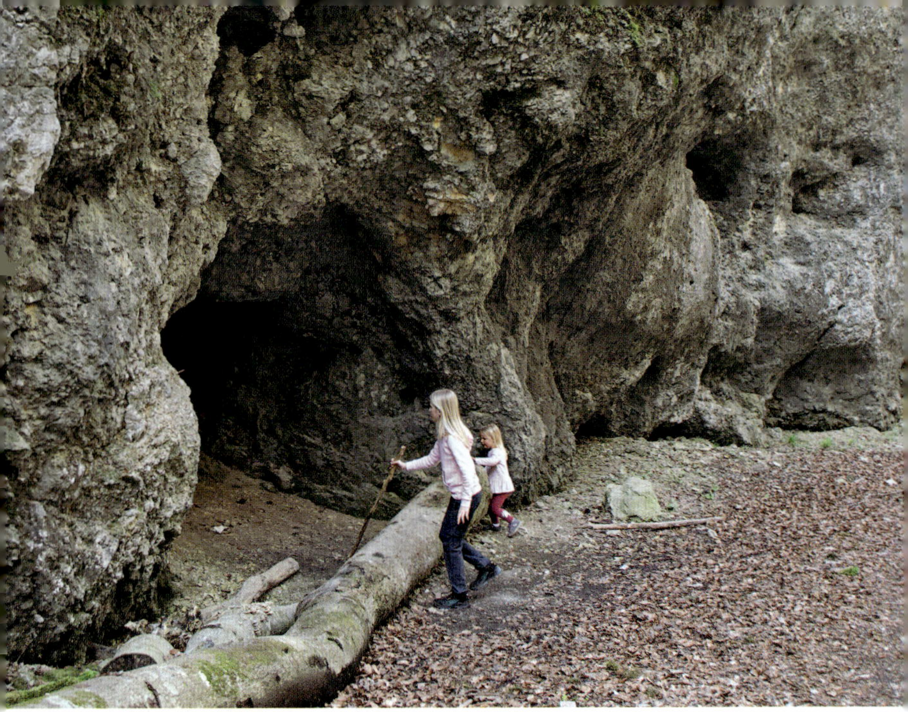

Hier können wir ein tolles Lager bauen.

Bergseite ist er sehr unscheinbar und die Aussicht ins Tal ist mittlerweile etwas von Bäumen verdeckt. Hier gehen wir nicht zu nahe an die Felsen, denn es herrscht Absturzgefahr!

Auf einem Forstweg führt uns anschließend die Beschilderung in Richtung Ehrenmal zuerst durch den lichten Wald, bald darauf am Waldrand weiter bis zum **Wanderschild Ellwangen 6**. Hier verlassen wir den Forstweg nach rechts zugunsten eines unscheinbaren Wiesenweges, aber eine bald folgende Seeburgsteig-Plakette zeigt uns, dass wir auf dem richtigen Weg sind. Auf einem schönen Waldweg gelangen wir bergab auf eine Lichtung mit einem **Jägerstand 7** und lassen uns vom Wanderschild geradeaus in Richtung Ehrenmal weiterlotsen. Rund 10 Min. später zweigt links ein kleiner beschilderter Pfad zu einem **Aussichtspunkt 8** ab, der uns an einen steil abfallenden Felsen mit Blick auf die Wälder im Seetal bringt.

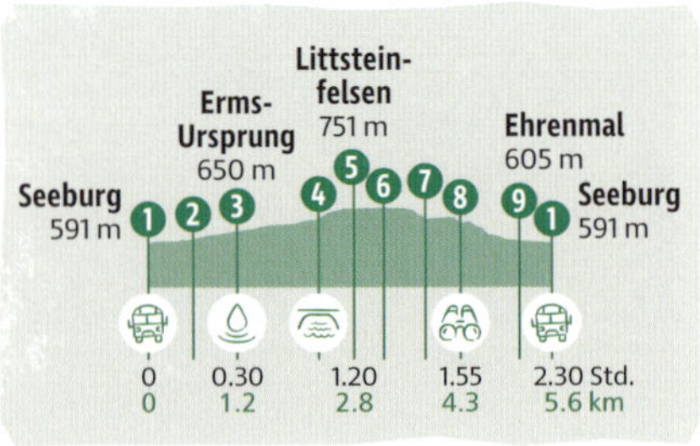

Zurück auf unserem Wanderweg lassen wir bald darauf den Wald hinter uns, durchschreiten am Wanderschild Burgberg ein Ziegengatter in Richtung Ehrenmal und befinden uns schon genau unterhalb des hoch aufragenden Burg-

Hallo Kinder!

Sicher sind euch auf der Schwäbischen Alb schon **Schafe** und **Ziegen** begegnet. Aber warum hält man hier auf der Alb eigentlich so viele von diesen kleinen Wiederkäuern? Die fressen doch die Pflanzen bis auf den Boden runter. Kann das gewollt sein? Ja, genau das ist gewollt! Ohne die tierischen **Määäh-Arbeiterinnen** und -Arbeiter würden nämlich viele wertvolle **Wacholderheiden** und Blumenwiesen von Bäumen, Sträuchern und Stauden überwuchert werden. Dadurch würde sich die Artenvielfalt der hier lebenden Tiere und Pflanzen deutlich reduzieren. Wilde Brombeerbüsche oder Riesenbärenklau könnten ungehemmt wachsen und so den einzigartigen Charakter der Landschaft verändern. Also haltet beim Wandern bitte immer die Gatter gut geschlossen, damit die fleißigen **Landschaftspfleger** nicht ausbüxen.

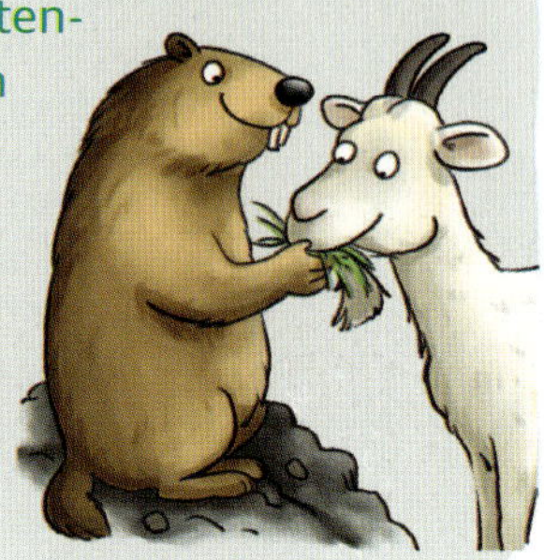

bergfelsens, den Sportkletterer gerne für ihr Hobby nutzen. Wir halten uns an der folgenden Verzweigung links und sehen schon gleich das **Ehrenmal 9** vor uns, von dem wir die beeindruckende Aussicht auf Seeburg mit den rings umliegenden Felswänden bewundern. Von hier sind es auf einem bergabführenden Pfad nur mehr wenige Meter, bis wir durch ein weiteres Gatter das Dorf erreichen und die Kinder ihre Zukunftswünsche an dem bunten Wunschbaum einer Künstlerherberge anbringen können. 30 m weiter unten biegen wir links auf den Trailfinger Weg ab, an der Hauptstraße gleich wieder links und finden auf dem bekannten Weg zurück zur **Bushaltestelle Seeburg 1**.

★ Highlights

Am Löwirtsmaries Häusle bestaunen wir die grünen Wasserpflanzen im kristallklaren Flusswasser.

In der Trailfinger Schlucht erforschen wir die Ermsquelle und die Halbhöhlen in den Felsen.

An einem Aussichtsfelsen gruseln wir uns vor dem steilen Abhang.

Im Sommer können wir auf den Weiden Ziegen und Schafe beobachten und vielleicht auch streicheln.

Vom Ehrenmal am Burgberg öffnet sich uns eine herrliche Aussicht auf die Felslandschaft rund um Seeburg.

6 Auf dem Pfullinger Schönberg

ÜBER DEN WACKERSTEIN UND DIE SCHÖNBERGWIESE

2.15 STUNDEN

4,8 KILOMETER

↗ 220 HÖHENMETER

↘ 220 HÖHENMETER

MITTEL ab 5 Jahren

Auf die Onderhos: Eine herrlich naturnahe Familienwanderung erwartet kleine und große Entdecker auf dem Pfullinger Schönberg. Von der sogenannten Wanne-Hochebene, die auch gern von Gleitschirmpiloten genutzt wird, verläuft die Tour zunächst um den Schönberg herum hinauf zum Aussichtsfelsen Wackerstein, einem urzeitlichen Riff des Jurameeres. Knapp unterhalb des Wackersteins können Höhlenkundige die sehr enge Wackersteinhöhle auf allen Vieren erforschen. Über die Wanderkreuzung Hinteres Sättele führen die urigen Wanderpfade schließlich zum Schönbergturm, einem fantastisch anmutenden Doppelturm, der vom Schwäbischen Albverein vor über 100 Jahren errichtet wurde und im Volksmund auch Pfullinger Unterhose (Onderhos) genannt wird. Von oben genießt man einen tollen Fernblick. Wenn die Flagge des Albvereins an Sonn- und Feiertagen gehisst ist, wird der Turmkiosk bewirtschaftet, aber natürlich kann man auch die Grillstellen am Turm nutzen.

Ausgangspunkt: Wanderparkplatz Wanne, 699 m, 72793 Pfullingen, GPS: N48.444387, E9.225973. Die Zufahrt ist nur über eine Ring-Einbahnstraße ab Pfullingen möglich, die im Winter gesperrt bleibt. Das Parken ist kostenfrei. – Die Anfahrt mit ÖPNV ist leider nicht möglich.
Ausrüstung: Gut profilierte Wanderschuhe sind vor allem bei Nässe zu empfehlen. Wer in die Wackersteinhöhle krabbelt, sollte eine Taschen- oder besser Stirnlampe mitnehmen.
Anforderungen: Kürzere Tour mit einigen steileren An- und Abstiegen auf schmalen, aber gut zu wandernden Pfaden und Wegen. Auf dem Wackersteinfelsen sollte man an den steil abfallenden und ungesicherten Stellen besonders achtgeben. In die Wackersteinhöhle wagen sich nur Höhlenerfahrene, denn sie ist maximal 1 m hoch und 15 m lang.
Einkehr: Der Schwäbische Albverein hisst an Sonn- und Feiertagen die Vereinsflagge auf dem Schönbergturm, wenn der

Besonders die schmalen Pfade werden von Groß und Klein geliebt.

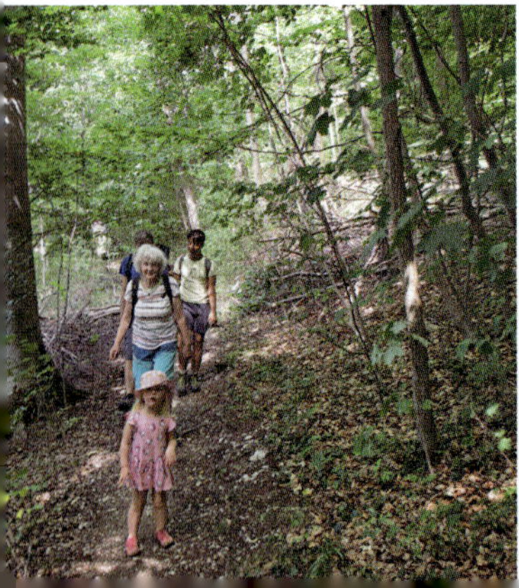

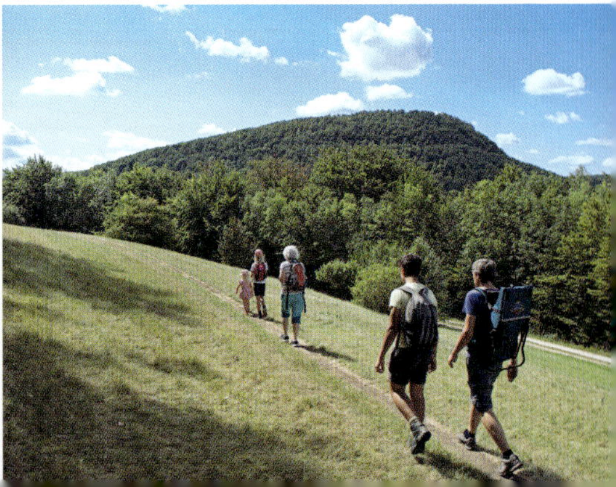

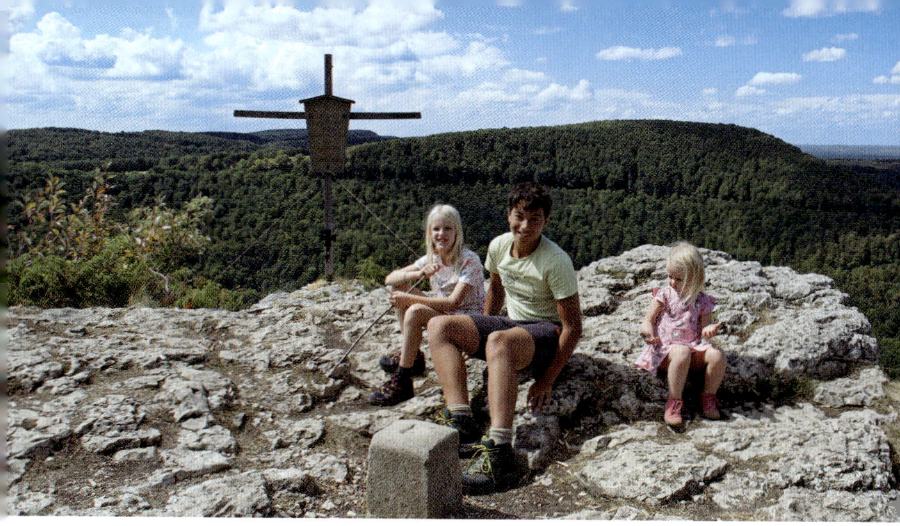

Auf dem Wackerstein wartet ein Gipfelbuch auf lustige Einträge.

Turmkiosk bewirtet wird. Es gibt kalte und warme Getränke sowie einfache Vesper wie Würstchen oder Wurst- und Käsebrote. Der Turm ist nur auf Wanderwegen zu erreichen (GPS: N48.441287 E9.227974), Infos auf albverein.net.

Tipp: Die Wanderung kann bis zur Nebelhöhle fortgesetzt werden. Dazu folgt man am Wackerstein der Beschilderung zum Won und dann zur Nebelhöhle. Die Wanderung verlängert sich so um insgesamt 3 km. Die Höhle ist von April bis Nov. täglich 9.00–17.30 Uhr geöffnet, im März nur an Wochenenden 9.00–17.00 Uhr, von Dez. bis Feb. lassen wir die Fledermäuse in Ruhe schlafen. Die Höhle kann auf 480 m Länge in einem Rundkurs auf eigene Faust erkundet werden, sie ist gut beleuchtet und gesichert. Warme Kleidung mitnehmen. Infos unter hoehlen.sonnenbuehl.de.

LOS GEHT'S

Am **Wanderparkplatz Wanne ❶** orientieren wir uns am dortigen Wanderschild halb rechts in Richtung Hinteres Sättele und Wackerstein. Wir wandern auf einem anfangs geteerten Weg, der links an der steinernen Schutzhütte Obere Wannehütte vorbeiläuft und sich an der nächsten **Gabelung ❷** halb links in Richtung Hinteres Sättele und Wackerstein fortsetzt, gekennzeichnet mit einem blauen Dreieck. Nach wenigen Minuten wenden wir uns an der nächsten Weggabelung nach links auf einen kleinen Pfad, der für einen guten Kilometer parallel zum Wanderweg am

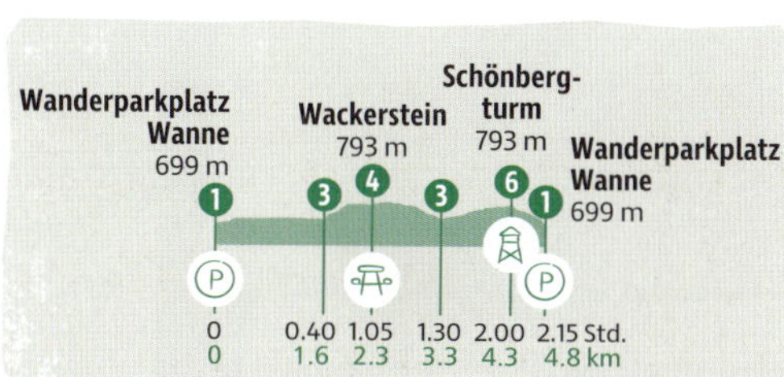

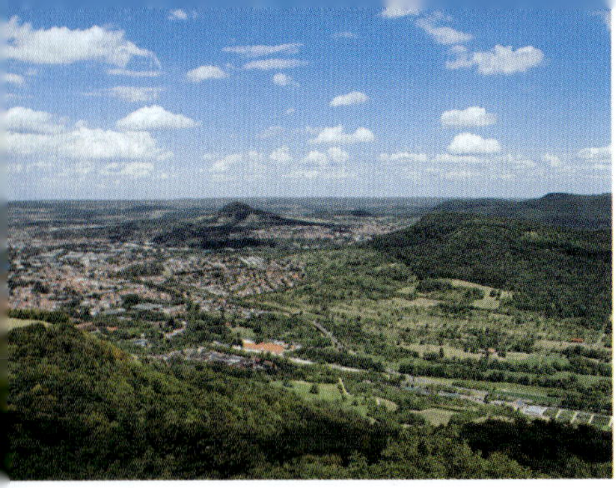

Hang entlangführt, bis wir das **Hintere Sättele ❸** erreichen. Das Wanderschild und die Schilder am Baum weisen uns steil bergauf und geradeaus iRichtung Wackerstein. An der Gabelung 30 m später wählen wir den rechten Zweig und bald darauf biegen wir an der nächsten Wanderwegkreuzung rechts in Richtung des Premiumpfades Hochgehtürmt ab. Wir kreuzen einen Forstweg und steigen kontinuierlich bis zum Wanderschild und der Felsformation **Wackerstein ❹** hinauf, die uns eine herrliche Fernsicht weit übers Land gewährt. Am Wanderschild befindet sich ein gemütlicher Rastplatz, den wir gerne nutzen. Kleinere Kinder bleiben hier in unserer Nähe, denn der Fels fällt steil ab und ist nicht gesichert.

Vom Rastplatz geht es bergab Richtung Won bis zur nächsten Verzweigung, an der wir uns geradeaus an den Hochgehtürmt-Weg halten und diesen erst 200 m weiter an der nächsten Gelegenheit nach links verlassen. Wenig später treffen wir an einer Wegkreuzung auf unseren Hinweg und folgen ihm

OBEN

Herrlicher Blick vom Schönbergturm auf die markante Erhebung der Reutlinger Achalm.

UNTEN

Die Pfullinger »Unterhose«: der Schönbergturm.

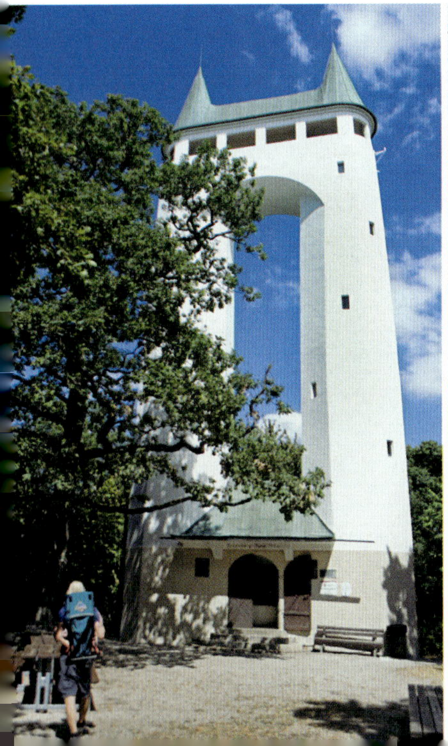

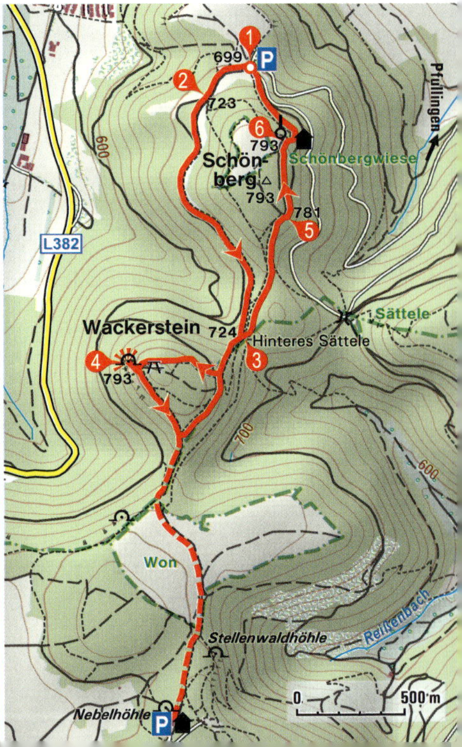

Hallo Kinder!

Während eurer Wanderungen stoßt ihr sicher immer wieder auf Infotafeln, die das Wort **Jura** benutzen. Manchmal ist damit das **Juragebirge** gemeint, manchmal aber auch die **Jurazeit**, in der die Dinosaurier lebten. Beide Bezeichnungen sind korrekt, denn in der Jurazeit vor 200 Millionen Jahren begannen sich Gesteinsschichten abzulagern, die wir heute im Juragebirge wiederfinden, zu dem auch die Schwäbische Alb gehört. Im Zeitalter des Jura war hier alles vom tropisch-warmen **Urmeer Tethys** bedeckt, in dem sich während rund 50 Millionen Jahren verschiedene Gesteinsschichten ablagerten. Die letzte Schicht war die weiße, uns gut bekannte Kalksteinschicht, die wir beim Wandern in Form von hellen Felsen und Klippen bestaunen. Sie kann bis zu 600 m dick sein und wird Weißer Jura genannt.

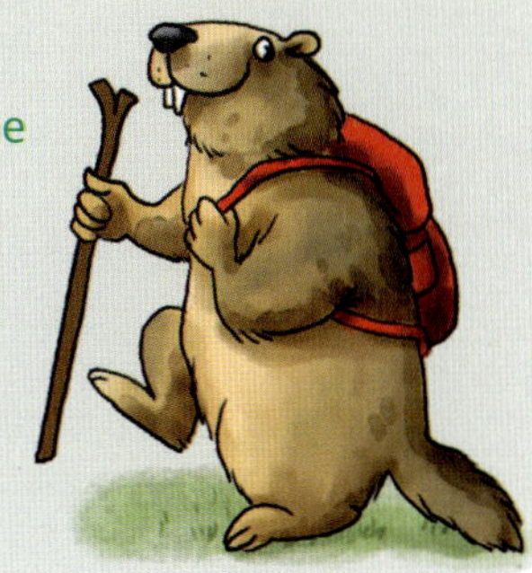

rechts und gleich wieder links, bis wir wieder am **Hinteren Sättele 3** ankommen. Hier folgen wir diesmal geradeaus dem Pfad Richtung Schönbergturm bis zum **Wanderschild Nördliches Hinteres Maustäle 5**. Bis zum **Schönbergturm 6** sind es jetzt nur noch 400 m geradeaus durch den Wald. Der futuristisch konstruierte Turm steht am Rand einer Hochebene und wird über 108 Stufen erklommen.
Nach der Erstürmung der Turmgalerie durch die Kinder und dem Bestaunen der Fernsicht bis zum Stuttgarter Fernsehturm treten wir hinter dem Turm auf einem anfangs felsigen und steil abfallenden Bergpfad den beschilderten Rückweg zum **Wanderparkplatz Wanne 1** an.

★Highlights

Auf dem Wackerstein genießen wir eine grandiose Aussicht bis weit in die Ebene.

Sehr Wagemutige erforschen die kleine Wackersteinhöhle unterhalb des Felsens.

Schon auf der Anfahrt vom Tal ist die »Onderhos«, der zweibeinige Schönbergturm, zu bewundern. Die Fernsicht von der Turmgalerie reicht bis zum Stuttgarter Fernsehturm.

Auf der großen Schönbergwiese kann gegrillt und nach Herzenslust getobt werden.

7 Gönninger Seen und Roßberg

VOM WIESAZTAL

4.30 STUNDEN

9,9 KILOMETER

↗ 320 HÖHENMETER

↘ 320 HÖHENMETER

SCHWER ab 6 Jahren

Badehose und Bergschuh: Ausgiebig Bewegung bekommen die Wanderkinder auf der Tour von den drei Gönninger Seen hinauf zum Roßberg, einem Albtraufgipfel mit weithin sichtbarem Aussichtsturm. Das Seengelände ist ein ehemaliger Kalktuff-Steinbruch, der nach der Schließung innerhalb von 20 Jahren von der Natur zurückerobert wurde und heute eine wunderbare Naherholungslandschaft mit Liegewiese und See darstellt. Einen Teil des Kalktuff-Lehrpfades erwandern wir auf dem Weg durch die Seenlandschaft und werden dabei über die Besonderheiten des Kalktuffsteins informiert. Danach geht es stetig auf schönen Wald- und Wiesenwegen bergauf zum Wanderheim auf dem Roßberg, wo bei guter Wetterlage eine fantastische Aussicht auf die Alpenkette wartet. Zum Abschluss der Wanderung können sich die Kinder im Unteren Gönninger See abkühlen.

Ausgangspunkt: Wanderparkplatz Naturschutzgebiet Einwinkel, 611 m, östlich von Gönningen. Lichtensteinstraße, 72770 Reutlingen-Gönningen, GPS: N48.428531, E9.175333. – Mit ÖPNV: Die Bushaltestelle Gönningen Lichtensteinstraße liegt 1,4 km vom Wanderparkplatz entfernt. Über einen Wanderweg durch den Wald oberhalb der Landstraße erreicht man den Ausgangspunkt.
Ausrüstung: Gut profilierte Wanderschuhe sind empfehlenswert. Handtuch, Badesachen und/oder Wechselkleidung mitnehmen, der Untere Gönninger See ist kein ausgewiesener Badesee mit Aufsicht, jedoch ist Baden auf eigene Gefahr erlaubt.
Anforderungen: Die ausgedehnte Wanderung mit einigen Höhenmetern erfordert gute Kondition von den Kindern. Teils breitere, teils schmalere Wanderwege wechseln sich mit Bergpfaden und Forst- und Wiesenwegen ab.
Einkehr: Hervorragende schwäbische Gerichte serviert die Gaststätte Roßberg auf dem Roßberggipfel am Wanderheim. Geöffnet Mittwoch bis Samstag 12.00–21.00 Uhr und an Sonn- und Feiertagen 12.00–

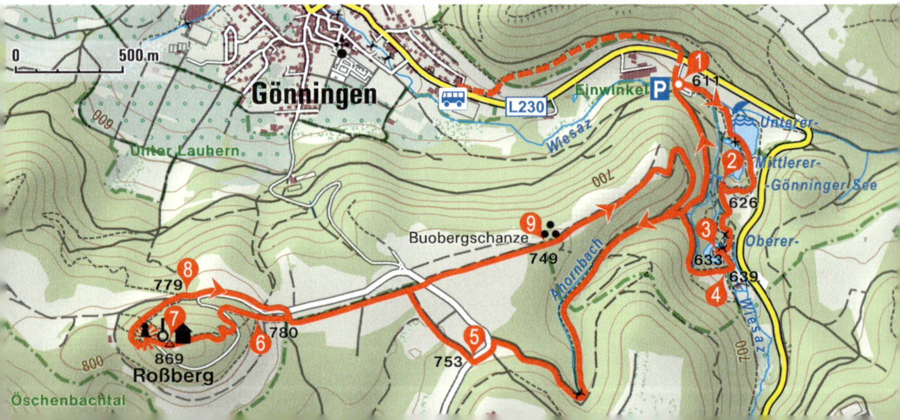

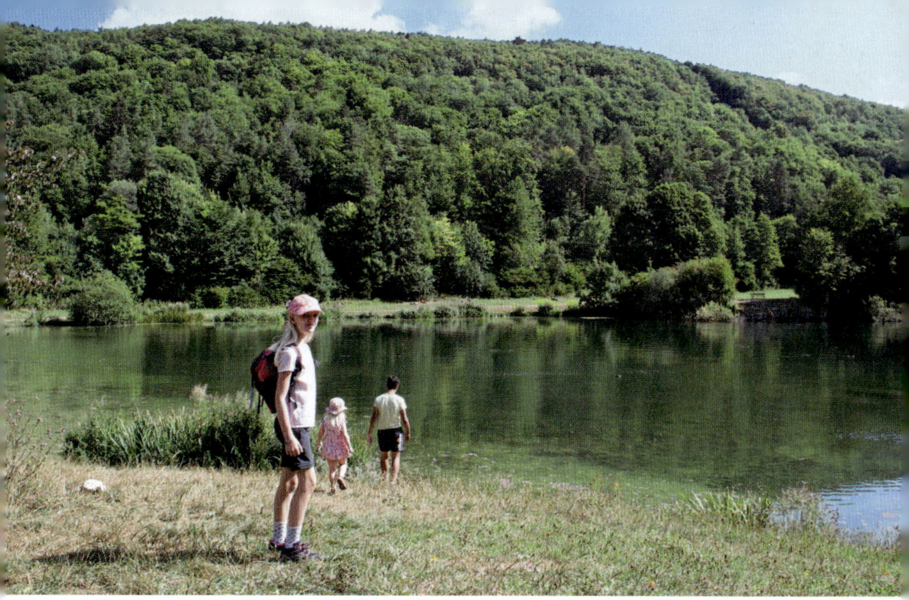

17.00 Uhr, Tel. +49 7072 7007, wanderheim-rossberg.de. Im Wanderheim gibt es einen Getränkeautomaten.
Tipp: Im Wanderheim auf dem Roßberg in einem der Turmzimmer mit herrlichem Ausblick übernachten und erst am nächsten Tag zurückwandern.

Eignet sich herrlich zum Baden: der untere der drei Gönninger Seen.

LOS GEHT'S Am Ende des **Wanderparkplatzes Naturschutzgebiet Einwinkel ❶** finden wir den Einstieg in das Naherholungsgebiet Gönninger Seen und folgen auf dem Kalktuff-Lehrpfad dem Schild Richtung Wiesazquelle ins Unterholz. In trockenen Sommern kann die Wiesaz hier trockenfallen und wir können ein Stück im Bachbett laufen. Nach Kurzem kommen wir zum **Unteren Gönninger See**, der sich smaragdgrün vor uns ausbreitet. Auf einem breiten Wanderweg gehen wir erst ein paar Meter rechts vom See und dann links zwischen dem **Unteren** und dem **Mittleren Gönninger See** hindurch. Wir wandern am Ufer entlang bis zum Ende des mittleren Sees und halten uns nach einer kleinen Anhöhe rechts, bis wir den Forstweg erreichen und einen kleinen **Wasserfall ❷** entdecken, der sich herrlich zum Planschen eignet. Den Forstweg wandern wir links weiter und begleiten den Bach, bis wir nach rund 150 m auf den zweiten Pfad nach rechts abbiegen, um weiterhin am Wasser zu bleiben. Dann halten wir uns rechts über eine hölzerne Brücke und kommen zum **Oberen Gönninger**

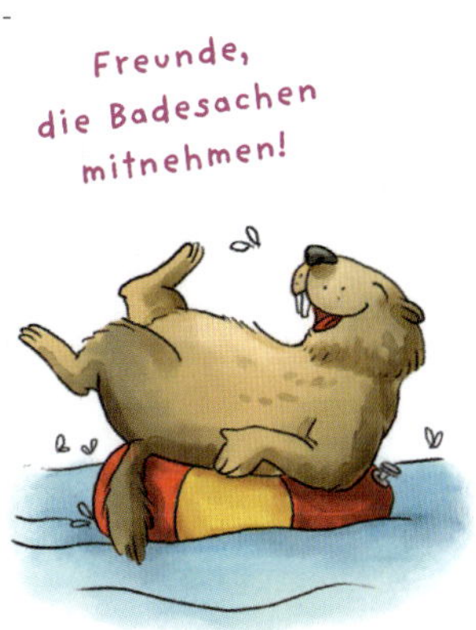

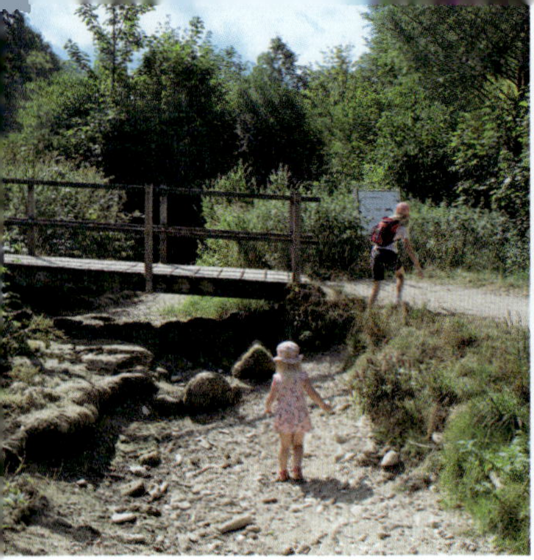

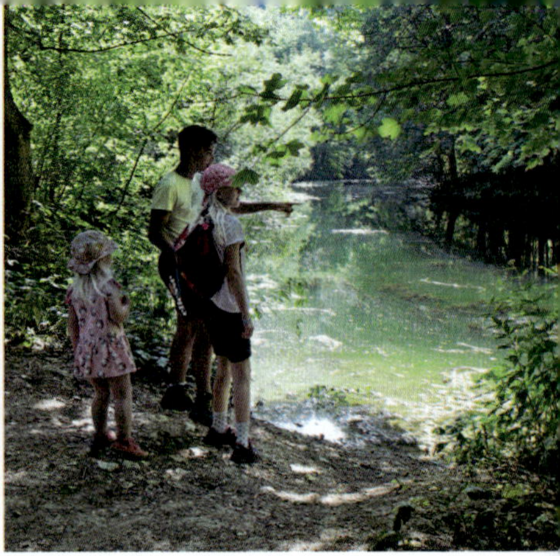

OBEN LINKS

Das Flussbett der Wiesaz trocknet schon mal aus.

OBEN RECHTS

An mittleren Weiher gibt es viele Tierarten zu entdecken.

UNTEN

Ein kleiner Bach verbindet den unteren mit dem mittleren See.

See ❸, an dessen linkem Ufer wir entlangstreifen. Am Ende des Sees klettern wir auf allen Vieren eine Felsformation hinauf, verlassen den Kalktuff-Lehrpfad nach rechts und bleiben am gleich folgenden **Wanderschild Kalktufflandschaft ❹** geradeaus in Richtung Parkplatz Gönningen. An einer Schafweide vorbei steigen wir weiter leicht bergauf und folgen der Rechtskurve des Forstweges. Ein Bachlauf führt uns geradeaus zum breiten Klingenwaldweg, in den wir links einbiegen und der gleich darauf zum Bernlochweg wird. Nach rund 10 Min. verengt sich der Weg zu einem schmalen, steileren Pfad und wir wandern weiter geradeaus. Bald überqueren wir in einer Spitzkehre eine Brücke, der Weg ist nun wieder breit, und wir fädeln rechts in einen weiteren Forstweg ein. Nach gut 10 Min. lassen wir den Wald

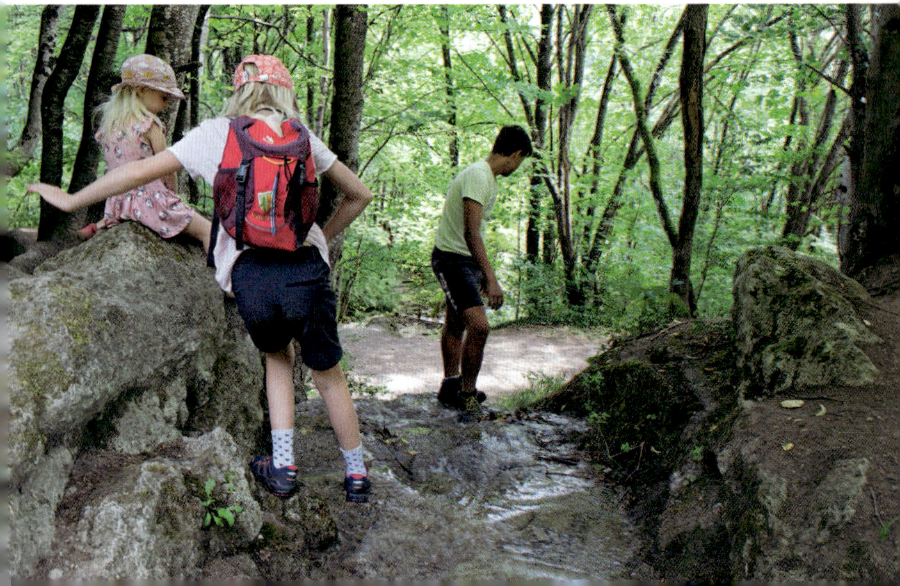

Hallo Kinder!

Sicher gefällt es euch an den **Gönninger Seen**. Sie sind auf dem Gelände eines früheren Kalktuff-Steinbruchs entstanden. Aber woher kam der **Kalktuff**, der sich hier meterdick unter dem Wiesenboden befand? Die Schwäbische Alb ist ein **Kalksteingebirge**, entstanden aus den kalkhaltigen Ablagerungen von Muscheln, Korallen und anderen Meeresbewohnern. Und da Kalk wasserlöslich ist, wenn das Wasser etwas säuerlich ist, löst **Regenwasser** zusammen mit der **Kohlensäure aus der Luft** viel Kalk, wenn es in Höhlen und Erdspalten versickert. An anderen Stellen tritt dieses Wasser aus Quellen wieder aus, erwärmt sich an der Luft und verliert durch das Gesprudel im bewegten Wasser die Kohlensäure. Ihr könnt euch das vorstellen, wie wenn ihr eine geschüttelte Sprudelflasche öffnet, nur nicht so heftig. Das Wasser ist nun nicht mehr säuerlich und der Kalk wandelt sich deshalb von seiner gelösten Form in festen Kalkstein um und setzt sich ab. So sind in Gönningen Kalktuffschichten bis zu 14 Metern Dicke entstanden. Aus den Tuffsteinen wurden Wohnhäuser, das Rathaus und die Kirche errichtet, ja manche sind sogar im Berliner Olympiastadion verbaut worden.

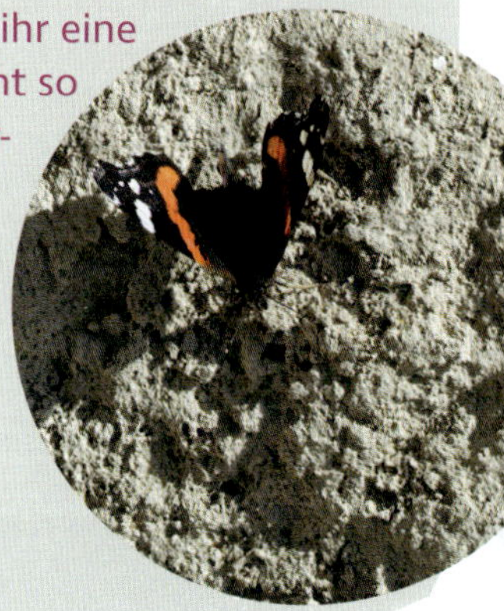

hinter uns und stehen an der Straße zum Roßberg, auf die wir links abbiegen und nach reichlich 100 m rechts am **Wanderschild »Straße zum Roßberg« 5** in Richtung Wanderheim abzweigen. Der Forstweg führt uns an schönen Wiesen vorbei zu einem breiten Wiesenweg, in

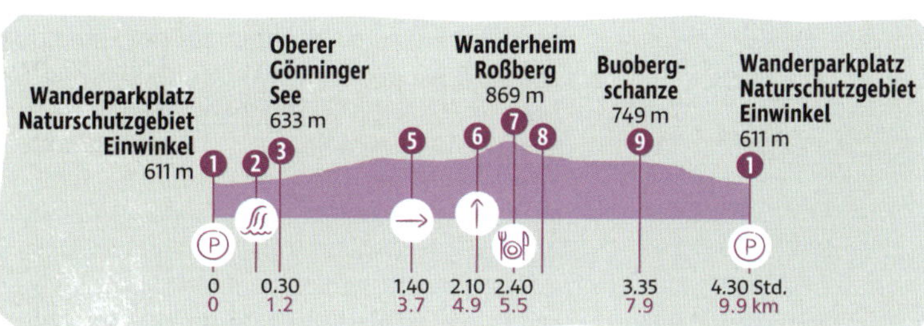

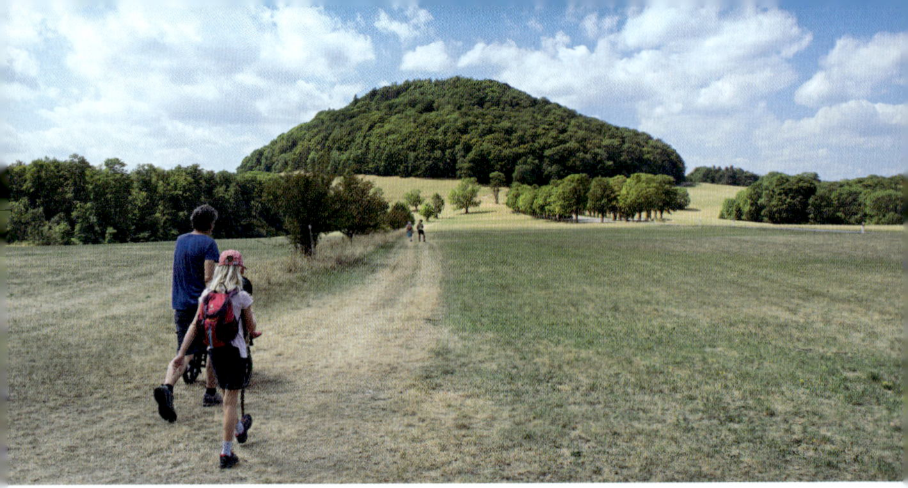

OBEN
Im Anmarsch auf den Roßberg ...
UNTEN
... mit seinem 28 Meter hohen Turm, der auch das Wanderheim beherbergt.

welchen wir links einbiegen und uns an den roten Dreiecken und dem grün bewaldeten Roßberggipfel genau vor uns orientieren. Immer geradeaus über alle Kreuzungen hinweg gelangen wir zum **Wanderschild Östliche Roßbergwiesen ❻** und steigen nun auf einem steilen Bergwaldpfad, gekennzeichnet mit blauen Rauten, geradeaus Richtung Wanderheim. Die gleich folgende Abzweigung links ignorieren wir, überqueren die Straße und erklimmen über einige Serpentinen den Berg mit seinem hohen Aussichtsturm, in dem sich kurioserweise auch das **Wanderheim ❼** befindet. Auf jeder Etage des Turmes gibt es ein Zimmer zum Übernachten.

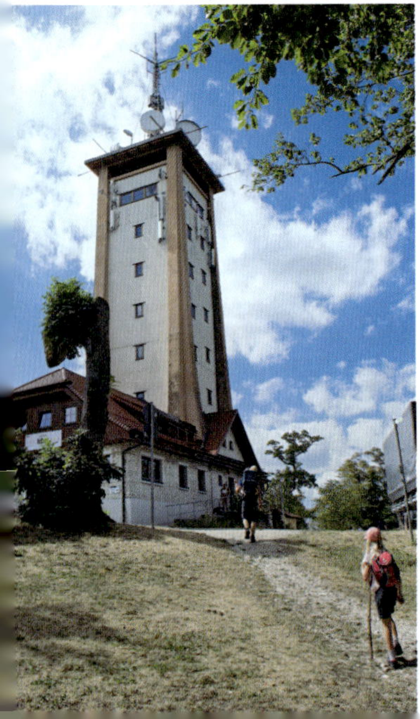

Hinter dem bewirtschafteten Gasthaus steigen wir ein paar Meter bergab zum **Quenstedt-Denkmal**, vom dem wir eine großartige Fernsicht teilweise bis zu den Alpen haben, und können hier eine längere Vesperpause einlegen. Mit dem sehr steilen Abstieg auf einem Felsenpfad hinter dem Denkmal setzen wir die Wanderung fort und stoßen kurz darauf auf einen breiteren Weg. In diesen biegen wir rechts ein und gehen so, uns weiter rechts haltend, um den Berg herum bis zum Wanderschild Unterhalb Quenstedt-Denkmal. Wir passieren das Schild und erreichen die **Mittlere Roßbergwiese ❽**, wo wir auf dem Kiesweg geradeaus weiterwandern, ohne auf die Wegweiser zu achten. Nach einer Forstschranke stoßen wir auf eine kleine Teerstraße und lassen uns von ihr links hinunter zu einem Parkplatz leiten. An diesem biegen wir rechts ab und kommen auf den

★Highlights

Die Gönninger Seenlandschaft ist ein herrlicher Ort zum Baden und Planschen.

In den Biotopen können auch viele Tierarten beobachtet werden.

Kleine und große Wasserfälle komplettieren die herrliche Natur.

Im Biergarten am Roßberghaus und am Roßbergfelsen genießt man die tolle Aussicht.

Vom 28 Meter hohen Roßbergturm des Wanderheims sind bei guter Fernsicht sogar die Alpen zu erkennen. Wer will, kann hier auch übernachten..

bekannten Hinweg, den wir nun links über den schnurgeraden Wiesenweg zurücklaufen. Nach rund 15 Min. erreichen wir die Abzweigung des Forstwegs, auf dem wir am Hinweg gekommen sind, halten uns nun aber geradeaus, queren die Landstraße und kommen einige Minuten später an der **Buobergschanze** ❾ vorbei, einer Feldbefestigung aus dem Spanischen Erbfolgekrieg. Nach weiteren 10 Min. biegen wir rechts in Richtung Wald ab und steigen einen breiten Wanderweg bergab bis zu einem Forstweg, dem wir scharf links abbiegend folgen und den wir vom Hinweg als Klingenwaldweg schon kennen. Wir biegen jedoch 100 m weiter nicht rechts ab, sondern steuern geradewegs hinunter direkt zum **Wanderparkplatz Naturschutzgebiet Einwinkel** ❶.

Der steile Abstieg vom Roßberg sieht schon fast alpin aus.

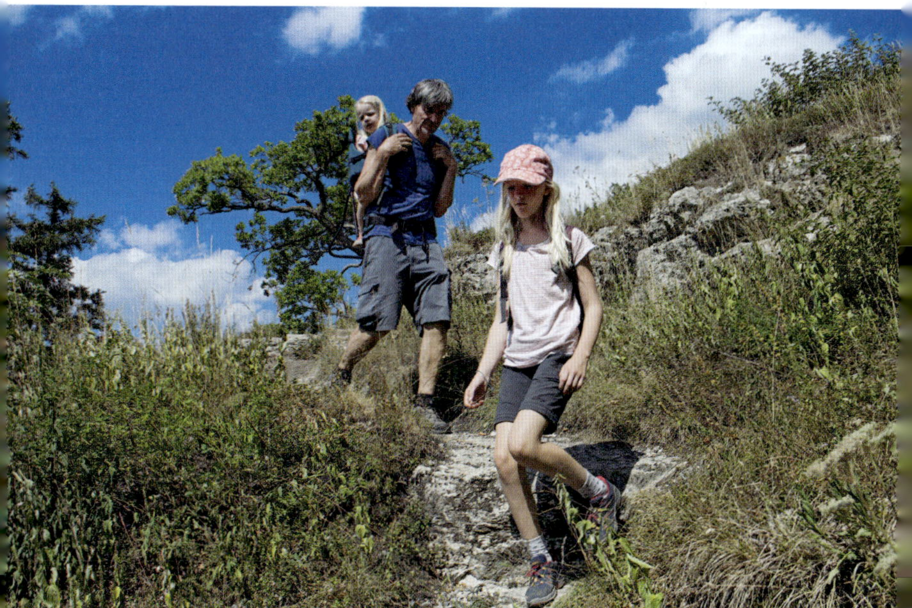

8

Am Albrand über Lichtenstein

ÜBER DEN GIESSSTEIN ZUR NEBELHÖHLE

4.30 STUNDEN

10,0 KILOMETER

↗ 240 HÖHENMETER

↘ 240 HÖHENMETER

SCHWER ab 6 Jahren

Märchenschloss und Tropfsteinungeheuer: Gleich auf zwei der größten Sehenswürdigkeiten der Schwäbischen Alb treffen wir auf unserer Wanderung in Lichtenstein bei Reutlingen. Das märchenhafte Schloss Lichtenstein mit seinen vielen Erkern, den wehrhaften Mauern und dem markanten Turm thront auf einer steilen Felsenklippe bedrohlich nahe am Abgrund des Albtraufs. Vorbei am Kletterwald verläuft die Tour an der Traufkante entlang bis zum Gießstein, einer weit vorspringenden Felsformation mit einer grandiosen Aussicht in die Täler der Echaz und des Reißenbaches. Über die kleine, unerschlossene Goldlochhöhle erreicht man die Nebelhöhle, eine vielbesuchte Tropfsteinhöhle mit unzähligen kleinen und großen Stalagmiten und Stalaktiten und anderen wunderlichen Kalksteingebilden. Am Ende der Wanderung warten ein großer Spiel- und Rastplatz sowie die Schloßschenke auf die tapferen Wanderkinder.

Ausgangspunkt: Schloßschenke Lichtenstein mit der Bushaltestelle Honau (Württ) Schloss Lichtenstein, 801 m. Von Mai bis Oktober fährt der Regionalbus 7606 ab Reutlingen Hauptbahnhof. – Mit dem Auto: Kostenloser, großer Parkplatz an der Schloßschenke, GPS: N48.40464, E9.25655.
Ausrüstung: Gut profilierte Wanderschuhe. Für den Besuch der Nebelhöhle empfiehlt sich warme Kleidung, es hat dort nur 8–10 °C.
Anforderungen: Die Länge der Wanderung stellt zusammen mit den Höhenmetern durchaus eine Herausforderung für die Kinder dar. Die Tour verläuft auf schönen Wander- und Wiesenwegen, nur die letzten 2 km auf einem Teerweg und durch eine baumüberdachte Allee. Sie ist kinderwagengeeignet, an den steileren Stellen kann aber auch ein geländegängiger Kinderwagen nur im Leerzustand geschoben werden.
Einkehr: Schwäbisch-bürgerliche Küche serviert die Schloßschenke Lichtenstein direkt am Wanderparkplatz; geöffnet April bis Oktober 9–18 Uhr, März und November 10—16 Uhr, Tel. +49 7129 60381, schloss-

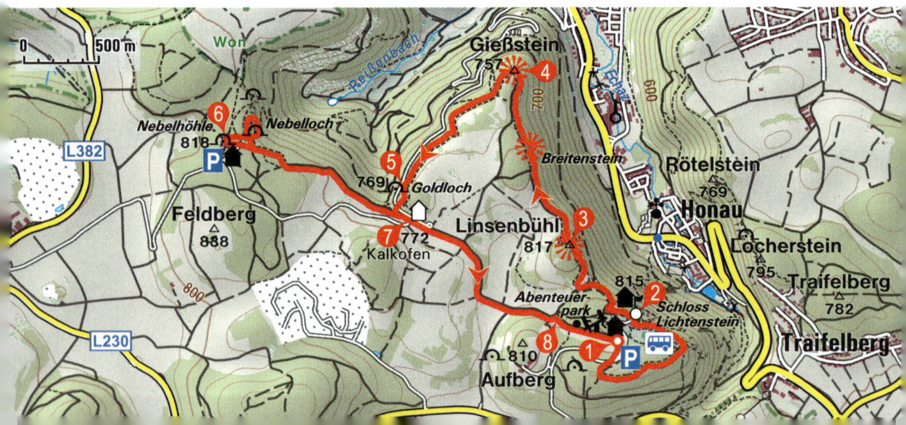

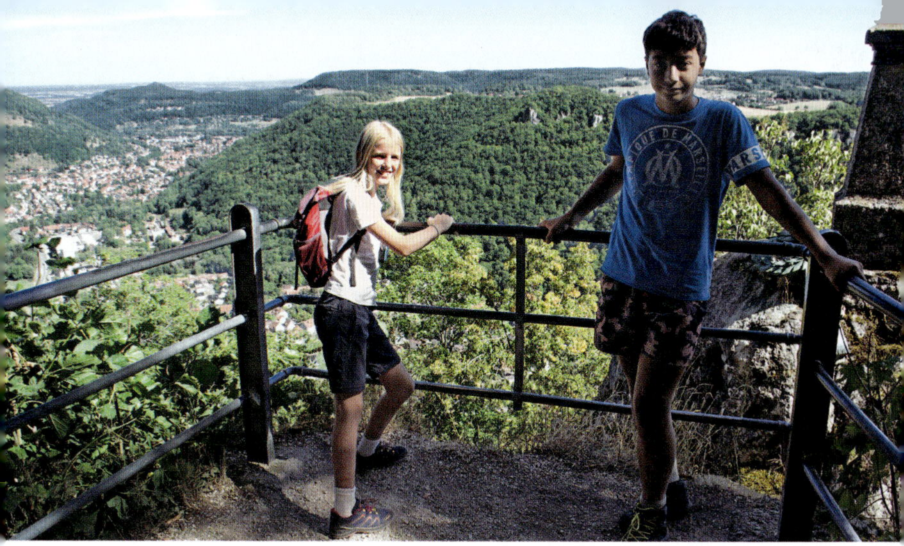

schenke-lichtenstein.de. Das Alte Forsthaus punktet mit der Nähe zum Schloss, schönem Biergarten und schwäbischer Küche; geöffnet von 1. April bis 1. November 11.00—18.00 Uhr, vom 2. November bis 31. März 11.30–17.30 Uhr, Tel. +49 7129 2440, Schloss Lichtenstein 1, 72805 Lichtenstein. Direkt an der Nebelhöhle sitzt man beim Maultaschenwirt gemütlich im Freien und lässt sich Maultaschengerichte munden (es gibt keine Pommes!); geöffnet von April bis Oktober ab 10.00 Uhr, März und November ab 11.30 Uhr, Tel. +49 7128 2253, maultaschen-wirt.de, Wanderparkplatz Nebelhöhle, 72820 Sonnenbühl-Genkingen.

Am Wilhelm-Hauff-Denkmal hat man eine grandiose Aussicht auf die Täler der Schwäbischen Alb.

Hinweise: Das Schloss Lichtenstein ist im März, November und Dezember 10.00–16.00 Uhr und von April bis Oktober 9.00–17.30 Uhr täglich geöffnet. Alle 20 Min. kann man an einer halbstündigen Führung teilnehmen und das Schlossgespenst Alfons im ehemaligen Weinkeller besuchen. Weitere Infos unter schloss-lichtenstein.de.
Die Nebelhöhle ist von April bis November täglich 9.00–17.30 Uhr geöffnet, im März nur an Wochenenden 9.00–17.00 Uhr. Von Dezember bis Februar lassen wir die Fledermäuse in Ruhe schlafen. Die Höhle kann auf 480 m Länge auf eigene Faust erkundet werden, sie ist gut beleuchtet und gesichert. Weitere Infos unter hoehlen.sonnenbuehl.de

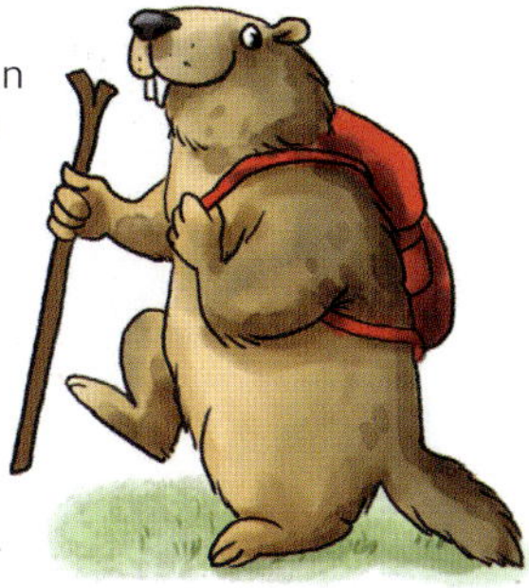

Tipp: Wer nach der Tour noch Kraft hat, kann im Abenteuerpark Schloss Lichtenstein auf elf pfiffigen und fordernden Kletterparcours sein Geschick und seinen Mut testen. Der Kletterwald liegt direkt neben der Schloßschenke Lichtenstein. Infos unter abenteuerpark-schlosslichtenstein.de.

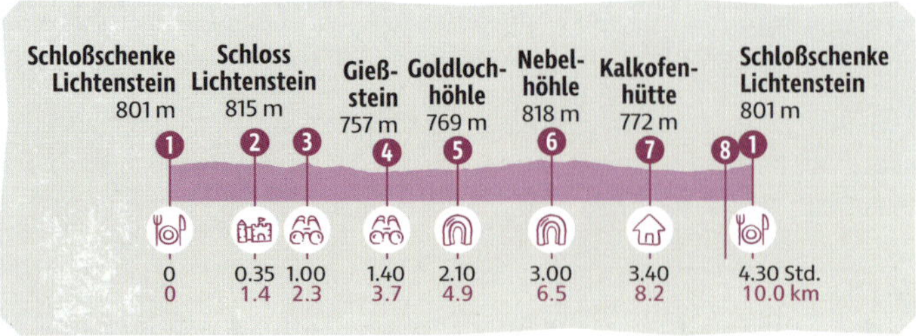

LOS GEHT'S Von der **Schloßschenke ❶** gehen wir über den Parkplatz bergab zur Parkplatz-Einfahrt, biegen links auf die Straße und nach 50 m rechts auf einen ungekennzeichneten Kiesweg ein, der in den Wald führt. Nach wenigen Minuten nehmen wir den ersten Abzweig nach links und erreichen eine Weggabelung, die in Wanderkarten nicht verzeichnet ist und deren Äste sich nach rund 100 m wieder treffen. Wir bleiben auf dem linken Pfad, wählen an der nächsten Wegverzweigung den rechten Weg und stehen bald an der spektakulären Klippenkante, an die wir nicht zu nahe treten, denn hier geht es atemberaubend steil hinunter ins Echaztal. Unsere Tour verläuft nun immer links an der Klippe entlang, nur unterbrochen durch herrliche Aussichtsfelsen, bis wir durch den Schlosspark kommen und links um das märchenhafte **Schloss Lichtenstein ❷** herumgehen. Tatsächlich wurde der Bau des Schlosses durch einen Roman des Schriftstellers Wilhelm Hauff angeregt. Am Haupteingang finden wir das Wanderschild Schloss Lichtenstein und halten uns geradeaus in Richtung Nebelhöhle und Gießstein, unserem nächsten Etappenziel. Dazu passieren wir das Restaurant Altes Forsthaus und lassen uns dort von den beiden Wanderschildern erst rechts, dann links in Richtung Gießstein weisen. Wir folgen dem schattigen Waldweg entlang der roten Dreiecke bis zu einer kleinen Lichtung und dem Wanderkreuz

LINKS

Kinder finden immer eine Möglichkeit, sich auszutoben.

RECHTS

Der Blättertunnel spendet wohltuenden Schatten.

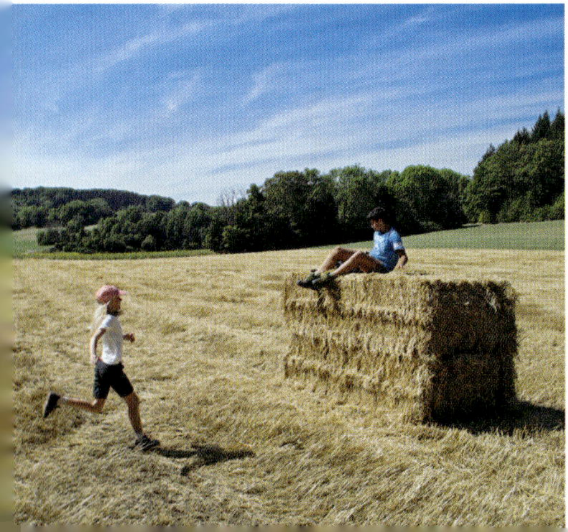

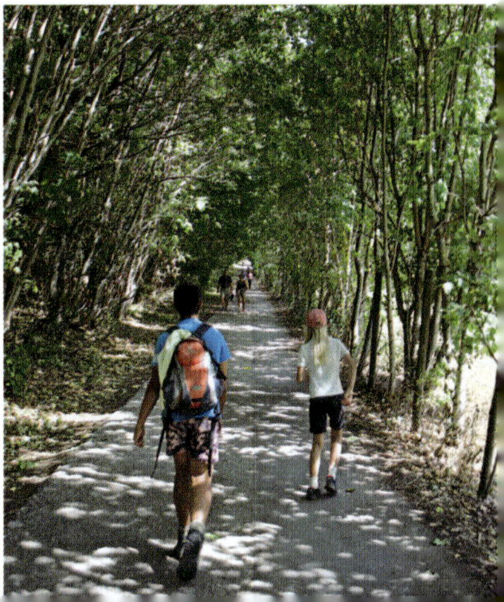

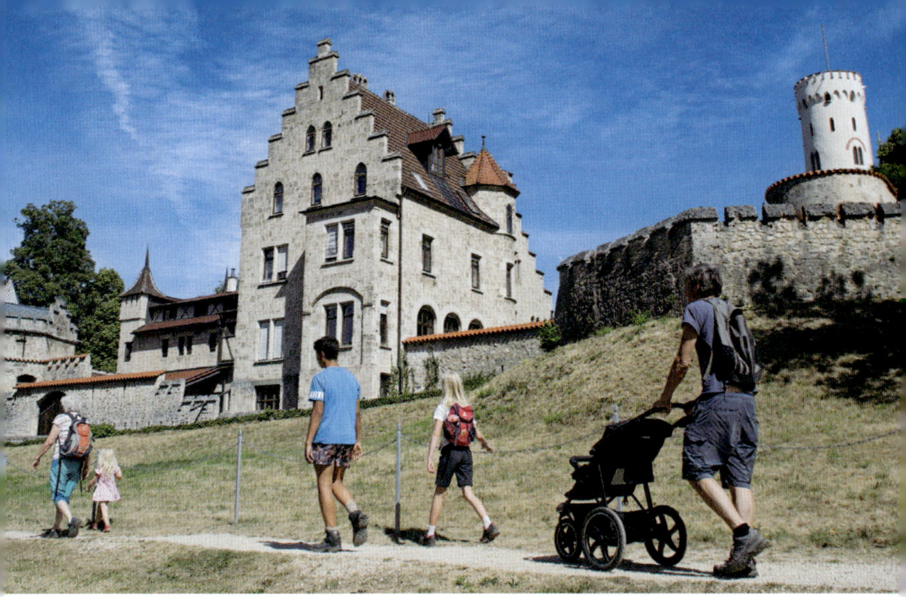

Am Schloss Lichtenstein herrscht Hochbetrieb.

Schlösslesteige, von dem es rund 10 Min. an der Altraufkante entlang bis zum **Aussichtspunkt Linsenbühl ❸** sind. Direkt unterhalb des Linsenbühls gibt es vier Höhlen, die jedoch erfahrenen Höhlengehern vorbehalten bleiben. Unser Wanderpfad bringt uns immer geradeaus am Waldrand entlang und den gelben Dreieckschildchen nach erst zum Breitensteinfelsen und dann durch niedrige Wälder zu einem der schönsten Aussichtspunkte in der Umgebung, dem **Gießstein ❹**. Unvermittelt enden hier die Felsen und lassen uns 250 m tief ins Reißenbach- und Echaztal blicken. Die Abbruchkanten sind ungesichert, also passen wir umso besser auf die Kinder auf.

Nach einer ausgiebigen Vesperpause mit Fernsicht halten wir uns an der ersten Weggabelung rechts, queren eine Wanderkreuzung und finden gleich darauf im Wald das Wanderschild Beim Gießstein, das uns geradeaus Richtung Nebelhöhle schickt. Durch herrlichen Buchenwald dauert es gut 20 Min., bis wir erst am ungekennzeichneten Abzweig

★Highlights

Ganz wie echte Ritter und Burgfräulein fühlen sich die Kinder im Märchenschloss Lichtenstein.

Respektvoll blicken wir die steile Albtraufkante hinunter.

Von den Aussichtspunkten am Linsenbühl und am Gießstein schauen wir weit ins Land hinaus.

Im Goldloch und der Nebelhöhle sind die Kinder als Höhlenforscher unterwegs.

Zum Schluss erobern wir den Spielplatz am Abenteuerpark.

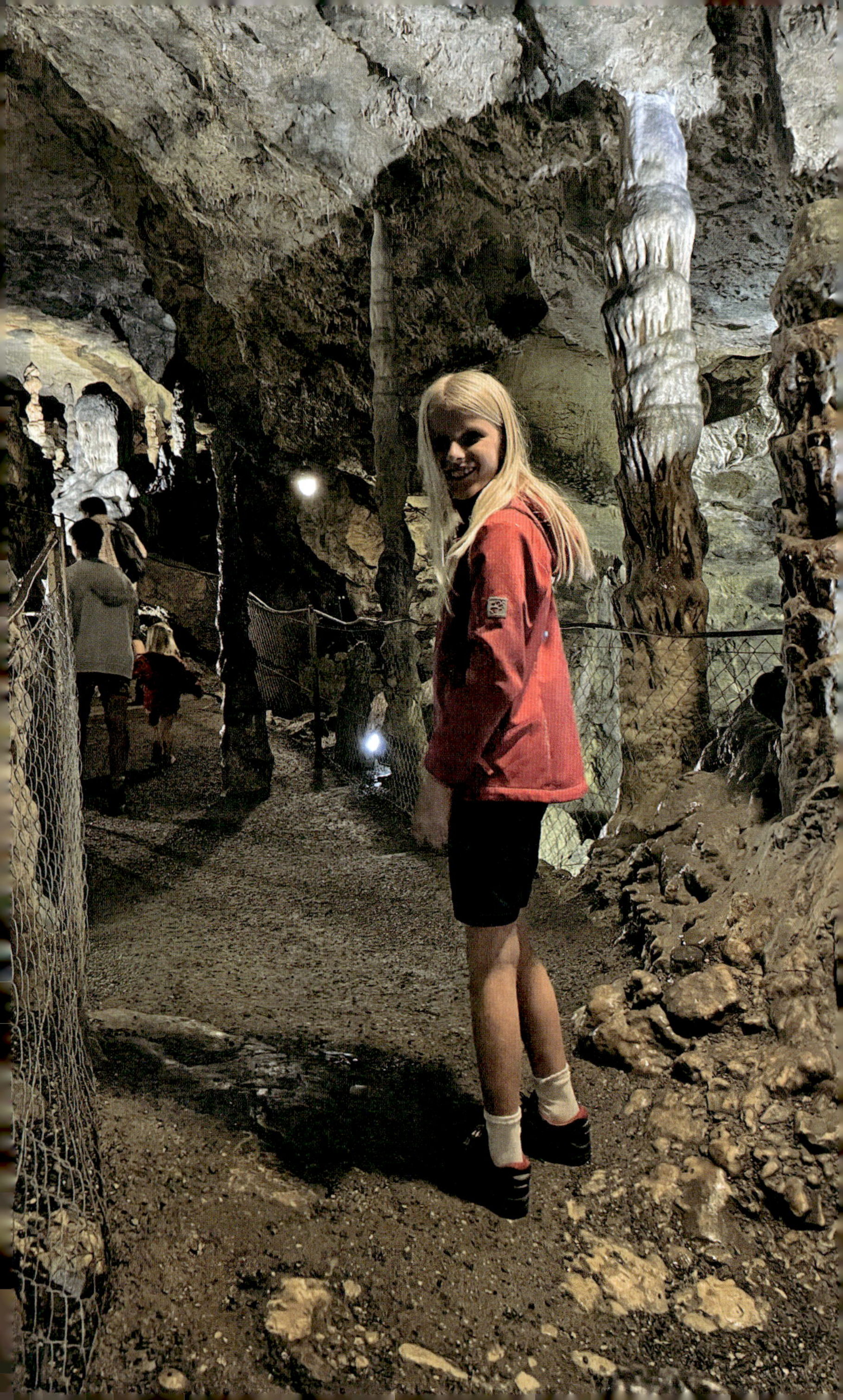

Hallo Kinder!

Sicher habt ihr auf der Schwäbischen Alb schon die eine oder andere **Tropfsteinhöhle** erkundet und über die unglaublichen Gebilde gestaunt, die das tropfende Wasser im Laufe von Jahrtausenden erschaffen hat. Der Kalk aus dem Wasser lagert sich ab und bildet kleine Türmchen und Zapfen, die ungefähr 1 Millimeter in 10 Jahren wachsen. Die Namen dieser Gebilde kennen die meisten von euch: Die Türmchen werden **Stalagmiten** genannt, sie wachsen vom Boden nach oben, und die Zapfen heißen **Stalaktiten**, sie hängen von der Decke.

Es kann aber vorkommen, dass sich ein Stalagmit und ein Stalaktit treffen und zusammenwachsen, wenn sie genau übereinander stehen. Diese Form nennt sich **Stalagnat** und kommt sehr selten vor. In der Nebelhöhle könnt ihr gleich mehrere solcher Stalagnaten bewundern. Einer wurde durchgesägt und zeigt euch seine **Wachstumsringe**, die so schön wie die Jahresringe eines Baumstamms aussehen.

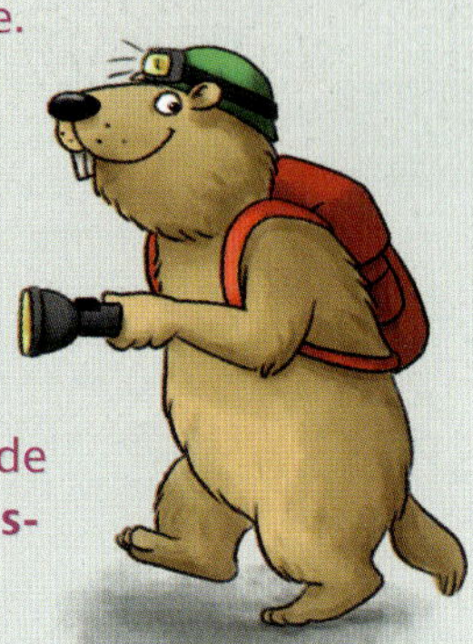

rechts zur sehenswerten **Goldlochhöhle** ❺ und wenig später an der Kalkofenhütte und deren Wegweiser ankommen. Wir biegen rechts ab und steigen auf dem gekiesten Weg Richtung Nebelhöhle langsam bergauf, bis wir nach guten 15 Min. rechts in den ersten abzweigenden Waldweg einschwenken und uns der Schilder des Premiumwanderweges Hochgehträumt vergewissern. Wir streifen den großen Parkplatz der **Nebelhöhle** ❻ und finden deren Eingang, indem wir uns an die Beschilderung des Maultaschenwirtes halten.

Die Höhle mit sagenhaften Tropfsteinen entlässt uns nach der beeindruckenden Besichtigung am **Nebelloch**, etwa 200 m nordöstlich des Eingangs. Ein Waldpfad verläuft in einer Linkskurve zurück zum Premiumweg Hochgehträumt, in den wir links einbiegen und auf dem Hinweg bleiben, bis wir die **Kalkofenhütte** ❼ und ihren Wegweiser erreichen. Rechts auf der geteerten Straße pilgern wir Richtung Schloss Lichtenstein bis zum **Wanderschild Hüllhalde Südwest** ❽.

Hier ignorieren wir die Hinweise und bleiben auf der Teerstraße, denn diese führt uns durch eine baumüberdachte Allee zum großen Spiel- und Rastplatz und zurück zur **Schloßschenke** ❶.

LINKS

Durch den Steinsäulenwald der Nebelhöhle.

9 Zum Sternbergturm

VON OFFENHAUSEN ZUM GOMADINGER SEE

2.00 STUNDEN

4,4 KILOMETER

↗ 220 HÖHENMETER

↘ 220 HÖHENMETER

MITTEL – ab 5 Jahren

Felsen, Flöße, Fernsicht: Die kurze Streckenwanderung über den Sternberg nach Gomadingen wartet mit allem auf, was Kinderherzen so lieben. Die historischen Schienenbusse der Schwäbischen Albbahn halten am Gestütshof Offenhausen, der zum berühmten Gestüt Marbach gehört und in dem edle Vollblutpferde gezüchtet werden. Im verwunschen wirkenden Klostergarten dahinter findet sich der Quelltopf der Großen Lauter, einem Donauzufluss. Steil den Berg hinauf zieht sich der Wanderpfad über einen Aussichtspunkt, kleinere Felsen locken immer wieder zum Kraxeln und nach der Quelle Brünnele lädt bald der Sternbergturm mit toller Rundum-Fernsicht zur Besteigung ein. Flink geht es dann ins Tal hinab nach Gomadingen, vorbei am über 100 Jahre alten Bahnhof, zur romantischen Teichanlage. Der außergewöhnliche Spielplatz und ein am Steg vertäutes Floß schenken den Kindern einen perfekten Tourabschluss.

Ausgangspunkt: Bushaltestelle Offenhausen (Württ), 667 m. Anfahrt ab Reutlingen Hbf mit dem Regionalbus 7606 Richtung Münsingen oder von Ulm Hbf mit der Regionalbahn RB59 Richtung Gammertingen, jeweils ohne Umsteigen. – Mit dem Auto: Kostenloses Parken an der Haltestelle vor dem Gestüt, Klosterhof, 72532 Gomadingen, GPS: N48.399587, E9.369353.
Endpunkt: Bushaltestelle Gomadingen Rathaus 658 m. Zurück zum Ausgangspunkt mit dem Regionalbus 7606 Richtung Kleinengstingen, oder ab Bahnhof Gomadingen eine Station mit der Regionalbahn RB59 Richtung Trochtelfingen.
Ausrüstung: Die steileren Pfade in Auf- und Abstieg lassen sich am besten mit knöchelhohen Wanderschuhen bewältigen. Evtl. Wechselkleidung für das Floßfahren am Teich einpacken.
Anforderungen: Leichte Wanderung mit einigen Höhenmetern, die auf schmalen steilen Waldpfaden zu erklimmen sind. Der schmale Pfad im Anstieg zum Gipfel des Sternbergs eignet sich nicht für Kinderwagen.

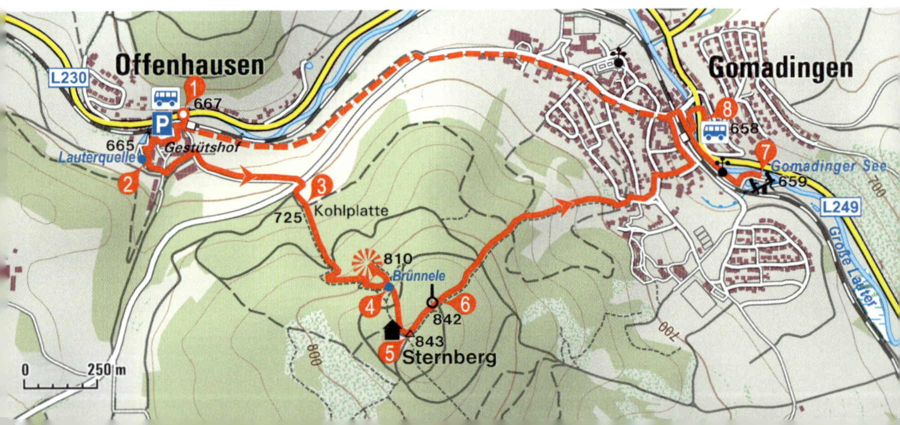

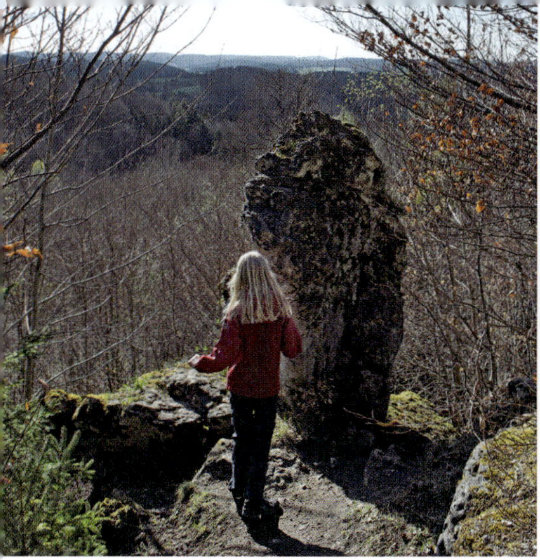

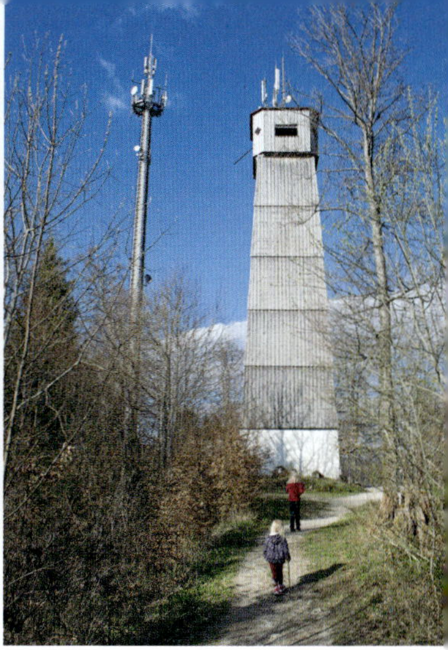

Einkehr: Wanderheim Sternberg auf der Kuppe des Sternberg, Sa 14.00–17.00 Uhr und So 10.00–17.00 Uhr geöffnet. In den Sommerferien von Baden-Württemberg zusätzlich Mi 19.00–23.00 Uhr, Tel. +49 7835 1790, wanderheim-schwaebische-alb-sternberg.de

Tipp: Indem man 1,8 km auf einem Wanderweg in der Nähe der Landstraße nach Offenhausen zurückwandert, kann man die Tour in eine Rundwanderung umwandeln.

LINKS

Mit meinem Freund, dem Fels, blicke ich in die Ferne.

RECHTS

Auf der Bank am Sternbergturm kann man gemütlich verweilen.

LOS GEHT'S

An der **Bushaltestelle Offenhausen 1** überqueren wir Straße und Fluss und gehen vor dem Bahnübergang rechts zum Tor des ehemaligen **Dominikanerinnenklosters**, das heute einen Teil des Gestüts Marbach beherbergt. Wir halten uns rechts zwischen Gestütsmuseum und dem gut gepflegten Klostergarten und folgen dem Holzschild Richtung **Lauterquelle 2**, die idyllisch von Klostermauern umgeben rechts hinter einem Stallgebäude auf kleine und große Entdecker wartet. Am anderen Ende des Quellteiches führt eine Treppe hinauf zu weiteren Wirtschaftsgebäuden und einem Tor in der Mauer, durch das wir hindurchschreiten und gleich links die Radwanderschilder sehen. Wir biegen links in Richtung Gomadingen ab und können mit etwas Glück Pferde beim Training in der Reithalle beobachten. Hinter der Halle verläuft unser Weg rechts die geteerte Allee hinauf in Richtung Wanderheim

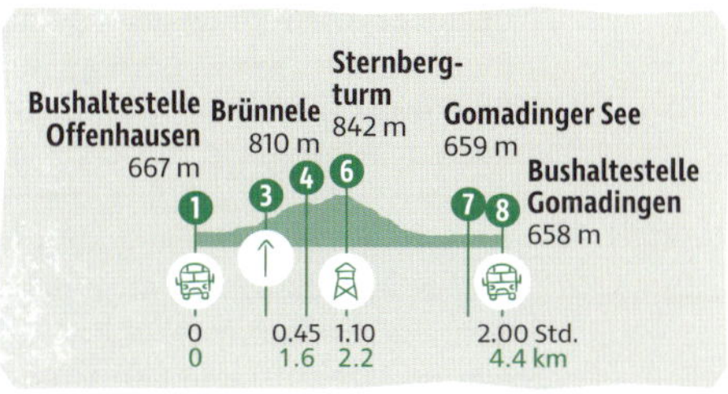

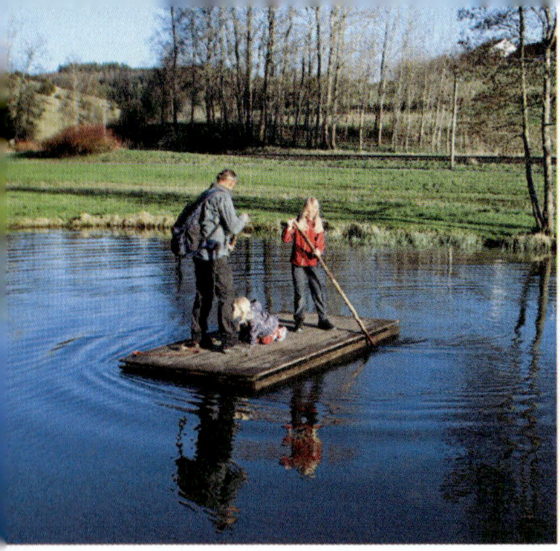 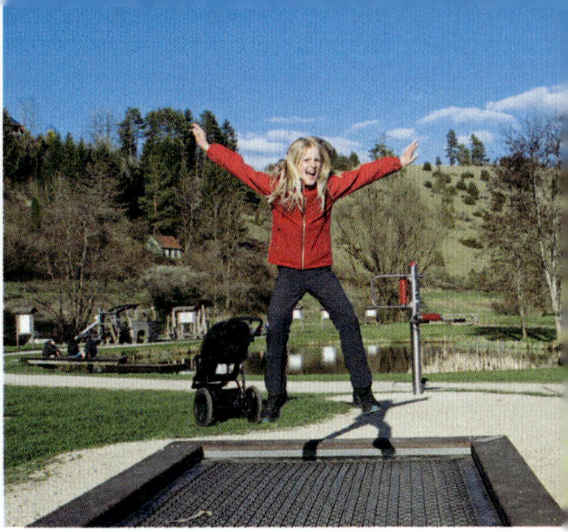

LINKS
Bloß keine falsche Bewegung auf dem Floß.
RECHTS
Schwerelosigkeitsversuch auf dem Trampolin.

Sternberg. Die kleine Landstraße überqueren wir vorsichtig nach rechts und werden gleich darauf von der Beschilderung links zum Wanderheim Sternberg auf einen Forstweg geschickt. Nach 50 m wenden wir uns am **Wanderschild Unter der Steige Süd ❸** nicht wie ausgeschildert links zum Brünnele, sondern nehmen geradeaus den steileren, unbeschilderten Wanderweg in den Wald. Nach einer Weile kreuzen wir einen Forstweg und wählen an der Gabelung 50 m später den linken Weg zum **Brünnele ❹**. Mit trittsicheren und schwindelfreien Kindern pirschen wir von der Quelle den Pfad noch etwa 100 m in Richtung Aussichtspunkt entlang. Es erwarten uns drei Felsen mit schönen Ausblicken auf die in der Ferne blau schimmernden Hügel der Schwäbischen Alb.

Zurück beim Brünnele steigen wir geradeaus den Pfad zum Forstweg hinauf, überqueren ihn und folgen dann den kleinen grünen Plaketten des Premiumwanderweges »hochgehsprudelt« geradeaus zum **Wanderheim Sternberg ❺** auf der Gipfelkuppe des Sternbergs. Nach einer Versperpause legen wir links auf dem Wanderweg die letzten 100 m bis zum **Sternbergturm ❻** zurück. Der Aufstieg auf den 32 m hohen Turm ist ein Abenteuer für sich, und von ganz oben haben wir einen tollen Überblick auf die Hügel-, Wälder- und Heidelandschaft. Der Blick hinunter durch die großen, nicht verglasten Panoramafenster ist atemberaubend und nur für Schwindelfreie ein Vergnügen.

Am Wanderschild Sternbergturm hinter dem Turm wandern wir geradeaus auf breitem Weg der gelben Raute hinterher, kreuzen nach wenigen Minuten zwei Forstwege und gehen an einer Weggabelung rechts Richtung Gomadingen. Die gelbe Raute leitet uns über einen aussichtsreichen Wiesenpfad hinab bis an den Ortsrand. Am Ende des Pfades wenden wir uns nach links zur Hollenbergstraße, in die wir rechts einschwenken. Nach 40 m halten wir uns an einer Straßengabelung links und biegen nach 100 m in einen geteerten Fußweg ein, der uns zur Bahnhofstraße bringt, wo wir Haflinger streicheln und dann links abbiegen. Wir passieren den alten Bahnhof, queren rechts die Gleise und

★Highlights

Im Gestüt Marbach Offenhausen kommen am Beginn der Wanderung Pferdefans auf ihre Kosten.

Die idyllische Atmosphäre der Lauterquelle können wir anschließend im Klostergarten genießen.

Wer schwindelfrei und trittsicher ist, kraxelt auf die Aussichtsfelsen beim Brünnele und erkundet von hier die Umgebung.

Auf dem Sternbergturm stemmen wir die hölzerne Fensterläden auf und lassen uns vom herrlich weiten Panoramablick überwältigen.

Auf den Trampolins am Gomadinger See toben sich die Kinder aus und staken mit dem Holzfloß übers Wasser.

gehen auf der anderen Seite des Bahnhofs nach rechts auf der kleinen Straße bis zum **Gomadinger See** ❼. Die Kinder toben nach Herzenslust auf dem Spielplatz und staken mit dem Floß über den flachen See. Schließlich wandern wir zurück zum Bahnhof und nehmen am Parkplatz in Höhe des Bahnhofsgebäudes rechts einen kleinen Weg, auf dem wir die Große Lauter überqueren. Unser Ziel, die **Bushaltestelle Gomadingen Rathaus** ❽, finden wir nach der Brücke gleich rechts.

Hallo Kinder!

Hättet ihr gedacht, dass im **Gestüt Marbach** schon seit 500 Jahren Pferde gezüchtet werden? Die starken **Schwarzwälder Kaltblutpferde**, die den Bauern Jahrhunderte lang bei der schweren Land- und Waldarbeit geholfen haben, und die edlen **Araber**, die Reitpferde der Beduinen, sind die bekanntesten Pferderassen, die dort gezüchtet werden. Heutzutage sind die Pferde meist als Sport- oder Freizeitpferde im Einsatz. Wenn ihr die Gelegenheit habt, schaut euch doch im Herbst die bekannte **Marbacher Hengstparade** an. Dabei wird alles rund ums Pferd präsentiert: verschiedene Rassen und ihre Einsatzgebiete, Fohlen, Voltigiergruppen, Kutschengespanne, Dressur- und Parcoursreiten, römische Kampfwagen und Reitkunst aus aller Herren Länder.

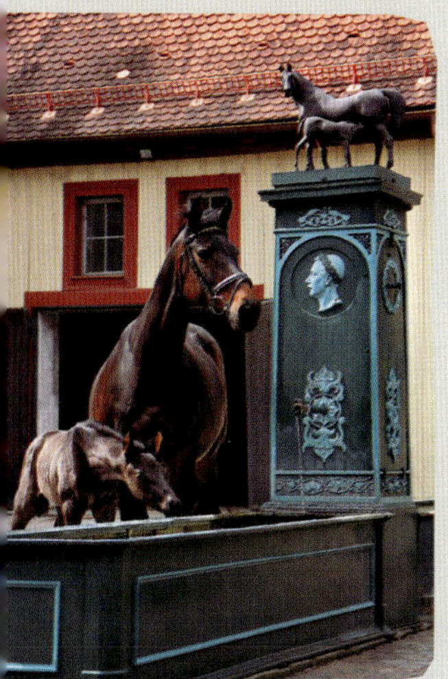

10 Zum Mössinger Bergrutsch

DURCH DAS NATURSCHUTZGEBIET ZUM DREIFÜRSTENSTEIN

3.00 STUNDEN

6,4 KILOMETER

↗ 230 HÖHENMETER

↘ 230 HÖHENMETER

MITTEL ab 6 Jahren

Hart am Hang: Im April 1983 stürzten am Mössinger Bergrutsch 10 Millionen Tonnen Felsen, Steine und Bäume auf einer Breite von 600 Metern zu Tale. Auf der spannenden Rundwanderung informieren anschauliche Tafeln am Ort des Geschehens über die Ursachen und Folgen dieser Naturkatastrophe. Wir erfahren, wie sich in der Steinwüste des Bergsturzgebietes neue Vegetation ansiedelt, und aufmerksame Wanderkinder können unterwegs auch freigelegte Fossilien finden. Durch ausgedehnte Wälder gelangen wir zum Gipfel des Dreifürstensteins, einem markanten Albtraufberg mit herrlicher Fernsicht und gemütlicher Sitzgelegenheit vor der Schutzhütte. Der Rückweg entlang der Albtraufkante durch dichte Buchenwälder ist von Aussichtspunkten geprägt. Der spektakulärste hängt sehr stark über den Abgrund und lässt kleine und große Wanderer gruseln.

Ausgangspunkt: Bushaltestelle Mössingen Bergrutsch, 659 m. Anfahrt vom Bahnhof Mössingen mit dem Rufbus 152, Anmeldung mindestens 30 Min. vor Abfahrt, Tel. +49 7473 9243285. – Mit dem Auto: Wanderparkplatz Bergrutsch, 72116 Mössingen, GPS: N48.380173, E9.072749.
Ausrüstung: Gerade für die steilen An-und Abstiege sind gut profilierte Wanderschuhe am besten geeignet.
Anforderungen: Mittellange Wanderung mit einigen Höhenmetern und längeren Forstwegabschnitten. Vorsicht, an den steil abfallenden Hangkanten ist ausreichend Sicherheitsabstand zu halten! Kleinere Kinder an die Hand nehmen!
Einkehr: Am Weg keine. Für eine lange Pause am Dreifürstenstein am besten eine leckere Brotzeit einpacken.
Tipp: Auf dem Farrenberg den Segelflugplatz besuchen und die startenden und landenden Flieger bestaunen.

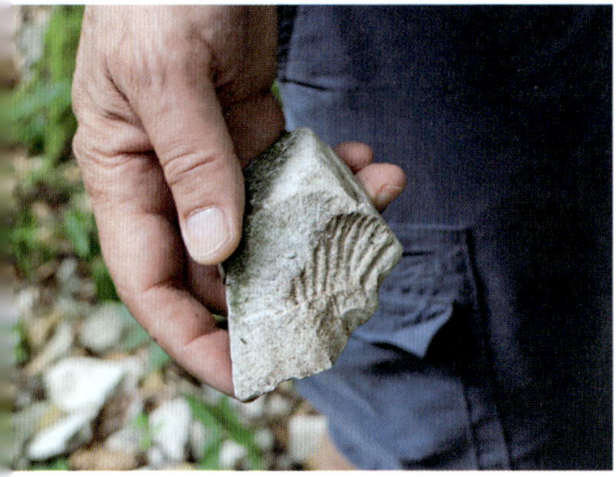

Hobby-Paläontologen aufgepasst! Auf dieser Tour könnt ihr Fossilien entdecken!

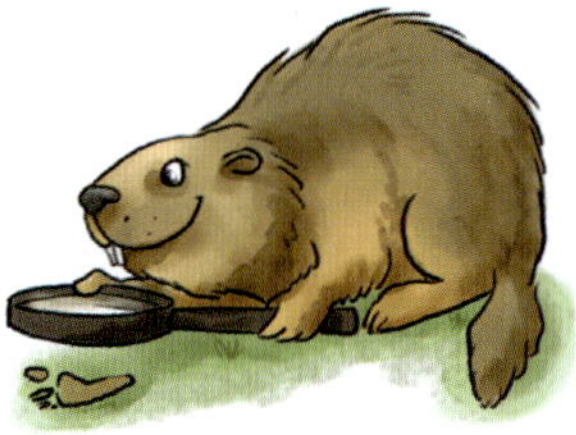

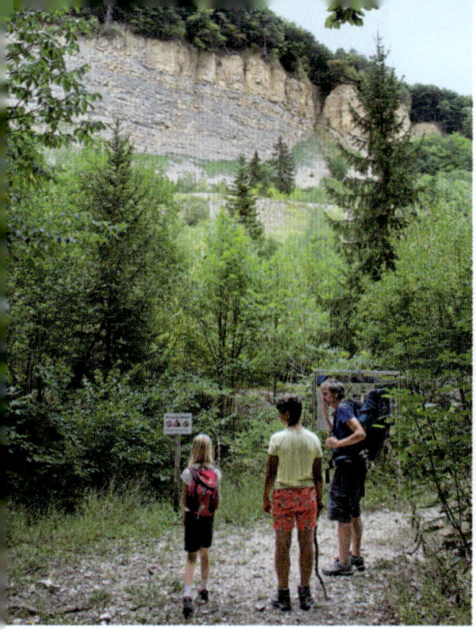

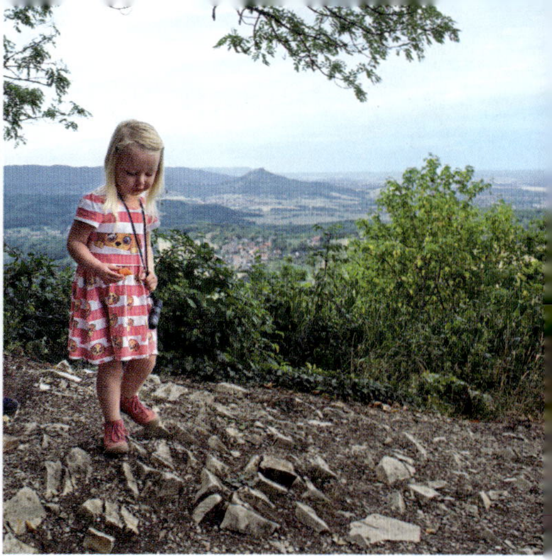

LOS GEHT'S Von der **Bushaltestelle Mössingen Bergrutsch ❶** gehen wir in Richtung Wanderparkplatz, an dessen Ende uns die kleinen blauen Bergrutsch-Tafeln links hinauf Richtung Hirschkopf weisen. Wenig später stoßen wir auf einen Forstweg, biegen rechts ein und folgen ihm bis zur nächsten Spitzkehre, in der wir von den Schildern geradeaus auf einen Wanderpfad geleitet werden. Zu unseren Linken sehen wir schon das Bergrutschgelände durch die Bäume und unsere Spannung steigt. Nach wenigen Minuten schwenken wir rechts auf einen breiteren Forstweg ein, der uns zügig zum Hauptaussichtspunkt des **Mössinger Bergrutsches ❷** links vom Wanderpfad bringt. Die Infotafeln sind sehr interessant gestaltet und wir verbringen einige Zeit vor der mächtigen Felswand mit dem Studium der Geschichte dieses Ereignisses.

Wir setzen die Tour links auf dem steinigen Wanderweg durch den Wald fort, in dem es für die Kinder immer etwas zu entdecken gibt. Wer genau hinschaut, findet vielleicht sogar Fossilien, wie versteiner-

LINKS
Gewaltige Steinmassen müssen beim Bergsturz abgegangen sein.

RECHTS
Ob ich hier auch Fossilien finde?

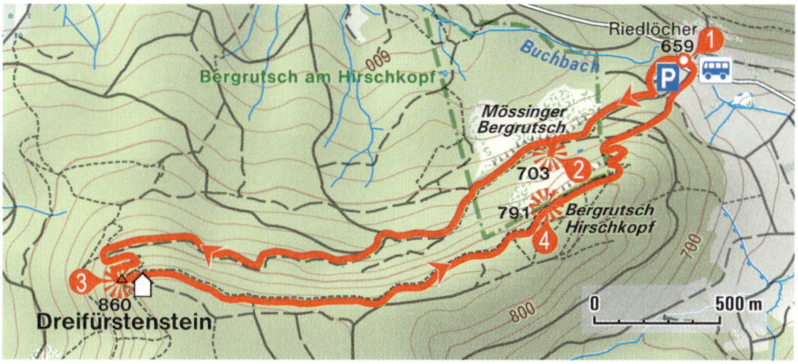

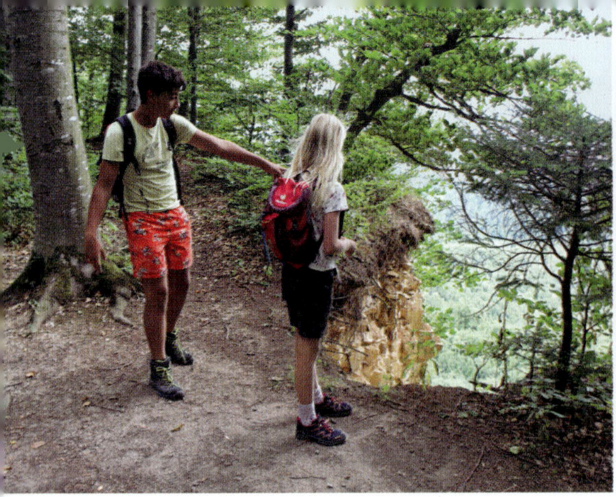

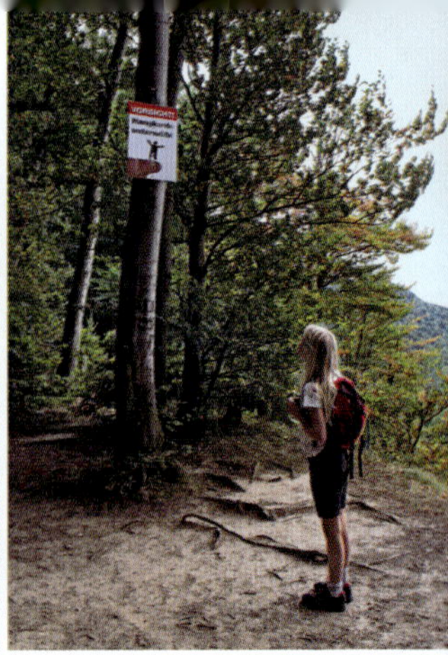

LINKS

Senkrecht bergab geht es an der Abbruchkante. Abstand halten!

RECHTS

Teilweise ist die Hangkante sogar unterwölbt, also noch mehr Abstand halten!

te Muscheln, denn durch den riesigen Bergrutsch wurden diese Überbleibsel aus der Jurazeit freigelegt. An der nächsten Weggabelung halten wir uns am Schild des Naturschutzgebietes links. Der schmale Pfad führt hinauf zur Spitzkehre eines Forstweges, den wir rechts hinunterwandern und eine Forststraße erreichen. Wir nehmen hier den Forstweg ganz links und folgen ihm für gut 20 Min., bis der Weg schmaler wird und bald links ein Pfad abzweigt, der den ungekennzeichneten Einstieg zum **Dreifürstenstein** darstellt. In Serpentinen steigen wir steil hinauf und am Wanderschild Unter Dreifürstenstein nach rechts zum **Gipfel** ❸, auf dem wir vor der Hütte sitzend eine ausgedehnte Vesperpause einlegen, denn die Aussicht ist herrlich. Links erkennen wir die stolze Hohenzollernburg, davor Streuobstwiesen und rechts in der Ferne das Steinlachtal. Kleinere Kinder lassen wir hier am Dreifürstenstein nicht aus den Augen, denn an manchen Stellen geht es senkrecht bergab.

Danach wandern wir zurück zum Wanderschild Unter Dreifürstenstein und geradeaus weiter Richtung Hirschkopf und Bergrutsch. Nach 1 km auf einem schmalen Pfad am Hang entlang erreichen wir das Wanderschild Hirschkopf West, von dem aus es noch rund 15 Min. bis zu einer Weggabelung dauert, an der wir links zum **Bergrutsch Hirschkopf** ❹ abbiegen. Das aufgestellte Infoschild zeigt uns, auf welch spektakulä-

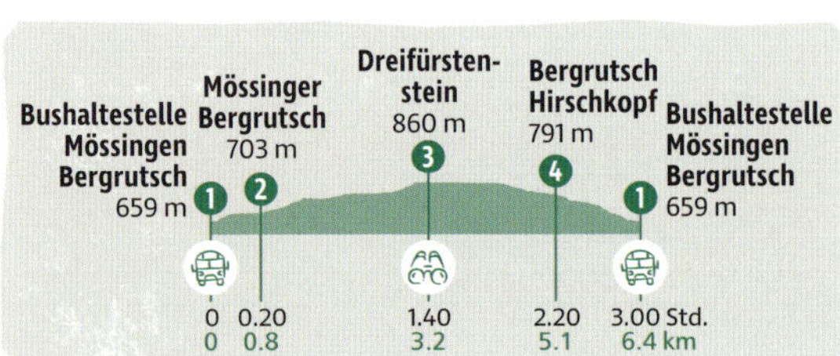

Hallo Kinder!

Ist es nicht erstaunlich, wie aus einer **Geröllwüste ohne Leben** auf natürliche Weise wieder eine neue, fruchtbare Welt mit Pflanzen und Tieren entstehen kann? In der Zeit nach dem Bergrutsch konnte man genau beobachten, wie so etwas vor sich geht: Das Erste, was sich nach dem alles zerstörendem Bergrutsch neu bildete, waren Wasserlöcher, die sich mit Regenwasser füllten. **Samen des Huflattichs**, die mit ihren Schirmen aus feinen Härchen wie kleine Gleitschirmflieger vom Wind transportiert werden, landeten und begannen in der Nähe des Wassers zu wachsen. Nach zwei Jahren war das gesamte Bergsturzgebiet mit Huflattich bedeckt. Verschiedene kleinere **Kräuterarten** folgten, denn der Wind trägt auch viele andere Samen mit sich und manchmal auch etwas Erde. Bald siedelten sich an den Pflanzen **Spinnen**, **Käfer**, **Wespen** und **Frösche** an und nach und nach erholte sich die Vegetation immer mehr. Heute steht an manchen Stellen schon wieder junger, dichter **Wald**.

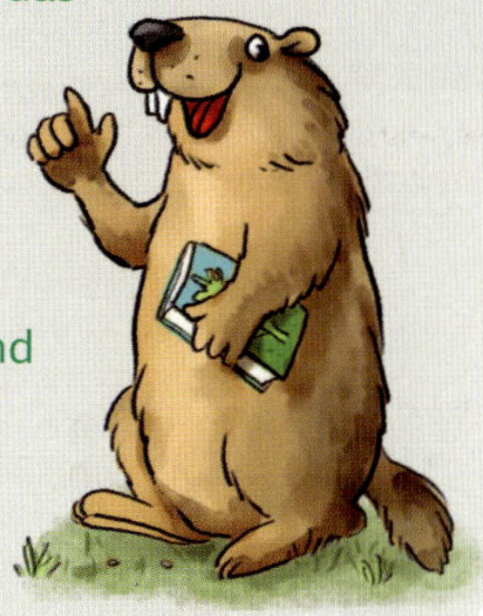

rem Standort oberhalb der Steilwand wir uns jetzt befinden. Wir halten ausreichend Abstand von der Hangkante, die hier unterwölbt ist!
Der Weg führt noch ein Stück direkt am Abhang entlang und vorbei an einer Schutzhütte bis zum Wanderschild Hirschkopf Ost. Wir folgen links dem Weg in Richtung Talheim und steigen in Serpentinen einen kleinen Waldpfad hinunter bis zum nächsten querenden Forstweg. Ein Wanderschild weist uns links auf einem schmalen Pfad bergab Richtung Talheim. Auch über den folgenden Forstweg und die nächste Forstwegkreuzung wandern wir geradeaus hinüber, ein Wanderschild und die Früchtetrauf-Schilder leiten uns zurück zum Wanderparkplatz und zur **Bushaltestelle Mössingen Bergrutsch** ❶.

★Highlights

Viele interessante Tafeln informieren über den Mössinger Bergrutsch.

Kleine und große Wanderer können sich auf eine aufregende Fossiliensuche begeben.

Vom Dreifürstenstein genießen wir eine wunderbare Aussicht.

Von der überhängenden Albtraufkante am Hirschkopf bieten sich prickelnde Tiefblicke.

11 Nasser Spaß in Stetten

AN DER LAUCHERT NACH HÖRSCHWAG

2.00 STUNDEN

5,2 KILOMETER

↗ 90 HÖHENMETER

↘ 90 HÖHENMETER

LEICHT ab 4 Jahren

Was ist denn nur ein Wasserwidder? Diese leichte Wanderung steht ganz im Zeichen des fließenden Wassers. Vom Dörfchen Stetten unter Holstein mit seiner auffallend schönen Wasserspielplatz-Anlage, an der die Kinder einen Riesenspaß mit der Feuerspritze eines hydraulischen Widders haben, wandern wir entlang der Lauchert nach Hörschwag. Dort erwartet alle wasserfreudigen Wanderer eine Badestelle mit Liegewiese, eine archimedische Schraube und ein Spielplatz. Verbunden sind die beiden Dörfer über einen Wanderweg an der Lauchert, einem wunderschönen Flüsschen, das seit über 10 Millionen Jahren in die Donau fließt und lustig durch sein kleines Tal mäandert. Direkt an der Lauchert liegt das Naturschutzgebiet »Bei der Mühle«, das uns die Bedeutung der fruchtbaren Feuchtwiesen nahebringt. Von Hörschwag wandern wir zum Abschluss auf einem kleinen Höhenweg durch den Wald zurück nach Stetten unter Holstein.

Ausgangspunkt: Bushaltestelle Stetten Lamm, 703 m. Anfahrt vom Bahnhof Reutlingen mit der Buslinie 7635 Richtung Erpfingen. – Mit dem Auto: Parkplatz an der Festhalle, Burladinger Str. 43, 72393 Burladingen-Stetten unter Holstein.
Ausrüstung: Einfache Halbschuhe sind für die Tour ausreichend. Badesachen und Wechselkleidung unbedingt in den Rucksack packen.
Anforderungen: Leichte Wanderung auf breiten Fahrrad- und Feldwegen mit einem steileren Stück am Ende. Einen geländegängigen Kinderwagen kann man im leeren Zustand und mit etwas Geschick auch dieses Steilstück hinuntertransportieren.
Einkehr: Der SB-Kleinsupermarkt Tante-M direkt an der Bushaltestelle hält alles vorrätig, was man für eine Wandervesper benötigt: Frisches Brot und Brezeln, Obst und Gemüse sowie Getränke und vieles andere mehr. Bezahlt wird in bar, per Karte oder kontaktlos; täglich 5.00–23.00 Uhr geöffnet, tante-m.shop. Der Gasthof Rössle in Hörschwag mit seinem kreativen Restaurant bewirtet am Wochenende von 11.00 bis 22.00 Uhr (abends Live-Konzerte). Mauritiusstraße 12, 72393 Burladingen-Hörschwag, Tel. +49 7124 9335251, roessle-hoerschwag.com.

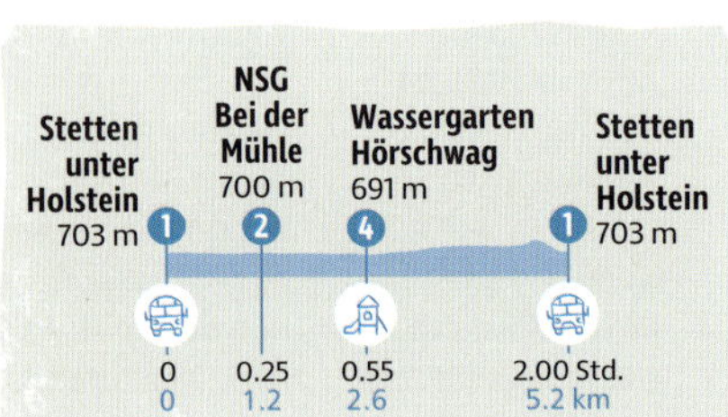

Tipp: Von Stetten aus lohnt sich ein 2 km kurzer Abstecher mit 100 Höhenmetern auf die Burghalde. Dort finden sich im Wald die große Burgruine Hölnstein aus dem 13. Jahrhundert und mehrere begehbare Höhlen im Burgfelsen, die der Burg ihren Namen gegeben haben (GPS: N48.331205, E9.186587).

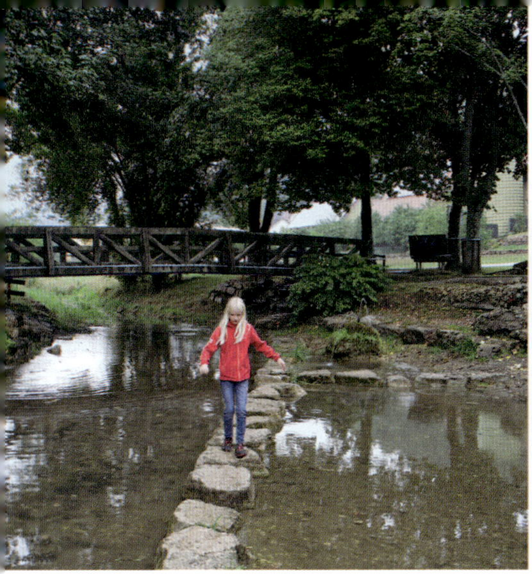

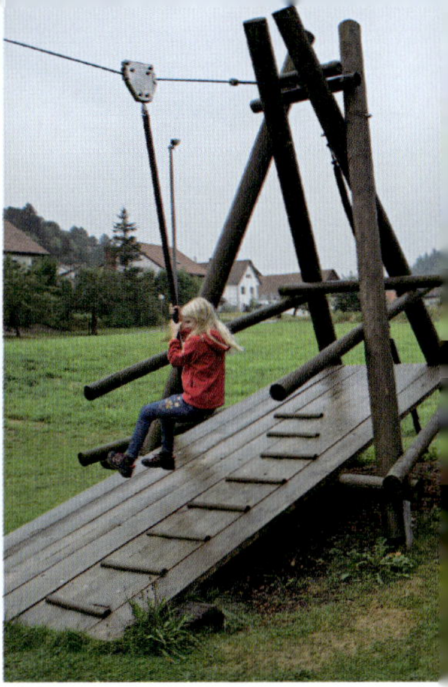

LOS GEHT'S Ausgangspunkt unserer Tour ist die **Bushaltestelle Stetten Lamm** ❶. Wir gehen 20 m vor zur Burladinger Straße und folgen ihr rechts bis zum großen Parkplatz und zur Festhalle, an der wir links vorbei zur Lauchert gelangen. Zu unserer Linken sehen wir eine außergewöhnliche Pumpenanlage, einen hydraulischen Widder (Wasserwidder). Er wird mit Wasserkraft angetrieben und ist ein großes Spritzvergnügen für Alt und Jung. Für den ganzen großartigen **Wasserspielplatz** sollte man ausreichend Zeit einrechnen, denn es gibt auch noch eine Handpumpe, eine Holzbrücke, mehrere Springbrunnen und Teichanlagen, die herrlich zu bespielen sind. Auch der **Spielplatz** jenseits der Brücke mit Seilrutsche und Karussell will erforscht werden. Dem dortigen Wanderschild folgen wir in Richtung Naturschutzgebiet Walzmühle bis zur Hauptstraße, auf die wir rechts abbiegen und die Lauchert überqueren. An der nächsten Straße zweigen wir links ab und halten uns an den gelben Kringel in Richtung der Themenwanderung und des Naturschutzgebietes. An lustigen Eseln vorbei verläuft der geteerte Wanderweg flach durch das grüne Tal der Lauchert, bis wir nach 10 Min. an den Wiesen des **Naturschutzgebietes Bei der Mühle** ❷ stehen und

LINKS

Nur keinen falschen Schritt, sonst gibt es nasse Füße.

RECHTS

Auf diese Seilrutsche wäre sogar Tarzan neidisch.

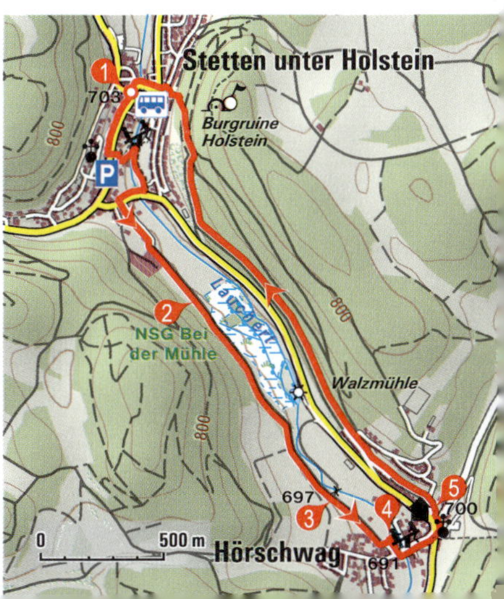

Am meisten Spaß macht diese Tour natürlich an warmen Sommertagen!

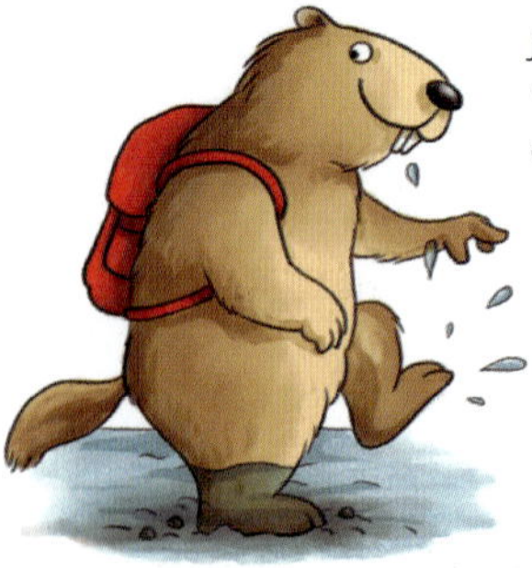

auf den Infotafeln über die Feuchtwiesen und Lebensräume am Bach lesen. Einen knappen Kilometer weiter spazieren wir am **Wanderschild Eschle** ❸ geradeaus nach Hörschwag. Wer möchte, kann hier links noch einen Abstecher zur bekannten Walzmühle einlegen, die 600 Jahre lang mit der Wasserkraft der Lauchert betrieben wurde. Wer geradeaus geht, sieht schon bald links vor dem Feuerwehrhaus einen weiteren Wasserspielplatz, den **Wassergarten am Bürgerhaus** ❹. Im Sommer nutzen wir hier gerne die Liegewiese, während die Kinder im Flüsschen, mit der archimedischen Schraube und einer Wasserpumpe spielen.

Wenn wir dann am Fluss weiterwandern, überqueren wir auf der Dorfstraße von **Hörschwag** links die Brücke und schwenken in einer Linkskurve in die Hauptstraße ein. Gleich darauf zweigen wir rechts zum **Gasthaus Rössle** ❺ ab und biegen hinter dem dazugehörigen Biergarten links in den ungeteerten Kieferweg ein. Es geht nun immer leicht bergauf bis zur Schützenstraße, die wir nach knapp 50 m links wieder in den nur anfangs geteerten Tannenweg verlassen. Diesen marschieren wir einen knappen Kilometer entlang. Nach dem Waldstück treffen wir auf einen Forstweg, auf dem wir rechts oberhalb des Tennisheims durch schöne Wiesen am Hang entlang wandern. An der folgenden Wegkreuzung halten wir uns links in einen Wiesenweg, der uns bergab zu einer Weggabelung führt, an der wir links einem schmalen Pfad folgen. Weiter unten treffen wir auf eine unbefestigte Straße und biegen nach 10 m rechts hinter einem Wohnhaus hinunter zur schon sichtbaren Burghaldenstraße. Dort nehmen wir gleich wieder links die Hinterburgstraße, überqueren geradeaus die Lauchertbrücke und bleiben auf der Vorfahrtsstraße, die links wegknickt. Ein paar Meter später biegen wir rechts in die Melchinger Straße und erreichen wieder die **Bushaltestelle Stetten Lamm** ❶.

LINKS

Die Lauchert verträgt einen Regenguss so gut wie die Wanderkinder.

RECHTS

Dank Archimedes fließt Wasser sogar bergauf.

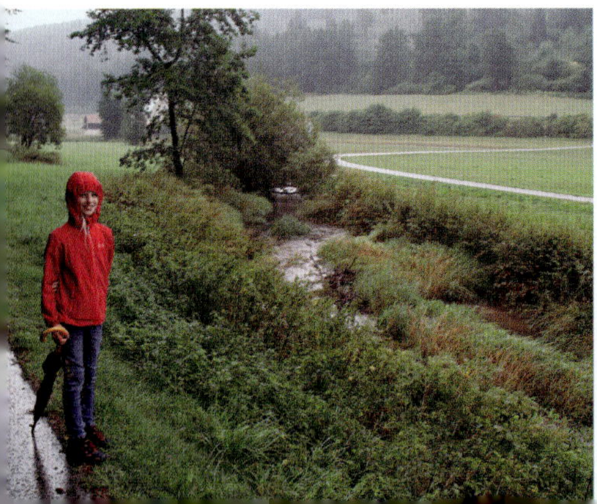

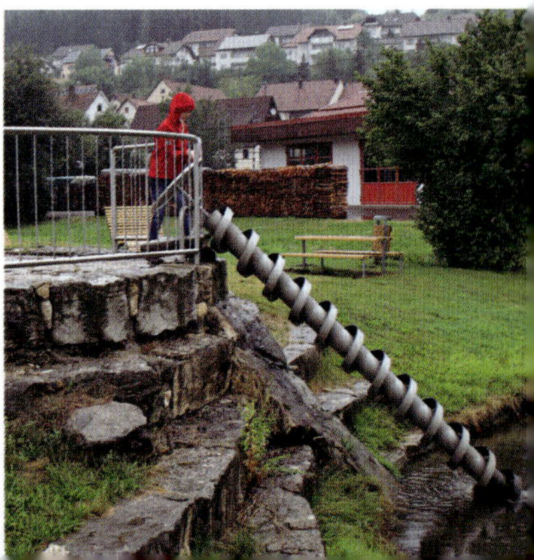

Hallo Kinder!

Ist dieser **hydraulische Widder**, der ganz ohne Strom oder Treibstoff Wasser pumpen kann, nicht eine faszinierende Maschine? Er funktioniert nur mit der **Kraft des Wassers**. Das Wasser fließt aus einem Behälter ein kurzes Stück nach unten und reißt ein gefedertes **Absperrventil** mit sich, das sich dadurch schließt. Das plötzliche Stoppen des Wasserflusses erzeugt einen Druckstoß, der ein **Druckventil** öffnet und das Wasser in einer Steigleitung höher drückt. Dadurch wird der Druck in der Pumpe wieder geringer und das Absperrventil wird durch seine Feder wieder geöffnet. Das Wasser kann nun wieder nachfließen, bis es durch seine Geschwindigkeit das Ventil erneut zum Schließen bringt und der Prozess, der nur rund eine Sekunde dauert, von Neuem startet. Bauern benutzen diese alte Pumpentechnik, um in abgelegenen Gegenden Quellwasser in höhere Regionen zu pumpen und so ihre Wiesen zu bewässern oder Kühe damit zu versorgen. Ganz umweltfreundlich und einfach genial.

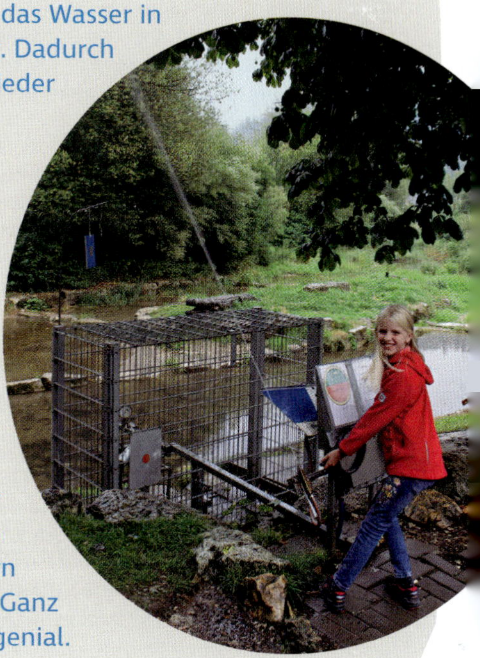

★Highlights

Auf dem Wasserspielplatz in Stetten bauen die Kinder Dämme, planschen und klettern über die Felsen.

Die technische Anlage des hydraulischen Widders setzen wir selber in Gang und spritzen alles nass.

Auf dem angrenzenden Spielplatz sausen die Kinder mit der Seilrutsche.

Unterwegs bewundern wir die satte Vegetation des Naturschutzgebiets »Bei der Mühle«.

Im Wassergarten in Hörschwag liegen wir im Sommer auf der Wiese, spielen und planschen am Flüsschen Lauchert und drehen die archimedische Schraube.

12 Zur Burg Derneck

VOM GASTHOF WITTSTAIG DURCH DAS LAUTERTAL

2.00 STUNDEN

5,1 KILOMETER

↗ 125 HÖHENMETER

↘ 125 HÖHENMETER

LEICHT – ab 4 Jahren

Rundwanderung mit Bach- und Burgfreuden: Auf der kurzen Tour durch das romantische Tal der Großen Lauter begegnen uns einige der typischen Lautertäler Sehenswürdigkeiten. Zu Beginn geht es an Talauen vorbei zum Klingelfelsen, den wir nach Höhlen erkunden und wo wir prima in den Fluss steigen können. Dann erklimmen wir den Weg zur Burg Derneck mit toller Aussicht von der Schildmauer auf das Lautertal und mit einem lauschigen Wanderheim samt Burgschänke. Der große Spielplatz Breitle ist nun nicht mehr weit, hier können die Kinder nach Herzenslust toben. Durch die Kernzone des UNESCO-Biosphärenreservates Schwäbische Alb mit seinem Bannwald erreichen wir Gundelfingen, das spektakulär fast komplett von einem Umlaufberg eingerahmt ist und ringsum von der Großen Lauter umflossen wird. Unterhalb des Schlossberges und der Gipfelburgruine Niedergundelfingen werden die Wanderkinder schließlich noch von weidenden Ziegen und Pferden begrüßt.

Ausgangspunkt: Bushaltestelle Wittstaig, 603 m, bei Gundelfingen. Anfahrt vom Bahnhof Münsingen mit dem Regionalbus 265 Richtung Riedlingen. – Mit dem Auto: Kostenloses Parken auf dem Wanderparkplatz Heiligental, 72525 Münsingen, GPS: N48.315946, E9.507315. Zu Fuß 200 m Richtung Klingelfelsen über die Landstraße und die Große Lauter zum Wanderweg.
Ausrüstung: Gut profilierte Wanderschuhe für die steileren Waldpassagen vorsehen. Handtuch und evtl. Badekleidung einpacken.
Anforderungen: Leichte Wanderung mit einigen kurzen Steilstücken. Es wartet ein bunter Mix aus Wiesen-, Wald-, Feld- und Fahrradwegen.
Einkehr: Die mittelalterlich anmutende Burgschänke der Burg Derneck serviert kleine Vesperteller und nachmittags Kaffee und Kuchen; geöffnet von April bis Oktober 10.00–19.00 Uhr, Tel. +49 7386 217, burgderneck.albverein.eu. Im Land- und Ferienhotel Wittstaig wird man mit schwäbischem Zwiebelrostbraten, Forelle Müllerin Art und anderen leckeren Gerichten verwöhnt; geöffnet Mi–So 11.00–21.00 Uhr, Mo 17.30–21.30 Uhr, Di Ruhetag, Tel. +49 7383 94960, Wittstaig 10, 72525 Münsingen-Gundelfingen, www.hotel-wittstaig.de.

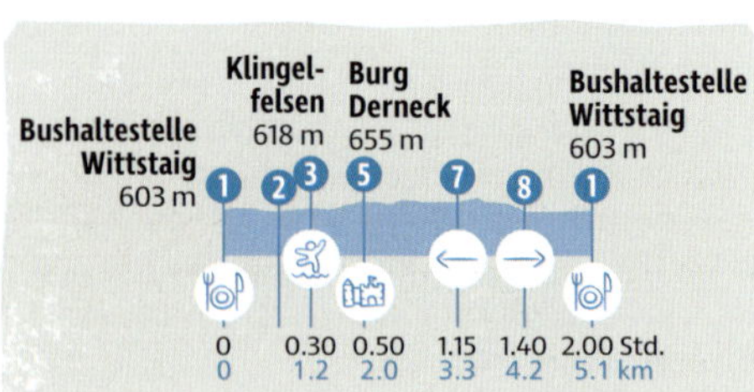

Tipp: Eine Kanutour auf der Großen Lauter zwischen den Städtchen Münsingen und Gundelfingen ist ideal für Einsteiger, denn anfangs fließt sie ruhig dahin und nachdem man sich mit dem Boot vertraut gemacht hat, kommen einige Stromschnellen und enge Kurven (Info: muensingen.com).

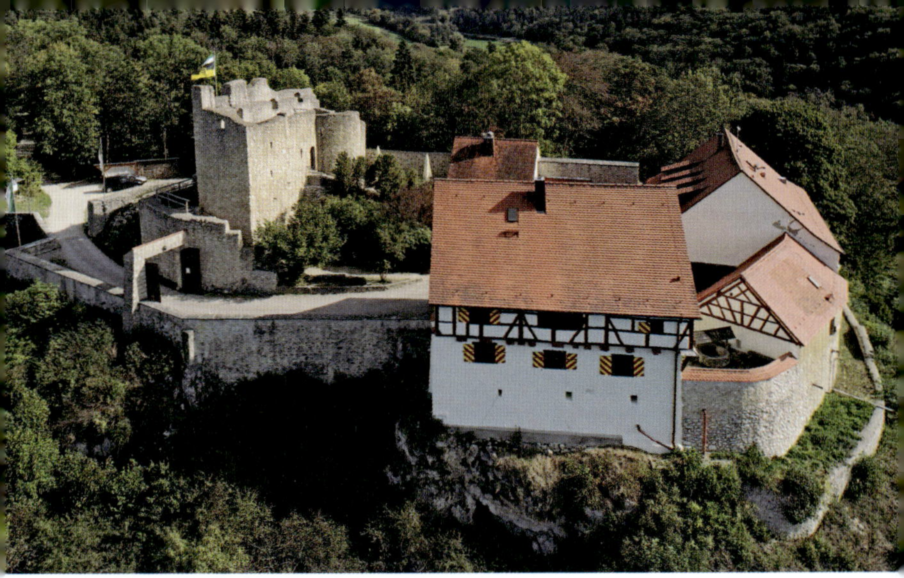

LOS GEHT'S An der **Bushaltestelle Wittstaig** ❶ am idyllisch gelegenen Gasthof Wittstaig überqueren wir auf dem Häldelesweg die Brücke der Großen Lauter und biegen links an den Himmelsliegen auf den Radweg ein. Wir bleiben immer geradeaus auf dem geteerten Weg, der den Fluss an manchen Stellen auf seiner mäandernden Reise fast berührt, und erreichen das **Wanderschild Südöstlich Breite** ❷. Wir folgen ihm geradeaus auf dem Radweg in Richtung Burg Derneck und gelangen zur Kalksteinwand des **Klingelfelsens** ❸, an dem die Kinder die Halbhöhle und die Einstiegsstelle in die Große Lauter erkunden können. Etwas später kommen wir zu einer Landstraße, halten uns 50 m rechts auf dem Radwanderweg neben der Straße und steigen dann am **Wanderschild** ❹ rechts hinauf Richtung Wanderheim Burg Derneck. Ein kurzer Anstieg bringt uns durch hellen Jungwald auf eine Lichtung, an deren Ende wir halb links den ausgeschilderten, steileren Weg zur **Burg Derneck** ❺ wählen, an deren Mauer uns bald ein großer Ritter begrüßt. Die mittelalterlich wirkende Burgschänke ist ein idealer Platz für eine Vesperpause, während die Kinder die Burgmauern erklimmen und von oben herunterwinken. Kleinere Kinder beaufsichtigen wir, denn die Brüstungen sind teilweise nicht sehr hoch.

OBEN

Die Burg Derneck aus dem 14. Jahrhundert beherbergt heute ein Wanderheim mit Burgschänke.

UNTEN

Die besten Aussichtsplätze sind begehrt.

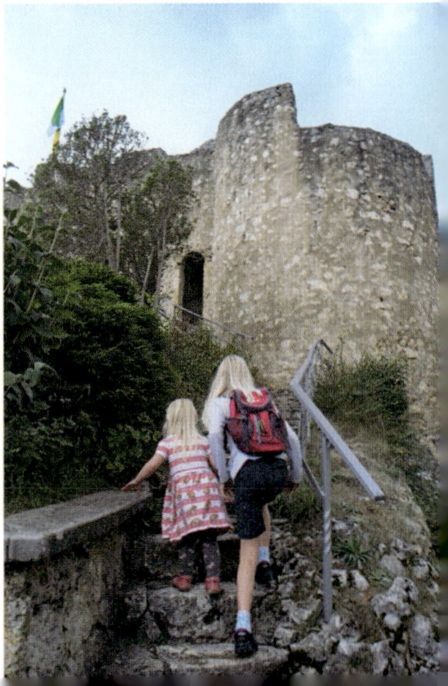

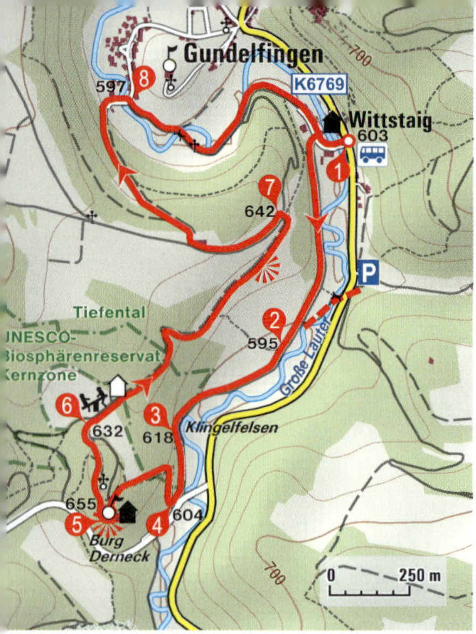

Nach der Pause führt unsere Route am Wanderschild Burg Derneck links Richtung Spielplatz Breitle. An der gleich folgenden Gabelung orientieren wir uns links und bleiben geradeaus auf dem Waldpfad, bis wir zur großen Wiese mit dem **Spielplatz Breitle 6** gelangen. Nach ausgiebigem Spielen auf der langen Seilrutsche und den anderen Geräten gehen wir zum Ende des Spielplatzes und passieren die Wanderhütte an ihrer linken Seite in Richtung Wittstaig. Wir durchwandern hier einen Teil des Bannwaldgebietes, das zur Kernzone des UNESCO-Biosphärenreservates Schwäbische Alb gehört und in dem das Wegegebot gilt. Der gekieste Wanderweg führt uns am nächsten Wanderschild rechts Richtung Wittstaig auf einen Höhenweg. Grasende Schafe, stachelige Wacholderbüsche, knorrige Eichen und eine schöne Aussicht ins Tal begleiten uns bis zum **Wanderschild Östlich Herrenhau 7**. Wir halten uns scharf links bergauf Richtung Bürzel Aussichtspunkt, erreichen ein Forstwirtschaftsgebäude und steuern erst rechts den Wald Richtung Bürzel an, um gleich danach an der ersten Gabelung geradeaus Richtung Gundelfingen weiter bergab zu steigen. Der schmale Waldpfad bringt uns an den Ortsrand von **Gundelfingen**, wo wir unterhalb des sehenswerten Schloss-

LINKS
Ein schwarzgefleckter Ameisenbläuling bei der Futtersuche.

RECHTS
Auf dem Weg durch die Wacholderheide.

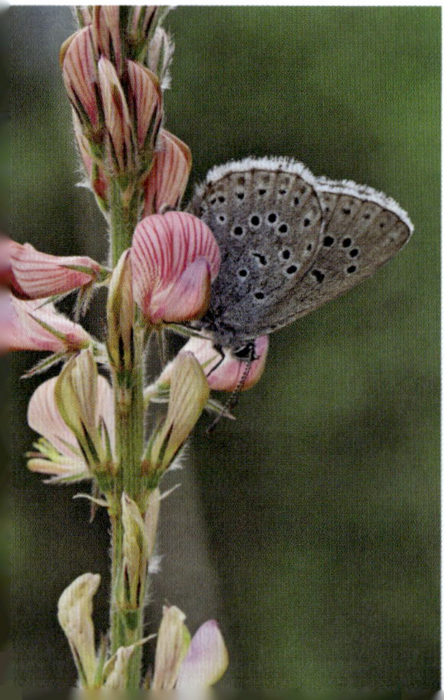

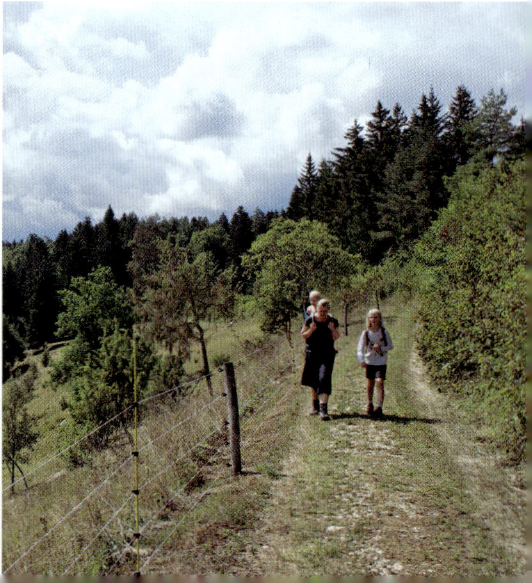

Hallo Kinder!

Hier auf den **Wacholderheiden** im Großen Lautertal könnt ihr manchmal etwas größere Bläulingsschmetterlinge sehen, die stark vom Aussterben bedroht sind – den **Maculinea Arion** oder auf deutsch **Schwarzgefleckter Ameisenbläuling** (siehe Foto links). Das Besondere an dieser Bläulingsart ist die Entwicklung seiner Raupen. Diese verströmen nämlich Duftstoffe und ahmen Ameisengeräusche nach, die sonst nur die Larven der **Knotenameisen** von sich geben. So kommt es, dass die Ameisen die Schmetterlingsraupe in ihr Ameisennest tragen und dort bei den Ameisenlarven ablegen. Von diesen Larven aber ernährt sich nun die räuberische Raupe, bis sie sich verpuppt und schließlich als Schmetterling aus ihrem Kokon schlüpft. Dieser muss sich dann schnell davon machen, denn er kann als ausgewachsener Schmetterling keinen Duftstoff mehr produzieren und die Ameisen würden ihn als Feind erkennen und angreifen.

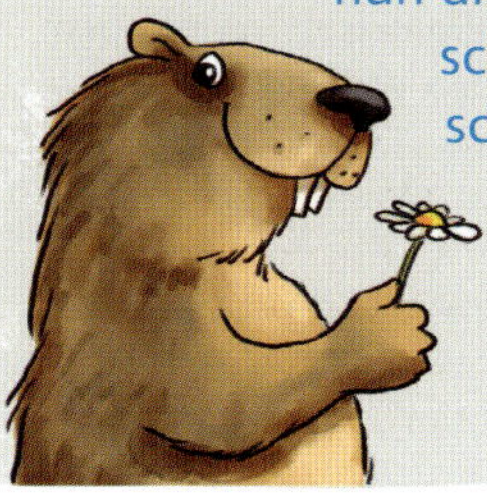

berges mit der Gipfelburgruine Niedergundelfingen die Lauterbrücke überschreiten und sofort rechts am **Wanderschild M.-Erzberger-Str. ❽** Richtung Wittstaig abzweigen. Entlang der Schleifen der Großen Lauter zieht sich eine kleine geteerte Straße vorbei an Ziegen- und Pferdeweiden und Sonnenblumenfeldern. Die nächste Abzweigung unterhalb der Burgruine Niedergundelfingen ignorieren wir und genießen geradeaus die letzten Meter unser Wanderung, bis wir wieder bei den Himmelsliegen unweit des Gasthofes und der **Bushaltestelle Wittstaig ❶** ankommen.

★Highlights

Am Klingelfelsen planschen die Kinder in der Großen Lauter und erforschen Höhlen.

Auf der Burg Derneck erklimmen wir die Schildmauer und trinken in der Burgschänke Limo.

Auf dem Spielplatz Breitle sausen die Wanderkinder begeistert die lange Seilrutsche hinunter.

Auf den Wacholderheiden können wir bei schönem Wetter mit etwas Glück seltene Schmetterlinge beobachten.

Gegen Ende der Tour warten Ziegen, Pferde und Schafe auf den Weiden.

13 Entlang der Großen Lauter

ZUM WASSERFALL HOHER GIESSEL

2.30 STUNDEN

6,7 KILOMETER

↗70 HÖHENMETER

↘70 HÖHENMETER

MITTEL ab 5 Jahren

Eiscreme am Fluss: Die Schönheit und Vielfältigkeit des Lautertales zeigt sich ganz besonders auf dieser Rundtour von Anhausen über die Wartsteinbrücke. Vorbei an herrlich grünen Wiesen geht es flussabwärts über den Wasserfall Hoher Gießel und entlang der wild mäandernden Großen Lauter. Die Flussauen sind an vielen Stellen idyllisch von bis zu 40 m hohen Felsformationen eingerahmt und immer wieder tauchen Höhlen und Halbhöhlen wie die Ochsenlöcher zur Erkundung am Wegrand auf. Ein- und Ausgang dieses Talabschnittes werden von den Ruinen der Schülzburg und der Wartsteinburg von hohen Felsen aus bewacht. Und auf einem Grill- und Spielplatz mit riesiger Liegewiese und Bademöglichkeit in der Lauter kann man seine Seele so richtig baumeln lassen. Auf dem Rückweg ins Dorf begegnen den Kindern mit etwas Glück noch zahlreiche Gänse, Hühner, Kühe, Esel und Pferde in den Gärten und auf den Weiden.

Ausgangspunkt: Parkplatz Rubin im Tal, 580 m, Hanfgärten 2, 72534 Hayingen, genau neben der Bushaltestelle Anhausen. – Anfahrt mit dem Regionalbus 265 nur bis Indelhausen möglich, von dort 10 Minuten zu Fuß zum Ausgangspunkt.
Ausrüstung: Halbschuhe oder Wandersandalen sind ausreichend. Bitte Handtuch und Badesachen einpacken.
Anforderungen: Einfache Tour ohne Steigungen auf größtenteils feinkiesigen Wegen, die aber durch die Länge eher mittelschwer einzustufen ist. Auf den Wiesen kann man herrlich barfuß laufen, wenn frisch gemäht wurde. Die Tour ist für luftbereifte Kinderwagen gut geeignet, bis auf den Abstieg an der Kläranlage, den man im Leerzustand vornehmen sollte.
Einkehr: Schwäbische Kost kredenzt der Gasthof Adler; Tel. +49 7386 327, adler-anhausen.de, Am Mühlweg 20, 72534 Hayingen-Anhausen. Lautertäler Eis und gekühlte Getränke finden Wanderer am Selbstversorgerhaus Ölmühle.
Tipp: Burgfreunde machen sicher einen Abstecher hinauf zum Gemsfels und zur Burgruine Wartstein aus dem 12. Jahrhundert, von deren Schildmauer man einen sagenhaften Ausblick auf das Lautertal genießt. Den Einstieg zu dem ca. 1 km langen Abstecher (hin und zurück) erreicht man am Wanderschild Unterm Gemsfels kurz nach der Wartsteinbrücke 5.

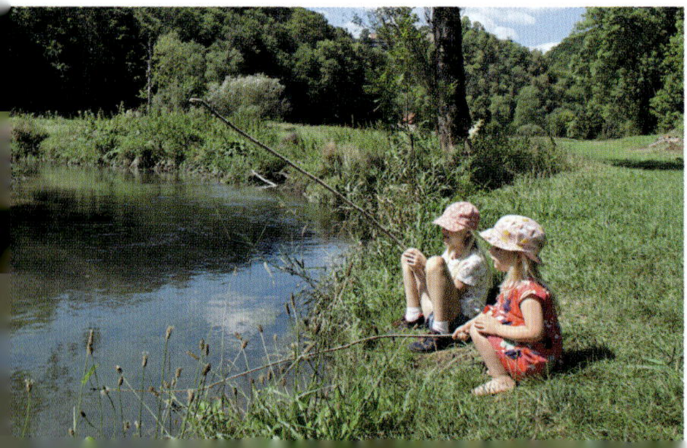

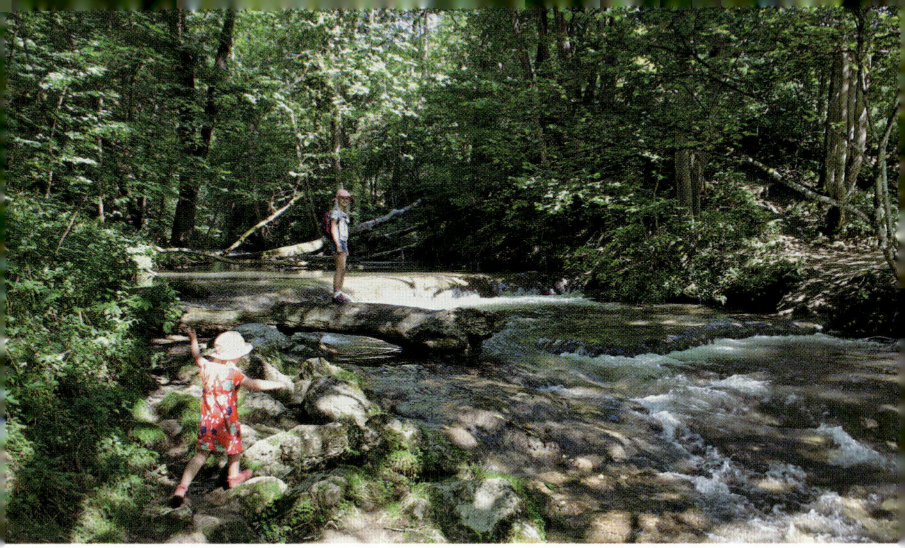

LOS GEHT'S An der **Bushaltestelle Anhausen ❶** und dem Parkplatz lassen wir den Pavillon von Rubin im Tal zu unserer Linken und gehen 20 m vor zur St.-Ursula-Straße, in die wir rechts einbiegen. An der kleinen Kapelle führt uns rechts eine Brücke über die Große Lauter, hinter der wir nach rund 100 m halb links der Beschilderung Premiumwanderweg Hochgehlautert folgen. Es geht vorbei an einem kleinen Spielplatz sowie Gänse- und Pferdeweiden bis zum **Wanderschild Südlich Anhausen ❷**, an dem wir rechts und nach 10 m sofort links an den Sitzbänken in den kaum sichtbaren Wiesenweg am Waldrand abbiegen (dieser Weg wird auf dem Wanderschild nicht genannt). Wir wandern mit Blick über das herrlich grüne Tälchen entlang einer Stromleitung, bis wir in den Wald und bergab zur Kläranlage Anhausen gelangen, an der sich die Kinder die Nase zuhalten. An der Teerstraße gehen wir links und marschieren, die Kläranlage zu unserer Rechten, zum nahen **Wanderparkplatz An-**

OBEN

Der Hohe-Gießel-Fall ist eher flach.

LINKS UNTEN

Ob die Fische heute beißen?

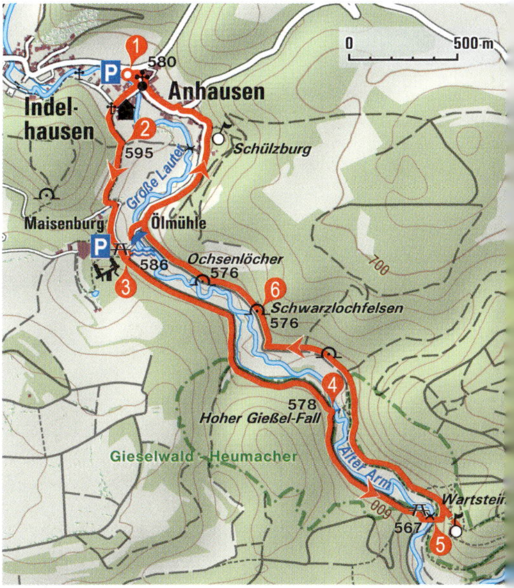

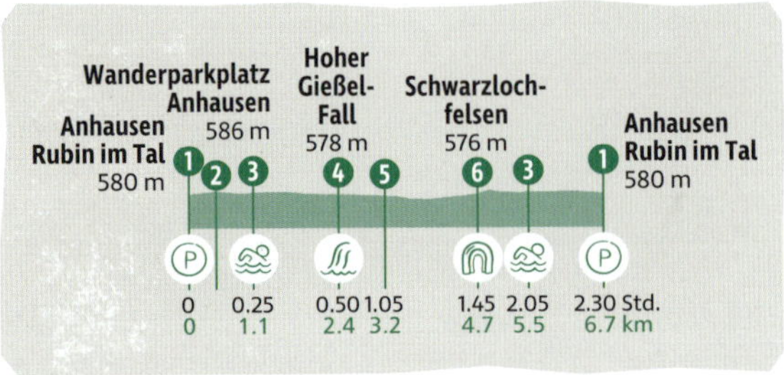

hausen ❸ mit Spielplatz, Badestelle und Grillmöglichkeit. An der großen Holztafel orientieren wir uns geradeaus in Richtung Wartstein und Erbstetten und folgen nun auf einem gekiesten Wanderweg der hier stark mäandernden Großen Lauter. Am Biberbänkle und einer Brücke nehmen wir an der Verzweigung den Hauptweg nach links und freuen uns an den tollen Felswänden, die immer höher und steiler vor uns aufragen. Der Weg beschreibt eine lange Rechtskurve, an deren Ende im Wald der **Hohe Gießel-Fall** ❹ auf Entdecker wartet, eine breitere Stromschnelle, die nach Regenfällen enorme Ausmaße annehmen kann. Nach einer Weile kommen wir zu einer Schutzhütte mit Grillstelle und zweigen dahinter links über die **Wartsteinbrücke** ❺ ab. Hinter der Brücke treten wir den Rückweg nach links Richtung Anhausen an und passieren bald den Abzweig zum Gemsfels, der Weg verwandelt sich hier teilweise in einen Wiesenweg. Wir bleiben stets auf unserem Wanderweg an der Großen Lauter entlang und gelangen nach einer Weile an den **Schwarzlochfelsen** ❻ mit seiner dunklen Höhle und kurz darauf zu den Ochsenlöchern. Neben der Erkundung der kleinen Höhlen verlockt die wundervolle Auenlandschaft zu längeren Pausen am Flüsschen.

Zurück an der Badestelle des **Wanderparkplatzes Anhausen** ❸, die wir über die Brücke am Getränke- und Eiscremekühlschrank

Der Schwarzlochfelsen und seine dunkle Höhle gehören zu den Sehenswürdigkeiten an der Großen Lauter.

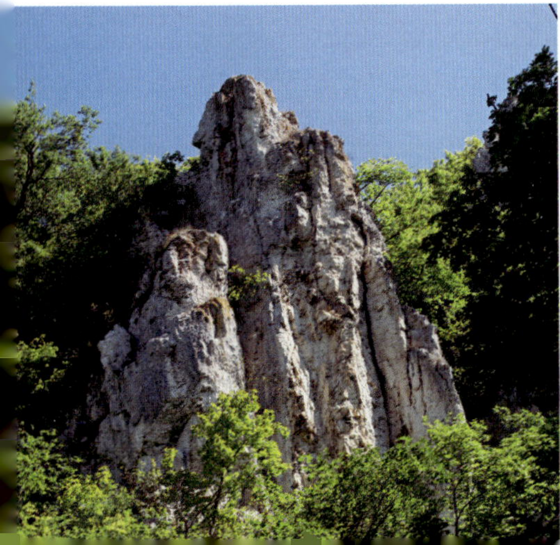

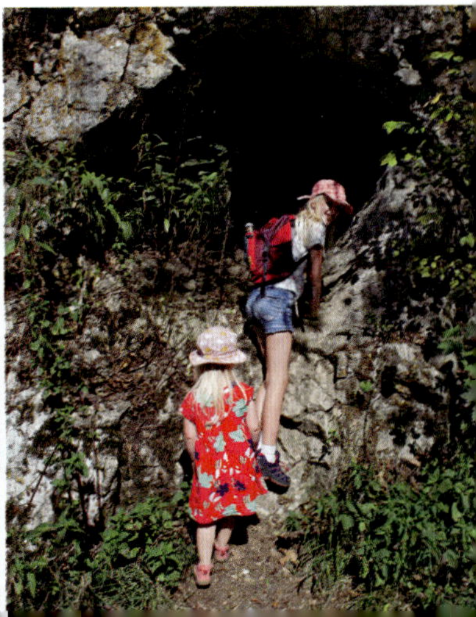

Hallo Kinder!

In diesem Buch verfolgen wir den Lauf der **Großen Lauter** vom Quelltopf in Gomadingen (s. Tour 9) über die Flussschleife in Gundelfingen (s. Tour 12) und die Burgen und Höhlen bei Anhausen bis zur Mündung in die Donau bei Obermarchtal (s. Tour 14). Das Lautertal strotzt nur so vor herrlicher Natur und Sehenswürdigkeiten und der kleine Fluss mit dem großen Namen hat eine sehr lange und bewegte Geschichte hinter sich. Früher war die Große Lauter tatsächlich groß und breit, was auch erklärt, warum das heutige Lautertal so riesig ist im Vergleich zu dem kleinen Flüsschen. Die **Ur-Lauter** hatte viel Zeit, um sich in den Kalkstein einzugraben. Vor rund 10 Millionen Jahren floss sie hier als sehr breiter Strom und ergoss sich in die **Ur-Donau**. Durch Heben und Senken der Landmassen änderte sich ihr Lauf während der Jahrmillionen immer wieder und auch in Zukunft wird er sich weiter verändern.

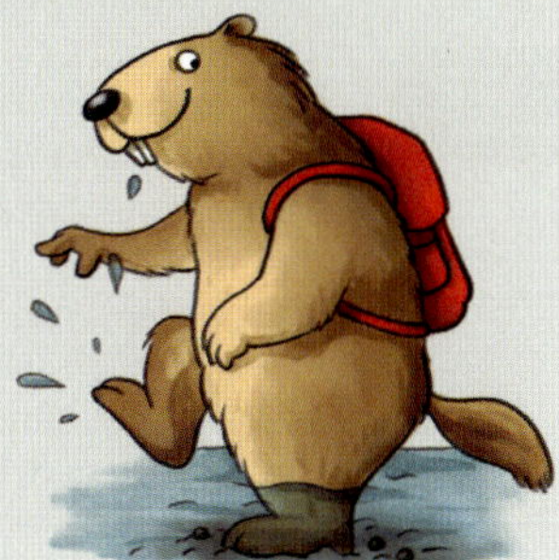

des Selbstversorgerhauses Ölmühle erreichen, legen wir eine längere Spiel-, Eis- und Badepause ein.
Zurück auf dem Wanderweg setzen wir die Tour links an der Ölmühle auf der geteerten Straße fort, die uns mit Blick auf die Schülzburg und entlang einer Eselweide nach Anhausen geleitet. Hier begeistern wir uns über die kreative Gartengestaltung und stoßen bald auf die St.-Ursula-Straße, auf der wir links zur kleinen Kapelle und zurück zur **Bushaltestelle Anhausen** ❶ kommen.

★Highlights

Wir erforschen den Wasserfall Hoher Gießel.

Die Höhle am Schwarzlochfelsen und die Ochsenlöcher locken die Kinder zur Schatzsuche.

Das Lautertal mit seiner herrlichen Auenlandschaft und den hohen Felswänden genießen kleine und große Wanderer gleichermaßen.

Auf der Liegewiese an der Badestelle schlecken wir zur Belohnung ein Lautertäler Eis.

Zum Abschluss der Tour streicheln wir die freundlichen Esel auf der Weide.

14 An Donau und Großer Lauter

ÜBER DIE LAUTERMÜNDUNG NACH LAUTERACH

3.30 STUNDEN

8,2 KILOMETER

↗ 130 HÖHENMETER

↘ 130 HÖHENMETER

MITTEL ab 6 Jahren

Auf den Spuren der Krebse: Die Zwei-Flüsse-Wanderung startet in der barocken Klosteranlage von Obermarchtal, die heutzutage hauptsächlich als Akademie zur Lehrerfortbildung genutzt wird. Nach einer Runde durch den gut gepflegten Klostergarten und einem Besuch im Klosterladen geht es durch einen Geheimgang hinunter zur Wehranlage des kleinen Wasserkraftwerkes Alfredstal mit seiner breiten Fischrampe und einem Zugang zum Donauufer. Vorbei an Wiesen und Auwald erreichen wir die Lautermündung, wo auch »Nase« und »Schneider« in die Große Lauter einbiegen, zwei Fischarten, die neben vielen anderen Fischen und dem Deutschen Edelkrebs Donau und Große Lauter bewohnen. Nach einer Vesperpause am Stauweiher am Rand von Lauterach verläuft der Rückweg erst durch den Wald und dann an Streuobstwiesen und Sonnenblumenfeldern vorbei hinunter zur Donau und nach Obermarchtal zurück.

Ausgangspunkt: Bushaltestelle Obermarchtal Musikerheim, 538 m. Anfahrt vom Busbahnhof Ehingen mit dem Regionalbus 320 Richtung Riedlingen. – Mit dem Auto: Parkplätze in der Hauptstraße vor dem Kloster oder auf dem Klosterparkplatz, Hauptstraße 2, 89611 Obermarchtal.
Ausrüstung: Wandersandalen oder Halbschuhe mit gutem Profil.
Anforderungen: Bis auf eine längere Steigung flache Tour auf feinkiesigen oder geteerten Wegen, ein kurzes Stück auf einem Wiesenpfad. Mit einem kleinen, geländegängigen Kinderwagen können eine Treppe und der Wiesenpfad leicht bewältigt werden.
Einkehr: Schwäbische Kost verzehrt man im Klostergasthof Adler gerne auch draußen mit Blick auf das Klostertor; geöffnet Mo–So 10.00–22.00 Uhr, Mi Ruhetag, Hauptstr. 1, 89611 Obermarchtal, Tel. +49 7375 9225320, klostergasthof-adler.de. Regionales und Saisonales wie Alblinsen oder das tolle Lautertäler Eis genießt man im Landgasthof Krone in Lauterach (300 m vom Stauweiher entfernt); geöffnet täglich 11.30–14.00 Uhr, zusätzlich Di ab 16.00 Uhr, Fr und jeden 1. Sonntag im Monat ab 18.00 Uhr, Mi Ruhetag, Lautertalstraße 36, 89584 Lauterach, Tel. +49 7375 262, kronelauterach.de.
Tipp: Eine Führung im Kraftwerk Alfredstal ist sehr eindrucksvoll, denn die bulligen Maschinen sind über 100 Jahre alt und produzieren zu-

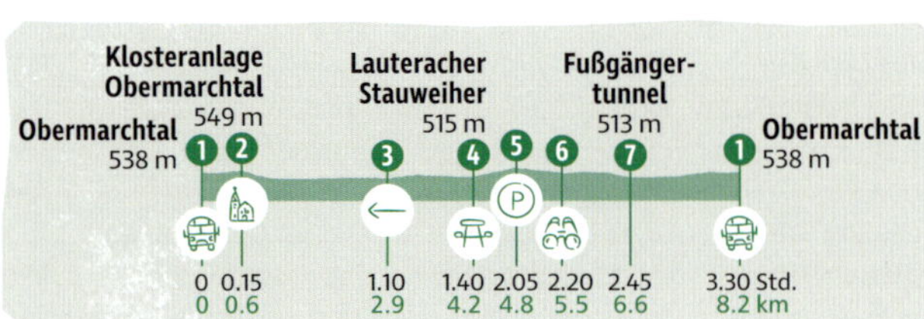

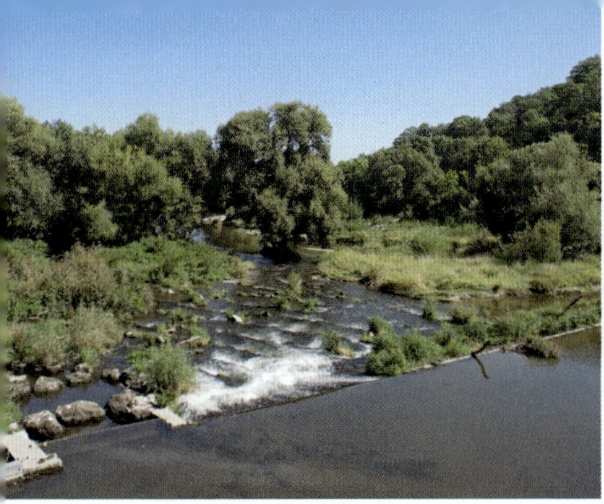

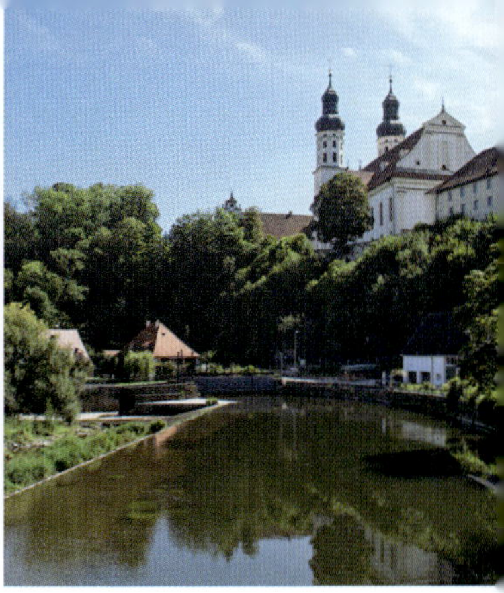

LINKS
Über eine Fischrampe können die Fische unbehelligt das Wehr passieren.

RECHTS
Der Wehrkanal liegt friedlich zu Füßen der großen Klosteranlage.

verlässig Strom für den ganzen Ort. (Infos unter mum-wasserkraft.de, Schloßgartenweg 24, 89611 Obermarchtal, etwa 1 km vom Kloster entfernt.)

LOS GEHT'S An der **Bushaltestelle Obermarchtal Musikerheim ❶** orientieren wir uns Richtung Westen, folgen dem Verlauf der Hauptstraße rechts durch eine Kurve hinauf in Richtung der barocken **Klosteranlage ❷** und streifen durch den Park. An der Klostermauer genießen wir den Ausblick hinunter zur Donau. Hinter der Kirche rechts steigen wir eine Treppe hinunter und halten uns durch den Tunnel an den Hauptwanderweg HW5. Durch einen verwunschenen Garten geht es zur Donau und zum Kraftwerkskanal hinunter. Ein Stück weiter stoßen wir auf einen Radweg, in den wir rechts über die Marchbachbrücke einbiegen. Gleich links hinter der folgenden Donau-Brücke entdecken die Kinder einen Zugang zur Donau, der eigentlich eine Ausstiegsstelle für Kanufahrer ist. Nach einer Flusserkundung wandern wir an der Festwiese vorbei bis kurz vor das Bahngleis, an dem wir rechts Richtung Lautermündung abzweigen. Auf den Wiesen entlang der Zugstrecke kann man bei warmem Wetter herrlich barfuß laufen und hat einen tollen Blick auf die Klosteranlage. Bald verläuft der Kiesweg an der träge dahinfließenden

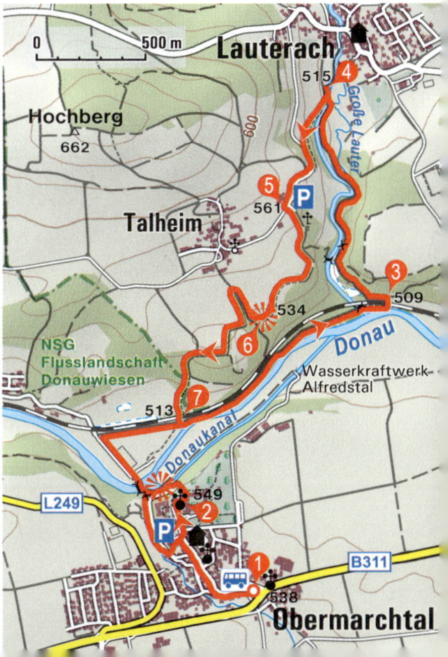

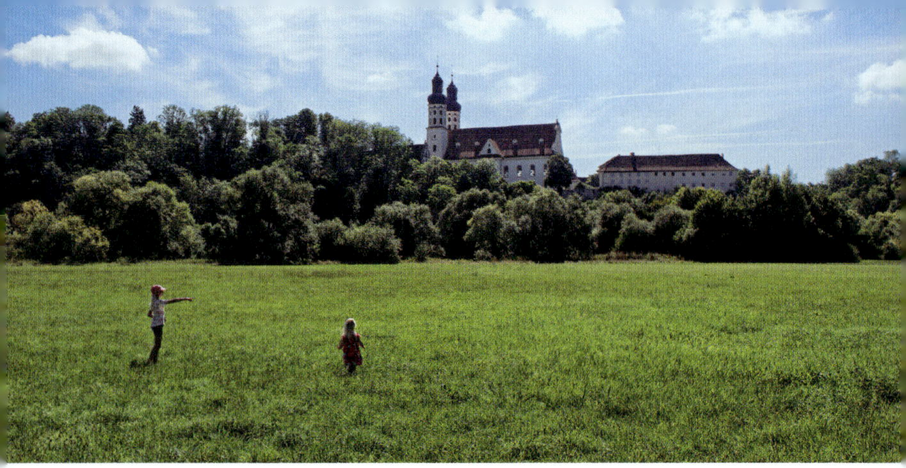

Das Kloster Obermarchtal thront stolz über den Donauauen.

Donau durch Auwald, bis wir das **Wanderschild Lautermündung 3** erreichen, an dem es für uns links Richtung Lauterach geht. Hier lernen wir auch Interessantes über den Astacus astacus, den Deutschen Edelkrebs.

Nach der Unterführung halten wir uns wiederum links, kommen an einem riesigen Felsen vorbei und lassen uns vom Wanderweg »die Große Lauter« flussaufwärts zum Wasserkraftwerk St. Christoph bringen. Kurz hinter der folgenden Lauterbrücke bietet sich rechts eine Bank am **Lauteracher Stauweiher 4** für eine Vesperpause an. Da das Gebiet zu einem Landschaftsschutzgebiet und Fauna-Flora-Habitat (FFH) gehört, sind wir hier noch sorgsamer im Umgang mit der Natur. Nach der Pause kehren wir zur Brücke zurück, gehen aber nicht hinüber, sondern wandern den Wiesenweg geradeaus hinauf und in den Wald hinein. Nach kurzem Anstieg fädeln wir rechts in einen Forstweg ein und gleich darauf in eine geteerte Straße. Nach gut 100 m biegen wir am höchsten Punkt der Tour an einem winzigen **Wanderparkplatz 5** mit hohem Sendemast links ab. Der gekieste Weg verläuft bergab vorbei an einem Kreuzweg im Wald und an ausgedehnten Streuobstwiesen. Im Hintergrund erkennen wir die beiden Türme des Klosters Obermarchtal. Der Kiesweg verwandelt sich bald in einen Wiesenweg, der links von uns hinter den Büschen eine **Aussichtslichtung 6** mit Bank preisgibt. (Der Weg ist hier in den meisten Karten zu Ende.) Wir bleiben auf dem Weg am Waldrand und gelangen nach einer ausgedehnten Rechtskurve auf eine kleine geteerte Straße. Wir folgen ihr rechts für 20 m und biegen scharf links in die nächste abzweigende Straße, die wenig später in einen Forstweg übergeht. Nach einigen Minuten biegen wir links auf eine schmale geteerte Straße ab, nach weiteren 100 m rechts auf einen kleinen unscheinbaren Waldweg Richtung Donau. Der Pfad ist steil, aber kurz, und führt zu einem **Fußgängertunnel 7** unter dem Bahngleis hindurch. Danach kommen wir rechts wieder auf den bekannten Radweg, der uns 10 Min. später links am Bahnübergang zurück nach Obermarchtal leitet. Nach dem Überqueren der March-

★Highlights

Durch den Klosterpark wandeln und im Insektenhotel nach Gästen Ausschau halten.

Die reich ausgestattete Münsterkirche bestaunen.

Die Füße in die Donau halten und die Fischrampe bewundern.

Barfuß über die Donauwiesen tollen und die Natur hautnah spüren.

Die Infotafeln des Erlebnispfades Großes Lautertal studieren.

Eine gemütliche Pause am Stauweiher in Lauterach einlegen.

Sich an ausgedehnten Streuobstwiesen und üppigen Sonnenblumenfeldern erfreuen.

bachbrücke geht es geradeaus den Mühlweg hinauf, bis wir 50 m nach einem Torbogen links eine Treppe zur Dorfmitte hinaufsteigen. Über den Parkplatz erreichen wir wieder den Eingang der Klosteranlage und müssen nur noch rechts auf unserem Hinweg die Hauptstraße bis zur **Bushaltestelle Obermarchtal Musikerheim** ❶ hinunterwandern.

Hallo Kinder!

Hättet ihr gedacht, dass in Obermarchtal vor 250 Jahren noch **Hexen** verfolgt und verurteilt wurden? Hauptsächlich wurden Frauen der Hexerei bezichtigt und angeklagt, aber auch einige Männer. Ihnen wurde vorgeworfen, Schadenszauber über andere Menschen gelegt zu haben, auf einem Besen fliegen zu können und mit dem Teufel paktiert zu haben. Auf eine Anzeige von Zeugen hin, die meist nur Verdächtigungen und Gerüchte aussprachen, beurteilte ein Richter den Fall und ordnete auf Basis der **Peinlichen Halsgerichtsordnung** von Kaiser Karl V. die Folter an, um ein Geständnis zu erzwingen. Aber auch ohne Geständnis konnten vermeintliche Hexen oder Hexenmeister zum Tode verurteilt werden. Ist es nicht merkwürdig, dass die allermeisten in Obermarchtal angeklagten Menschen aus dem Nachbardorf Alleshausen stammten, in dem besonders viele Bauern wohnten, die große Besitztümer hatten und sich oft gegen die Herrschaft der Obermarchtäler gewehrt hatten?

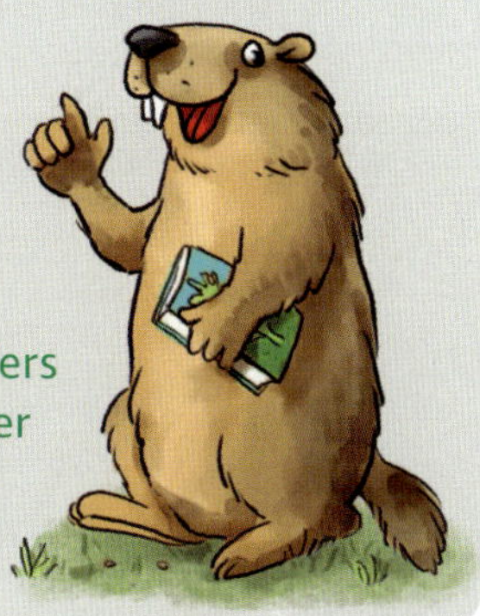

15 Zur Wimsener Wasserhöhle

VON HAYINGEN DURCH SCHWEIF- UND GLASTAL

3.00 STUNDEN

6,8 KILOMETER

↗ 90 HÖHENMETER

↘ 180 HÖHENMETER

MITTEL ab 5 Jahren

Es blubbert, sprudelt und plätschert: Vom beschaulichen Städtchen Hayingen mit seinen Fachwerkhäusern wandern wir durch eine für die Region typische Wacholderheide zum Schweiftal, das so zugewachsen und von Felsen geschützt ist, dass es auch im Hochsommer noch schön kühl ist. Die Kinder können hier Höhlen entdecken, die Burgruine Alt-Ehrenfels erforschen und im Hasenbach spielen, der im Glastal entspringt und dem wir bis zur einzigartigen Wimsener Wasserhöhle folgen. Die Höhle, in der die Zwiefalter Ach entspringt, kann nur mit einem Kahn befahren werden und ist damit die einzige ihrer Art in Deutschland. Durch eine klammartige Schlucht geht es die Zwiefalter Ach entlang durch herrlich grüne Bachauenlandschaft nach Gossenzugen, wo der Bach mit den Pferden und Kühen auf den Weiden und den Hügeln außenherum eine wunderbar idyllische Szenerie bildet. Ein weiterer Spielplatz am Bach in Gossenzugen macht den Wandertag auch für die Kinder so richtig rund.

Ausgangspunkt: Bushaltestelle Hayingen Zwiefalter Straße, 664 m. Anfahrt vom Bahnhof Riedlingen mit dem Regionalbus 265 Richtung Münsingen. – Mit dem Auto: Kostenfreier öffentlicher Parkplatz in der Marktstraße 10, 72534 Hayingen.
Endpunkt: Bushaltestelle Gossenzugen, 580 m. Rückfahrt mit dem Regionalbus 265 Richtung Münsingen.
Ausrüstung: Gut profilierte Wanderschuhe, die auch nass werden dürfen. An Wechselkleidung und ein Handtuch denken, evtl. auch Badesachen für das Schwimmen im Teich oder den Gumpen. Sonnenschutz sollte immer im Gepäck mitgeführt werden.
Anforderungen: Mittellange Tour auf schmalen Pfaden und feinkiesigen Wanderwegen. Durch das leichte Gefälle flussabwärts ist sie für die Kinder gut zu bewältigen.
Einkehr: Im Gasthof Friedrichshöhle an der Wimsener Mühle isst man vegetarische und nicht-vegetarische Speisen in Bio-Qualität; geöffnet täglich von März bis November So–Do 11.30–19.00 Uhr und Fr–Sa 11.30–19.30 Uhr, Wimsen 1, 72534 Hayingen-Wimsen, Tel. +49 7383 94980, tressbrueder.de.

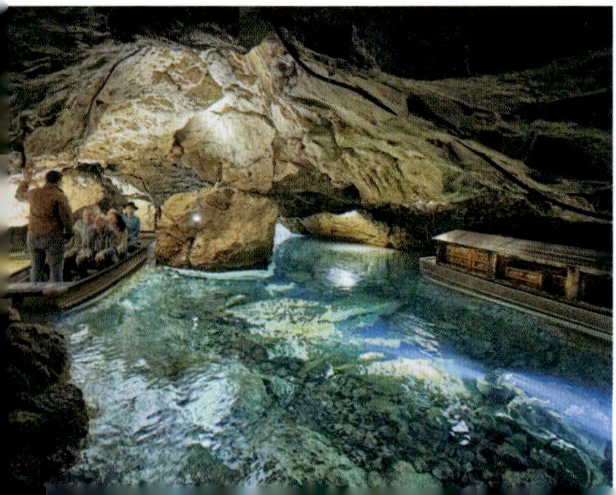

Tipp: Wer die Wimsener Wasserhöhle besichtigen möchte, sollte frühzeitig online reservieren, die Tickets sind zu Stoßzeiten schnell ausverkauft (tressbrueder.de/wimsener-hoehle).

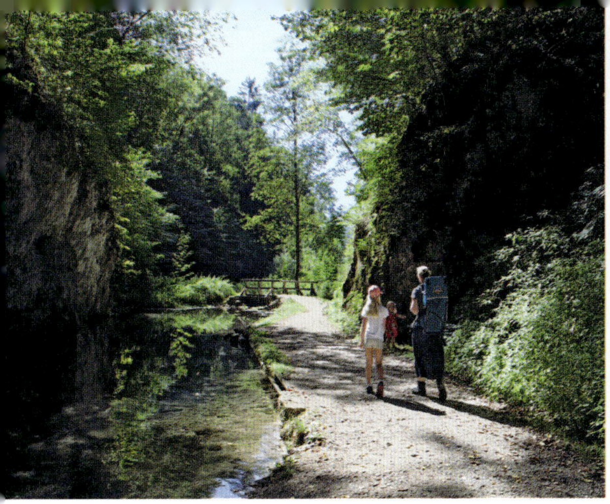

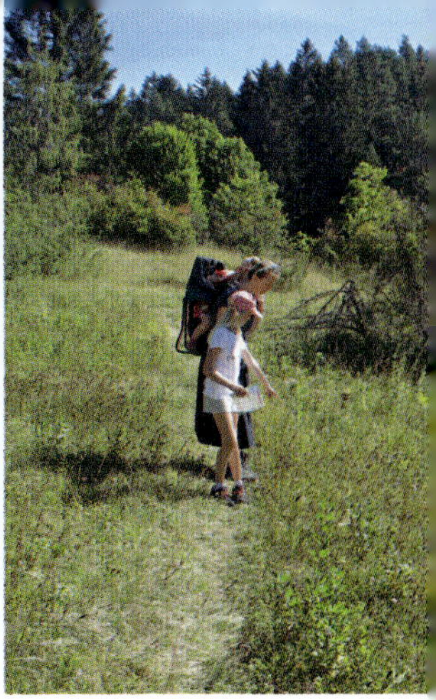

OBEN LINKS

Idyllisch verläuft der Weg durch das Glastal.

OBEN RECHTS

Durch eine artenreiche Wacholderheide geht es zum Schweiftal.

LINKS UNTEN

Interessantes weiß der Fährmann auf der Höhlenbootstour zu erzählen.

LOS GEHT'S An der **Bushaltestelle Hayingen Zwiefalter Straße ❶** brechen wir in westlicher Richtung auf und überqueren die Hauptstraße an der Ampel geradeaus in den Ehrenfelser Weg. Am Josef-Haible-Weg folgen wir rechts den Wegweisern zum Hochgehschätzt-Wanderweg, ebenso an der zweiten Querstraße links. Die Teerstraße wird zum Kiesweg und wir gehen bis zum letzten Wohnhaus, an dem ein kleinerer Forstweg links abzweigt. Wir sind nun auf dem Premiumweg Hochgehschätzt mit seiner grünen Beschilderung. Diese weist uns am folgenden **Wanderschild Nordöstlich Rappenschwanz ❷** rechts in Richtung Schweiftal am Waldrand und der Weide entlang, an der nächsten Verzweigung mit dem Schild Nördlich Rappenschwanz rechts hinunter und nach knapp 100 m an der Gabelung links weiter bergab. Am Wanderschild Oberes Schweiftal verlassen wir den Forstweg und schlagen uns rechts in den kleinen Pfad mitten durch die Wacholderheide, wo es vor Schmetterlingen nur so wimmelt. Am Ende des Trampelpfades geht es kurz links und gleich am **Wanderschild Mittleres Schweiftal ❸** rechts Richtung Hasenbach. Die Szenerie verändert sich nun komplett, wir wandern im kühlen Schweiftal mit seinen hohen Felsen bis zu einem **Rastplatz am Hasenbach ❹**. Der aus dem Nordwesten kommende Bach bildet hier kleine Teiche und lädt zu einer ausgiebigen Spielpause am Wasser ein. Die Kinder können zudem kleine Höhlen erforschen und Burgenfreunde steigen sicher noch die 20 Höhenmeter zur Ruine Alt-Ehrenfels hinauf.

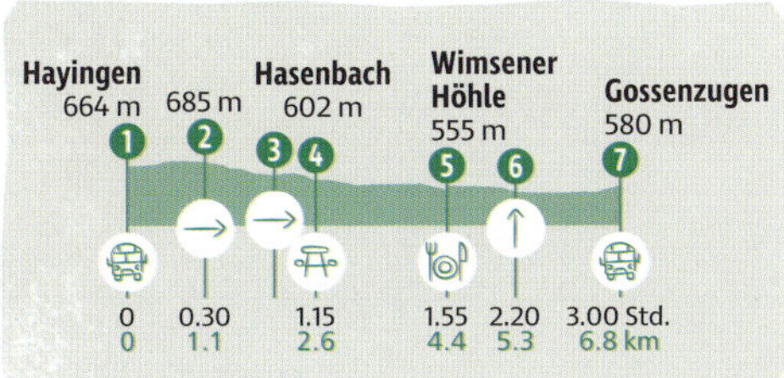

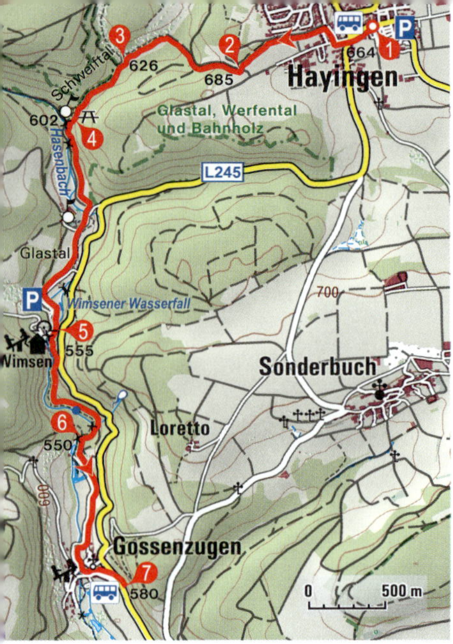

Danach setzen wir den Weg geradeaus auf dem Ehrenfelser Weg Richtung Wimsen durch das Glastal fort und genießen auch in heißen Sommern die angenehm feuchte Kühle, die hier herrscht. Der Hasenbach teilt sich wenig später und bildet eine idyllische kleine Bachlandschaft, an der man auch gerne wieder eine Pause zum Verweilen einlegen möchte. Der nun breitere Wanderweg stößt bald auf die geteerte Zufahrtsstraße von Schloss Ehrenfels, das in Privatbesitz ist. Wir biegen rechts auf die Straße ein und nach der kleinen Brücke links am Wanderschild »An der Breite Nord« in einen winzigen Pfad. Der schöne Wiesenpfad führt uns nach wenigen Minuten auf die Zufahrtsstraße zum Parkplatz Wimsener Höhle, an dem wir uns links Richtung **Wimsener Wasserfall** halten, den wir unbedingt sehen wollen. Sein Wasser ergießt sich links neben dem Parkplatz über eine komplett bewachsene Wiesenstufe und scheint aus Hunderten von kleinen Quellen aus den Büschen und Gräsern hervorzusprudeln.

Zurück auf der geteerten Straße erreichen wir das beliebte Areal der **Wimsener Wasserhöhle** ❺ mit der alten Mahlmühle. Am idyllisch gelegenen Gasthof Friedrichshöhle sitzen wir gemütlich im Biergarten, beobachten die Forellen im Bach und freuen uns über die auf dem Wasserspielplatz planschenden Kinder.

Flussabwärts wandern wir dann entlang der aus der Wimsener Höhle entspringenden und anfangs noch von hohen Felsen gesäumten Zwiefalter Ach in Richtung Gossenzugen. Wenig später bekommen die Wanderkinder eine weitere Gelegenheit, ins flache Flusswasser zu steigen und vielleicht einen Damm zu bauen. In dem herrlich grünen Tal geht es sich dank des leichten Gefälles fast wie von alleine. An der nächsten Weggabelung an einer Brücke halten wir uns rechts und am **Wanderschild Nördlich Schorren** ❻ weist uns ein handgeschriebenes Schild geradeaus nach Zwiefalten über eine weitere Brücke. Das Wasser leuchtet hier so schön

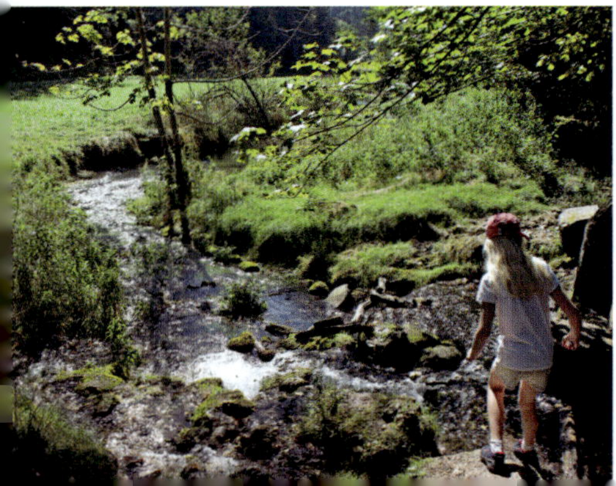

Wunderschön und kinderfreundlich plätschert der Hasenbach durch das Glastal.

Hallo Kinder!

Das wunderschöne **Glastal**, durch das wir zur Wimsener Wasserhöhle wandern, ist ein Landschaftsschutzgebiet. Es ist Teil eines großen Naturschutzprogramms der Europäischen Union. Seit 1992 werden schützenswerte Gebiete zu sogenannten **Flora-Fauna-Habitaten** ernannt (Fauna = Tierwelt, Flora = Pflanzenwelt, Habitat = Lebensraum). In ihnen sollen bedrohte Tier- und Pflanzenarten geschützt und Lebensräume, wie Moore oder Heidelandschaften, erhalten werden. Ziel ist es, ein riesiges, zusammenhängendes **Netz an Naturschutzgebieten** über die Ländergrenzen hinweg zu schaffen. Wenn ihr wissen wollt, wie weit die Europäische Union mit diesem ehrgeizigen Ziel bisher vorangekommen ist, googelt ihr den Natura-2000-Newsletter, den ihr euch in deutscher Sprache gratis herunterladen könnt.

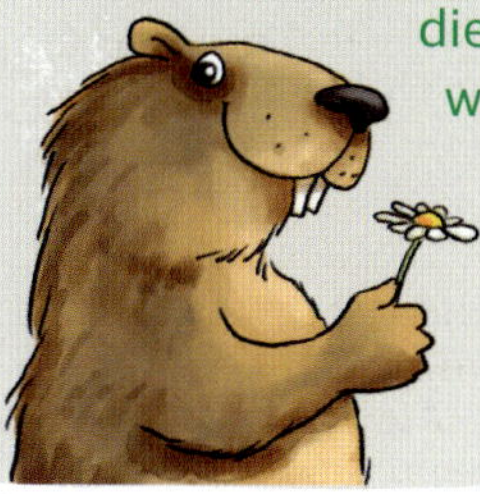

smaragdgrün, dass wir uns kaum sattsehen können. Neben einer großen Fischzucht wird der Wanderweg zur geteerten Straße und führt uns durch eine Bilderbuchlandschaft mit dem Bach und sanften, grünen Höhenzügen, an denen viele Pferde und Kühe weiden. Wir folgen dem Forellenweg rechts durch eine Kurve und über eine Brücke, bis wir im Dorf links in den Mühlweg einbiegen. Unter einer großen Trauerweide wartet ein weiterer schöner Spielplatz mit Bachzugang auf kleine Besucher. Wir gehen auf dem Mühlweg geradeaus weiter, ignorieren dabei die rechts und links abzweigenden Querstraßen und wählen an der folgenden Verzweigung des Mühlwegs den linken Weg, um hinauf zur **Bushaltestelle Gossenzugen** ⑦ zu gelangen.

★Highlights

In der Wacholderheide lassen wir uns von Schmetterlingen umflattern.

Große und kleine Wanderer genießen an heißen Tagen die Kühle im Bannwald des Glastales.

Am aufgestauten Hasenbach spielen und baden die Kinder nach Herzenslust und erforschen kleine Höhlen.

Wir lassen uns mit dem Kahn durch die kleine, aber einzigartige Wimsener Höhle fahren.

Anschließend wird auf dem Wasserspielplatz getobt.

Im glasklaren Wasser der Zwiefalter Ach beobachten wir die Fische.

16 PhänoPfad Pfronstetten

ÜBER DEN SCHÄFERWEG INS LEHRTAL

2.00 STUNDEN
4,2 KILOMETER
↗ 75 HÖHENMETER
↘ 75 HÖHENMETER
LEICHT ab 4 Jahren

Naturphänomenen auf der Spur: Auf dem alten Schäferweg am Waldrand von Pfronstetten, wo man sich gerne auch mal seiner Schuhe entledigen und barfuß durch das Gras stapfen kann, erreicht man den PhänoPfad. Dieser Erlebnispfad verdient seinen Namen wirklich zu Recht, denn es gibt so viel auf den 15 frisch erneuerten Stationen zu erleben und zu entdecken. Auf spannende und intelligente Weise macht der PhänoPfad physikalische Naturphänomene durch Experimente anschaulich und durch die Action beim Mitmachen haben die Kindern gleichzeitig auch noch großen Spaß. Eigentlich müsste der Pfad noch viel länger sein, wenn es nach den Kindern ginge. Nach dem Lehrtal spazieren wir an einer herrlichen Wacholderheide vorbei und lassen uns an der Schäferei von den Merinoschafen anmähen.

Ausgangspunkt: Bushaltestelle Pfronstetten Ortsmitte, 752 m. Anfahrt über den Reutlinger Hauptbahnhof mit dem Regionalbus 260. – Mit dem Auto: Entweder in Pfronstetten auf der Straße in der Nähe der Bushaltestelle parken oder den Wanderparkplatz PhänoPfad am Beginn des Erlebnispfades an der Landstraße K6747 zwischen Aichelau und Aichstetten nutzen, GPS: N48.284046, E9.379470.
Ausrüstung: Halbschuhe oder Wandersandalen genügen für die einfache Runde. Einen geländegängigen Kinderwagen mit Luftreifen kann man gut auf den flachen Wegverläufen schieben.
Anforderungen: Leichte Wanderung mit wenig Steigung auf gut zu wandernden Forstwegen.
Einkehr: Auf dem Weg keine. Die Schäferei Fauser bietet für Gruppen nach Voranmeldung eine Vesper an. Im kleinen Selbstbedienungsmarkt Tante-M in der Ortsmitte finden Wanderer alles, was sie für eine Vesperpause benötigen; geöffnet 5.00–23.00 Uhr, Hauptstraße 16, 72539 Pfronstetten, www.tante-m.shop.

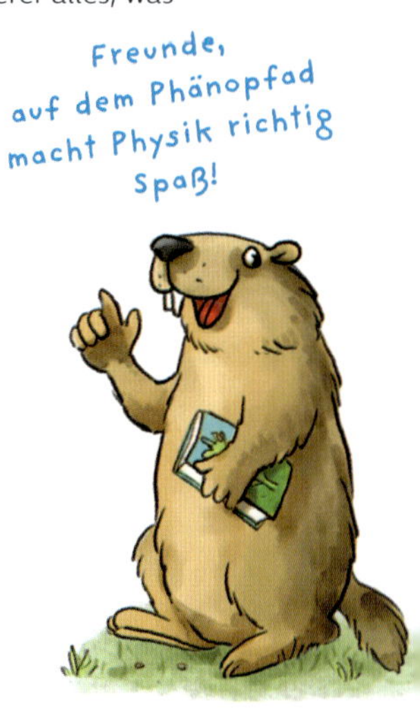

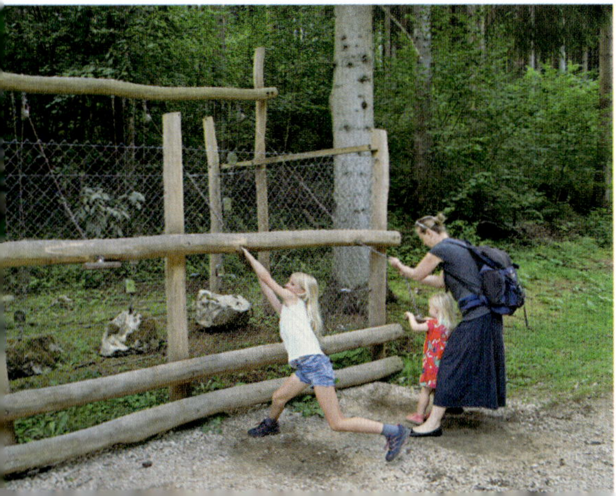

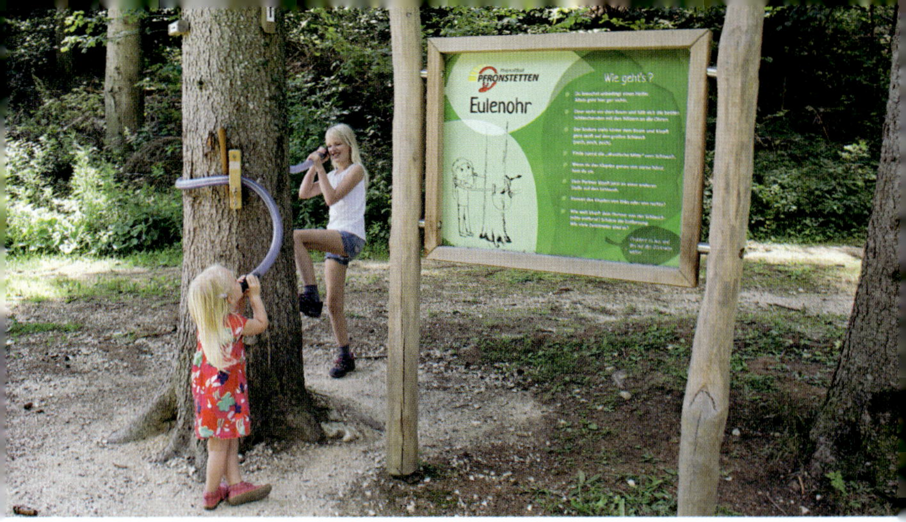

LOS GEHT'S Von der **Bushaltestelle Pfronstetten Ortsmitte ①** gehen wir auf der Hauptstraße 100 m in nördlicher Richtung und biegen rechts in den Sebastiansweg ein, der uns aus dem Örtchen hinausführt und vorbei an Feldern und Wiesen zum **Wanderschild Nördlich Lehr ②** bringt. Wir verlassen den Kiesweg nach links Richtung Lehrtal und halten uns 100 m später rechts auf dem ausgewiesenen Schäferweg, der sich bei warmen Temperaturen auch prima zum Barfußlaufen eignet. Im Sommer begleiten uns gelbe Sonnenblumen, während wir am Waldrand immer geradeaus den bald breiter werdenden Schäferweg bis zum Wanderschild Wanderparkplatz PhänoPfad mit dem stilisierten Starthäuschen des **PhänoPfades ③** hinunterwandern. Der spannende Erlebnispfad beginnt mit der **Station Sonnenfeuer**, an der die Kinder an einem echten Parabolspiegel mithilfe der Sonne etwas Reisig oder Papier entzünden dürfen, natürlich immer unter Aufsicht der Eltern. Faszinierende Naturphänomene erforschen die Kinder nun auf dem weiteren Weg, die insgesamt 15 Stationen haben pfiffig-passende Namen wie **Der starke Max** oder **Das gefangene Echo**. Der Erlebnispfad endet mit der Station **Raum der Stille ④**, an der

OBEN
Die Station zeigt uns, wie Eulen räumlich hören können.

LINKS UNTEN
Die Felsen anzuheben verlangt höchsten Einsatz.

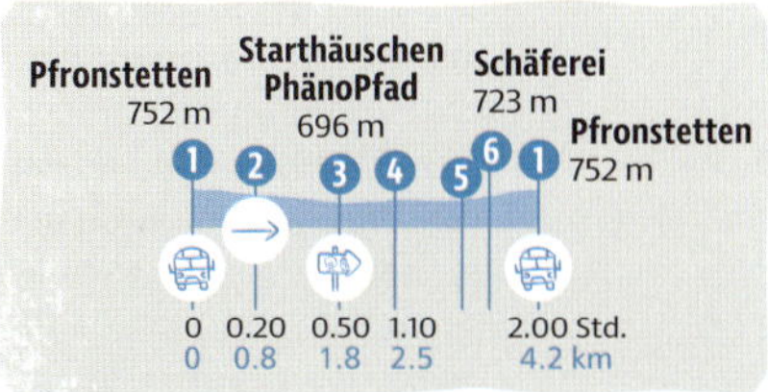

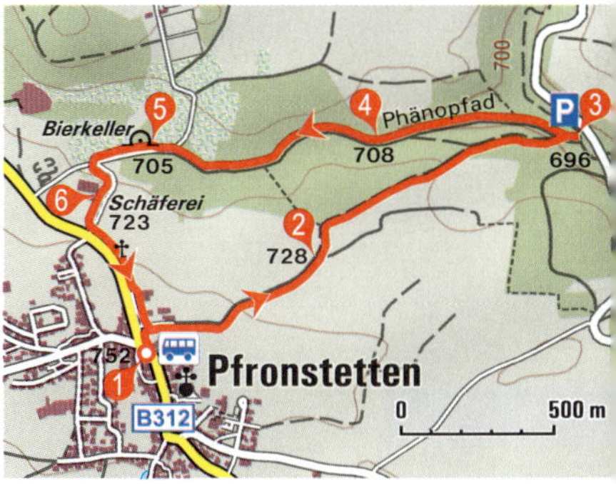

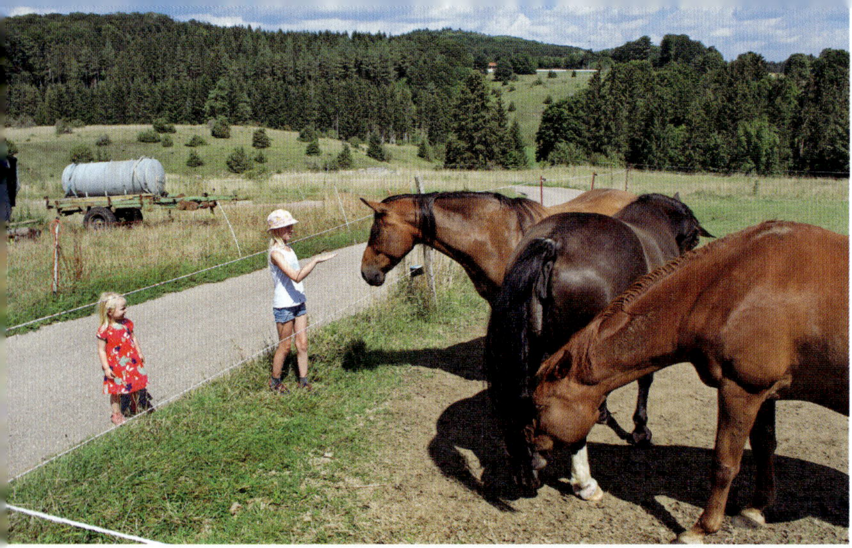

OBEN

Traumhaft gelegene Pferdekoppel an der Schäferei Fauser.

RECHTS UNTEN

Wacholderheide, soweit das Auge reicht. Ein Naturbestimmungsbuch ist hier besonders nützlich.

wir in einer dunklen Hütte die Anpassungsfähigkeit unserer Augen an die Dunkelheit testen. Wir setzen unsere Tour immer geradeaus auf dem Forstweg fort, bis wir auf eine Teerstraße stoßen und links am **Wanderschild Lehrtal 5** in Richtung Pfronstetten einbiegen. Rechts von uns im Felsen finden wir nach längerer Suche eine verschlossene Höhle, die früher als kühler Bierkeller Verwendung fand. Durch wundervolle Heidelandschaft, die dank der Schafwirtschaft erhalten wird, wandern wir auf der Straße weiter bergauf, biegen an der nächsten Straße links ab und erreichen die **Schäferei 6** mit Hunderten von Merinoschafen, die uns freundlich zublöken. Auch die Hühner und Pferde beäugen uns neugierig. Im Hofladen gibt es Schafmilchseife, Wollsocken und diverse Felle zu kaufen.

Wir steuern geradeaus die Landstraße an, zweigen aber kurz vor der Straße links auf einen Feldweg ab, der uns zum schon bekannten Sebastiansweg und rechts zur Hauptstraße bringt. Links geht es zurück zum Ausgangspunkt unserer Runde an der **Bushaltestelle Pfronstetten Ortsmitte 1**.

★Highlights

Auf dem PhänoPfad können die Kinder 15 starke Experimente durchführen, zum Beispiel ein Solarfeuer entfachen, schwere Wackersteine heben oder ein Echo einfangen.

Auf der üppigen Wacholderweide beobachten wir Insekten und bunte Schmetterlinge.

In der Schäferei versuchen wir die Schafe zu zählen und streicheln die Pferde.

Auf dem Schäferweg kommen Barfußläufer auf ihre Kosten.

Hallo Kinder!

Ihr wisst sicher, dass der **Schall** aus **unsichtbaren Luftwellen** besteht, den ihr beim Sprechen mit euren **Stimmbändern** erzeugt. An der 9. Station auf dem PhänoPfad könnt ihr sogar euer **eigenes Echo** hören, indem ihr beide Schlauchenden an dem einen Echo-Baum in die Löcher schiebt, am anderen Baum in ein Schlauchende hineinsprecht und das andere Ende an euer Ohr haltet. Der Schall breitet sich in der Luft der unterirdischen Verbindungsröhren mit 340 Metern pro Sekunde aus und kommt deshalb nach ungefähr einer halben Sekunde wieder zu euch. Natürlich könnt ihr auch an Bergen oder hohen Felswänden euer Echo hören, wenn ihr **mindestens 20 Meter** davon entfernt steht und dann laut ruft. Steht ihr zwischen zwei hohen Felswänden, könnt ihr sogar mehrere Echos hören, denn die Schallwelle wird dann hin und her geworfen wie ein Tennisball.

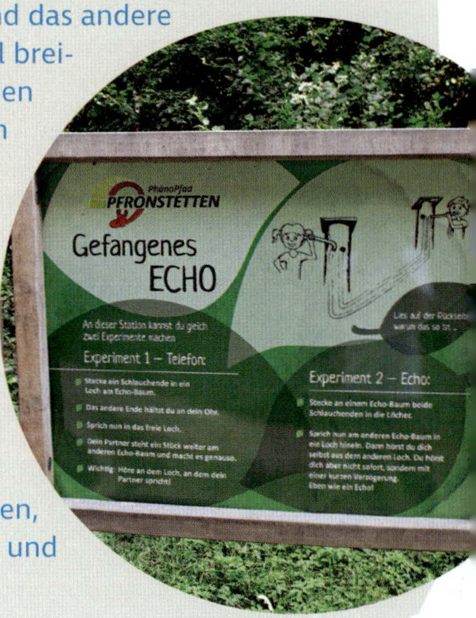

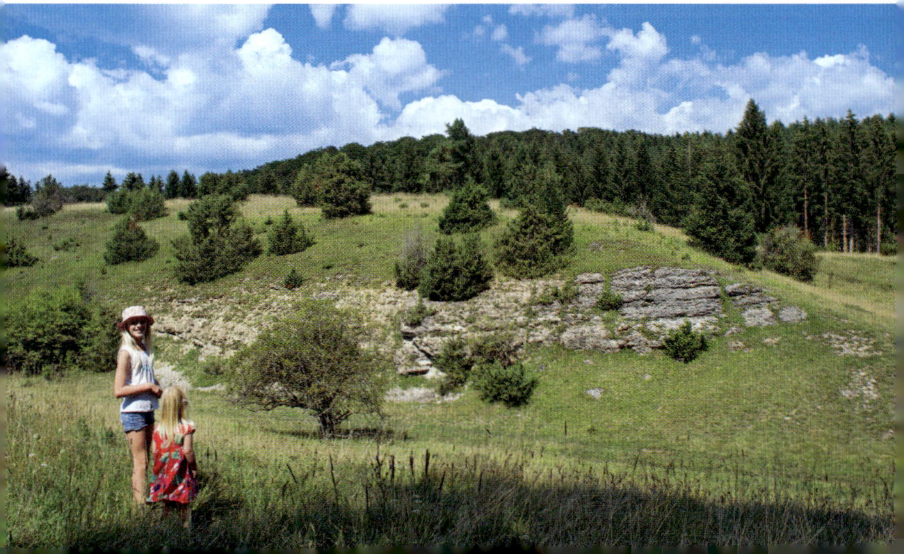

17 Zum Zeller Horn

ÜBER DEN RAICHBERGTURM ZUM HANGENDEN STEIN

4.00 STUNDEN

9,6 KILOMETER

↗ 250 HÖHENMETER

↘ 250 HÖHENMETER

MITTEL ab 6 Jahren

Im Schmetterlingsparadies: **Im Norden von Onstmettingen bei Albstadt ragt der Raichberg auf, der zusammen mit vielen anderen Erhebungen die Albtraufkante bildet und vom markanten Zeller Horn einen einmaligen Panoramablick auf die Märchenburg der Hohenzoller bietet. Auf dem Weg dorthin kommen wir in der warmen Jahreszeit an herrlich bunten Schmetterlingswiesen vorbei sowie an großen Weiden mit gelbem Klappertopf und grünen Wacholdersträuchern. Am Fuß des Raichbergturms erwartet die Kinder ein kleiner Spielplatz, bevor es an die spannende Besteigung geht. Der Fernblick reicht vom Stuttgarter Fernsehturm bis zur Alpenkette mit Zugspitze, Eiger-Nordwand und Mont Blanc. Über den Backofenfelsen und weitere Trauffelsen wandern wir zum spektakulären Hangenden Stein mit seiner steil abfallenden Klippe, die durch eine zwei Meter breite und 200 Meter lange Kluft vom Berg abgetrennt ist.**

Ausgangspunkt: Bushaltestelle Onstmettingen Hofäckerstraße, 820 m. Anfahrt ab Bahnhof Albstadt-Ebingen Bahnhof mit der Buslinie 44 Richtung Onstmettingen. – Mit dem Auto: Parken entlang der Straße ist möglich, Hofäckerstraße, 72461 Onstmettingen.
Ausrüstung: Stabile Wanderschuhe mit gutem Profil.
Anforderungen: Längere Tour mit nicht zu steilem Anstieg auf den Raichberg auf Feld-, Wald- und Wiesenwegen.
Einkehr: Schwäbische Küche wird im Nägelehaus, einem Wanderheim des Schwäbischen Albvereins, unweit des Raichbergturms serviert; geöffnet Mi–So 11.30–20.30 Uhr, Übernachtung möglich, Am Raichberg 1, 72461 Albstadt-Onstmettingen, Tel. +49 7432 21715, naegelehaus.de. Schwäbische Vesper und regionale Gerichte gibt es im Zollersteighof; täglich geöffnet außer Mi und Do 11.30–20.30 Uhr, 14.30–17.00 Uhr nur Kaffee und Kuchen; Zollersteighof 2, 72461 Albstadt-Onstmettingen, Tel. +49 7432 21840, hotel-restaurant-zollersteighof.de.
Tipp: Am Wochenende wird die Bushaltestelle Onstmettingen Stocken angefahren (bei Wegpunkt 3), die Tour verkürzt sich dadurch auf 8 km. Allerdings verpassen wir im Sommer dann die Blumenwiesen.

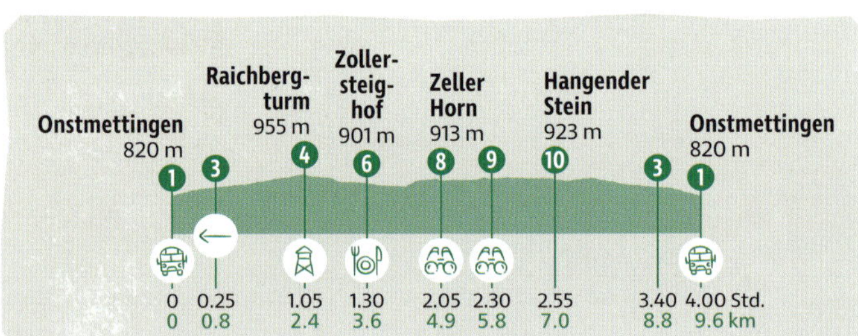

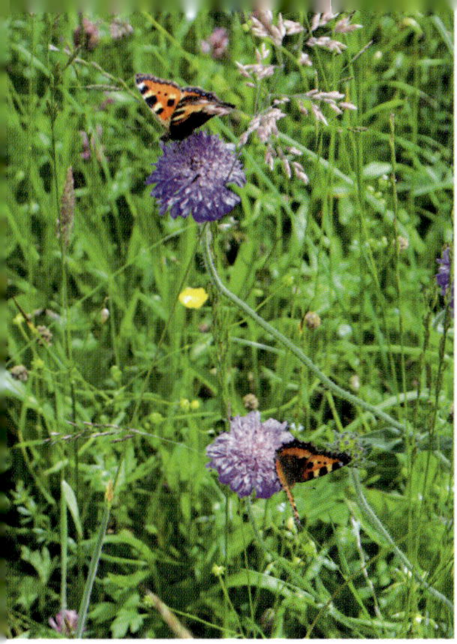

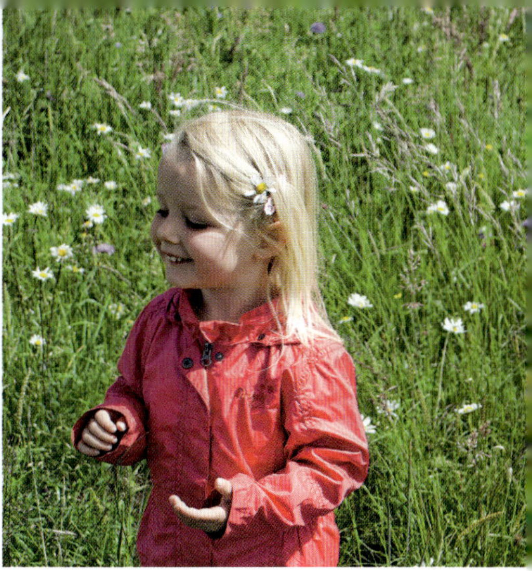

Die Blumenwiesen sind ein Paradies für Schmetterlinge und Kinder.

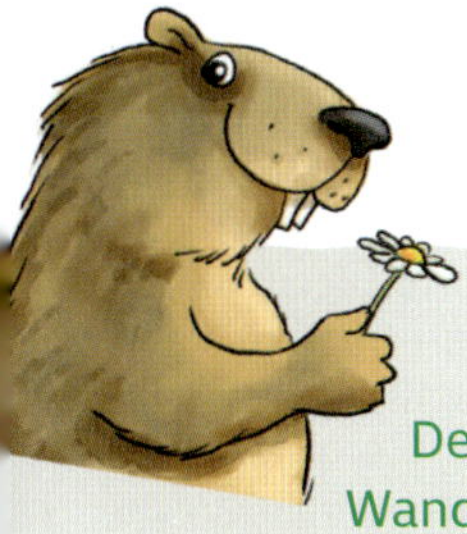

Hallo Kinder!

Den Reichtum an Schmetterlingen auf dieser Wanderung verdanken wir den sogenannten **Wacholderheiden**, die typisch für die Schwäbische Alb sind. Auf ihnen wachsen sehr viele unterschiedliche Pflanzen, auf manchen Heiden finden sich mehrere Hundert Arten. Das lockt die Schmetterlinge, aber auch viele andere Tierarten an, die hier gutes Futter finden. Und so tragen die Wacholderheiden zu einer hohen **Biodiversität** (divers bedeutet verschieden) bei. Am wichtigsten für den Erhalt der Wacholderheiden sind **Schafe**, die kleine Baumtriebe abfressen, aber den stacheligen Wacholder verschmähen. So bildet sich kein dichter Wald, sondern die typische offene Wiesen- und Heidelandschaft mit Sträuchern, Gräsern, Kräutern, Moosen und Flechten. Deshalb freuen wir uns beim Anblick von Schafherden auf der Alb gleich doppelt.

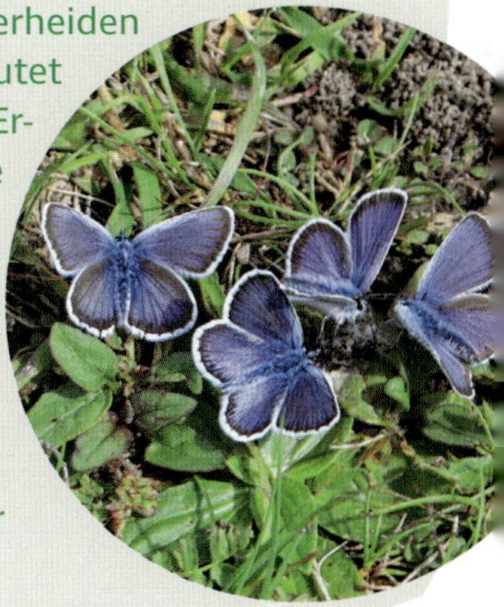

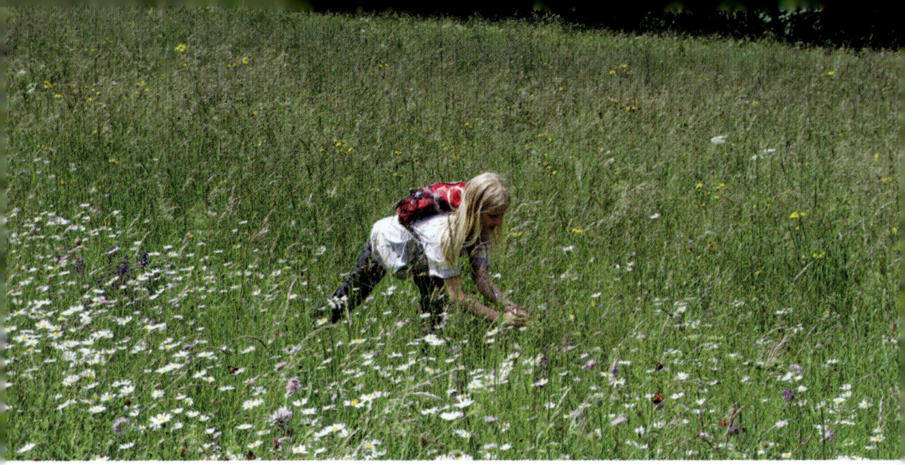

In den blühenden Wiesen können die Kinder in Blumen baden.

LOS GEHT'S

Mitten im Wohngebiet von Onstmettingen starten wir unsere Tour an der **Bushaltestelle Hofäckerstraße ❶**. Wenige Meter entfernt steigen wir eine mit einem roten Querbalken markierte Treppe in nördlicher Richtung hinauf. (Die Bushaltestelle ist in den meisten Karten fälschlicherweise rund 100 m weiter westlich eingezeichnet.) Wir biegen an der nächsten Straße links und gleich wieder rechts ab in den Schönblick, wo die nächste Treppe rechts hinauf auf unsere Besteigung wartet. Am Ende der Treppe halten wir uns rechts und gleich wieder links in die Nägelestraße, die wir nach 50 m an der unter einem Ast versteckten roten Raute in Richtung Nägelehaus rechts ❷ in einen Teerweg verlassen. Dieser geht in einen Wiesenweg über und gabelt sich hinter dem letzten Wohnhaus am Wiesenrand. Wir wählen den linken Zweig, der uns ohne eine Wegmarkierung durch eine große Klapperstockwiese weiter bergauf führt. Im Sommer kommen Schmetterlingsfreunde hier voll auf ihre Kosten, es flattern Unmengen von Bläulingen und anderen Schmetterlingsarten umher.

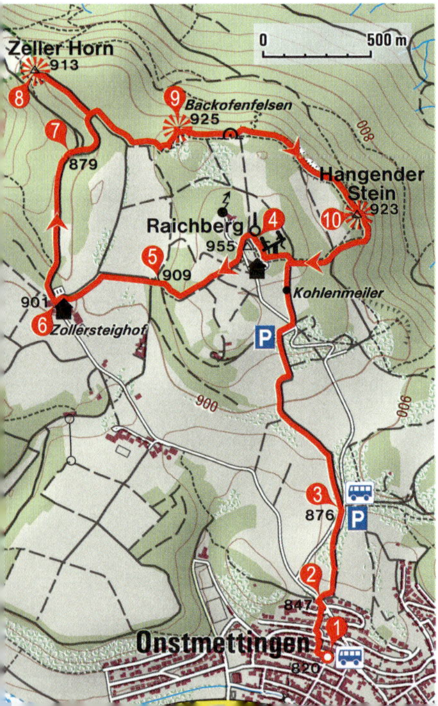

Über den Parkplatz Stocken kommen wir zum **Wanderschild Traufgänge ❸**, an dem wir links Richtung Nägelehaus weitermarschieren. Am Ende des Kieswegs treffen wir auf den Parkplatz Fuchsfarm, biegen rechts weg und überqueren halb links die kleine Landstraße auf einen weiteren

Kiesweg in Richtung Nägelehaus, den **Schau-Kohlenmeiler** des Albvereins fest im Blick. Nach dem interessanten Studium der Schautafeln und des aus Fichtenholz aufgeschichteten Meilers halten wir uns an der nächsten Wanderkreuzung links und lassen uns von einem schmalen Steinpfad zum Nägelehaus führen. Nachdem der dortige Spielplatz von den Kindern ausgiebig inspiziert wurde, geht es für uns noch ein paar Meter bergauf zum **Raichbergturm ❹**, von dem aus wir in alle vier Himmelsrichtungen weit über das Land sehen können.

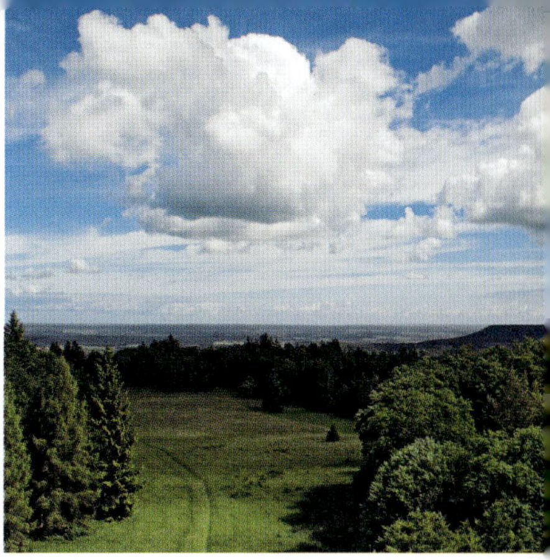

Hinter dem Turm steigen wir erst auf einem gekiesten Weg links zur Teerstraße hinunter und nehmen nach 10 m rechts einen unscheinbaren Wiesenweg. Sollte der Weg nicht sichtbar sein, gehen wir einfach noch 50 m weiter zum Wanderschild Nägelehaus und biegen hier rechts ab. Der Wiesenweg bringt uns immer geradeaus den roten Dreiecken folgend über weite Wiesen hinein in ein lichtes Wäldchen, wo wir rechts in einen breiteren Forstweg einschwenken und das **Wanderschild Dagersbrunnen ❺** erreichen. Wir steuern geradeaus den Zollersteighof an und wenden uns nach wenigen Minuten am nächsten Wanderschild nach links, den Hof und die angrenzenden Stallungen immer voraus. Am Hotelparkplatz des **Zollersteighofs ❻** lotst uns erst ein Wanderschild rechts Richtung Zeller Horn, 50 m später entscheiden wir uns für den Weg ganz rechts, eben-

OBEN

Bei klarer Sicht erkennt man sogar die Alpen gut.

UNTEN

Am Ende des Aufstiegs erwartet uns ein prachtvoller Ausblick.

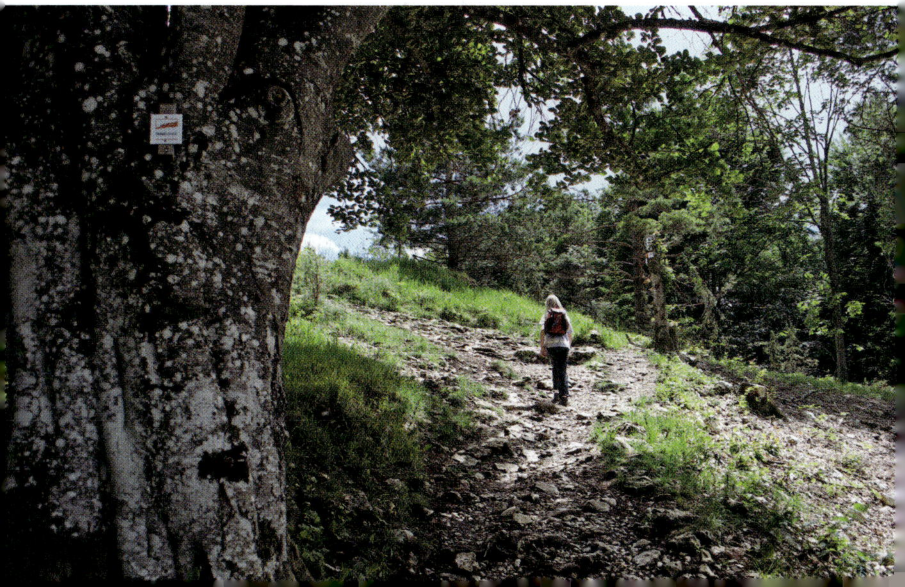

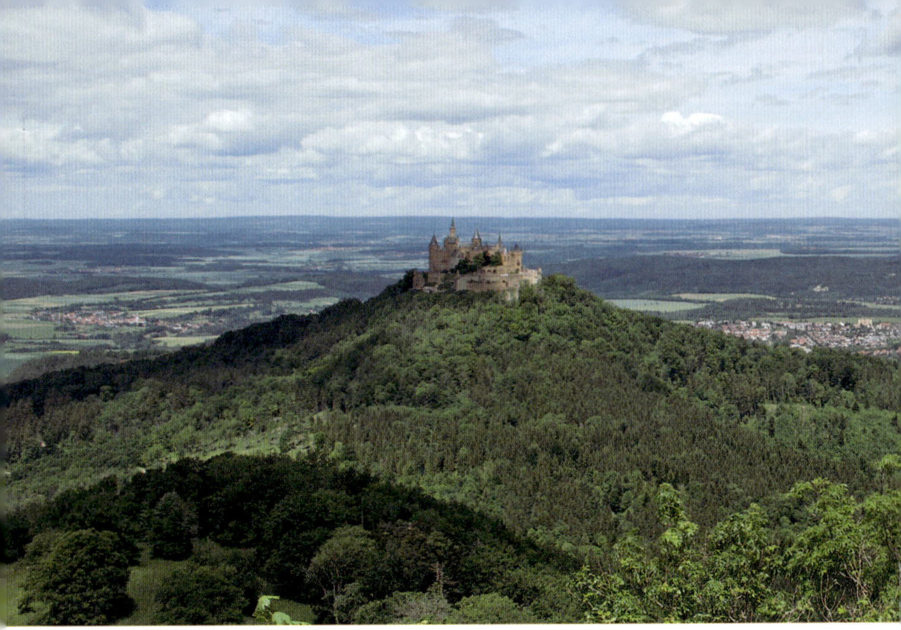

OBEN

Die majestätische Hohenzollernburg auf ihrem 855 Meter hohen Bergkegel.

UNTEN

Die alte Kiefer läßt sich geduldig beklettern.

falls in Richtung Zellerhorn. Das nächste unbenannte **Wanderschild 7** weist 10 Min. später das Zeller Horn nach links aus, doch da wir diesmal die weniger steile Variante bevorzugen, nehmen wir den leicht ansteigenden Forstweg rechts hinauf. Wir bleiben auf dem Weg, bis wir auf eine T-Kreuzung stoßen und links auf dem Hörnleweg das **Zeller Horn 8** mit seiner sagenhaften Aussicht auf die Burg Hohenzollern erstürmen, die von hier aus gesehen zum Greifen nah erscheint.

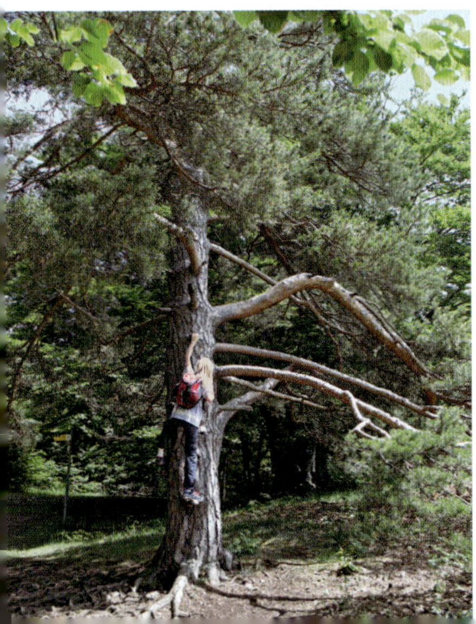

Nach einer extralangen Pause treten wir den Rückweg auf dem Hörnleweg an, passieren geradeaus die Einmündung unseres Hinwegs und zweigen am folgenden Wanderschild Richtung Backofenfelsen und Hangender Stein links ab. Nach gut 80 m am Waldrand tauchen wir an der Kreuzung geradeaus in den Wald ein und folgen dem gelben Kringel und dem Traufgangschildchen. Der Pfad wird nun immer alpiner, steiler und steiniger, und wir gelangen bald darauf zur Beschilderung eines Aussichtspunktes, der in den Karten als **Backofenfelsen 9** bezeichnet wird und links rund 30 m vom Schild entfernt auf einer Klippe thront. Für eine ge-

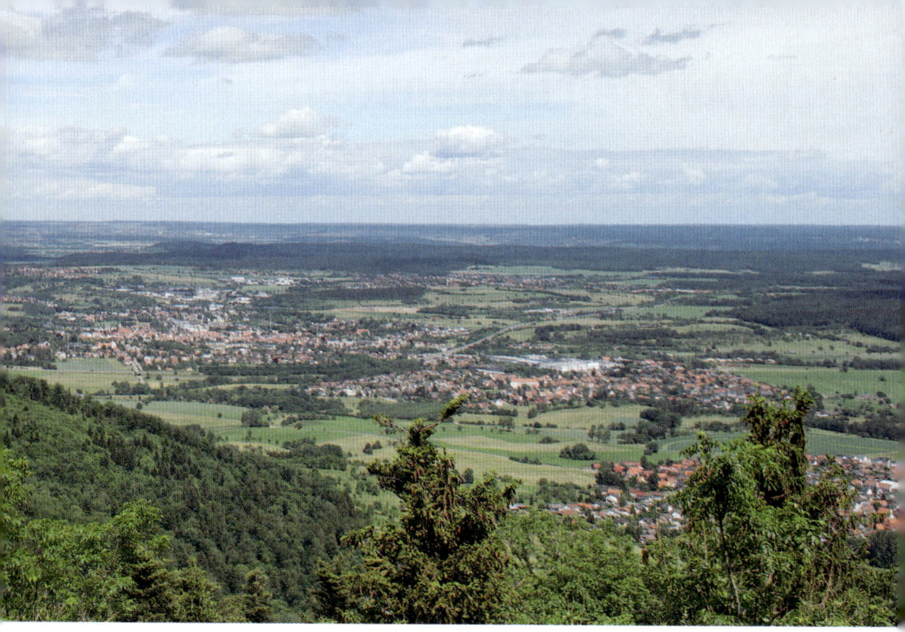

nüssliche Pause steht eine Himmelsliege für die Wanderer bereit. Weiter geht es auf dem Pfad am Albtrauf entlang der steilen, bewaldeten Abhänge. Am Trauffelsen bleiben wir weiter geradeaus auf dem Weg Richtung Hangender Stein und verlassen den Wald an einer Gabelung. Wir wählen den Trampelpfad links zum **Hangenden Stein ⑩**, der spektakulär durch einen tiefen Spalt vom Hauptmassiv der Albtraufkante abgetrennt ist. Hier gibt es auch ausnahmsweise Absperrgitter, die am Albtrauf eher selten sind.

Zurück auf dem Weg überqueren wir bald geradeaus die Wanderkreuzung Dohlen und stoßen auf die Beschilderung zum Parkplatz Stocken, der wir links folgen. Auf unserem Hinweg passieren wir nun erneut den Kohlenmeiler, die Blumenwiese und den Dorfrand von Onstmettingen, bis wir wieder die **Bushaltestelle Hofäckerstraße ①** erreichen.

★Highlights

Im Sommer staunen wir über die Myriaden von Schmetterlingen, die über die bunten Wiesen flattern.

Am aufgeschichteten Kohlenmeiler bekommen wir interessante Infos über die einstmals so wichtige Herstellung von Holzkohle in Onstmettingen.

Vom Raichbergturm haben wir Aussicht bis zu den Alpen und in den Schwarzwald.

Vom Zeller Horn sehen wir die komplette Märchenburg der Hohenzollern.

Am Hangenden Stein gruseln wir uns über die Tiefe des zerklüfteten Felsmassivs.

18 Auf den Lochenstein

RUNDE AM NORDRAND DES GROSSEN HEUBERGS

2.00 STUNDEN

4,6 KILOMETER

↗ 230 HÖHENMETER

↘ 230 HÖHENMETER

MITTEL ab 5 Jahren

Abenteuerliche Kraxeleien: Die alpin anmutende, sehr naturnahe Tour zum Gipfelkreuz des Lochensteins und zum Gespaltenen Fels hält zwei steile, spannende Anstiege auf fast 1000 Meter Höhe für die Wanderkinder bereit. Es geht über schmale Felsen- und Wiesenpfade zu dem senkrecht abfallenden Aussichtsfelsen Lochenstein, der den Blick über das weite Land und Teile der Albtraufkette freigibt. Bei guter Fernsicht leuchten im Süden sogar die schneebedeckten Schweizer Alpen. Den Gespaltenen Fels erreichen wir auf einem kleinen, verborgenen Steilpfad mitten durch den Hangwald, der uns erst auf eine herrliche Wacholderlichtung bringt und danach direkt an die teils überhängende Kante des Albtraufs. Hier wagen wir uns keinesfalls zu nahe an den Abgrund und gruseln uns lieber vom Wanderweg aus. Ein kleiner Abstecher zur ehemaligen Burgruine Wenzelstein schenkt uns am Schluss noch spannende Momente bei einer kleinen Höhlenerforschung.

Ausgangspunkt: Bushaltestelle Lochen Jugendherberge, 880 m. Anfahrt ab Balingen Bahnhof mit dem Regionalbus 317 Richtung Nusplingen. – Mit dem Auto: Kostenfreie Parkplätze auf dem Wanderparkplatz Lochen, Zufahrt am Lochenpass auf der L440 zwischen Tieringen und Weilstetten, GPS: N48.217462, E8.852942.
Ausrüstung: Auf dem steinigen, wurzeligen Untergrund sind gut profilierte Wanderschuhe vorteilhaft. Bitte Proviant und eine gute Taschenlampe mitnehmen.
Anforderungen: Kurze, aber teilweise steile und auf dem Waldpfad zum Gespaltenen Fels anfangs unwegsame Tour, die aufgrund der Höhenmeter und der ausgesetzten Felsen eher für ältere Kinder geeignet ist. Die Nähe zu den Steilhängen erfordert erhöhte Aufmerksamkeit.
Hinweis: Bei Nässe gehen wir nicht den steilen Waldpfad zum Gespaltenen Fels, sondern folgen am Wanderschild Wenzelstein der Beschilderung über einen Heideweg.
Einkehr: Keine.

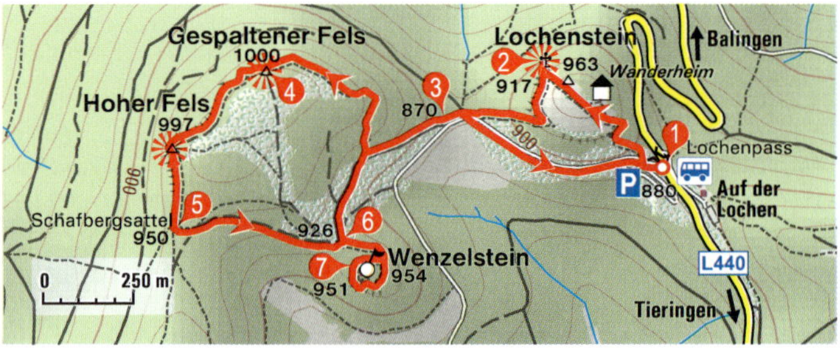

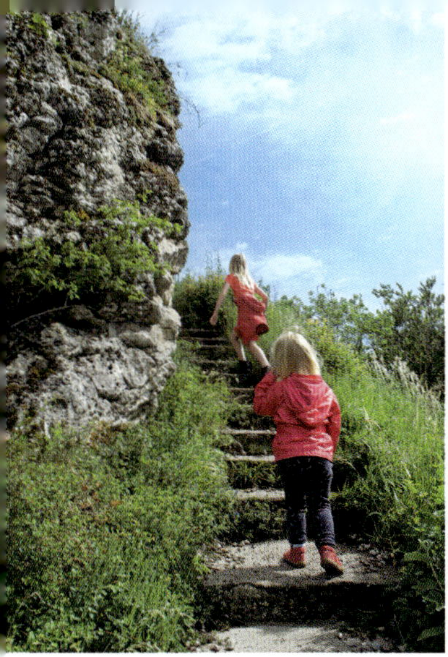

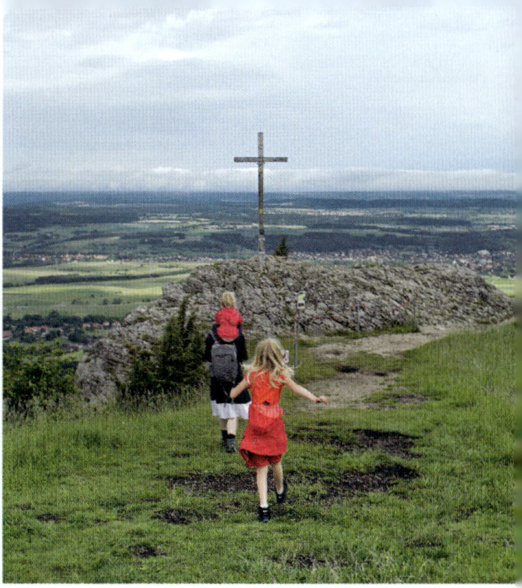

Über Steintreppen erreicht man das Gipfelkreuz des Lochensteins rasch und fast mühelos.

LOS GEHT'S An der **Bushaltestelle Lochen Jugendherberge ❶** gehen wir zum Wanderparkplatz und biegen am Wanderschild rechts ab in Richtung Lochenstein. Auf den steilen Serpentinen gewinnen wir schnell an Höhe und erreichen eine Felsformation, die wir auf steinigen Stufen erklimmen. Nach der letzten Serpentine an einem blau markierten Baum geht der Weg links in einen Wiesenpfad über, auf dem die Kinder etwas über das »traurige Verschwinden der Erdleutlein« erfahren. Das kleine Wanderheim, das das am höchsten gelegene Wanderheim des Schwäbischen Albvereins ist, lassen wir rechts liegen und folgen dem Pfad über herrlich grüne Wiesen bis zum Gipfelkreuz des **Lochensteins ❷**, der steil abfällt und mit seltenen Pflänzchen wie der Augenwurz bewachsen ist. Die Aussicht über das weite Land ist phänomenal und reicht bis zum Schwarzwald und zu den Alpen, auch den Zollerberg mit der spektakulären Märchenburg der Hohenzollernfürsten können wir schon gut erkennen. Ein Wanderschild zeigt uns den Weg zum Gespaltenen Felsen und weist darauf hin, dass dieser nur für geübte Wanderer geeignet ist. Der Abstieg auf Geröll, das mit Erde vermengt ist, ist schmal und muss vor allem bei Nässe mit Vorsicht begangen werden, links fällt der Hang steil ab. Nach einer Weile wird der Weg flacher und wir wandern an eindrucksvollen Kiefern zum Wanderschild Lochenstein West. Wie auch

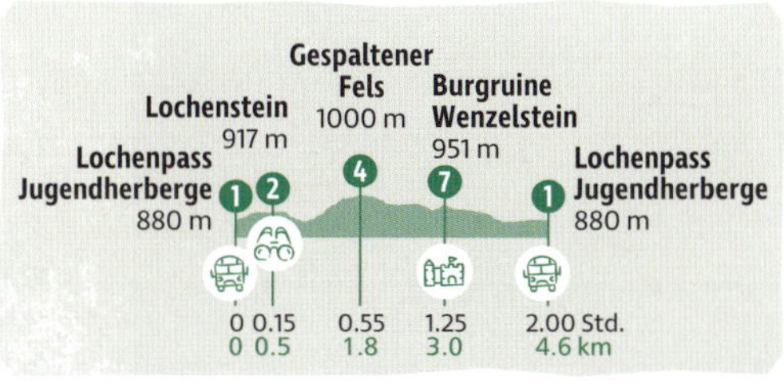

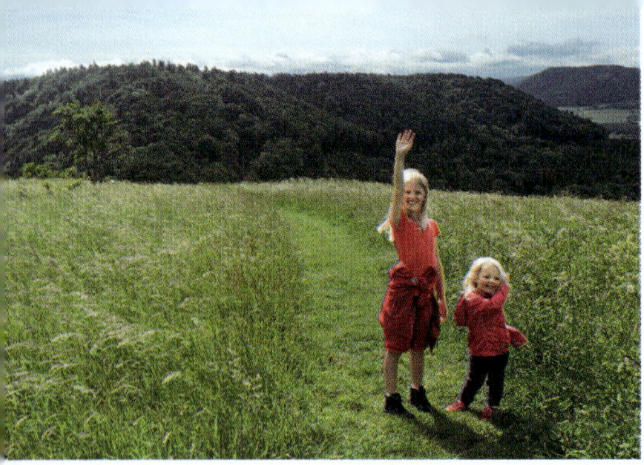

OBEN

Kinder in der Natur: Das passt sehr gut zusammen.

UNTEN

Der Lochenstein einmal anders ins Bild gesetzt.

am folgenden **Wanderschild Lochenbrünnele ❸** halten wir uns geradeaus in Richtung Gespaltener Fels. Auf einem breiten Wanderweg spazieren wir durch Wacholderheide-Landschaft und studieren fleißig die Infos des Tierlehrpfads, den wir ein paar Minuten begleiten. 250 m nach dem letzten Wanderschild schlagen wir uns an einer großen Fichte rechts in einen kaum erkennbaren, spannenden Naturpfad, der sehr steil und anfangs zugewachsen durch ein kurzes Waldstück führt (der Weg ist nicht in allen Karten verzeichnet). Wir kommen auf einer Hochheide aus dem Wald heraus und pirschen den schwach erkennbaren Wiesenweg an einer Gabelung rechts am Waldrand weiter. Der Weg taucht wieder in den Wald ein und nach wenigen Minuten stehen wir an der Felsformation **Gespaltener Fels ❹** auf genau 1000 Metern. Hier fällt die Hangkante senkrecht ab und es herrscht Absturzgefahr wie an vielen Stellen des Albtraufs, denn es gibt kaum Sicherungen oder Absperrzäune. Mit gut geübten Wanderkindern lässt sich die 20 m tiefe Felskluft des Gespaltenen Fels erforschen, wobei wir die Kantenbereiche meiden.

Am Wanderschild orientieren wir uns in Richtung Schafbergsattel und gelangen zum **Hohen Fels**, von dem der Plettenbergturm auf der anderen Talseite zum Anfassen nahe erscheint. Wir gehen weiter zum **Schafbergsattel ❺** und biegen am dortigen Wegweiser links ab, eine rote Gabel an einem Baum zeigt uns den richtigen Weg. Nach wenigen Metern wählen wir an einer Kreuzung den geradeaus verlaufenden Forstweg und lauschen hier im Wald den laut zwitschernden Vögeln. Am **Wanderschild Wenzelstein ❻** machen wir geradeaus einen Abstecher zur **Burgruine Wenzelstein ❼**, die vor fast 1000 Jahren über dem Oberen Schlichemtal thronte. Heute erkennen wir nurmehr eine Zisterne und schemenhafte Umrisse der einstigen Burganlage. Auf dem Rückweg zücken die Kinder ihre Taschenlampen und erkunden im Kriechgang voller Spannung die 15 m lange **Wenzelsteinhöhle**, die sich jedoch schnell verengt und uns nach wenigen Metern zur Umkehr zwingt.

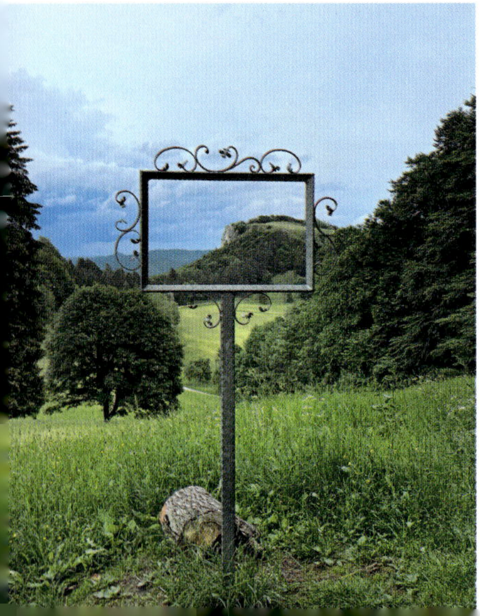

Hallo Kinder!

Der markante Felsen des **Lochensteins** und seine Umgebung wurden schon vor 3000 Jahren besiedelt, da die Höhe und Abgeschiedenheit Sicherheit vor Feinden versprach. Kelten, Römer und Alamannen ließen sich hier nieder und alle brachten ihre Sagen und Mythen mit. Noch um das Jahr 1900 galt der Lochenstein als Versammlungsplatz für Hexen und Gespenster. Aus diesen Zeiten stammen viele Geschichten, so auch die **Sage über die Erdleutlein** und ihr trauriges Verschwinden. Auf eurer Wanderung im Lochengebiet findet ihr die ganze Geschichte der Erdleutlein und dazu noch die Sage vom Greaweibele. Und wenn ihr auf den Wegen genau hinseht, werdet ihr Spuren der Erdleutlein finden, zum Beispiel winzige Tischchen und Stühlchen auf moosigen Baumstümpfen. Baut doch auch aus Steinen und Zweigen eine Behausung für die scheuen Sagenwesen!

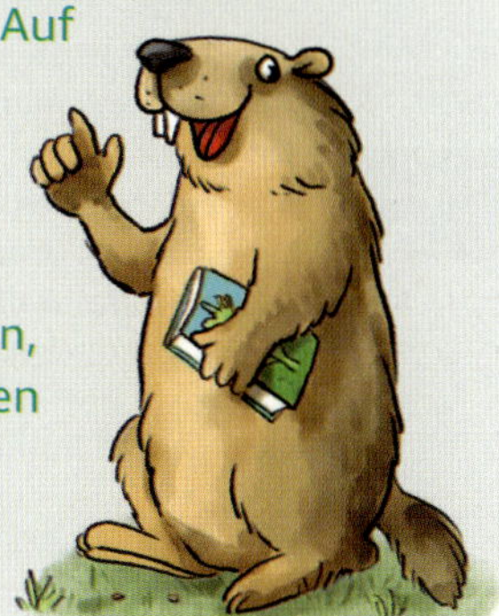

Zurück am **Wanderschild Wenzelstein ❻** biegen wir halb rechts ab Richtung Lochenpass, nicht ohne durch den witzigen leeren Bilderrahmen zu blicken, der genau auf den Fels des Lochensteins ausgerichtet ist. Wir bleiben auf dem Weg durch die Wacholderheide, passieren den Einstieg in den steilen Bergpfad vom Hinweg und einen kleinen Brunnen und erreichen bald wieder das **Wanderschild Lochenbrünnele ❸** mit seiner Grillstelle. Wir schwenken rechts und wandern auf dem gekiesten Wirtschaftsweg zurück zum Lochenpass mit der **Bushaltestelle Lochen Jugendherberge ❶**.

★Highlights

Abenteuerliche Wege bringen uns an den Rand der Felsklippen des Albtraufs.

Im Wald brauchen wir auf einem steilen Pfad alle Viere zum Hinaufklettern.

Wunderbare Fernsichten zur Burg der Hohenzoller Fürsten und zu den Alpengipfeln belohnen uns für mühsame Anstiege.

Die ehemalige Burg Wenzelstein und die dazugehörige kleine Wenzelsteinhöhle beflügeln die Fantasie großer und kleiner Wanderkinder.

19 Schömberger Stausee

UM DIE SCHLICHEMTALSPERRE

2.00 STUNDEN

4,9 KILOMETER

↗ 60 HÖHENMETER

↘ 60 HÖHENMETER

LEICHT ab 4 Jahren

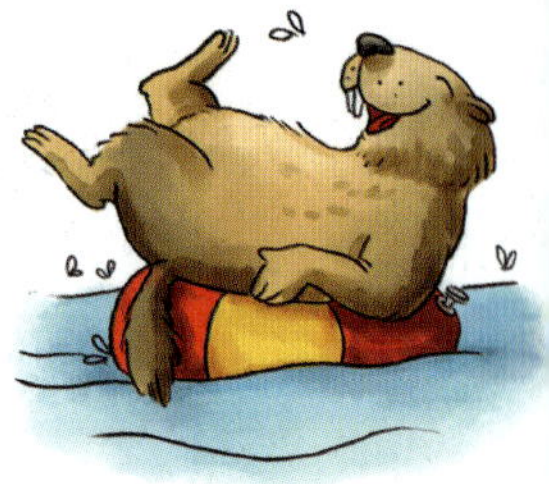

Pack die Badehose ein … : Auf dieser kurzen Tour rund um den Schömberger Stausee kommen vor allem die Wasserratten unter den Wanderkindern auf ihre Kosten. Am südwestlichen Seeufer lässt es sich herrlich am flachen Wasser spielen. Vorbei an großen Blumenwiesen geht es dann auf der anderen Seeseite auf einem schönen Waldweg zu den Hauptattraktionen der Wanderung. Bootsverleih und Liegewiese locken uns hier wieder ans Wasser. Ob mit dem Tretboot, dem Elektroboot, einer Luftmatratze, einem aufblasbaren Stand-up-Paddle-Board oder einfach nur schwimmend – im Sommer ist der Stausee ein riesiger Wasserspielplatz. Wer noch mehr Ablenkung sucht, wird an der Waldschenke fündig, denn dort warten ein Minidorf mit originalgetreuen Fachwerkhäuschen, Kindereisenbahn, Seilbahn und Autoscooter sowie ein Streichelzoo mit Lamas, Ziegen, Schafen und Ponys auf junge Besucher und Besucherinnen.

Ausgangspunkt: Bushaltestelle Schömberg Marktplatz, 679 m. Anfahrt ab Balingen Busbahnhof mit der Linie 315 Richtung Hausen. An Sonn- und Feiertagen wird von Anfang Mai bis Mitte Oktober auch der Haltepunkt Schömberg Stausee von der Bahnlinie 769 ab Balingen Bahnhof angefahren. – Mit dem Auto: Kostenfreie Parkplätze am Marktplatz, Alte Hauptstraße 1, 72355 Schömberg. E-Ladestation in der Badstubengasse 6 gleich am Marktplatz.
Ausrüstung: Halbschuhe oder Wanderschuhe sind zu empfehlen. Badesachen und Wechselkleidung nicht vergessen!
Anforderungen: Flache kurze Wanderung, die auch für jede Art von Kinderwagen geeignet ist. Je zur Hälfte besteht der Weg aus feinkiesigen Wanderwegen und asphaltierten Wegen.
Einkehr: Schwäbische Hausmannskost bietet die Gaststätte Zur Ölmühle; geöffnet Mi 17–20.30 Uhr, Do–Sa 14.00–20.00 Uhr, Sonn- und Feiertage 11.30–19.00 Uhr, Tel. +49 7427 91300, oelmuehle-schoemberg.com. Nach Jahreszeiten wechselnde Gerichte bietet das Restaurant Waldschenke an; geöffnet Mi–So/Feiertag 11.30–21.00 Uhr, Tel. +49 7427 8188, waldschenke-schoemberg.de
Tipp: Viel Zeit mitbringen für das Minidorf und einen langen Badetag am See sowie etwas Kleingeld für den Bootsverleih.

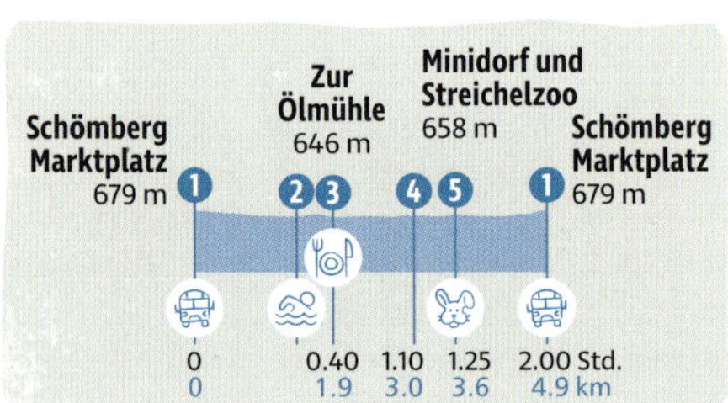

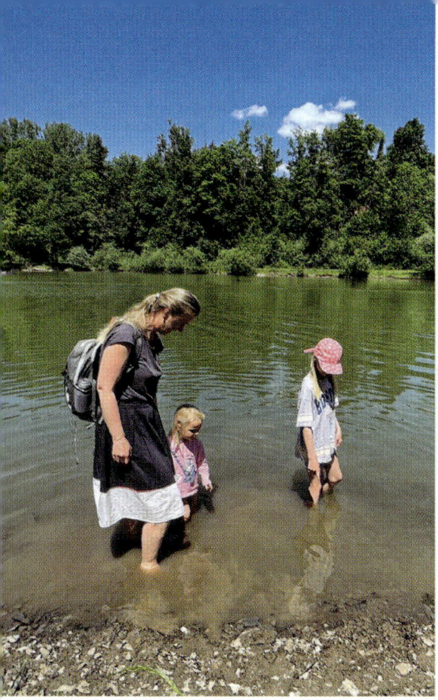

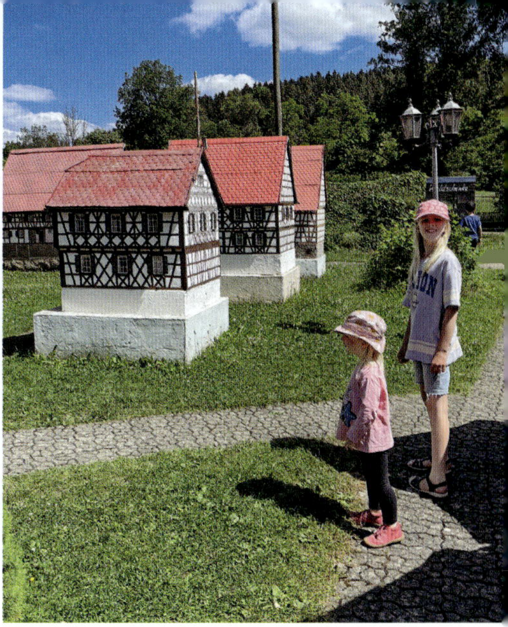

Mit gut im Schömberger Stausee gekühlten Füßen besichtigen wir das Miniaturdorf an der Waldschenke.

LOS GEHT'S Von der **Bushaltestelle Schömberg Marktplatz** ① führt der kürzeste Weg zur Schlichemtalsperre in südlicher Richtung zur Alten Hauptstraße, in die wir links einbiegen. Nach dem Parkplatz geht es rechts in die Suppenlochgasse (heißt wirklich so), die wir bergab bis zur Kirchgasse weiterlaufen. Dann schwenken wir halb rechts in die Schillerstraße ein und wandern rund 150 m bis zur Eisenbahnstraße vor. Hier nehmen wir links den geteerten Fahrradweg, der uns durch eine schöne Grünanlage zum Parkplatz am westlichsten Zipfel des Schömberger Stausees bringt. Hier halten wir uns links und spazieren weiter von schattigem Grün umgeben am Seeufer entlang bis zu einer freien **Einstiegsstelle** ②. Am flachen Wasser können die Kinder sich austoben und mit den Tretbooten um die Wette schwimmen. Der asphaltierte Weg macht im weiteren Verlauf einen Rechtsschwenk und wir finden uns gleich darauf am Bahngleis wieder, das wir überqueren und gleich wieder links weiterwandern. Die riesigen Blumenwiesen begleiten uns zur Gaststätte **Zur Ölmühle** ③, an der wir geradeaus weiter gehen und bald eine kleine Brücke über die Schlichem

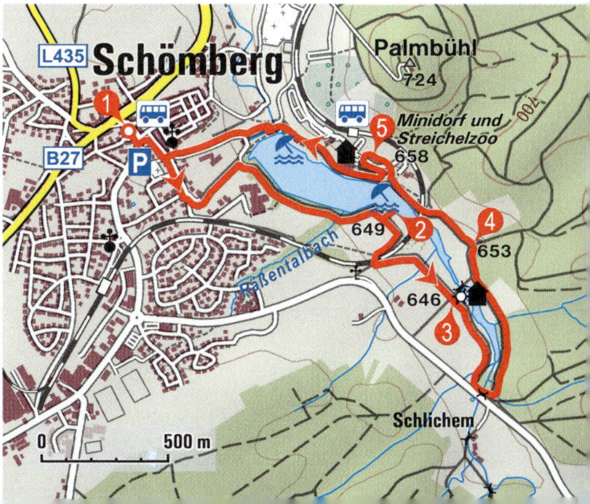

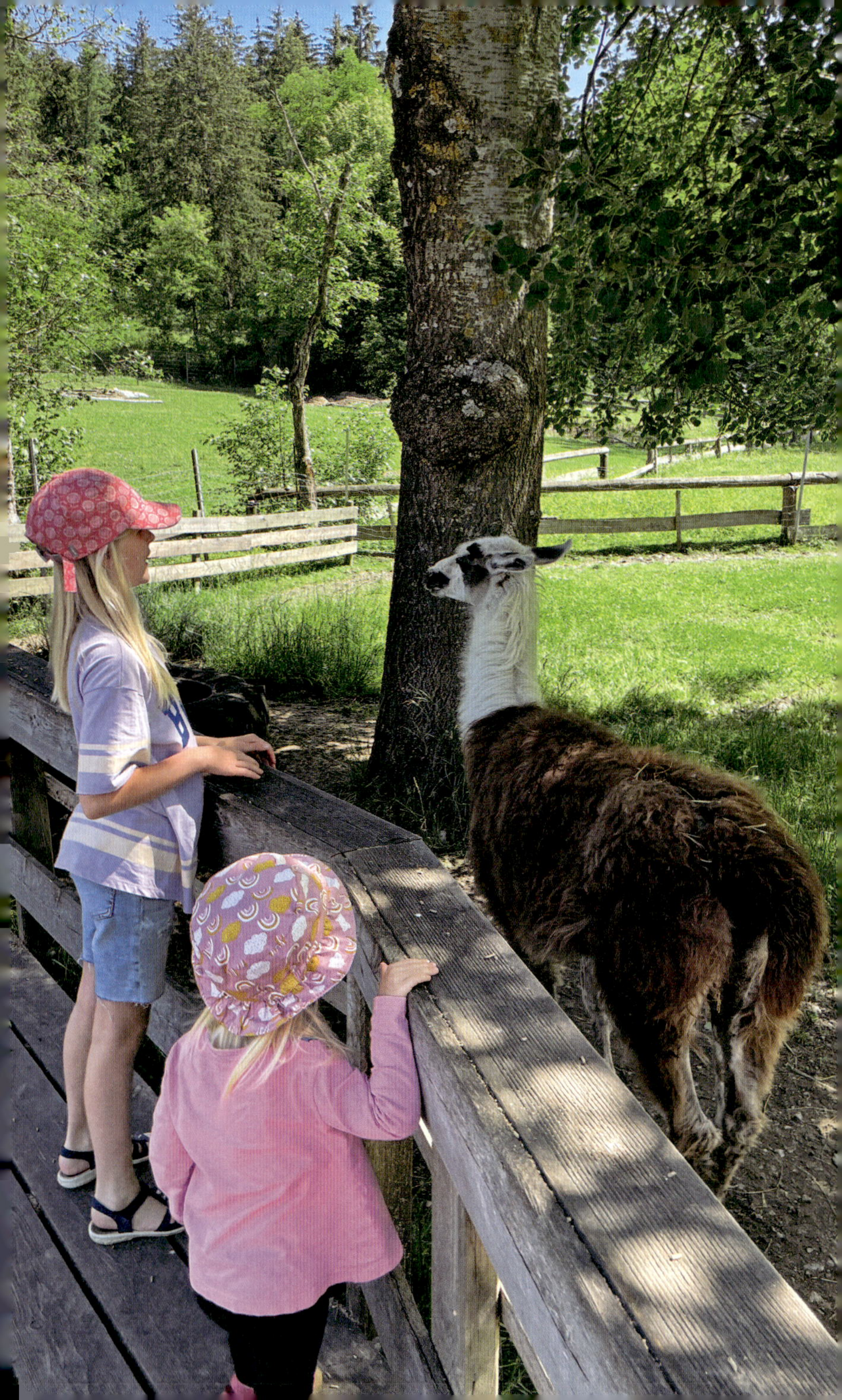

Hallo Kinder!

Wenn ihr auf der Wanderung genau hinschaut, könnt ihr Spuren von **Bibern** finden. Die putzigen Nager fühlen sich am Stausee pudelwohl und hinterlassen eindeutige Spuren. Sie **knabbern die Bäume sanduhrförmig** an, um sie zu fällen und dann die Äste, Rinden und Blätter zu verspeisen. Außerdem bauen sie an der Schlichem **Dämme, um das Wasser aufzustauen** und den Eingang zu ihrem Wohnbau unter die Wasseroberfläche zu verlegen. Das schützt vor unliebsamen Eindringlingen. Haltet also Ausschau nach überschwemmten Wiesen und angeknabberten Bäumen, aber seid nicht traurig, wenn ihr keine Biber bei der Arbeit entdeckt: Sie machen das alles leider nur in der Nacht.

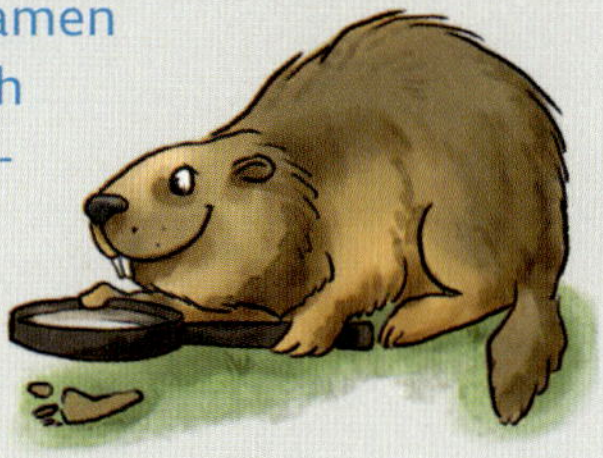

entdecken. Nach der Brücke weist uns ein Wanderschild den Weg nach Schömberg links am Nordufer entlang. Wir passieren geradeaus das nächste Wanderschild Untere Säge und halten uns am **Wanderschild Abzw. Schömberg** ❹ links Richtung Schömberg. Am Wegweiser Beim Bahnviadukt geht es für uns erst leicht links in Richtung Marktplatz Schömberg auf dem Schlichem-Wanderweg, dann unter der Bahnbrücke hindurch, und nach ein paar Minuten rechts auf einem kleinen Weg hinauf zum **Minidorf** und dem **Streichelzoo** ❺. Zur Freude der Kinder haben wir viel Zeit im Gepäck, sodass sie sich nach Herzenslust den Tieren und den Attraktionen des Miniaturstädtchens hingeben können. Tierfutter finden wir im Automaten, die Futterbecher stellen wir zur Wiederverwendung zurück.

Wieder unten am See angelangt, können wir uns ein Tretboot ausleihen oder gleich noch ein Stückchen weiter zur Liegewiese spazieren. An der Stirnseite des Sees führt eine Treppe zur Stauseestraße hoch, die wir links hinaufwandern und auf der schon bekannten Suppenlochgasse zurück zur **Bushaltestelle Schömberg Marktplatz** ❶ gelangen.

LINKS
Lamas und Alpakas erfreuen sich auch auf der Alb wachsender Beliebtheit.

★Highlights

- Baden und Toben im Stausee.
- Durch endlose Blumenwiesen streifen.
- Auf die Suche nach Biberspuren gehen.
- Mit dem Tretboot den See befahren.
- Das Minidorf erkunden und die Lamas und Ponys im Zoo streicheln und füttern.

20 Zur Schlichemquelle

ÜBER DIE BITTENHALDE INS OBERE SCHLICHEMTAL

2.00 STUNDEN

3,7 KILOMETER

↗180 HÖHENMETER

↘180 HÖHENMETER

LEICHT ab 5 Jahren

Was ist wohl der Hohle Backofen? Eine kurze, aber abwechslungsreiche Wanderung führt uns durch das Obere Schlichemtal bei Tieringen. Über den versteckt am Waldrand liegenden Abenteuerspielplatz des Feriendorfes Tieringen geht es vorbei an herrlich bunten Wiesen zum Hohlen Backofen, einer kleinen Höhle, die die Kinder auf allen Vieren kriechend erkunden. Nicht weit davon entfernt entspringt die Schlichem und lädt die Kinder durch ihr offen gefasstes Quellbecken geradezu zu Wasserspielen ein. Wir begleiten den Flusslauf auf einem Stück seiner 34 km langen Reise in den Neckar und wagen uns am Talende auf einen 800 m langen, mit vielen außergewöhnlichen Stationen gespickten Barfußpfad. Hier können die Kinder direkt durch die Schlichem waten, durch tiefen Sumpf stapfen oder gekonnt über einen Glasscherbenparcours manövrieren.

Ausgangspunkt: Bushaltestelle Balinger Straße Tieringen, 799 m. Anfahrt ab Balingen Bahnhof mit dem Regionalbus 317 Richtung Nusplingen. – Mit dem Auto: Kostenfreie Parkplätze an der Schlichemhalle, Hinter Burg 22, 72469 Meßstetten-Tieringen.
Ausrüstung: Gut profilierte Wanderschuhe sind vor allem bei nassen Bedingungen von Vorteil. Handtuch für den Barfußpfad und eine Brotzeit einpacken.
Anforderungen: Kurze Rundtour mit einer langen Steigung zu Beginn auf Feld-, Wald- und Wiesenwegen.
Einkehr: Auf dem Weg keine. Der urige Gasthof Berghütte mit schöner Terrasse und liebevoll gepflegten Gartenanlagen liegt nur einen halben Kilometer vom Weg entfernt und serviert schwäbische Küche; geöffnet tägl. außer Di 11.30–22.00 Uhr, Berghof 1, 72469 Meßstetten-Tieringen, Tel +49 7436 1551, GPS: N48.207984, E8.864937.

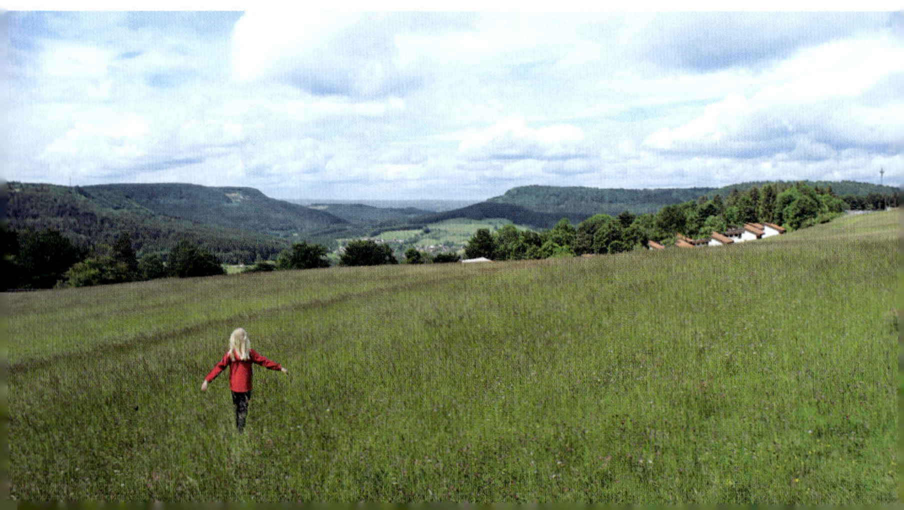

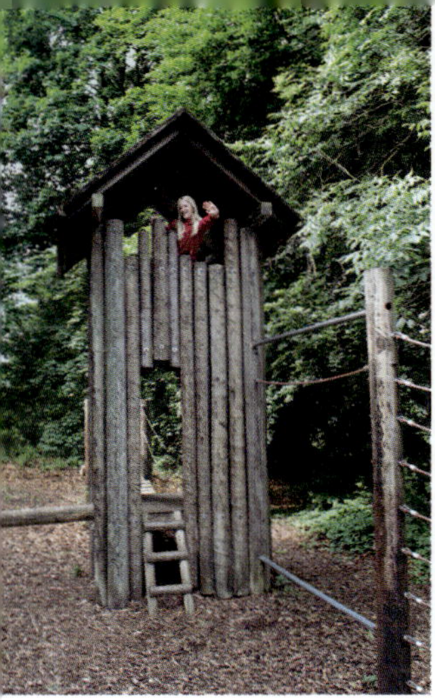

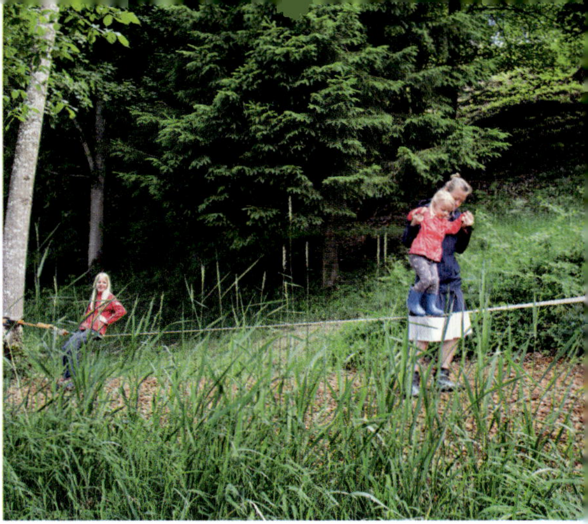

OBEN

Für Kinder sind die Wanderpausen am schönsten.

LINKS UNTEN

Die typischen sanften Höhenzüge der Schwäbischen Alb.

Tipp: Von der Schlichemquelle lohnt sich für Freundinnen und Freunde der schönen Aussicht ein Abstecher zum rund 1,5 km entfernten Tieringer Hörnle, auch Lochenhörnle genannt. Der Blick reicht über die Höhenzüge des nördlichen Albtraufs bis zum Stuttgarter Fernsehturm.

LOS GEHT'S Von der **Bushaltestelle Balinger Straße ❶** gehen wir das Manuelesgässle in nördlicher Richtung steil bergauf, queren die Straße An der Bittenhalde und steigen einen kleinen Weg weiter hinauf zur Haldenstraße. Hier biegen wir rechts und gleich wieder links ab in einen schmalen Wanderpfad, auf dem wir an der nächsten Gabelung rechts bis zum **Abenteuerspielplatz ❷** des Feriendorfes Tieringen auf der Bittenhalde hinaufwandern. Die 100 Höhenmeter sind für die Kids keine Herausforderung, denn sie stürzen sich gleich auf die Seilrutsche und die anderen im Wald versteckt liegenden Spiel- und Klettergerätschaften. Die Erwachsenen legen derweil an der Schutzhütte mit Grillstelle eine Pause ein und genießen die Wiesen- und Waldlandschaft. Dann führt ein unscheinbarer Wiesenweg am Waldrand weiter geradeaus, mit dem Schild für einen

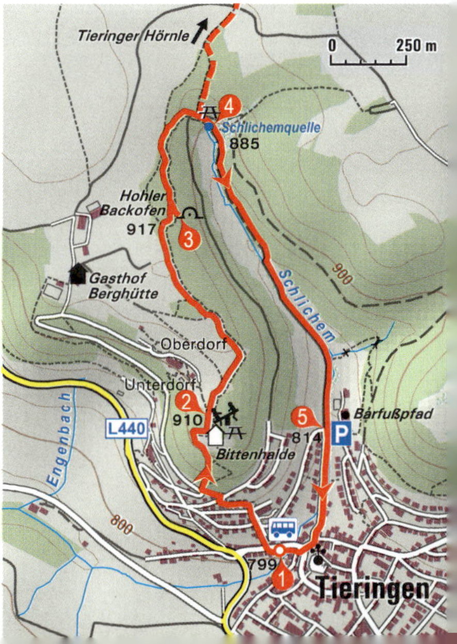

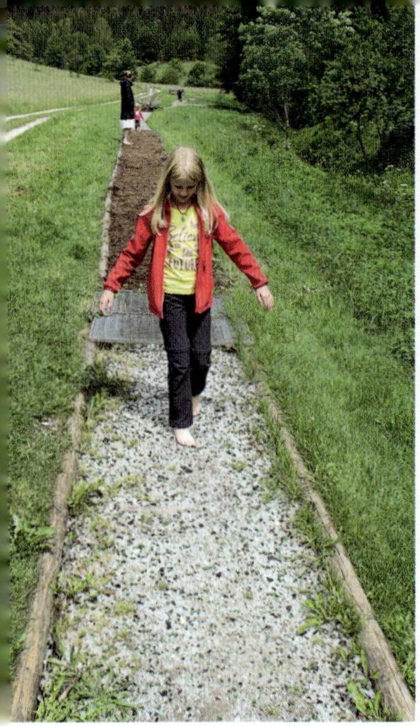

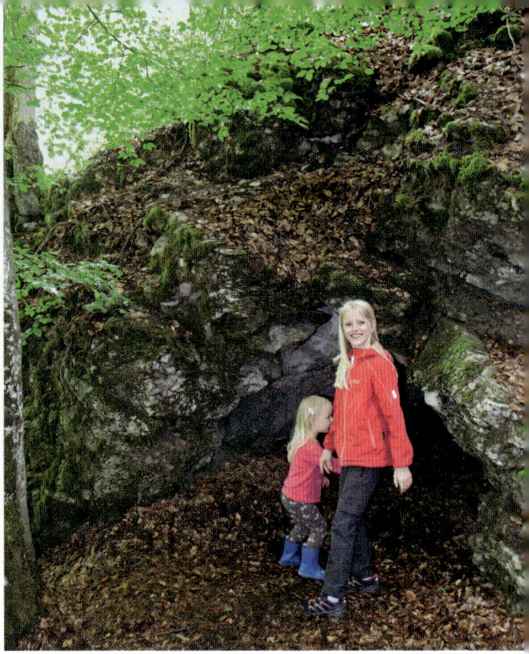

LINKS
Mutproben: Wer traut sich barfuß über Glasscherben?

RECHTS
Höhlenforscherinnen bei der Arbeit.

Trainingspfad gekennzeichnet. Wir halten uns immer rechts am Waldrand, vorbei an fetten Wiesen und schöner Fernsicht über die Alb-Hügel, passieren eine Bank samt einer verlockenden Himmelsschaukel und erreichen schließlich im Wald ein Schild, das rechts hinunter zum **Hohlen Backofen** ❸ weist. Nach wenigen Minuten dürfen die Kinder die Kalksteinhöhle im Backofenfels erforschen und staunen, dass man darin stehen kann, obwohl der Eingang so niedrig ist. Nach der Höhlenforschertour nimmt uns rechts der Wanderweg wieder auf und geleitet uns zum Wanderschild Bei der Schlichemquelle. Rechts hinab führen ein paar Stufen an einem Waldlehrpfad vorbei zur **Schlichemquelle** ❹. Am Quelltrog lässt es sich vortrefflich planschen und gemütlich auf den Stühlen des Interstuhlpfades ausruhen.

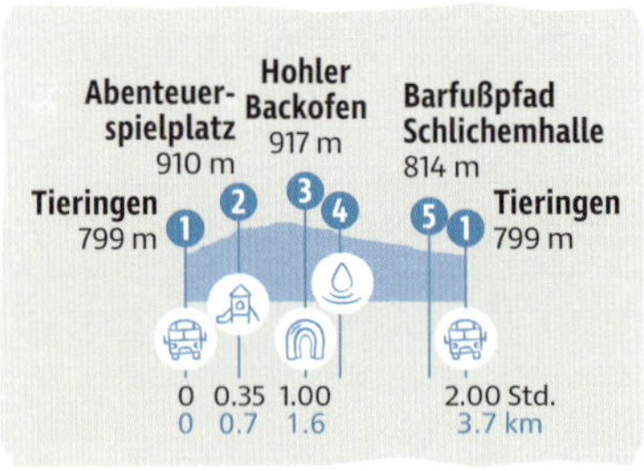

Sind alle ausreichend nass, spazieren wir einen Forstweg Richtung Tieringen geradeaus hinunter durch das kleine Schlichemtal mit seinen bunten Wiesen und schläfrigen Kühen, bis wir den Ortseingang von Tieringen erreichen. Links von uns tauchen Parkplätze und die Schlichemhalle auf, an der sich auch der Schuhabstellplatz und die Fußwaschanlage des **Barfußpfades** ❺ befinden. Der Heimatverein Kohlraisle hat die

★Highlights

Ein cooler Abenteuerspielplatz im Wald wartet oberhalb des Feriendorfes.

Wir laufen durch die saftigen Wiesen und die weite Hügellandschaft der Bittenhalde.

Die Kinder erforschen die kleine Kalksteinhöhle Hohler Backofen.

An der Schlichemquelle mit dem großen Wasserbecken wird gepritschelt.

Zum Abschluss der Wanderung lockt noch der ideenreiche Barfußpfad in Tieringen, wo sich die Kinder besonders über das Schlammloch freuen.

Anlage wunderschön in die Landschaft integriert und es geht gleich ordentlich bergauf in den Wald. Am spannendsten finden die Kinder das Schlammloch, von dem man ja nicht weiß, wie tief es wirklich ist. Hunde müssen leider draußen warten.
Nach der sinnlich-erfrischenden Runde hüpfen wir mit sauberen Füßen wieder in unsere Schuhe und schweben beinahe die Schlichemstraße hinunter bis zur Bushaltestelle Hohlgasse und rechts weiter zur **Bushaltestelle Balinger Straße ①**.

Hallo Kinder!

Schon der bekannte **Pfarrer Sebastian Kneipp** wußte um die gesundheitsfördernde Wirkung des barfüßigen Gehens und des Wassertretens. Und so begegnen uns auf vielen Wandertouren sogenannte **Kneippbecken und Barfußpfade**.
Auch hier in Tieringen könnt ihr einen solchen Barfußpfad mit viel Spaß begehen. Barfußlaufen fühlt sich nicht nur toll an, sondern schont auch die Wirbelsäule, regt durch die verbesserte Durchblutung den Kreislauf an, verbessert das Gleichgewicht und massiert die Fußsohlen. Kinder laufen von Natur aus am liebsten barfuß und liegen damit also genau richtig. Aber ein bisschen aufpassen müsst ihr beim Barfußlaufen schon, nicht dass ihr euch zum Beispiel an herumliegenden Scherben verletzt.

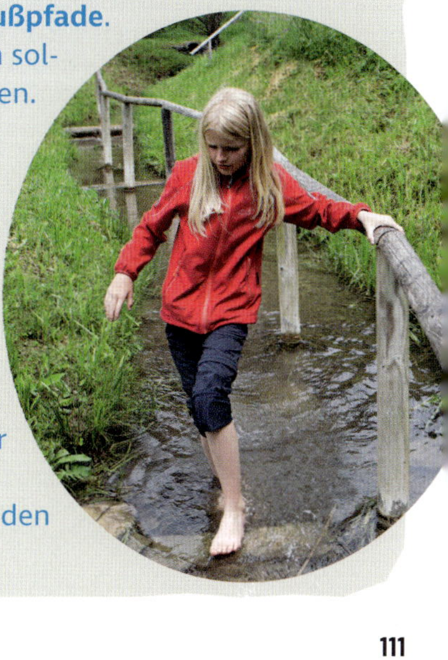

21

Traufgängerle Hexenküche

AUF DEM SCHLOSSBERG ÜBER ALBSTADT-EBINGEN

3.00 STUNDEN

7,4 KILOMETER

↗ 280 HÖHENMETER

↘ 280 HÖHENMETER

MITTEL ab 6 Jahren

Wildschweingehege und Waldabenteuer: Die junge Stadtgemeinschaft Albstadt liegt in einem Talkessel und ist dadurch an allen Seiten von herrlicher Natur umgeben. Auf dieser kurzweiligen Trauftour erklimmen wir auf einem Serpentinenpfad den felsigen Schlossberg, der bis zum 13. Jahrhundert von einer Burganlage beherrscht wurde. Vom Schlossbergturm reicht das Panorama bei guter Fernsicht von der deutschen Zugspitze bis zur Schweizer Jungfrau und wir übersehen die ganze, lang gezogene Stadt tief unter uns. Am schönen Biergarten des Waldheims haben die Kinder die Wahl zwischen mehreren Spielplätzen, bevor sie durch ein hölzernes Tor das Traufgängerle Hexenküche betreten. Vorbei am Waldkletterpark begeben wir uns auf einem Beobachtungsturm auf Wildschweinsuche, was in dem riesigen Areal nicht so einfach ist, aber die Futterstelle ist immer ein guter Tipp. Schließlich finden wir noch die Halbhöhlen der Hexenküche und verstehen jetzt, woher ihr Name stammt.

Ausgangspunkt: Bahnhof Albstadt-Ebingen, 720 m. Anfahrt ab Balingen mit der Regionalbahn RB66 Richtung Sigmaringen. – Mit dem Auto: Kostenfreie Parkplätze in der Theodor-Groz-Straße jenseits des Bahnhofs, 72458 Albstadt.

Ausrüstung: Für die steilen Pfade und Kletterpartien auf den Spielplätzen und den Felsen machen gut profilierte Wanderschuhe Sinn.

Anforderungen: Mittelschwere Tour auf Bergpfaden und herrlich zu laufendem, weichem Waldboden. Der 1,5 km lange steile An- und Abstieg ist für die Kinder schon eine Herausforderung.

Einkehr: Im Biergarten des 2022 wiedereröffneten Waldheims lässt es sich gemütlich sitzen und Linsen mit Spätzle verzehren, die Kinder toben derweil auf den Spielplätzen des weitläufigen Freizeitgeländes; geöffnet 11.00–22.00 Uhr, Waldheim 1, 72458 Albstadt, Tel. +49 1578 660 6634, daswaldheim.de.

Tipps: Wer die Strecke durch die Stadt meiden möchte, kann die Wanderung um rund 2 km verkürzen und mit der Anmelde-Buslinie 79 ab

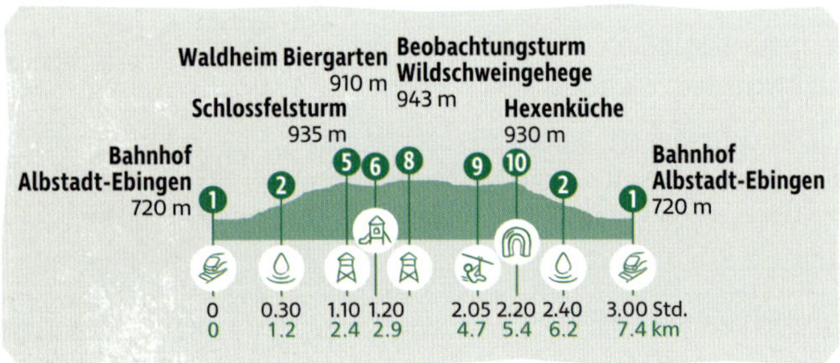

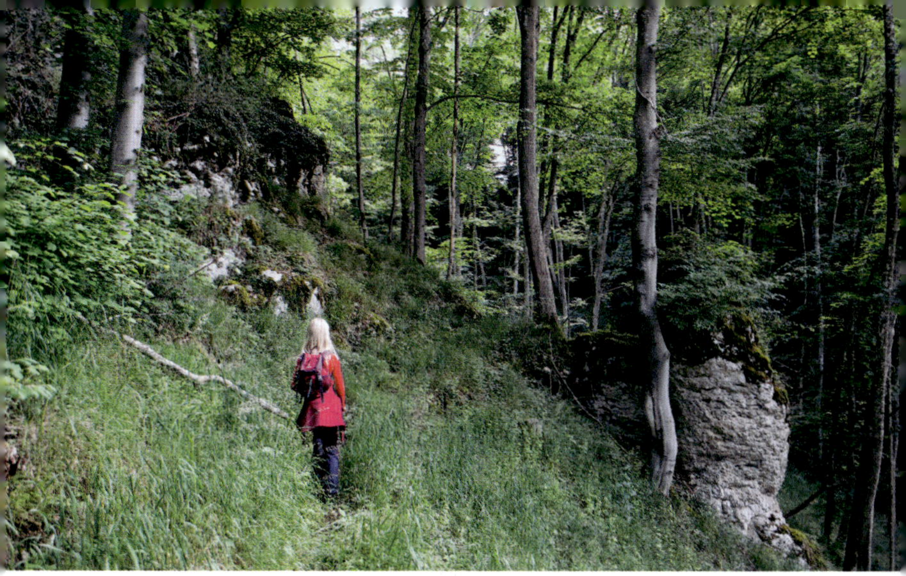

Busbahnhof Ebingen (nachmittags ab Ebingen Bürgerturm) bis zur Bushaltestelle Lessingstraße fahren, Anmeldung mindestens 1 Std. vor Abfahrt, Tel. +49 7471 935050.
Klettererlebnisse für Kinder ab 3 Jahren und 13 Parcours unterschiedlicher Schwierigkeit bietet der Kletterpark Waldheim, Am Waldheim 1, Tel. +49 7433 1402950, kletterpark-waldheim.de.

OBEN

Auf dem urwaldartigen Waldpfad am Schlossberg in Ebingen.

UNTEN

Kletterbäume machen die Tour kurzweilig.

LOS GEHT'S Aus dem **Bahnhof Albstadt-Ebingen ❶** kommend, wenden wir uns nach rechts und gehen die Poststraße bis zur Schmiecha entlang. An der Ampelanlage zu unserer Linken überqueren wir die Untere Vorstadtstraße, wandern rechts ein paar Meter an der Hochschule Albstadt-Sigmaringen vorbei und biegen links in die Jakobstraße ein. Nach 150 m folgen wir an einer Gabelung der geteerten Zufahrt eines Parkplatzes links hinauf und steigen immer geradeaus den Fußweg hoch, überqueren die Herderstraße und erreichen weiter geradeaus bald das Ende des Pfades. Wir biegen links in die Leibnizstraße ein und gleich danach rechts auf die Landstraße, die Bitzer Steige. Nach 200 m erreichen wir noch vor dem Ortsschild links eine **Quellfassung ❷** mit

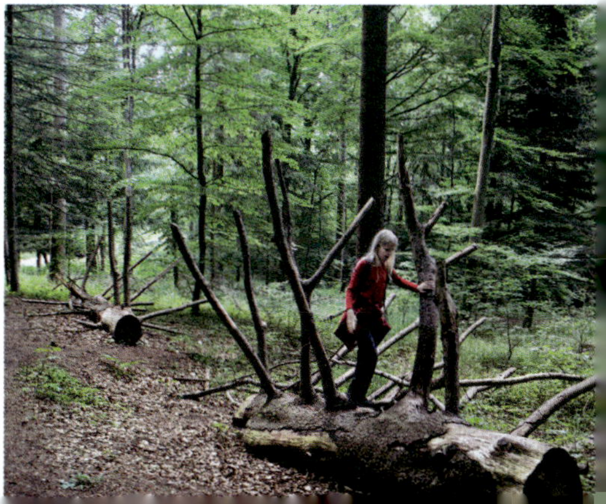

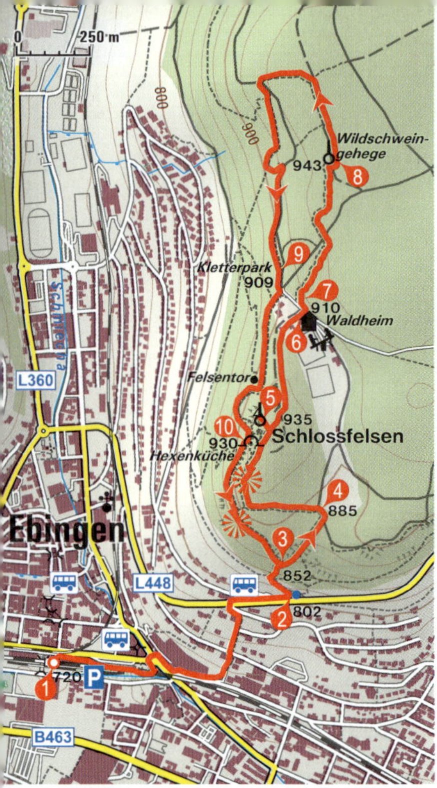

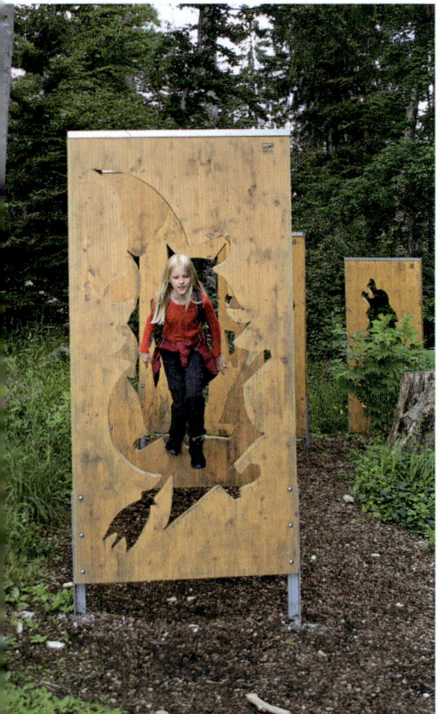

Parkbank. Links neben der Quelle machen wir uns auf einem schmalen Bergpfad auf den Anstieg zum Schlossberg. Den ersten nach rechts abzweigenden Pfad ignorieren wir, um dann am zweiten Abzweig rechts die Serpentinen zu erklimmen. An der nächsten Gabelung mit dem **Schild Traufgängerle Hexenküche 3** geht es für uns rechts hinauf. Der Pfad ist hier fast zugewachsen und führt an kleineren Felsformationen entlang. Am Insektenhotel halten wir uns gemäß dem **Wanderschild Leitzentäle 4** nach links zum Rastplatz am Schlossfelsen. Ein breiter, weicher Waldbodenweg entlang eines Walderlebnispfades, den die Kinder freudig nutzen, bringt uns an die Kante des Albtraufs mit seinen felsigen Aussichtspunkten. An den nächsten Wanderschildern folgen wir dem Traufgängerleschild rechts weiter und erreichen nach einigen Minuten den Abzweig zum Schlossfelsenturm. Ein kleiner geteerter Weg bringt uns hinunter zum **Schlossfelsen 5** und dem dazugehörigen Aussichtsturm, den wir über eine Wendeltreppe ersteigen. Oben angekommen lässt das Sicherungsgitter schwindelerregende Blicke in die Stadt und weit über das Land zu.

Zurück auf unserem Wanderweg schlagen wir links den Weg Richtung **Waldheim 6** ein, dessen schöner Biergarten uns nach einem guten halben Kilometer geradeaus mit einer Erfrischung begrüßt. Die Kinder toben sich auf den Spielplätzen aus

LINKS

Aktive Kinder steigen überall hindurch.

RECHTS OBEN

An der Futterstelle der Wildschweine hört man es schmatzen und grunzen.

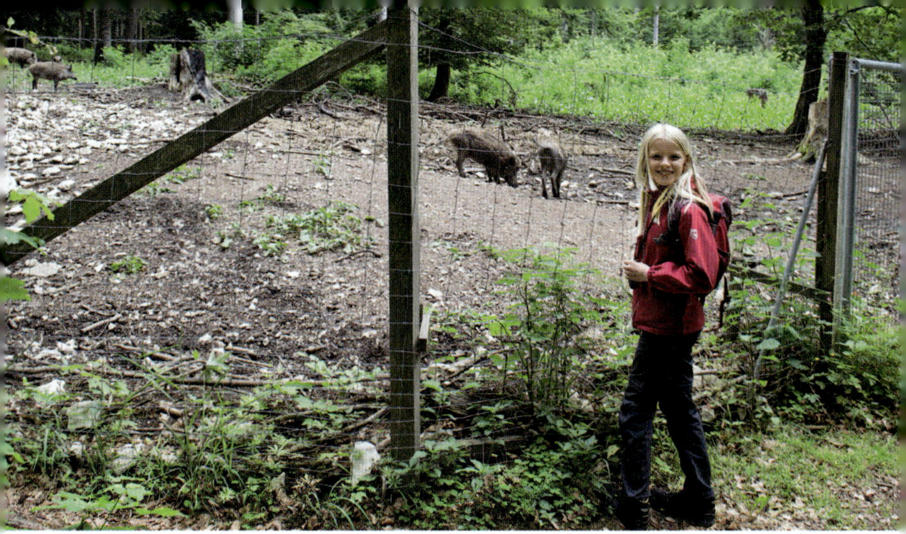

Hallo Kinder!

Alle Asterix-Leser unter euch kennen es: von Asterix **Singularis porcus** genannt, von Jägern als **Schwarzkittel** oder **Schwarzwild** bezeichnet, auf deutsch: das **Wildschwein**. Zwischen 15 und 45 dieser munteren Gesellen wohnen im Wildschweingehege Albstadt-Ebingen und lassen sich gerne von den Förstern mit Getreide und Zuckerrüben füttern. Dabei können sie sehr gut selber ihr Futter suchen, sie sind sogar Meister darin. Das dicke Fell schützt sie beim Stöbern in dichten, dornigen Büschen und mit ihren kräftigen Nasen können sie den Boden aufbrechen, um darin Wurzeln, Pilze und Insekten zu finden. Mancher Bauer kann davon ein Lied singen, denn die vierbeinigen Allesfresser hinterlassen auf ihrer Futtersuche gerne mal verwüstete Kartoffelacker oder Getreidefelder. Andererseits nutzten Pilzsucher früher den empfindlichen Geruchssinn der Tiere, um die sehr **wertvollen Trüffelpilze** zu finden. Oft haben die hungrigen Wildschweine die Trüffeln aber selber gefressen, sodass man heute Hunde bei der Suche einsetzt.

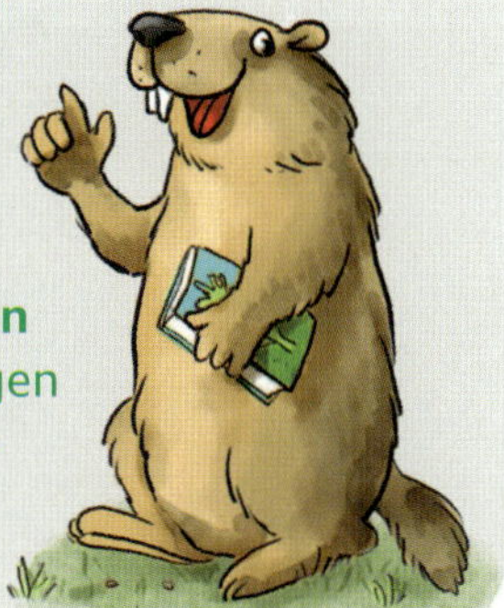

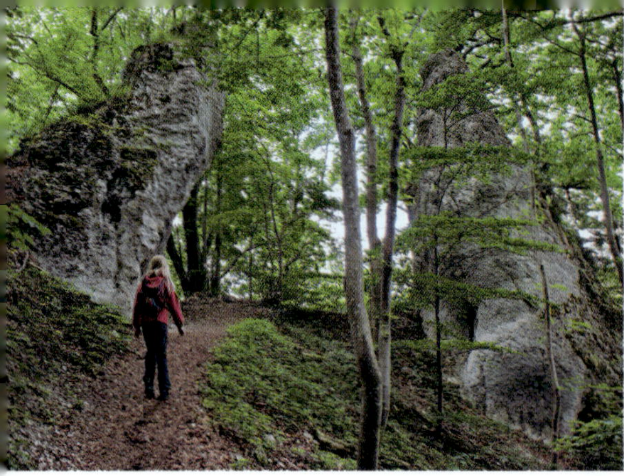

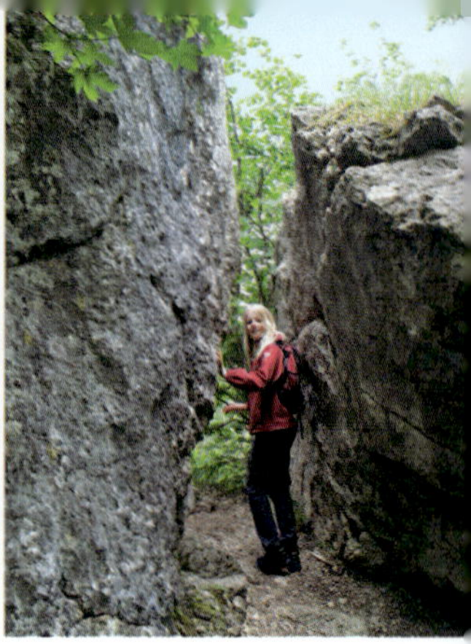

OBEN

Durch das Felsentor und eine Engstelle geht es in Richtung Hexenküche.

UNTEN

Kein Weg ist zu beschwerlich für echte Wanderkinder.

und sehen schon bald von Weitem das Eingangstor zum **Traufgängerle Hexenküche** ❼ am Parkplatz. Auf einem abenteuerlich verschlungenen Waldpfad kreuzen wir einen Forstweg und stehen wenig später vor dem Zaun des Wildschweingeheges. Wir halten auf dem **Beobachtungsturm** ❽ Ausschau nach den Tieren und informieren uns auf den anschaulichen Bildertafeln über die Schwarzkittel und weitere Waldbewohner wie Dachse, Hasen und Rehe. Unser Weg verläuft links am Zaun entlang zur Futterstelle und weiter bis zum Ende des Geheges, wo wir links Richtung Spielplatz Traufgängerle hinunterbiegen. Am gleich darauf folgenden Forstweg halten wir uns links und verlassen ihn nach 40 m an der nächsten Gabelung wieder, um rechts auf einem schmalen Pfad begleitet vom Traufgängerlezeichen in den dichten Wald vorzustoßen. An einem Hinweisschild für Mountainbiker vorbei gelangen wir zur nächsten Pfadgabelung, steigen hier links hinauf bis zu einem Forstweg, in den wir rechts in Richtung Spielplatz einbiegen. An einer hohlen Baumröhre, durch die die Kinder gerne durchkriechen, nehmen wir rechts den Waldpfad und streifen den **Kletterpark Waldheim** ❾, dessen Seile und Stricke wie ein kompliziertes Strickmuster Bäume und Plattformen miteinander verbinden. Wir kommen am schon bekannten Parkplatz des Waldheims aus dem Wald heraus und finden direkt am Spielplatz die Beschilderung für unseren Traufgängerleweg. Sie schickt uns rechts an einem Handlauf um den Spielplatz herum, durch einen kleinen Mountainbike-Parcours und dort geradeaus Richtung »Unterm Schlossfelsen«. Durch ein großes, oben offenes Felsentor betreten wir das Gebiet der Hexenküche, wo es für die Kinder kleine Höhlen,

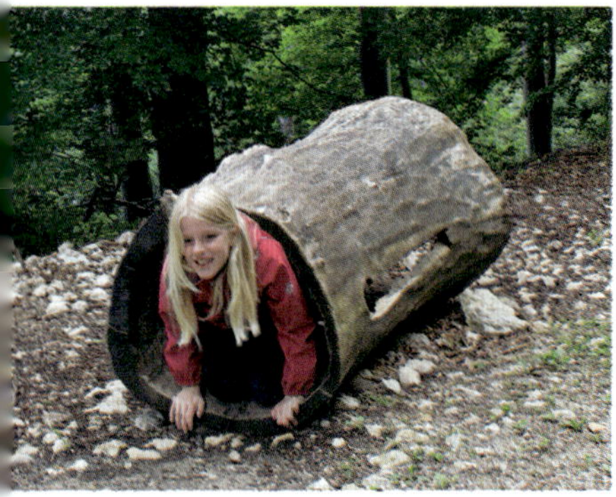

★Highlights

Auf einem urigen Waldpfad steigen wir den Schlossberg hinauf.

Oben angekommen genießen wir von den Aussichtsfelsen den Blick auf die Berge rund um Albstadt.

An den Stationen eines Walderlebnispfades haben die Kinder viel Spaß beim Kontakt mit den Bäumen.

Schwindelfreie Kinder lassen sich die spannende Turmbesteigung nicht entgehen.

Am Waldheim wartet neben dem Biergarten ein großer Abenteuerspielplatz.

Am Wildschweingehege schauen wir den quirligen Tieren bei der Futtersuche zu .

Die Höhlen und Felsen der Hexenküche sind der spektakuläre Abschluss des Wandertages.

Halbhöhlen und imposante Felsformationen zu erkunden gibt. Der Pfad führt rechts um den Schlossfelsen herum, der über uns thront und auch ein Stück seines Turmes zeigt. Bald weist uns ein Wanderschild noch 100 m geradeaus bis zur Hexenküche, auf die die Kinder schon ganz gespannt sind. Und tatsächlich erkennen wir an der großen Halbhöhle der **Hexenküche ⑩** Feuerspuren. Bis ins Mittelalter hinein glaubten die hier lebenden Menschen, dass sie vom Feuer eines Hexenkessels stammen.

An der Hexenküche beginnen wir rechts auf einem schmalen Pfad unseren Abstieg vom Schlossberg, immer in Richtung Leitzentäle. Nach einer Weile stoßen wir am **Traufgängerle-Schild ③** auf unseren Hinweg und steigen rechts hinunter über die Serpentinen ab, um zurück zum **Bahnhof Albstadt-Ebingen ①** zu kommen.

In der Hexenküche wurde anscheinend fleißig über Feuer gekocht.

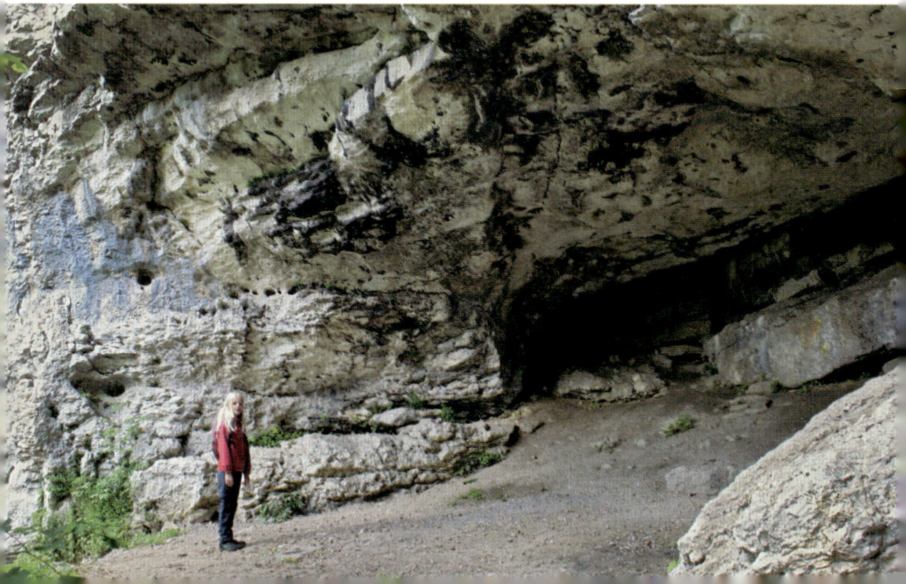

22 Ins idyllische Fehla-Tal

ENTLANG AN LAUCHERT UND FEHLA

3.00 STUNDEN

8,2 KILOMETER

↗ 130 HÖHENMETER

↘ 130 HÖHENMETER

MITTEL ab 5 Jahren

Zweistromwanderung: Die Wanderung von der Gallusquelle in Hermentingen, der zweitgrößten Quelle in der Westalb, in das stille, idyllische Fehlatal, verläuft entlang der beiden Flüsse Lauchert und Fehla durch ein Naturschutzgebiet. Beide Flüsschen mäandern ganz frei durch die Auenlandschaft und fließen in wilden Schlangenlinien durch ihre sanften Täler. Am Wendepunkt der Runde wartet ein lauschiger Rastplatz unter einem Kletterbaum, direkt am sanft gurgelnden Fluss. Im komplett fahrzeugfreien Fehlatal haben wir viele Gelegenheiten, die Pflanzen und Tiere der Region zu entdecken, vor allem Schmetterlinge und Raubvögel leben hier. In Hermentingen lädt direkt am Bahnhof noch ein Spielplatz zum Toben ein und das Wasser der glasklaren Gallusquelle will auch verkostet werden.

Ausgangspunkt: Bahnhof Hermentingen, 634 m. Anfahrt von Sigmaringen Bahnhof mit dem Regionalzug RB68 Richtung Gammertingen. – Mit dem Auto: Kostenfreie Parkplätze am Bahnhof Hermentingen, Ortsstraße 10, 72519 Veringenstadt-Hermentingen.
Ausrüstung: Profilierte Wandersandalen oder Halbschuhe. Eventuell Handtuch einpacken.
Anforderungen: Flache Wanderung auf Fahrrad- und Forstwirtschaftswegen. Ein geländegängiger Kinderwagen lässt sich gut über die Wege, Straßen und Feldwege schieben.
Einkehr: Auf der Tour keine. Im Hauptort Veringenstadt serviert die Pizzeria Burgblick Cuore Salentino leckere Pizzen; geöffnet Di–So 11.30–14.00 Uhr und 17.00–20.00 Uhr, An der Reute 2, 72519 Veringenstadt, Tel. +49 7577 9337644, pizzeria-burgblick.de.

LOS GEHT'S Am **Bahnhof Hermentingen** ❶ wenden wir uns nach links zum Bahnübergang. Dort biegen wir rechts ab und gehen bis zur nächsten Straßengabelung, an der uns ein Hinweisschild links zur herrlich klaren **Gallusquelle** ❷ bringt, eine der wasserreichsten Quellen auf der ganzen Schwäbischen Alb. Erfrischt vom kühlen Quellwasser wandern wir zurück zum Bahnübergang, den

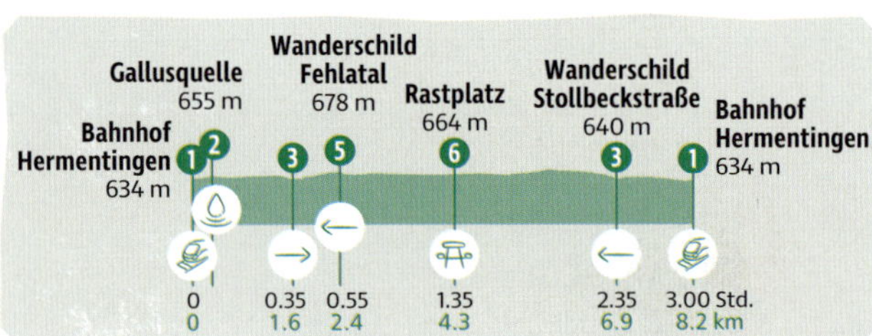

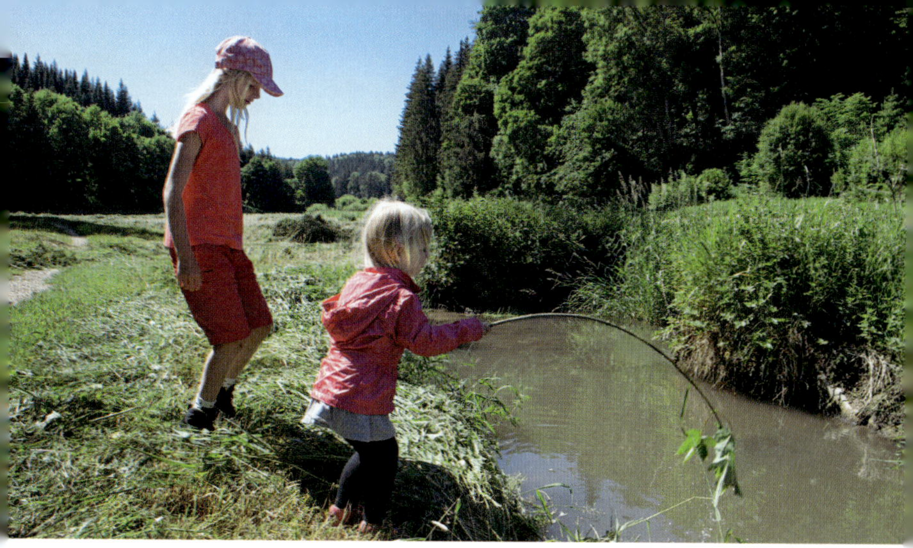

wir überqueren, und biegen an der nächsten Straße links Richtung Fehlatal ab. Am kleinen Hermentinger Spielplatz können sich die Kinder schon mal austoben, bevor wir die einfach zu laufende Strecke in Angriff nehmen. Wir bleiben nun immer zwischen Bahngleis und der in lustigen Schlangenlinien mäandernden Lauchert, bis der Weg das Gleis quert und das **Wanderschild Stollbeckstraße 3** uns nach rechts zur Fischzucht und zum Fehlatal schickt. Über eine unscheinbare Brücke geht es über die Fehla zum **Wanderschild Fischzucht 4** und nach links weiter Richtung Fehlatal. Wir kommen an den großen Becken der Regenbogenforellen vorbei und tauchen langsam in das stille, einsame Fehlatal ein, in dem es im Frühling und Sommer

OBEN

Heute angeln wir Salat zum Abendessen.

UNTEN

Süß und schwer ist der Holunderduft.

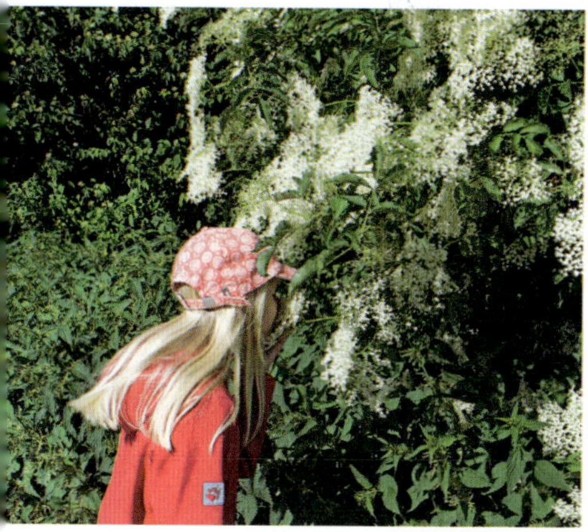

Naturforscher aufgepasst! Im Fehlatal gibt's viel zu entdecken! Nehmt am besten ein Tier- und Pflanzen-Bestimmungsbuch mit.

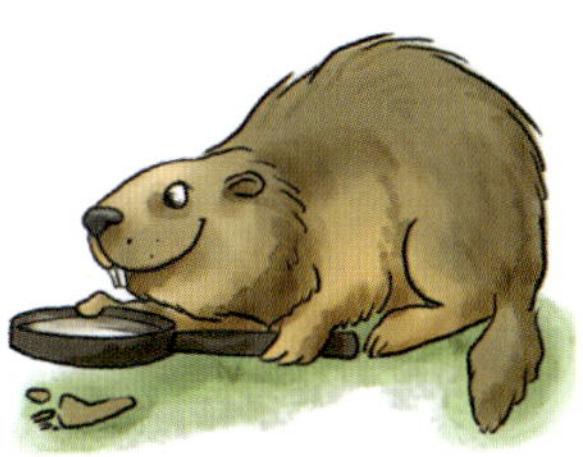

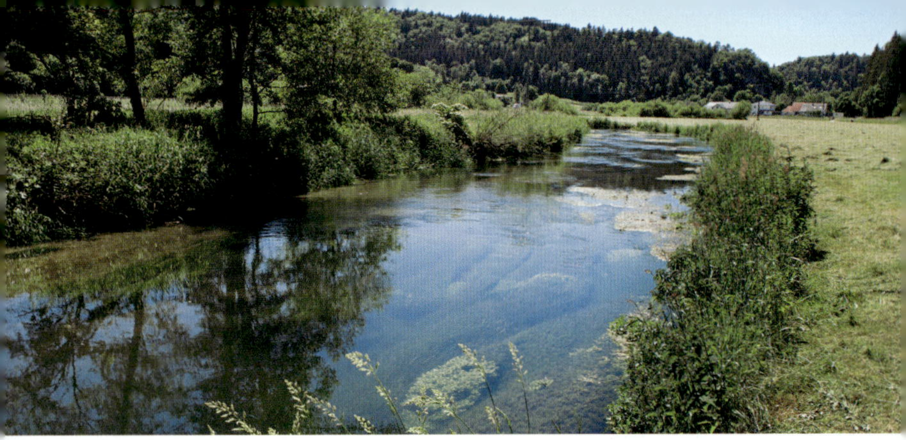

OBEN

Gemächlich fließt die Lauchert durch ihr breites Tal.

UNTEN

Am Wendepunkt der Tour gibt es einen gemütlichen Rastplatz im Kletterbaum.

auch dank der üppigen Holunderbüsche vor Schmetterlingen, Bienen und anderen Insekten nur so wimmelt. An der nächsten größeren Weggabelung halten wir uns am **Wanderschild Fehlatal 5** weiterhin in Richtung Fehlatal links und spazieren am Waldrand bis zur nächsten Verzweigung. Hier folgen wir links dem gelben Markierungs-Kringel durch das wunderschöne Naturschutzgebiet mit den großen Feldern und Wiesen, immer begleitet vom Lauf der winzigen Fehla, von der wir anfangs nur die üppige Uferböschung sehen. Rund 10 Min. später passieren wir ein Naturschutz-Schild und zweigen ein paar Schritte weiter links auf einen kaum sichtbaren Wiesenweg ab. Wir überqueren das Flüsschen und steuern auf eine kleine Baumgruppe zu, wo ein schattiger **Rastplatz 6** mit schöner Aussicht auf uns war-

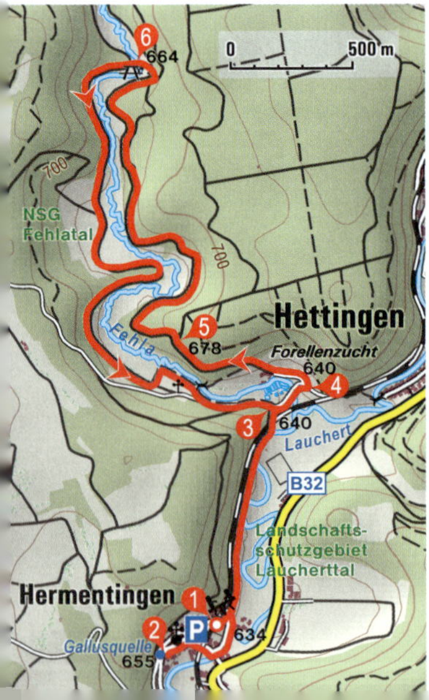

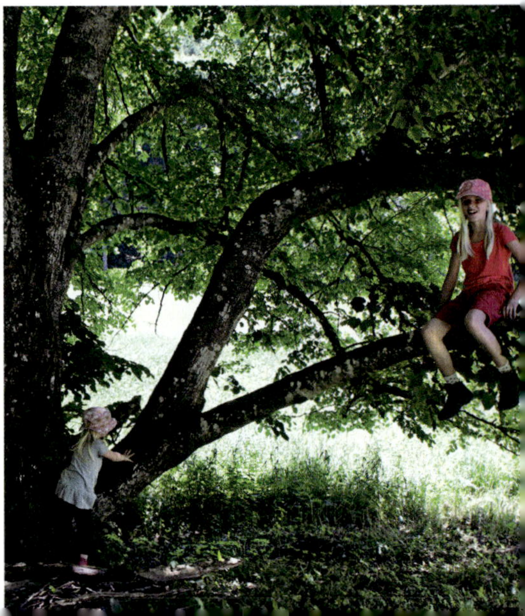

Hallo Kinder!

Sicher habt ihr auf den Wandertouren schon oft große Raubvögel am Himmel kreisen sehen und euch gefragt, wie diese Vögel wohl heißen. Meistens sind es Mäusebussarde, denn die gibt es sehr häufig auf der Alb und in Baden-Württemberg. Aber schaut einmal genau hin! Wenn die Unterseite der Flügel rostbraun und weiß ist und der Schwanz zwei Spitzen rechts und links hat, dann handelt es sich sicher um einen **Rotmilan**. Diese eleganten Vögel galten lange Jahre als vom Aussterben bedroht, weltweit gibt es nur rund 40.000 Brutpaare, doch davon leben circa 15.000 allein in Deutschland. Zum Jagen benötigen sie freie, offene Flächen mit etwas Wald zum Nestbauen und Brüten, wie es auf der Alb dank der **Heidelandschaften** häufiger vorkommt. Im Winter fliegen die Rotmilane übrigens nach Spanien, denn sie mögen es gerne warm.

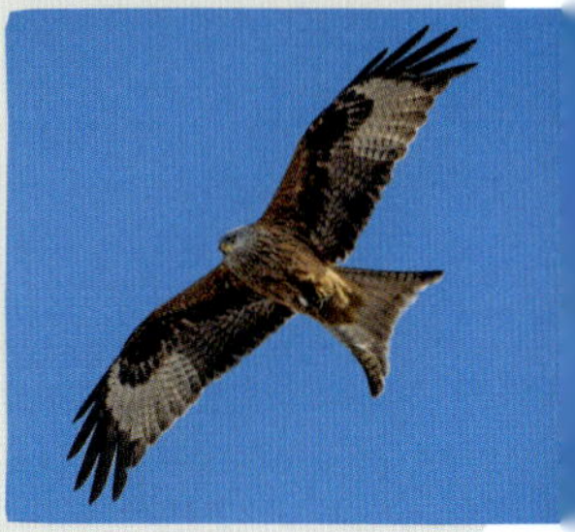

tet. Die Kinder kraxeln auf den tollen Kletterbaum oder halten selbstgeschnitzte Angelruten ins Wasser.
Auf der anderen Uferseite treten wir den Rückweg nach Hermentingen an. Auf dem breiten Forstweg haben wir genug Zeit, die Natur um uns herum zu genießen. Nach rund 45 Min. bietet sich auf einem Wiesenweg noch einmal die Gelegenheit, nahe an der Fehla weiterzuwandern. Dazu halten wir uns rund 100 m vor einer Teerstraße links zur Fehla und folgen dem Wiesenpfad rechts am Flüsschen entlang, bis wir auf die Teerstraße und das **Wanderschild Stollbeckstraße ❸** stoßen. Hier schlagen wir den Hinweg an der Lauchert entlang ein und gelangen so zurück zum **Bahnhof Hermentingen ❶**.

★Highlights

Die glasklare Gallusquelle ist an heißen Tagen ein Genuss.

Die gemächlich dahinfließende Lauchert wirkt sogar auf Kinder beruhigend.

Ganz besonders still ist es im idyllischen Fehlatal.

Ein toller Kletterbaum wartet beim schattigen Rastplatz am Fluss.

Die Kinder halten ihre Spielangeln ins Wasser und hoffen auf Fische.

Mit etwas Glück entdecken wir einen über den Feldern segelnden Rotmilan bei der Jagd.

23 Zur Burg Straßberg

VON DER SCHMEIE HINAUF ZUR SCHLOSSHALDE

2.30 STUNDEN

5,7 KILOMETER

↗ 150 HÖHENMETER

↘ 150 HÖHENMETER

LEICHT ab 5 Jahren

Am Wasser und in luftiger Höhe: Eine kurze, aber erlebnisreiche Kinderwanderung findet sich in und um Straßberg, einem kleinen Dorf idyllisch im Tal der Schmeie gelegen. Mitten durch den Ort fließt das freundliche Flüsschen und lädt die Kinder zum Planschen ein. Im Bürgerpark warten zudem mit einer Wassertretanlage, einem Springbrunnen und einem Barfußpfad weitere Sinneseindrücke für Kinder- und Erwachsenenfüße. Unweit davon empfängt der Kaplaneibrunnen, der sich aus einer eigenen, ergiebigen Quelle speist, wasserliebende Besucher. Vorbei am schönen Landgasthof Untere Mühle geht es durch den Wald hinauf auf die Schlosshalde, wo nicht nur herrliche Talsichten vom Stangen- und Schlossfelsen zu erhaschen sind, sondern auch die Burg Straßberg abenteuerlich auf einem Felsensporn thront. Sie ist in Privatbesitz und kann leider nicht besichtigt werden.

Ausgangspunkt: Bahnhof Straßberg (Hohenz.), 684 m. Anfahrt vom Bahnhof Albstadt-Ebingen mit dem Regionalzug RB66 Richtung Sigmaringen. – Mit dem Auto: Kostenloses Parken am Bahnhof Straßberg, Bahnhofstraße 23, 72479 Straßberg.
Ausrüstung: Profilierte Wanderschuhe geben auf den teils steilen und schmalen Waldwegen guten Halt. Eventuell Handtuch und/oder Wechselkleidung einpacken.
Anforderungen: Ein etwas längerer Anstieg auf die Schlosshalde auf schmalen Wanderpfaden ist eher Genuss als Anstrengung. Die Wege im Ort sind gekiest oder asphaltiert.
Einkehr: Deftiges Wandereressen serviert das Gasthaus zur Sonne; geöffnet Mi–So ab 16.30 Uhr, Schulstraße 9, 72479 Straßberg, Tel. +49 7434 8838, sonne-strassberg.de. Der Landgasthof Untere Mühle bietet u. a. schwäbische Spezialitäten und Kuchen; geöffnet nur an Sonntagen ab 15.00 Uhr, Mühlstraße 36, 72479 Straßburg, Tel. +49 7434 7391337, landgut-untere-muehle.de.
Tipp: Nach der Wanderung lohnt sich ein Sprung ins kühle Nass des Naturfreibads Winterlingen im Nachbardorf, das gleichzeitig ein Biotop für Kammmolche ist und eine besonders gute Wasserqualität hat; Hermann-Frey-Straße 7, 72474 Winterlingen, Tel. +49 7434 2790, winterlingen.de.

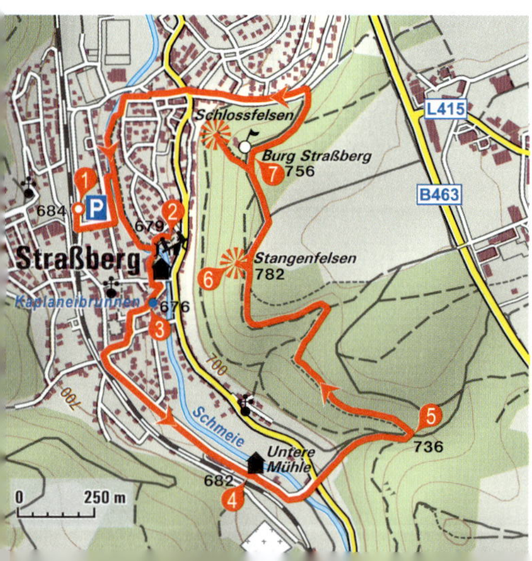

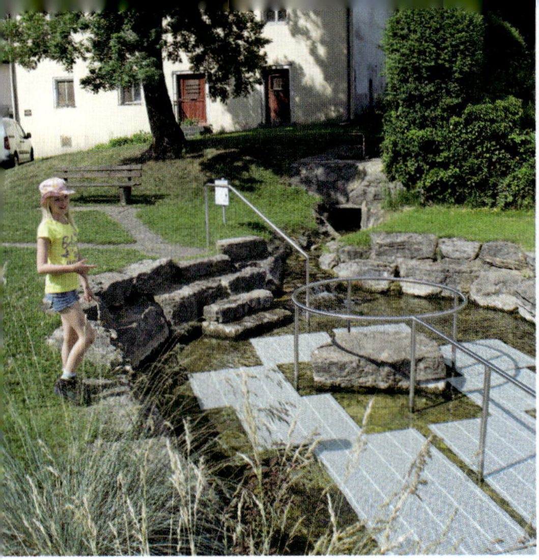

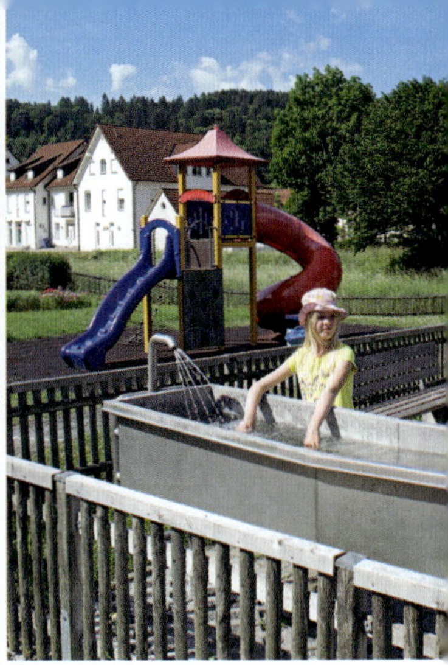

Wasser zieht die Kinder magisch an, ob für die Füße oder die Hände.

LOS GEHT'S Am kleinen **Bahnhof Straßberg ①** machen wir uns rechts in südlicher Richtung auf zur nächsten Querstraße, dem Schlehhag. Wir biegen links in diese kurze Straße ein und an deren Ende nochmals links in die Silcherstraße. Nach gut 100 m durch das schön begrünte Wohngebiet geht es rechts über die Schmeie, in der die Kinder ein erstes Mal ihre Füße kühlen können. Oberhalb des Ortes fällt unser Blick auf die wagemutig am Felsrand erbaute Burg Straßberg. Nach der Brücke halten wir uns rechts und erreichen auf dem Radweg am Fluss nach wenigen Minuten den **Bürgerpark ②** mit einem kurzen Barfußpfad, zwei Becken zum Wassertreten und Arme kühlen und einem Spielplatz für Groß und Klein. Am Park überqueren wir ein weiteres Mal die Schmeie in Richtung einer zweiten, ausgeschilderten Wassertretanlage, biegen an der Kirchstraße links und an der folgenden Schulstraße rechts ab und wandern vorbei am Gasthaus Sonne zur Kneippanlage des **Kaplaneibrunnens ③**. Die Anlage wird aus einer eigenen, kräftig sprudelnden Quelle gespeist und ist schon deshalb eine Rarität. Wir gehen auf der Schulstraße weiter und folgen ihr links an der Schlossgartenhalle und der Schule vorbei. Die Straße heißt nun Hirtengasse und trifft auf die Mühlstraße, in die wir vor dem Bahnübergang links an der großen Linde einschwenken. Die lange Mühlstraße führt uns vorbei an einer Ladestation zur schönen Anlage des **Landgasthofes Untere Mühle ④**. Die Mühlstraße macht danach eine Linkskurve, führt über die

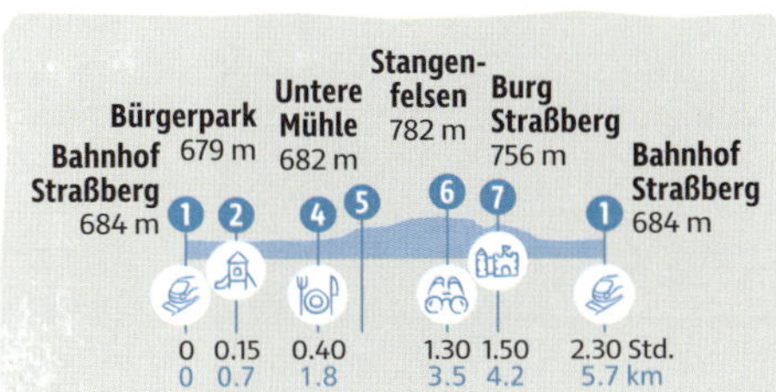

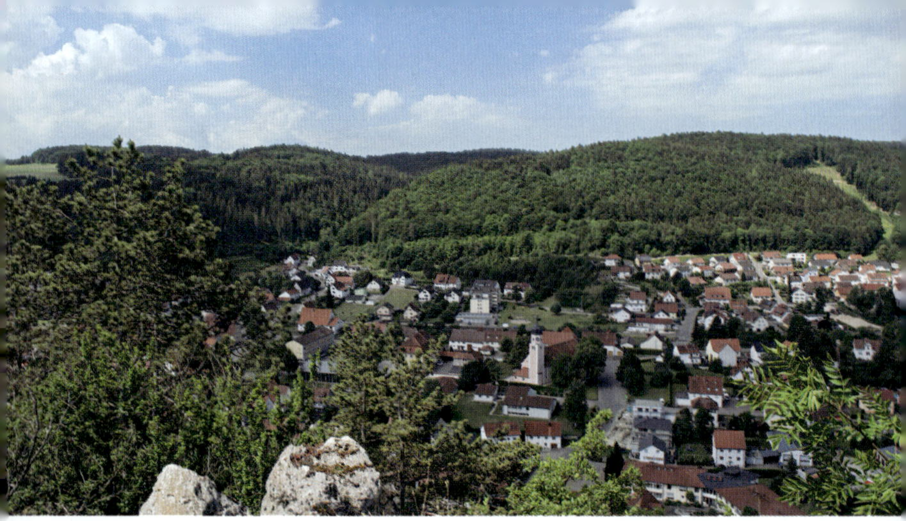

OBEN

Vom Stangenfels genießt man einen herrlichen Blick auf Straßberg.

UNTEN

Auf einem uneinnehmbar scheinenden Bergsporn liegt die Burg Straßberg.

Schmeie sowie über die Landstraße und geht in einen Forstweg über, auf dem wir geradeaus den Berg hinaufsteigen. Wir bleiben auf dem Forstweg, bis wir am zweiten **Wanderschild 5** links in Richtung Aussichtspunkt Stangenfelsen abzweigen. Auf einem etwas zugewachsenen, schmalen und mit gelbem Dreieck markierten Waldpfad wandern wir am Hang entlang, bis wir nach einem Rechtsknick auf einen Forstweg treffen, auf dem wir rechts weitermarschieren. Nach rund 100 m biegen wir am nächsten Forstweg scharf links ab. Nach einer guten Weile erreichen wir den Abzweig zum Aussichtspunkt **Stangenfelsen 6**, zu dem ein 50 m langer, schmaler Pfad links in den Wald führt. Nach einer Vesperpause mit Aussicht über das Dorf im Tal gehen wir zum Forstweg zurück und biegen halb links in den sehr breiten Forstweg ein, der am Waldrand in nördlicher Richtung weiterführt. Ganz links ginge auch ein kleiner Pfad ab, der aber nach ein paar Metern komplett zugewuchert ist. Der Forstweg gabelt sich bald in zwei Teerwege auf, der linke führt uns in wenigen Minuten zur **Burg Straßberg 7**. Links neben der Burg gelangen wir über einen schmalen Weg zum Schlossfelsen, der nicht wie angeschrieben 700 m, sondern nur 140 m weit entfernt ist und von dem aus wir gut den Felssporn sehen können, auf dem die Burg wagemutig errichtet wurde.

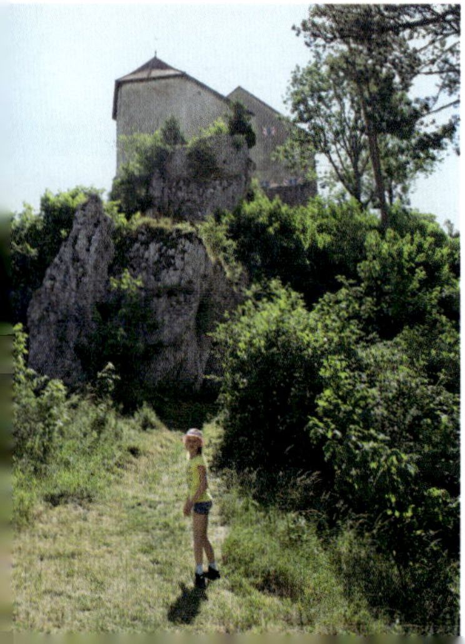

Um zum Ort zurückzukommen, bleiben wir bergab auf dem Sträßchen, bis wir nach gut 200 m links in einen kleinen, mit gelbem Dreieck markierten Pfad abzweigen und

★Highlights

Im flachen Wasser der Schmeie und im kristallklaren Kaplaneibrunnen kühlen wir unsere Füße.

Die Kinder toben im Bürgerpark und erkunden den Barfußpfad.

Einen gemütlichen Vesperplatz mit Aussicht auf das Tal und den Ort Straßberg bietet der Stangenfelsen.

Kleine Burgfräulein und Ritter träumen vom wilden Erstürmen der alten Burg Straßberg. Leider kann sie nicht besichtigt werden.

nach wenigen Metern auf die Alte Steige treffen. Wir wandern links durch das Dorf bergab, überqueren die Hauptstraße und laufen immer weiter geradeaus auf dem Kanalweg und dem Schierlingweg bis zur Wiesenstraße. Hier halten wir uns links und biegen nach wenigen Metern rechts vor einer Häuserreihe in einen gekiesten Fußweg ab, der uns an der Schmeie entlang zur nächsten Brücke über den Fluss geleitet. Rechts über die Brücke wandern wir auf dem Hinweg zum **Bahnhof Straßberg** ❶ zurück.

Hallo Kinder!

Hättet ihr gedacht, dass es in Straßberg früher echte **Schmuggler** gab? Damals existierte Deutschland in seiner heutigen Form noch nicht, stattdessen gab es viele kleine Staaten, die alle ihre eigenen Grenzen und Zollstationen hatten. Die Landkarte damals sah aus wie ein Flickenteppich. Straßberg gehörte in diesen Zeiten zu Hohenzollern, während der Nachbarort Winterlingen zu Württemberg zählte. Alle Waren, wie zum Beispiel Mehl, mussten die Grenzen passieren und wurden mit **Zollgebühren** belegt. An der Straße vom württembergischen Winterlingen zur hohenzollerischen Eselsmühle in Straßberg stand eine Zollstation, um das Geld zu kassieren. Um das zu umgehen, schmuggelten die Winterlinger Bauern ihr Getreide über das kleine Mühltal durch den Wald nach Straßberg zur Unteren und zur Oberen Mühle. Das fertig gemahlene Mehl schmuggelten sie dann wieder zurück über den Berg nach Winterlingen.

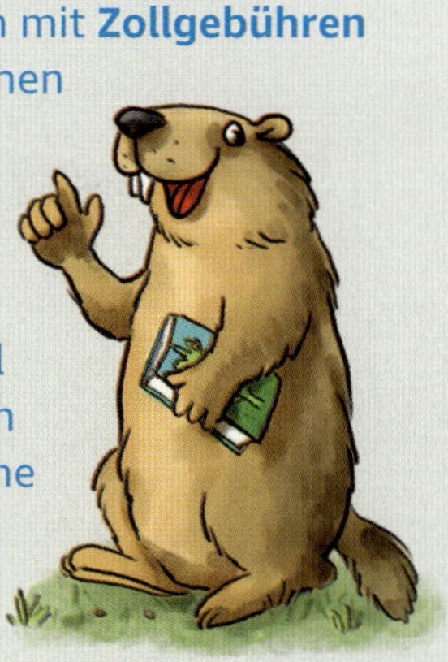

24 Hoch über Nusplingen

RUNDTOUR AUF DEM GROSSEN HEUBERG

2.00 STUNDEN

5,3 KILOMETER

↗ 240 HÖHENMETER

↘ 240 HÖHENMETER

MITTEL ab 5 Jahren

Herrliche Aussicht vom Breiten Fels: In Nusplingen im Oberen Bäratal kann man nicht nur berühmte Fossilien besichtigen und selber auf die Suche nach den uralten Versteinerungen gehen, sondern auch wunderbar in der Natur wandern. Auf lieblichen Wiesenwegen und Waldpfaden erklimmen wir die Nusplinger Höhe, auf der wir eine an Sonntagen bewirtete Hütte, Himmelsliegen und einen Kletterspielplatz finden. Mit etwas Glück können wir auch die Ziegen auf der Weide füttern. Der Rückweg hoch über der Ortschaft verspricht sehenswerte Aussichtspunkte wie den Breiten Fels oder den Staigfels, von denen wir weit ins Bäratal blicken. Die blumengeschmückte Mariengrotte ist auch für die Kinder etwas Besonderes.

Ausgangspunkt: Bushaltestelle Nusplingen Marktplatz, 725 m. Anreise ab Bahnhof Albstadt-Ebingen mit dem Regionalbus 362 Richtung Obernheim bis Tieringen Rathaus, dort Umstieg in den Regionalbus 317. – Mit dem Auto: Rund um den Marktplatz gibt es einige Parkmöglichkeiten, ebenso ist dort eine E-Ladestation vorhanden.
Ausrüstung: Gute, profilierte Wanderschuhe sind aufgrund des steileren Abstiegs zu empfehlen, besonders bei nassen Bedingungen.
Anforderungen: Kürzere Tour auf breiten Wiesenwegen und schmalen Waldpfaden mit einigen Höhenmetern und einer langen Steigung.
Einkehr: Auf der Nusplinger Höhe serviert der Albverein jeden Sonntag bei guter Witterung ab 11.00 Uhr Kuchen, Eis und Deftiges in der Nusplinger Hütte; Steighaus 3, 72362 Nusplingen, Tel. +49 7429 653.
Tipp: Auf dem Klopfplatz am Rande der Nusplinger Plattenkalk-Lagune können Kinder und Erwachsene mit eigenem Hammer und kleinem Meißel ausgerüstet auf Fossiliensuche gehen. Der Platz ist eine von zwölf ausgewiesenen Stationen des Geologischen Lehrpfads, der am Nusplinger Rathaus startet und jederzeit frei zugänglich ist.

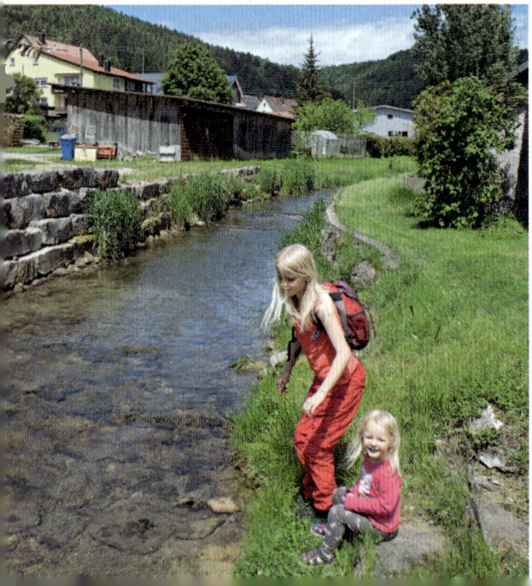

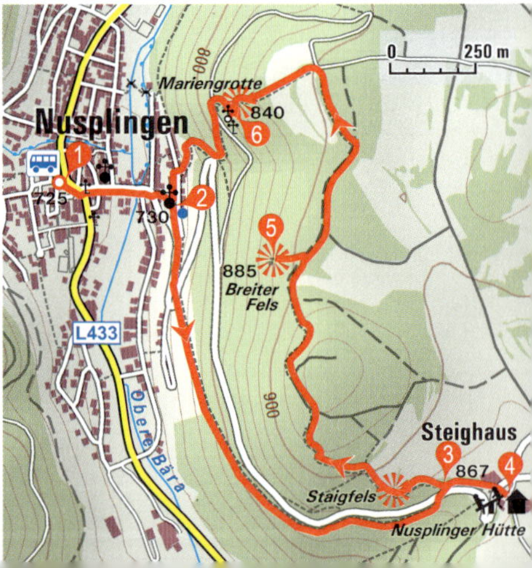

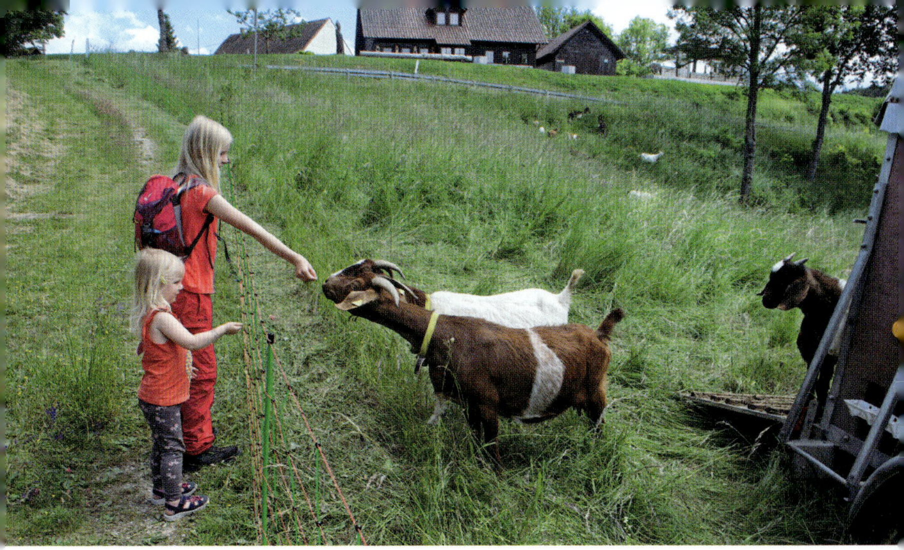

LOS GEHT'S Von der **Bushaltestelle Nusplingen Marktplatz ①**, die sich direkt am Rathaus und am Wanderschild Nusplingen Rathaus befindet, starten wir nach Osten in Richtung der ausgeschilderten Nusplinger Hütte. Wir biegen gleich links in die Vorstadtstraße ein, der riesige Kirchturm der Pfarrkirche weist uns den Weg. Wir überqueren die Obere Bära, deren klares Wasser die Kinder zum Spielen am Uferrand einlädt. Die Obere Bära vereinigt sich 4 km später mit der Unteren Bära zur Bära, die älter als die Ur-Donau sein soll und bei Fridingen in die Donau mündet. Über die nach rechts abknickende Vorfahrtsstraße gehen wir geradeaus hinüber, unter dem ausladenden Holzdach eines alten Hauses hindurch und am Grundstück der Alten Friedhofskirche entlang. Wir folgen dem Radweg rechts hinauf zum **Wanderschild Alte Friedhofskirche ②**, gegenüber einer alten Quelle. Rund 70 m nach dem Wanderschild zweigt links ein kleiner Wiesenpfad ab, der uns weiter hinauf zur Nusplinger Hütte bringen wird. Die informativen Beschreibungen der Bäume am Wegesrand nehmen wir gerne mit und erreichen die Landstraße, die wir hier queren und links dem hölzernen Pfeil zur Nusplinger Hütte mit dem gelben Kringel hinterherwandern. Wir gewinnen auf dem Wiesenweg immer mehr an Höhe und Übersicht über den schönen Ort und orientieren uns weiterhin an der Beschilderung zur Nusplinger Hütte. Bald zweigt ein kleiner, ebenfalls beschrifteter Wald-

OBEN

Ziegen sind immer hungrig.

LINKS UNTEN

Die flache Bära eignet sich gerade für die Kleineren sehr gut zum Spielen am Wasser.

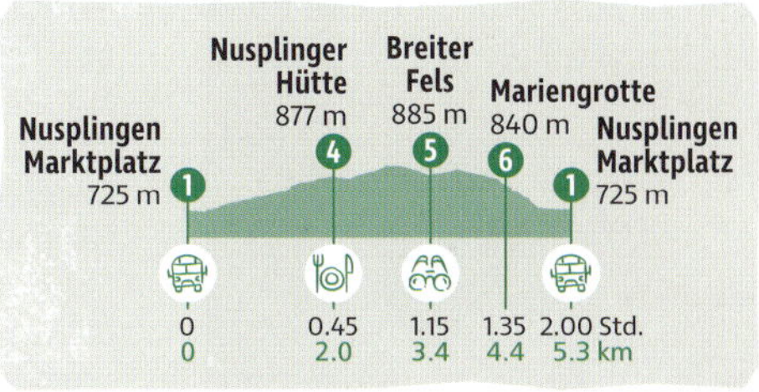

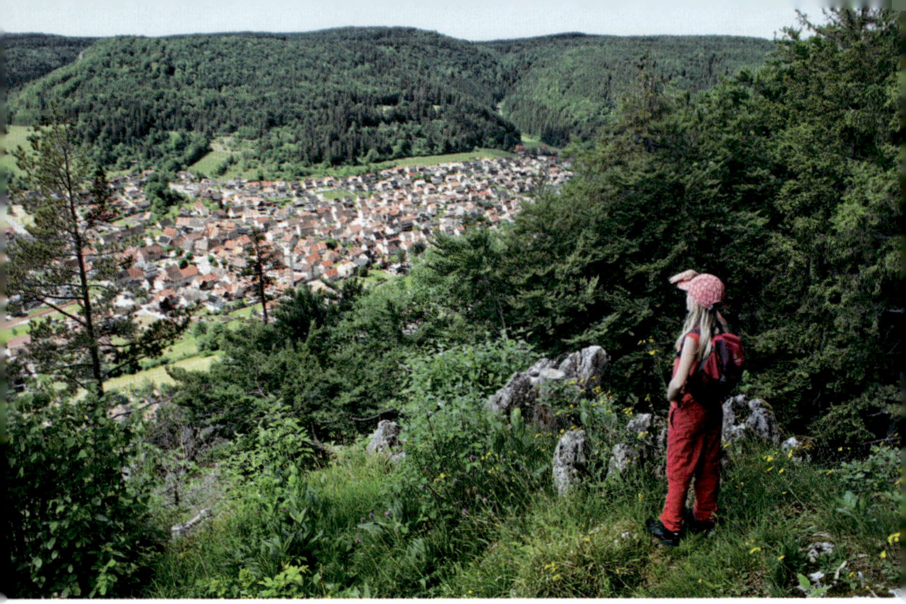

OBEN

Am Staigfels liegen uns Nusplingen und das Bäratal zu Füßen.

UNTEN

Nicht nur für Jakobspilger ein wunderschöner Platz: die Mariengrotte unterhalb des Marienfelsens.

pfad rechts weg und geleitet uns zur parallel verlaufenen Landstraße, die wir vorsichtig überqueren. Die hier rechts auf den Wiesen neben der Straße grasenden Ziegen lassen sich gerne von uns streicheln und mit Gras füttern. Nun sind es, vorbei am **Wanderschild Staigfels ❸**, nur noch knapp 100 m auf das Plateau zum liebevoll geführten **Wanderheim Nusplinger Hütte ❹**, an dessen Spielplatz die Kinder nach Herzenslust klettern oder sich auf der Himmelsliege ausruhen können.

Nach der Pause steigen wir zurück zu den Ziegen und dem **Wanderschild Staigfels ❸** und halten uns geradeaus in Richtung Breiter Fels. Nach wenigen Minuten bergauf dürfen wir auf einer Sitzbank am Staigfels die herrliche Aussicht ins Bäratal bewundern, ehe wir über einen Wiese am Waldrand dem gelben Kringel nach weiter bergauf wandern. Wir kreuzen gleich darauf das steile Katzensteigle und schwenken nach knapp 10 Min. auf dem höchsten Punkt der Tour links auf einen Forstweg ein, den wir nach rund 50 m wieder verlassen und links auf einen Pfad abzweigen. Der mit gelben Kringeln gekennzeichnete Waldweg steuert geradewegs auf den **Breiten Fels ❺** zu, den wir bald erreichen und ein weiteres Mal die Fernsicht ins Tal bestaunen dürfen.

Weiter auf einem Forstweg biegen wir nach rund 10 Min. links ab und spazieren auf ei-

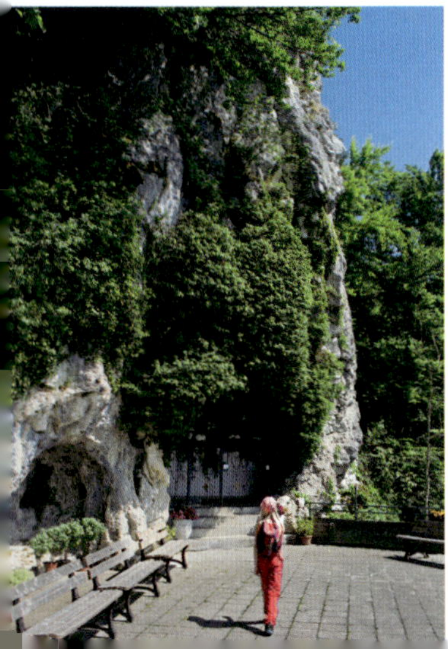

★Highlights

Am Flusslauf der Oberen Bära kühlen wir unsere heißen Füße.

Auf der Nusplinger Höhe streicheln die Kinder die neugierigen Ziegen.

Die Nusplinger Hütte ist mit den Himmelsliegen und dem Kletterspielplatz perfekt für Kinder eingerichtet.

Von den steilen Felshängen haben wir einen tollen Blick über das Bäratal.

An der Mariengrotte bestaunen wir ehrfürchtig die vielen Blumen und Kerzen.

nem Wiesenpfad bis zu einer schmalen, geteerten Straße, die wir ignorieren und links einen kaum erkennbaren Wiesenweg hinuntersteigen. Dieser Weg geht bald in Serpentinen über und führt zur **Mariengrotte Nusplingen ❻**, die in einer Halbhöhle herrlich über dem Tal thront und Teil des hiesigen Jakobsweges ist. Weiter bergab kreuzen wir die Straße und finden sogleich rechts hinunter einen schmalen, steilen Pfad, der gleich darauf nochmals die Landstraße streift und in Serpentinen bis an den Ortsrand von Nusplingen führt. Zum Marktplatz geht es links und nach 100 m am **Wanderschild Alte Friedhofskirche ❷** rechts auf dem Hinweg zurück zur **Bushaltestelle Nusplingen Marktplatz ❶**.

Hallo Kinder!

Habt ihr auf euren Wandertouren auch schon mal eine Plakette mit einer blau-gelben Muschel entdeckt und euch gefragt, was das bedeutet? Die Muschel zeigt, dass ihr euch auf einem Teil des **Jakobswegs** befindet, einem Pilgerweg, der am Grab des Apostels Jakobus in **Santiago de Compostela in Spanien** endet. Aus ganz Europa führen Jakobswege dorthin, so auch durch den Schwarzwald und über die Schwäbische Alb. Auch für Kinder sind die Wege geeignet, wenn man die Tagesstrecken anpasst. Man übernachtet dabei in Klöstern, Pensionen oder Hotels und hat sein ganzes Gepäck im Rucksack. Jeden Abend bekommen die tapferen Pilger in ihrer Herberge einen Stempel in ihren Pilgerpass und am Ende des Weges erhält jeder eine schöne Urkunde. Früher bekamen die Pilger die Schale einer echten **Jakobsmuschel** zum Beweis, dass sie in Santiago angekommen waren.

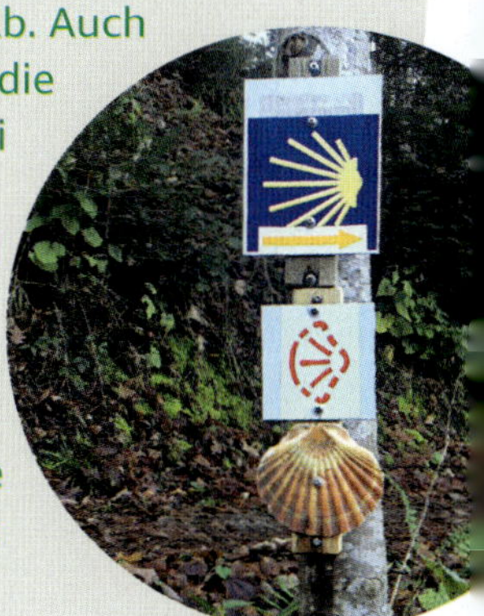

25 Im Schäfertal

VON DER LIPPACHMÜHLE ZUM ALLENSPACHER HOF

2.30 STUNDEN

5,9 KILOMETER

↗ 180 HÖHENMETER

↘ 180 HÖHENMETER

MITTEL ab 5 Jahren

Kleines Tal am Großem Heuberg: Die Lippach liegt auf der Hohen Schwabenalb etwas versteckt zwischen Böttingen und Mahlstetten und fließt durch ein romantisches Nebental der Donau. Vom Landgasthof Lippachmühle steigen wir hinauf zum Glatten Fels und genießen dort den Blick hinunter ins Tal. Auf einem Höhenweg wandern wir zum Allenspacher Hof mit seiner 600 Jahre alten Hoflinde. Am nahen Schäferbrunnen lässt es sich herrlich vespern, während die Kinder das Biotop erkunden und mit der Wasserfontäne spielen. Der Rückweg verläuft durch das alte Schäfertal entlang der Lippach, wo es trockenen Fußes einige Furten zu überqueren gilt. Eine Einkehr im Biergarten der Lippachmühle ist der perfekte Abschluss dieser kleinen Bergwanderung.

Ausgangspunkt: Bushaltestelle Mahlstetten Lippachmühle, 774 m. Anfahrt vom Bahnhof Mühlheim an der Donau mit dem Regionalbus 240 Richtung Wehingen. – Mit dem Auto: Kostenfreies Parken auf dem Wanderparkplatz Lippachmühle, GPS: N48.078634, E8.843603.
Ausrüstung: Hohe, gut profilierte Wanderschuhe. Eventuell Handtuch für das Spielen am Wasser vorsehen.
Anforderungen: Kürzere Tour mit kurzem, aber steilem Anstieg auf schmalen Wanderpfaden; bei Nässe ist es hier teils rutschig. Bergab geht es auf breiteren Wanderwegen.
Einkehr: Der Landgasthof Lippachmühle in verkehrsfreier Lage direkt am Bach serviert Schwäbisch-Deftiges und Vegetarisches, dazu einige leckere Schweizer Gerichte. Öffnungszeiten unter Tel. 49 7429 2306 oder lippachmuehle.de; Im Lippachtal 6, 78601 Mahlstetten.
Tipp: Nach der Wanderung im Hirsch-Erlebniswald beim Waldkletterparcours noch mal richtig austoben (s. Freizeitteil F6)

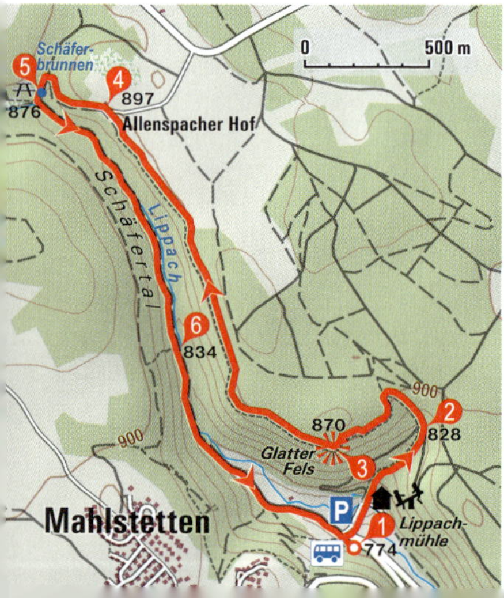

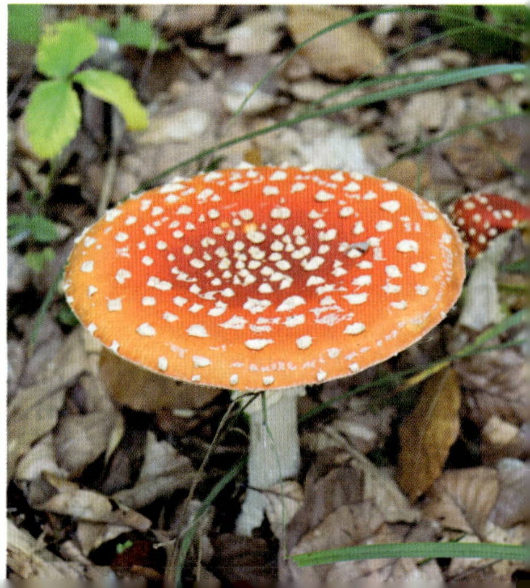

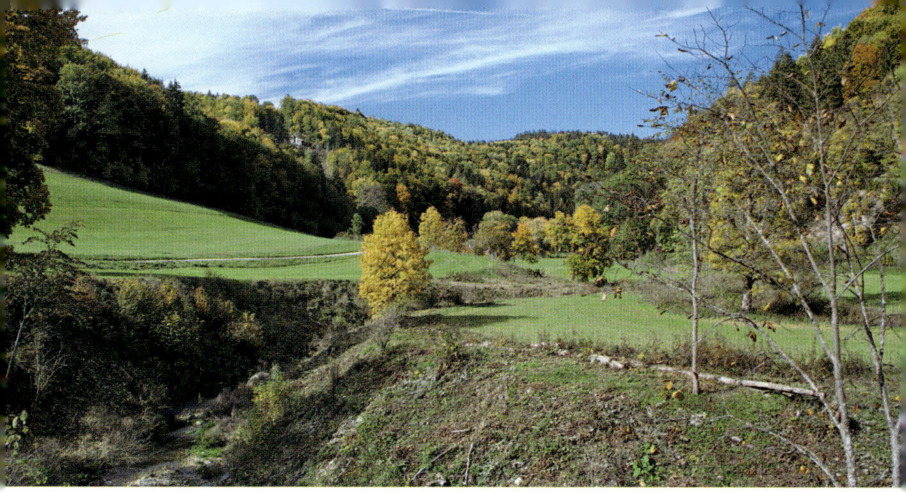

LOS GEHT'S An der **Bushaltestelle Mahlstetten Lippachmühle ❶** wenden wir uns westwärts zum nahen Wanderparkplatz und den Infotafeln. Unsere Tour folgt der ersten Schleife des Alten Schäferwegs, einer vom Deutschen Wanderinstitut ausgezeichneten Premiumwanderung. Wir folgen dazu rechts der Beschilderung zur Lippachmühle und überqueren die Lippachbrücke, die uns einen ersten wunderbaren Blick das Schäfertal hinauf schenkt. Rechts kommen wir am idyllisch gelegenen **Landgasthof Lippachmühle** mit Spielwiese und Trampolin vorbei und freuen uns mit den Kindern schon auf eine zünftige Einkehr auf dem Rückweg. Der Forstweg beschreibt eine Linkskurve, wir aber halten uns geradeaus auf einem kleinen Waldpfad in Richtung Glatter Fels. Es geht ordentlich aufwärts zu einem Forstweg, an dem uns zu unserer Rechten das **Wanderschild Steigbrunnen ❷** auf den Pfad links in Richtung Glatter Fels weist. Das Weglein schlängelt sich weiter bergauf durch den schön mit Moos bewachsenen Wald und an Felsformationen vorbei bis zum Wanderschild Glatter Fels, an dem wir scharf links abbiegen und nach einigen Minuten den Aussichtspunkt am **Glatten Fels ❸** erreichen. Wir genießen den herrlichen Blick ins Tal, steil unter uns sehen wir die kleine Lippachschleife und den Wanderparkplatz. Der Höhenweg zieht sich nun für eine gute halbe Stunde entlang der jäh abfallenden, bewaldeten Hangkante und bietet uns immer wieder die Gelegenheit,

OBEN

Durch das malerische Schäfertal fließt die Lippach, ein Nebenfluss der Donau.

LINKS UNTEN

Pilze gibt es reichlich in den Wäldern um Mahlstetten, auch die hochgiftigen Fliegenpilze.

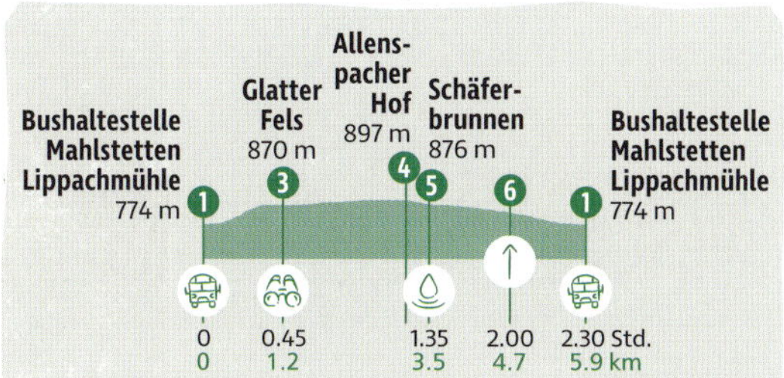

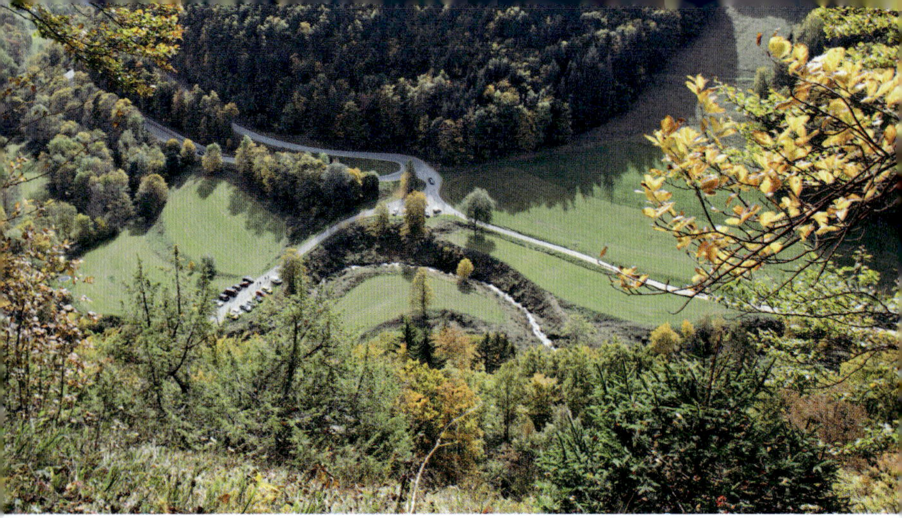

OBEN

Blick vom Glatten Fels steil hinunter zur Lippachschleife.

UNTEN LINKS

Durch schattige Wälder verläuft nahezu die komplette Wanderung.

UNTEN RECHTS

Der Schäferbrunnen eignet sich bestens für eine lange Rast.

ins Tal zu blicken, Pilze im Wald zu entdecken und alle zusammen ein Wanderlied zu singen. Dann wird der Wald lichter und wir erreichen den **Allenspacher Hof** ❹, das Domizil der Evangelischen Jungenschaft Horte. Auf dem Areal finden wir auch die Allenspacher Hoflinde, eine bald 600 Jahre alte Sommerlinde, die dank ihrer Einmaligkeit zum Naturdenkmal erhoben wurde. Der Platz bietet sich für eine Pause an, während der die Kinder über die Wiesen toben und das Gelände erkunden.

Der hiesige Wegweiser schickt uns dann links bergab in Richtung Schäferbrunnen durch felsige Waldlandschaft bis zum nächsten Forstweg, an dem wir links abbiegen. Der romantische **Schäferbrunnen** ❺ liegt an der Grauentalquelle und einem Feuchtbiotop und erwartet uns mit gekühlten Getränken sowie mehreren Bänken und Tischen und einem kleinen Holzvorrat zum Feuermachen und Grillen. Hier machten früher schon die Schäfer mit ihren Herden Trinkpause.

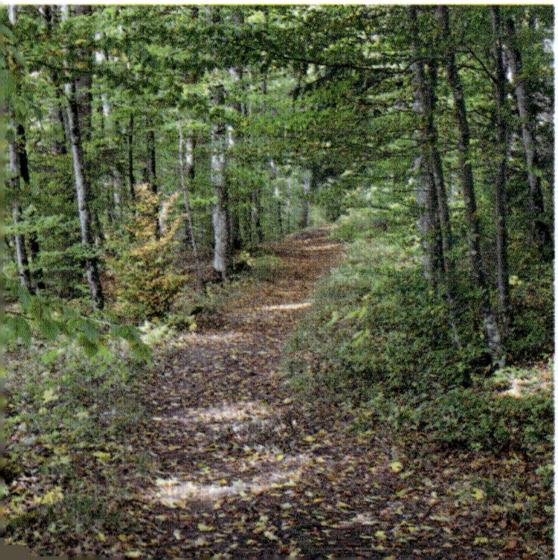

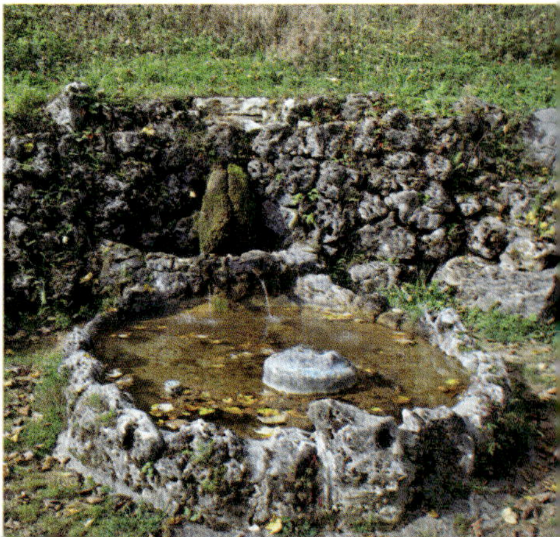

Hallo Kinder!

Der **Allenspacher Hof** gehört der Evangelischen Jungenschaft Horte und dient als Bundeszentrum, Ferienhaus und Wanderheim für dessen Mitglieder. Schon seit über 100 Jahren tun sich junge Menschen in Gruppen wie der Jungenschaft zusammen, um gemeinsam die Natur zu erkunden und Wanderungen und Wanderfahrten zu unternehmen. Die ersten Kinder und Jugendlichen waren im sogenannten **Wandervogel-Verein** organisiert, der schon 1901 gegründet worden war. Der Verein war Teil der damaligen Jugendbewegung, in dessen Zuge sich viele kleinere und größere Gruppen bildeten, alle mit dem Hauptziel, gemeinsam die Natur zu erleben. Aber auch andere Vereinigungen, wie die Pfadfinder und die später gegründete Deutsche Waldjugend, haben sich die Natur und das Wandern auf die Fahne geschrieben. Und es dauerte nicht lange, da wurde die ersten **Jugendherbergen** gegründet, bis heute ein Segen für jede Wanderfamilie.

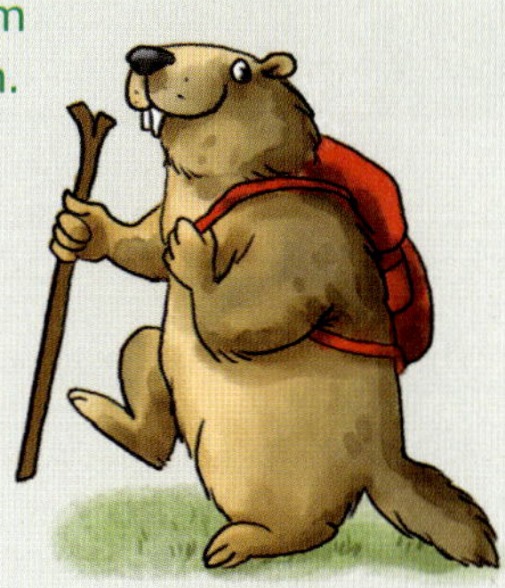

Unser Weg setzt sich ins Schäfertal fort, nun immer geradeaus entlang der Lippach, die munter neben uns hersprudelt und die wir an manchen Stellen durch Furten überqueren müssen. Im Sommer fällt sie auch gerne trocken und erleichtert uns damit das Überqueren des Bachbetts. Das **Wanderschild Schäfertal Mitte** ❻ passieren wir genauso wie einige kleinere Abzweigungen von unserem Forstweg. Vorbei an den Hühnern und Gänsen der ehemaligen Lippachölmühle verläuft der Wanderweg schnurstracks bis zur **Lippachmühle** mit der **Bushaltestelle** ❶.

★Highlights

Wir steigen zum Glatten Fels hinauf und gucken hinunter ins liebliche Lippachtal.

Die 600 Jahre alte Allenspach-Linde ist bewundernswert.

An der Quelle des urigen Schäferbrunnens vespern wir, genießen gekühlte Getränke und spielen mit der Wasserfontäne.

Im Schäfertal wandern wir an der Lippach entlang und versuchen, trockenen Fußes die Furten zu überqueren.

26 Bärenthal im Bäratal

ÜBER DAS BRUCKFELSENWEGLE ZUR ST.-GEORGS-KLAMM

2.30 STUNDEN

5,0 KILOMETER

↗ 250 HÖHENMETER

↘ 250 HÖHENMETER

MITTEL ab 5 Jahren

Typisch Alb! Das kleine Flüsschen Bära fließt schon seit vielen Millionen Jahren und trotz seines unscheinbaren Aussehens versteckt es in seinem Tal einige sehenswerte Kostbarkeiten. Die früher von einer Brauerei als Jurakalk-Kühlschrank genutzte Bruckfelsenhöhle sorgt heutzutage bei der Bärenthaler Waldweihnacht für eine stimmungsvolle Atmosphäre, während der Kaskadenwasserfall aus Tuffstein das ganze Jahr über, aber vorwiegend nach Regenfällen, seinen besonderen Charme entwickelt. Unsere Tour führt durch den Wald steil hinauf und die Wanderkinder freuen sich über einen Waldspielplatz und die benachbarte Ölmühlenquelle mit türkisblauem Quelltopf. Die dicht bewachsene St.-Georgs-Klamm wiederum punktet mit ihrer Wildheit und Ursprünglichkeit und bringt uns zum Abschluss der kurzen, aber eindrucksvollen Runde zu einer von Schafen beweideten, typischen Wacholderheide oberhalb von Bärenthal. Von hier zeigt sich das Bäratal mit seinen bewaldeten Kalkfelsen nochmals in seiner ganzen Schönheit.

Ausgangspunkt: Bushaltestelle Bärenthal Rathaus, 668 m. Anfahrt von Fridingen Bahnhof mit dem Regionalbus 315. – Mit dem Auto: Kostenfreies Parken am Wanderparkplatz Bärenthal, GPS: N48.072409, E8.926102.
Ausrüstung: Vor allem bei Nässe sind für den An- und Abstieg gut profilierte Wanderschuhe zu empfehlen. Evtl. ein Handtuch und Wechselkleidung für das Spielen an der Bära vorsehen.
Anforderungen: Kürzere Rundtour mit ordentlich Höhenmetern auf schmalen Waldpfaden und breiteren Forstwegen. Vorsicht, bei Nässe kann es an den sehr steilen Stellen rutschig sein.
Einkehr: Unterwegs keine. Im Gasthof Lieblingsküche-Jedermanns in Bärenthal erwartet die Wanderer fantasievolle Küche von Kebap bis zu Älpler Makkaroni. Öffnungszeiten unter Tel. +49 7466 5759986 oder unter meine-lieblingskueche.com; Kirchstr. 3, 78580 Bärenthal.
Tipp: Eine noch einfachere, 3,7 km lange Rundtour ist der Albbär-Familienwanderweg, für den man ab der Bruckfelsenhöhle einfach den gelben Bärchen-Zeichen folgt.

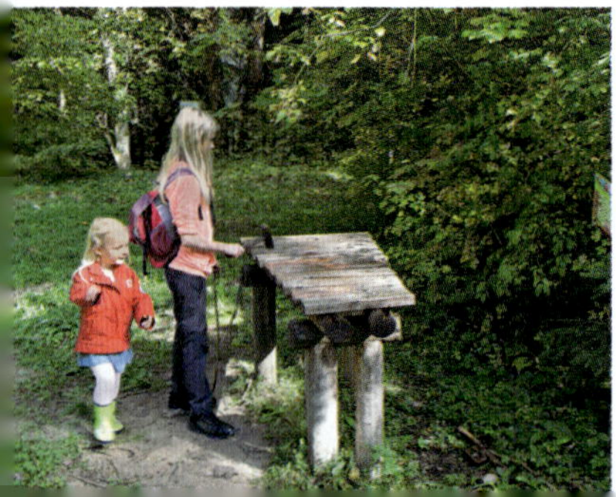

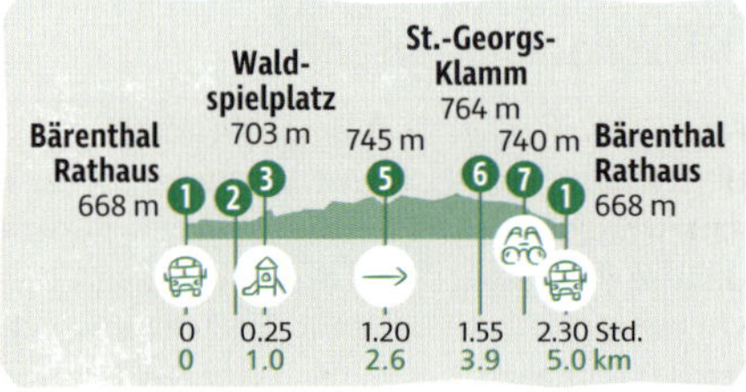

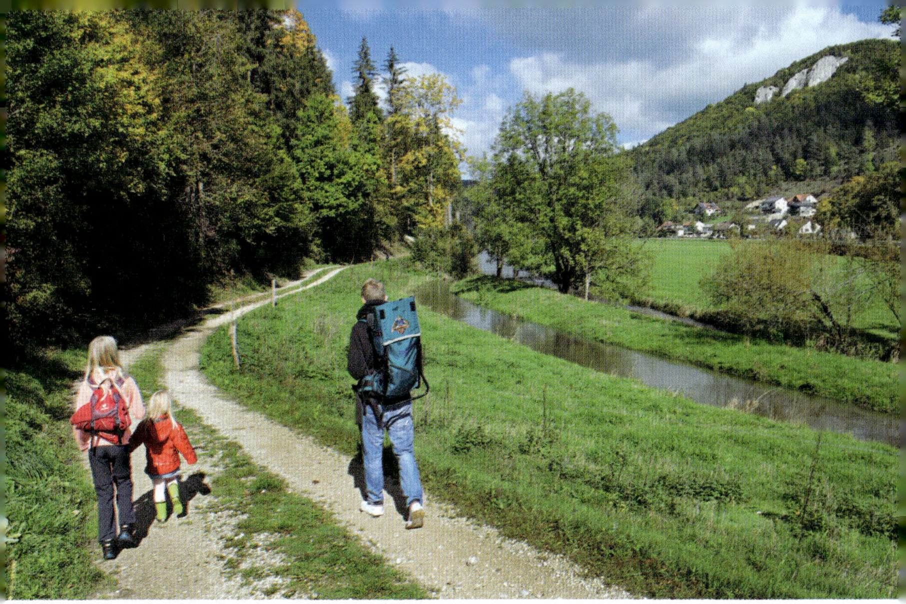

OBEN

Das ursprüngliche Tal der Bära erschließt sich einem am besten auf Schusters Rappen.

LINKS UNTEN

Ein kleiner Waldspielplatz wartet nach dem ersten Anstieg auf die Wanderkinder.

LOS GEHT'S An der **Bushaltestelle Bärenthal Rathaus ❶** machen wir uns in südlicher Richtung die Kirchstraße hinunter zur Landstraße auf, überqueren sie vorsichtig an der Verkehrsinsel und kommen vorbei am Wanderparkplatz zur Bärabrücke. Jenseits der Brücke schauen wir in die kleine **Bruckfelsenhöhle**, die früher von der hiesigen Adler-Brauerei als Kühllager benutzt wurde. Hier wandern wir rechts der Beschilderung zur Ölmühlenquelle hinterher, die uns an der Bära entlang und mit schönem Blick auf den Rabenfelsen auf der anderen Talseite zu einem Abzweig mit einer Storch-Markierung führt. Wir gehen rechts auf dem Wiesenweg dem gelben Kringel nach und erreichen schnell die **Himmelsliege ❷** an der Tuffsteinkaskade. Hier sprudelt das Wasser über viele grün bewachsene Stufen den Hang hinunter und bildet sogar einige kleine Höhlen. Wir folgen dem gelben Kringel noch für ein paar Meter auf dem schmalen Wanderpfad an der Bära, bis wir hinter einer Tuffsteinwerkstatt das Wanderschild Am Tuffsteinbruch finden. Es weist uns links hinauf Richtung Tuffsteinbruch, den wir bald im Wald versteckt liegen sehen. Am Schild des privaten Steinbruchs mit dem gelben Kringel und dem gelben Bär gabelt sich der Weg. Wir steigen rechts weiter den Berg hinauf und kommen zum **Waldspiel-**

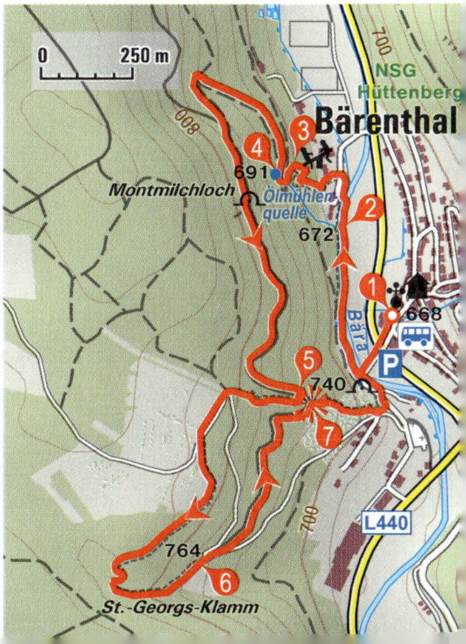

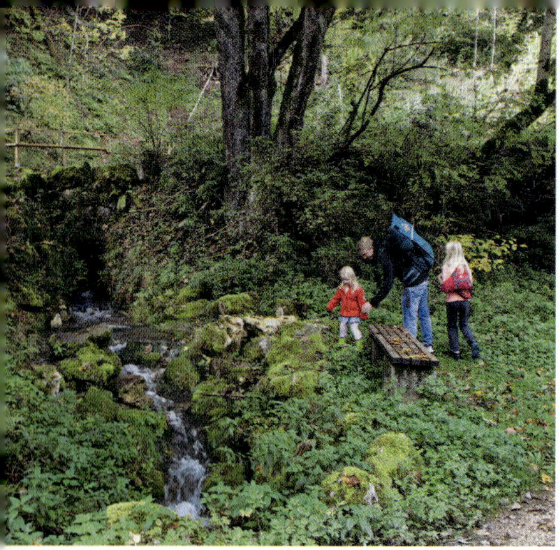

Wie verzaubert wirkt das Plätzchen unterhalb der Ölmühlenquelle.

platz ❸ des Familienwanderweges Albbär, auf dem die Kinder den Barfußpfad und das Waldxylophon begeistert ausprobieren.

Ein kleines Stück weiter links finden wir den lustig über bemoosten Tuffstein sprudelnden Bach, der aus einer Quelle direkt oberhalb von uns gespeist wird. Wir folgen dem gelben Kringel ein paar Meter rechts hinauf und stehen gleich schon vor dem wunderschön grünblauen Quelltopf der **Ölmühlenquelle** ❹. An der Quelle vorbei erwartet uns ein weiterer Anstieg auf einem Forstweg. Nach gut 10 Min. biegen wir scharf links auf einen weiteren Forstweg mit dem bekannten gelben Kringel ein. Nach einer kurzen Weile bergab mündet unser schmaler werdender Weg links in einen Forstweg. Auf gleichbleibender Höhe wandern wir für einen guten Kilometer auf dem breiten Weg, der immer wieder den Blick auf die gegenüberliegenden Hänge und Felsen freigibt. Etwa auf der Hälfte dieses Abschnitts befindet sich oberhalb des Weges das Montmilchloch, eine Jurakalksteinhöhle, die mit einem milchig-weißen Kalkbelag ausgekleidet ist. Die Höhle ist nicht für Amateure zugänglich und vom Weg aus nicht zu sehen. Nach einem ordentlichen Marsch durch den feucht-moosigen Wald gelangen wir zum **Wanderschild Beim Montmilchloch** ❺, an dem wir scharf rechts und mit 25 Steigungsprozenten auf dem Bruckfelsenwegle in Richtung Georgs-Klamm hinaufsteigen. Die Bärenthaler benutzten den steilen Serpentinenpfad früher, um die langen Wege außenherum abzukürzen. So tun wir es ihnen gleich und stehen schon bald am Ende des kleinen Waldpfades vor dem Wanderschild Hausener Berg. Wir zweigen nach links in Richtung St.-Georgs-Klamm ab, stoßen bald darauf geradeaus auf einen Teerweg und finden nach 100 m unseren gelben Kringel wieder, dem wir links hinunter in den Wald folgen. Die Wegmarkierung leitet uns erst am Waldrand auf einen kaum sichtbaren Wiesenweg und später dann im Wald steil durch die **St.-Georgs-Klamm** bis zu einer **Infotafel** ❻. Danach biegen wir links auf die geteerte Straße, die wir nach 50 m schon wieder zugunsten eines Wanderweges rechts verlassen dürfen. Wir landen nach einer guten Viertelstunde auf einem Höhenweg an einer gemütlichen **Sitzbank** ❼ unweit des Wanderschildes Beim Montmilchloch und lassen uns von der herrlichen Aussicht ins Bäratal zu einer längeren Vesperpause verleiten. Nach der Pause nehmen wir am Wanderschild den steilen Waldweg bergab Richtung Bruckfelsenhöhle. Durch Kiefernwald und ein Schafgatter geht es Richtung Bärenthal

★Highlights

Herrliche Landschaft verspricht das Bäratal mit seinen Felsen.

Auf der Himmelsliege relaxen wir mit Ausblick auf den sprudelnden Tuffstein-Wasserfall.

Auf dem Waldspielplatz lassen wir das Waldxylofon erklingen und unsere Füße vom Barfußpfad massieren.

Ein steiler Pfad führt uns durch die kleine St.-Georgs-Klamm.

Auf der Wacholderheide sehen wir den Schafen beim Mähen zu.

zu einer Wacholderheide mit der typischen lichten Vegetation, für die »tierische Mähmaschinen« verantwortlich sind. Nach einem unterhalb des Weges stehenden Verschlag halten wir uns an der Pfadgabelung scharf links und steigen auf steilen Serpentinen bis zur Straße hinunter. Dort kommen wir links zur **Bruckfelsenhöhle** und auf dem Hinweg zur **Bushaltestelle Bärenthal Rathaus** ❶ zurück.

Hallo Kinder!

Mit etwas Glück und Geduld könnt ihr an der Bära einen faszinierenden, ganz besonderen Vogel beim Jagen beobachten: Die einheimische **Wasseramsel** (lat. **Cinclus cinclus aquaticus**) ist der einzige Singvogel bei uns, der tauchen und schwimmen kann. Und diese Fähigkeiten nutzt die Wasseramsel fleißig, um Nahrung im Fluss zu jagen. Sie steht am Ufer, verschließt Ohren und Nase mit einer speziellen Schutzhaut und macht einen richtigen Kopfsprung, um dann mit den rudernden, kurzen Flügeln unter Wasser voranzukommen. Dort kann die Wasseramsel bis zu 30 Sekunden bleiben, ohne Luft zu holen. Wie ein Pinguin kommt sie nach der kurzen Jagd aus dem Wasser geschossen und ist im Nu wieder trocken. Wie bei den Enten perlt das Wasser dank des Bürzelfettes auf dem Gefieder des Vogels sofort wieder ab. Bemerkenswert ist auch die Augenform der Wasseramsel: Ihre Augen sind nicht rund gewölbt wie bei uns, sondern flach wie bei einer Taucherbrille. Dadurch kann sie unter Wasser und über Wasser gleich gut sehen.

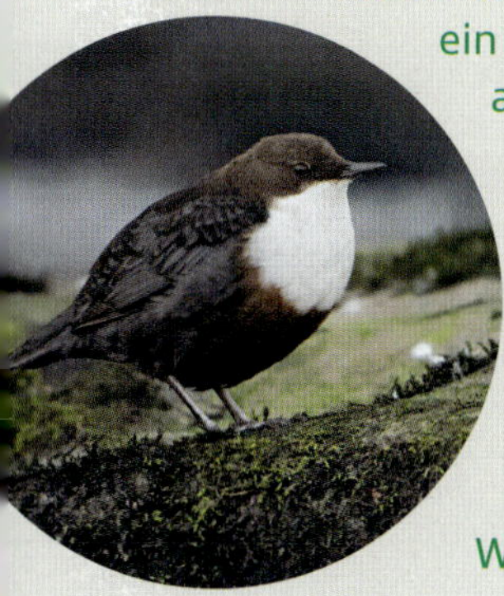

27 Auf den Rauhen Stein

ÜBER DEN DONAUSCHLEIFEN

4.00 STUNDEN

8,8 KILOMETER

↗ 340 HÖHENMETER

↘ 340 HÖHENMETER

SCHWER ab 6 Jahren

Bergtour mit Wasseranschluss: Die malerische Landschaft rund um Beuron bildet den Hintergrund für diese Wanderung im Donaubergland. Beuron ist Sitz der großen Erzabtei St. Martin zu Beuron, die uns beim Tiefblick vom Spaltfels noch mehr beeindruckt. Ein Stück weiter schenkt uns die Aussichtskanzel am Rauhen Stein spektakuläre Blicke ins Donautal bis hinüber zur Burg Wildenstein, die verwegen auf einem Felsenriff thront. Am nahen Wanderheim können sich die Kinder auf dem Spielplatz austoben und die Grillstelle für eine Pause in Beschlag nehmen. In der Nähe des Eichfelsens, dem letzten Aussichtsfelsen der Rundtour, hält der Felsengarten Irndorf viele spezielle Steppenheide-Pflanzen mit interessanten Infos bereit, bevor es wieder zur Donau hinuntergeht. Der vor rund 100 Jahren angelegte Wildpfad führt die Kinder zum Abschluss durch einen kleinen Tunnel zum Donauufer, wo sie an einer kleinen Halbinsel selbstgeschnitzte Angeln ins Wasser halten können.

Ausgangspunkt: Bahnhof Beuron, 625 m. Anfahrt von Donaueschingen mit dem Regionalzug RE55. – Mit dem Auto: Kostenfreies Parken auf dem Parkplatz Bahnhof Beuron, Wolterstraße 16, 88631 Beuron.
Ausrüstung: Gut profilierte Wanderschuhe sind zu empfehlen.
Anforderungen: Längere Tour mit einigen steilen Abschnitten, besonders bei Nässe ist auf die Rutschgefahr beim Abstieg zu achten. Die meisten Felskanten sind nicht gesichert, hier haben wir den Nachwuchs verstärkt im Blick. Die Wanderer erwarten viele schmale Bergpfade, aber auch Forst- und Radwege.
Einkehr: Im Höhengasthof und Wanderheim Rauher Stein sitzt man herrlich auf der Terrasse und guckt ins Tal; Öffnungszeiten bitte nachfragen, da der Schwäbische Albverein den Gasthof im Jahr 2023 neu verpachtet. Rauher Stein 1, 78597 Irndorf, Tel. 49 7466 276, rauher-stein.de.

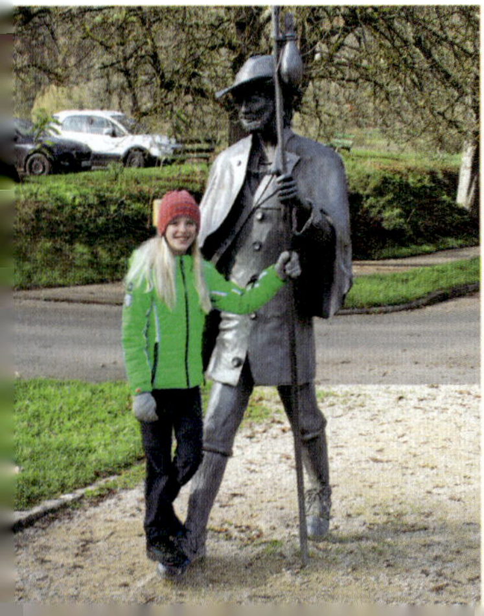

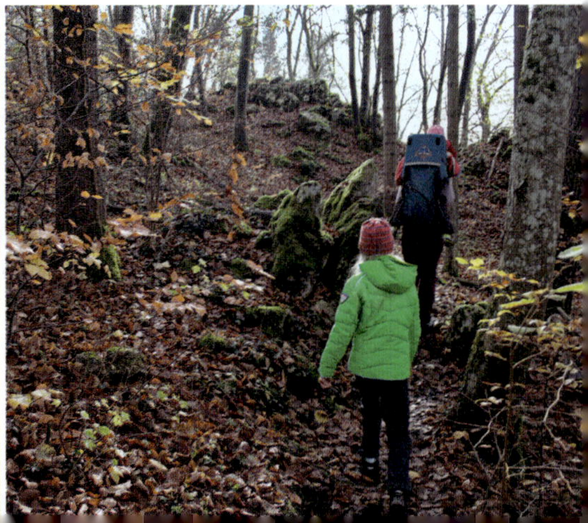

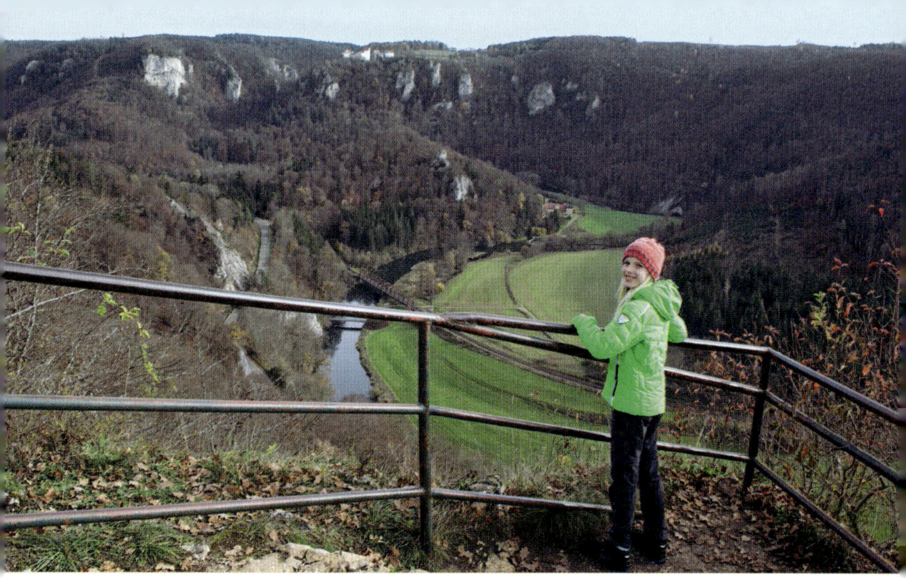

In Beuron gibt es im urig eingerichteten Café Härtl gute Pizzen und schmackhafte Kuchen; geöffnet Di–Fr 11.30–19.00 Uhr, Sa und So 11.00–19.00 Uhr, Tel. +49 7466 9104440, Wolterstraße 1, 88631 Beuron, cafe-haertl.eatbu.com.
Tipp: Im Wanderheim übernachten und morgens den Frühnebeln beim Aufsteigen aus dem Donautal zusehen.

OBEN
Bilderbuchblicke ins Donautal schenken uns die Aussichtsfelsen Rauher Stein und Eichfelsen.

LINKS UNTEN
Der Jakobspilger von Beuron, ein Vorbild für unsere Wanderkinder.

LOS GEHT'S Aus dem alten **Bahnhof Beuron ❶** kommend, in dem das Haus der Natur des Naturparks Obere Donau untergebracht ist, halten wir uns links Richtung Wanderheim Rauher Stein in den Ort hinein und biegen am Hotel Pelikan rechts in die Abteistraße ab. Wir pilgern an der riesigen **Erzabtei Beuron** vorbei, die eine Besichtigung dank der schönen Kirche und der Klostergärten allemal wert ist, und halten uns nach dem Friedhof leicht links zum Klosterparkplatz. Das **Wanderschild Klosterparkplatz ❷** an der lebensgroßen Figur eines Jakobspilgers weist uns auf einem Fahrradweg geradeaus in Richtung Wanderheim Rauher Stein, wo wir vorbei an lustigen Schlaffässern zur 200 Jahre alten holzgedeckten Donaubrücke kommen. Wir überqueren die Landstraße, halten uns rechts und kraxeln nach 20 m den sehr steilen Einstieg zwischen einem Wohnhaus und dem Edith-Stein-Weg auf einem Wanderpfad Richtung Spaltfels links hinauf. Nach wenigen Minuten biegen wir auf einen größeren Weg links ab, 30 m weiter geht es auf einem unscheinbaren Pfad halb rechts steil den Wald hinauf. An der folgenden, kaum sichtbaren Gabelung halten wir uns links, wandern dann auf gleichbleibender Höhe immer geradeaus durch den Laubwald und erreichen eine Wanderkreuzung, an der wir rechts zum ausgeschil-

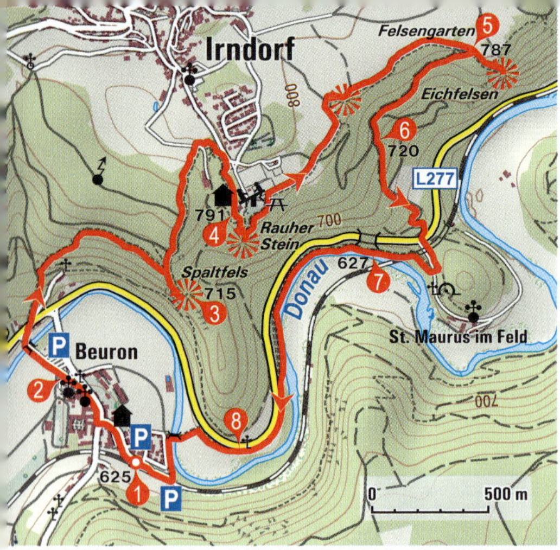

derten Aussichtsfelsen abzweigen. Kurz darauf können wir den Tiefblick auf Beuron und seine riesige Klosteranlage vom **Spaltfels ❸** aus genießen, auf dem früher mal die Burg Spaltfels stand. Die Kinder halten hier Sicherheitsabstand zum Felsrand.

Wir setzen die Tour fort, indem wir zurück zur Wanderkreuzung marschieren und dort halb rechts der Donauwellen-Plakette hinterher. Das folgende Wanderschild »Irndorf/Abzweig Spaltfels Ost« am nächsten breiteren Forstweg schickt uns halb links Richtung Rauher Stein. Dem Forstweg entfliehen wir nach gut 100 m an einer kaum sichtbaren Gabelung nach rechts zugunsten eines kleineren Waldweges, gekennzeichnet mit dem Wegweiser zum Wanderheim Rauher Stein. Wir folgen dem Waldweg bis zur einer großen Lichtung und dem Teerweg Hirschental. Wir biegen rechts ein und verlassen den Teerweg gleich wieder nach links auf einen Pfad hinauf mit dem gelben Kringel und der Donauwellen-Plakette. Die Markierung begleitet uns immer geradeaus auf und ab durch den Wald bis zum **Wanderheim Rauher Stein ❹** mit der großen Spielwiese und dem Spielplatz. Zum **Aussichtsfelsen Rauher Stein** sind es nur noch gut 100 m rechts an der Wiese entlang, wo uns das Panaroma mit der im Tal mäandernden Donau und die steil abfallenden Felswände erwarten.

Auf dem Rückweg zweigen wir an einer Weggabelung rechts am Donauwellen-Schild ab und bleiben eine ganze Weile auf dem Wiesenweg direkt am Waldrand entlang bis zum Wanderschild Räsheide an einem kreuzenden Forstweg. Wir überqueren den Weg geradeaus in Richtung Eichfelsen, laufen bis zur zweiten Abzweigung und biegen rechts mit dem Donau-

Freunde, das Fernglas mitnehmen!

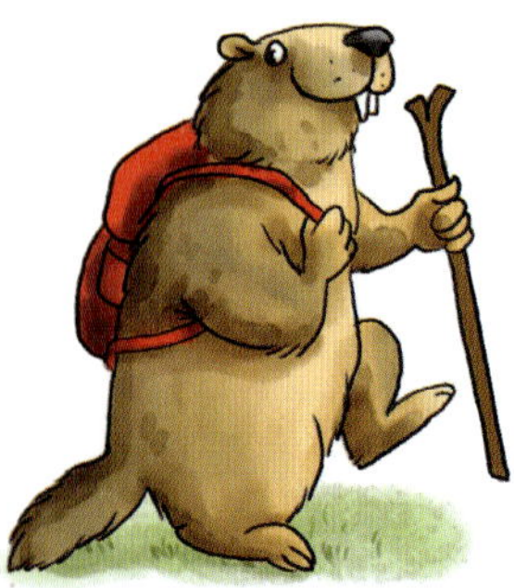

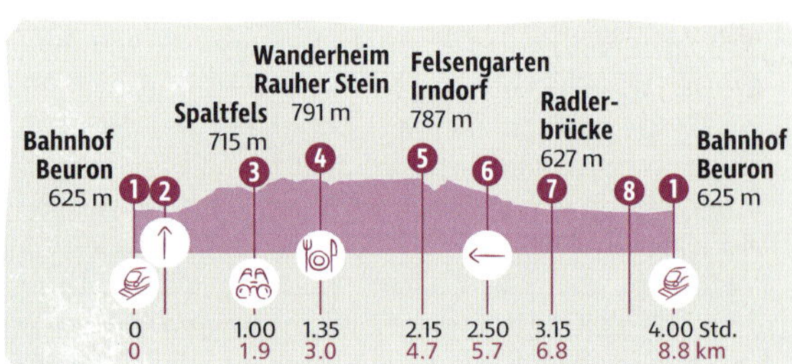

Hallo Kinder!

Der **Felsengarten Irndorf** in der Nähe des Eichfelsens ist ein einzigartiger, kleiner botanischer Garten für Pflanzen, die nur in der **Steppenheide** wachsen. Solche Steppenheiden sind selten, denn sie kommen nur auf Kalkböden vor, wie sie auf der Schwäbischen Alb auftreten, und an warmen und trockenen Standorten, wie man sie an südlich ausgerichteten Hängen findet. Auf den harten Felsen und in deren Nischen gibt es nur wenig Nährstoffe und kaum Erde, und so wachsen hier nur sehr spezialisierte Pflanzen, die sich an diese extremen Bedingungen angepasst haben. Um diese Pflanzen zu schützen, sollen wir auch nicht auf den Felsen herumklettern, denn wir könnten die Pflanzen verletzen und so zu ihrem Aussterben in der Donautalregion beitragen. Die nächsten Steppenheiden finden sich erst wieder in den Alpen.

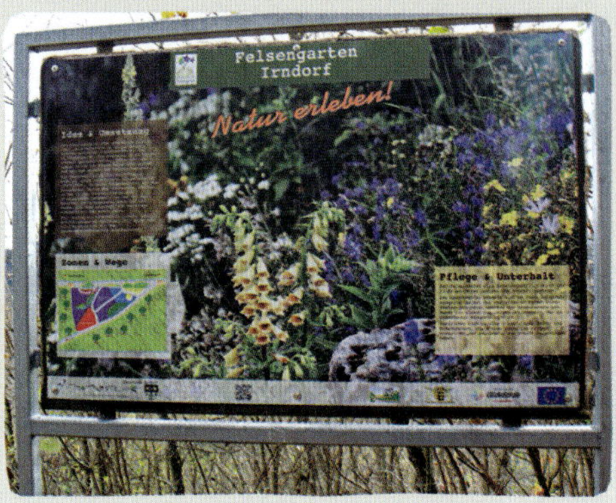

wellen-Schild ab. Nach guten 10 Min. am Waldrand entlang und einigen herrlichen Aussichten zur Burg Wildenstein hinüber erreichen wir den **Felsengarten Irndorf** ❺. Dutzende von Felsenpflanzen, wie die Wein-Rose oder die Zwerg-Mispel, die direkt auf dem harten Stein zu wachsen scheinen, sind hier beschrieben. Nun ist es nicht mehr weit bis zum Eichfelsen, von dem wir noch mal den Ausblick auf das ca-

★Highlights

Wir schlendern durch die wunderbaren Klostergärten.

Herrliche Talsichten bieten sich vom Spaltfels und vom Rauhen Stein.

Am Höhengasthaus Rauher Stein belohnen wir uns mit einer Einkehr oder bleiben gleich über Nacht.

Im Felsengarten können Pflanzen-Raritäten aus der Steppenheide bewundert werden.

Die Donau erfrischt unsere müden Wanderfüße.

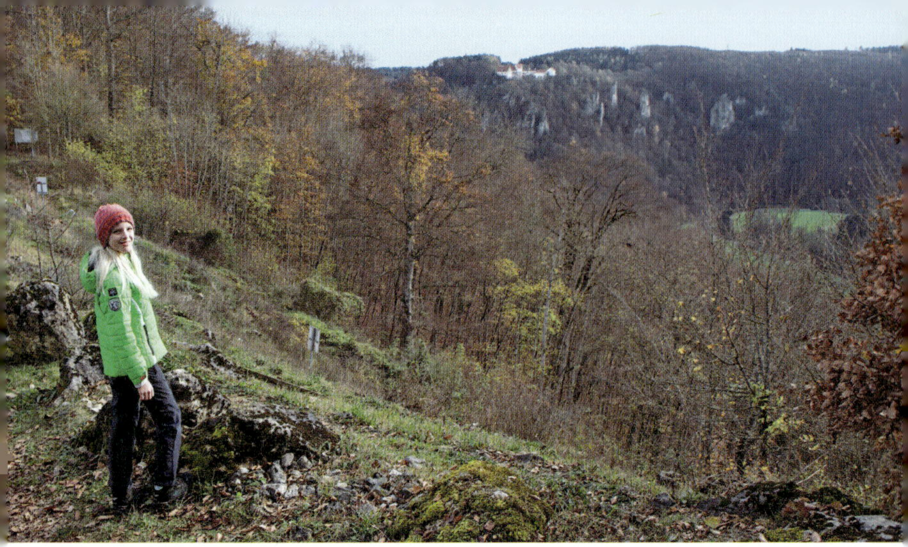

OBEN

Burg Wildenstein thront im Hintergrund spektakulär auf den Felsriesen.

UNTEN

Wandertunnel auf dem Wildpfad.

nyonartige Donautalal mit der durchbrochenen Kalkfelsenlandschaft genießen. Zurück am **Felsengarten Irndorf** ❺ halten wir uns links bergab in Richtung Donausteg, stoßen nach einer guten Weile auf einen größeren Forstweg, den wir geradeaus zum **Wanderschild Oberhausener Weg Süd** ❻ weiterwandern, und orientieren uns dort links in Richtung Donausteg. Immer bergab führt uns der Forstweg durch einige größere Kurven bis zur Landstraße hinunter, die wir vorsichtig überschreiten und die geteerte Maurusstraße rund 150 m in Richtung Donausteg hinunterspazieren, bis es scharf rechts am Wanderschild in Richtung Jägerpfad weitergeht. Über das Tunnelportal der Eisenbahn hinweg verläuft unser Weg an der **Radlerbrücke** ❼ vorbei und nun immer nahe an der Donau entlang auf dem nach dem fürstlichen Hohenzollerischen Revierförster Marcel Wild genannten, romantischen Wanderpfad mit kleinen Tunneln. Nach rund 10 Min. können die Kinder an einer Verzweigung links hinunter zum fast stehenden Donauwasser, um ihre Füße hineinzuhalten. Wenig später erreichen wir die Landstraße und lassen uns vom Fußweg geradeaus Richtung Bahnhof bis zum **Sonnenhaus Beuron** ❽, einer christlichen Meditationsstätte, leiten. Nach dem Sonnenhaus zweigt unser Fußweg links von der Landstraße weg und bringt uns durch eine Linkskurve und über eine schmale Steinbrücke über die Donau zur Donaustraße, in die wir links einbiegen. In der folgenden Rechtskurve nehmen wir den kleinen Weg geradeaus, der zum Parkplatz des Bahnhofs führt. Nach knapp 150 m über den Parkplatz stehen wir wieder am **Bahnhof Beuron** ❶, unserem Ausgangspunkt.

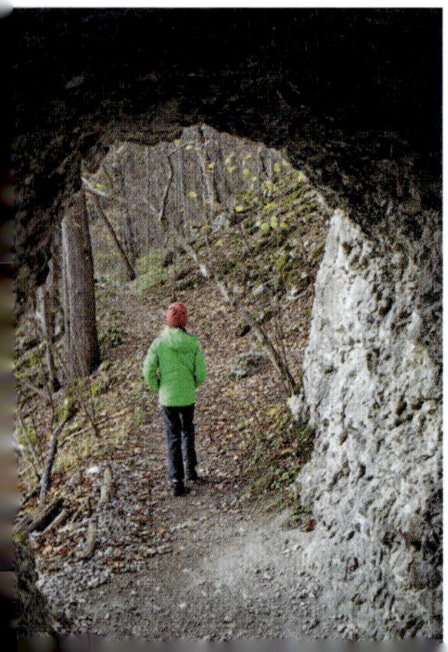

Donauschlinge bei Thiergarten

28

ÜBER GUTENSTEIN AUF DEN RABENFELSEN

3.30 STUNDEN

8,3 KILOMETER

↗ 280 HÖHENMETER

↘ 280 HÖHENMETER

ab 6 Jahren

MITTEL

Ein Gebirge wird durchbrochen: Eine spektakuläre Fluss- und Felsenlandschaft rund um die Thiergartener Donauschleife und das wunderschöne Pferdehofgut Käppeler prägen diese Rundwanderung im Oberen Donautal bei Sigmaringen. Über die Einstiegsstelle der Kanuwanderer überqueren wir die Donauhalbinsel und wandern direkt am Fluss entlang nach Gutenstein, wo wir über das waghalsig gebaute Schloss auf dem Steilfelsen staunen. Dann steigen wir hinauf in die bewaldeten Kalksteinwände, von denen sich herrliche Blicke ins Tal bieten. Am eindrucksvollsten ist der majestätische Rabenfelsen, von dem Schwindelfreie wie über eine Mauer gelehnt senkrecht an der Felswand in die Tiefe hinunterschauen können. In luftiger Höhe oberhalb der Donau erwandern wir uns die komplette Flussschleife durch teilweise alpines Gelände, bis wir wieder in Thiergarten landen.

Ausgangspunkt: Bushaltestelle Thiergarten Hammer, 595 m. Anfahrt von Sigmaringen Bahnhof mit dem Regionalbus 450 Richtung Beuron. – Mit dem Auto: Kostenfreie Parkplätze auf dem Wanderparkplatz an der L197 Richtung Stetten am kalten Markt, gleich bei der Bushaltestelle Thiergarten Abzw. Stetten, GPS: N48.090865, E9.097377.
Ausrüstung: Gut profilierte Wanderschuhe sind zu empfehlen. Bitte Handtuch und Wechsel- bzw. Badekleidung für das Donauschwimmen vorsehen.
Anforderungen: Längere Rundtour mit einigen steileren Abschnitten auf schmalen Berg- und Waldpfaden, die flachen Stücke verlaufen meist auf Forstwirtschaftswegen. Schwindelfreiheit ist kein Muss, hilft aber bei den Tiefblicken.
Einkehr: Das Gutensteiner Restaurant Donauperle mit schöner Gartenterrasse liegt direkt am Weg und serviert schwäbische Speisen; geöffnet Di ab 17.00 Uhr, Mi bis So 11.00–14.00 Uhr und ab 17.00 Uhr, Burgfeldenstraße 16, 72488 Sigmaringen-Gutenstein, Tel. +49 7570 951388, donauperle.com. Idyllisch inmitten der Donauinsel liegt das Restaurant des Gutshofs Käppeler; geöffnet 12.00–20.00 Uhr, Di Ruhetag, 88631 Beuron-Thiergarten, Hofstraße 20, Tel. +49 7570 479, restaurant-gutshof-kaeppeler.de. Auf dem Gutshof gibt es jede Menge Tiere zum Streicheln.

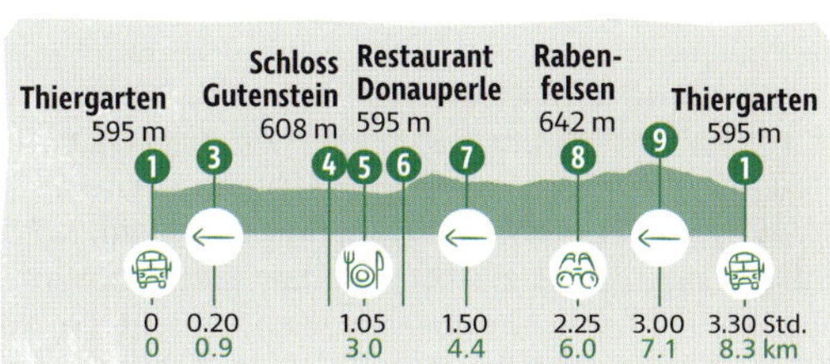

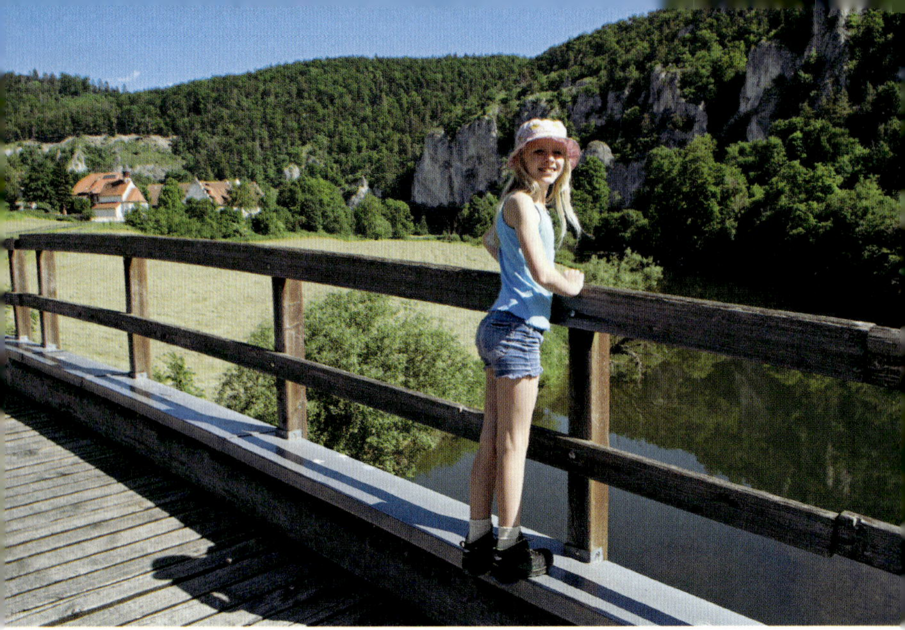

Die Donauhalbinsel in Thiergarten ist ein echtes Paradies für Kinder.

Tipp: Ein Familien-Kanu ausleihen und auf der Donau nach Sigmaringen paddeln, ein Abholservice bringt die Boote wieder zurück. Erlebnisreich-Besi, Donautalstraße 17, 88631 Beuron-Thiergarten, Tel. +49 7570 550, besi-kanu.de.

Ein Besuch bei Pauls Hofladen lohnt sich nicht nur wegen Paul, der den Hofladen samt Ölmühle als 12-Jähriger gegründet hat, sondern auch wegen der guten Produkte wie Öle, Senfe u.v.a.m., die dort hergestellt und verkauft werden. Die Ölfreunde, Donautalstr. 17, 88631 Beuron-Thiergarten, Tel. +49 7570 666, dieoelfreunde.de

LOS GEHT'S Von der **Bushaltestelle Thiergarten Hammer ❶** gehen wir die Bahnhofstraße in südlicher Richtung am fantasievollen Piratenhotel vorbei bis zur nächsten Querstraße, Zum Hammer. Wir biegen links ein Richtung Käppeler Hof und folgen an der nächsten Kreuzung dem Wanderschild Richtung Rabenfelsen über die Donaubrücke zur **Einstiegsstelle der Kanufahrer ❷**. Hier kommt man komfortabel ins Wasser und kann sich schon ein erstes Mal am Donauschwimmen erfreuen. Nach der Brücke weist uns das Wanderschild Donaubrücke Thiergarten halb rechts Richtung Gutenstein auf einem schmalen Weg bergauf in den schönen Wald hinein. Nach einigen Minuten schwenken wir rechts auf einen Forstweg ein, den wir nach gut 100 m an einer **Wanderkreuzung ❸** bergab nach links verlassen; in Richtung Gutenstein sind auf der Bettelküchenfährte noch 1,9 km ausgewiesen. An einer ungekennzeichneten und in Karten nicht verzeichneten Gabelung bleiben wir links auf unserem Weg und steigen weiter bergab zur Donau hinunter. Einige Minuten später verzweigt sich der Weg noch einmal, wir bleiben dabei rechts auf dem leicht ansteigenden Weg bis zur nächsten Gabelung und genießen die Blicke durchs Gebüsch auf den Fluss und auf das an einer Felsenklippe gebaute Schloss Gutenstein. Wir bleiben links, um nahe an der herrlichen Vegetation der Donau zu sein. Am Ende des Pfades halten wir uns am Wanderschild Schiessmauer links in Richtung Gutenstein, bis wir direkt an der unscheinbaren Vorderseite des **Schlosses Gutenstein ❹** rechts in den Schlossweg abbiegen. Linker Hand passieren wir eine nette Rastbank

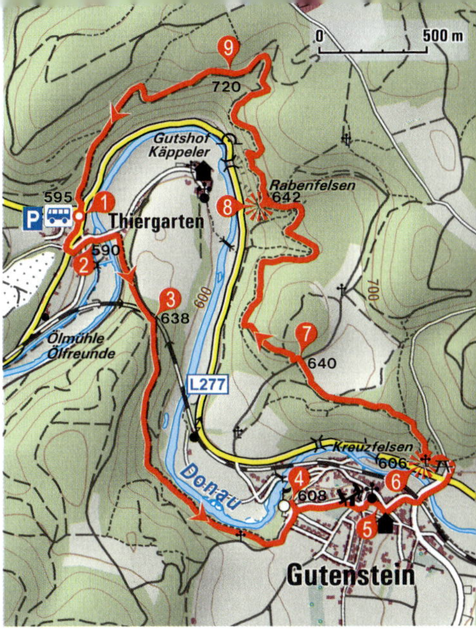

Hallo Kinder!

Habt ihr schon einmal eine **Kanutour** gemacht? Hier auf der gemächlich dahinfließenden Donau gibt es perfekte Bedingungen für ein erstes Kennenlernen dieser Jahrhunderte alten Fortbewegungstechnik. Vom Kanuverleih ausgerüstet mit einem Kanu, Paddel, Schwimmwesten und einer wasserdichten Tonne für Ersatzkleidung könnt ihr euch auf den Weg machen und die sagenhaft schönen Felsformationen des Donaudurchbruches – des **schwäbischen Grand Canyon** – zu erkunden. Dazu benötigt ihr 3 bis 4 Stunden Zeit und eine leckere Vesper für eine Pause an einer der Grillstellen an der Strecke, und schon kann es losgehen. Am Ende der Tour bei Sigmaringen werden die Kanus vom Kanuverleiher abgeholt und von der nahegelegen Bushaltestelle Sigmaringen Gasthaus Donau geht es mit dem Bus zurück nach Thiergarten.

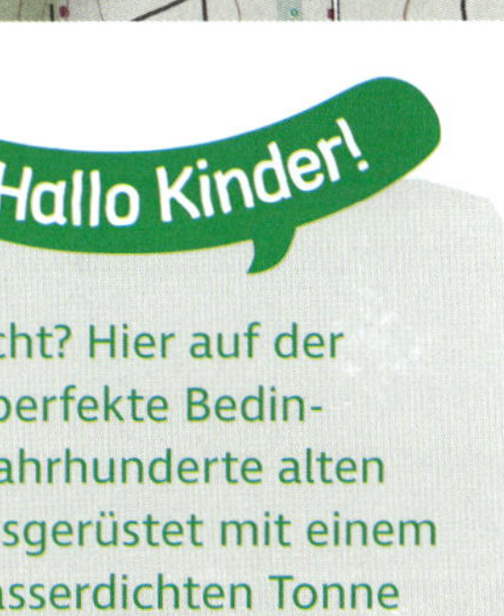

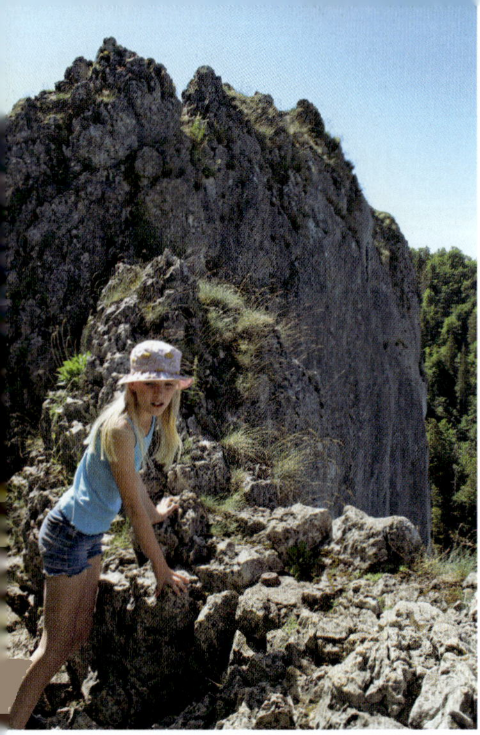

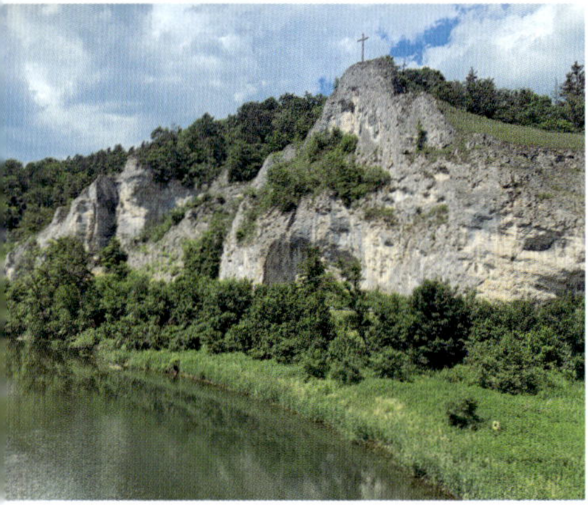

mit einem kleinen Spielplatz und erreichen das Wanderschild Lindenstraße, wo wir erst links Richtung Kreuzfelsen und gleich darauf rechts zur Kirche St. Gallus einbiegen. Links um das Kirchlein verläuft ein geteerter Weg zur Burgfeldenstraße und dem gegenüberliegenden **Restaurant Donauperle** ❺. Wir steuern rechts auf das Wanderschild Burgfeldenstraße zu und schlagen links den Weg zum Kreuzfelsen ein, vorbei an der Milchtankstelle des Strobelhofes, die im Sommer auch Eis für Schleckermäuler bereithält. Die Straße beschreibt eine Rechtskurve und stößt am nächsten Wanderschild auf die Landstraße, auf der wir links über die Donaubrücke marschieren. Hier an der Brücke gibt es eine weitere Möglichkeit, mit den Kindern an den sehr gemächlich fließenden Fluss zu gelangen und die großen Forellen zu bewundern. Nach der Brücke überqueren wir eine Landstraße und folgen kurz darauf links der Beschilderung steil zum Kreuzfelsen hinauf. Gleich nach dem aussichtsreichen Picknickplatz, an dem wir die prachtvoll in der Sonne glänzenden Kalkfelswände betrachten, geht es für uns an einer Gabelung nochmals links und wir steigen zum **Kreuzfelsen** ❻ hinauf. Kleinere Kinder beaufsichtigen wir besonders gut, denn es geht hier senkrecht hinunter.

OBEN

Am Rabenfelsen geht es 50 Meter senkrecht bergab.

UNTEN

Nicht minder spektakulär: der Kreuzfelsen in Gutenstein.

Danach überwinden wir weitere Höhenmeter in Richtung Rabenfelsen, wenden uns am Wanderschild Über dem Kreuzfelsen Richtung Burghalde nach links und am Wanderschild Burghalde rechts bergab Richtung Rabenfelsen. Knapp 100 m nach dem Wanderschild Feldstätt schlagen wir uns vom Forstweg rechts in einen kleinen Wiesenweg. Am kreuzenden **Feldstättweg** ❼ biegen wir erst links ab, dann sofort wieder rechts in den Waldweg, noch mal rechts und gleich wieder links, immer in Rich-

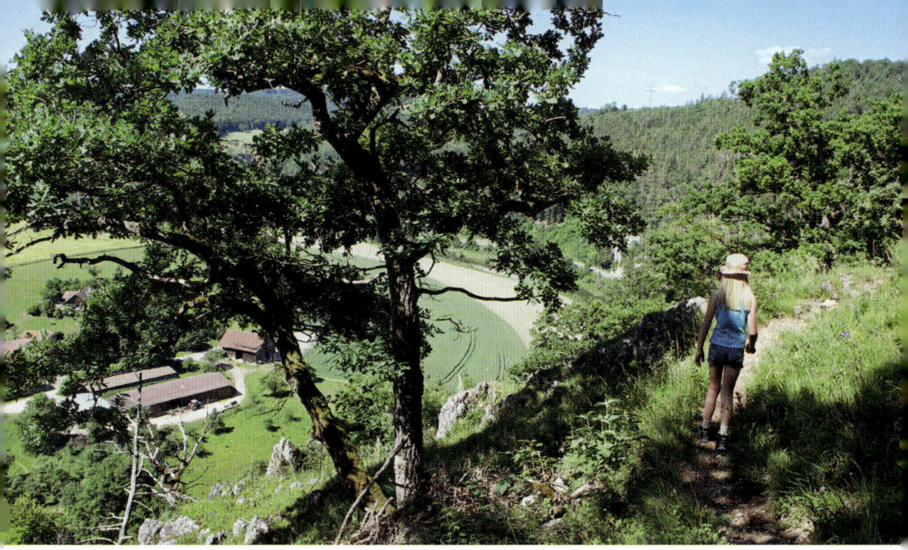

tung Rabenfelsen. 50 m nach dem Wanderschild Eichbühl treffen wir auf einen weiteren Pfad und biegen scharf rechts ab, Richtung Rabenfelsen und mit der Markierung rotes Dreieck. Wir folgen den Plaketten Donaufelsengarten bis zum Wanderschild Kitzisberg, halten uns halb links und klettern teils auf allen Vieren den steinigen Pfad zum **Rabenfelsen 8** hinauf. Die Sicht hinunter auf die Donauhalbinsel und zum schönen Gutshof Käppeler ist atemberaubend und verleitet zum längeren Verweilen. Auch hier haben wir kleinere Kinder immer im Blick.

Ein alpiner Wanderpfad führt auf dem Donautaltrauf entlang.

Wir nehmen nach dem Felsen an der Gabelung den linken Weg hinunter und folgen dem alpinen Felsenhöhenweg, der mit der roten Raute und dem gelben Kringel gekennzeichnet ist. Schöne Aussichtspunkte wechseln sich mit schattigen Waldstücken ab, und wir erreichen nach einer Weile das **Wanderschild Über dem Bröller 9**, an dem wir links Richtung Thiergarten ins Donaual absteigen. An den nächsten drei Abzweigungen wenden wir uns jeweils nach links in Richtung Thiergarten und gelangen bald zur Landstraße mit der **Bushaltestelle Thiergarten Hammer 1**, unserem Startpunkt.

★Highlights

An der Donaubrücke baden wir im Fluss.

Beim Wandern am Wasser genießen wir die Donaulandschaft.

In Gutenstein freuen wir uns über einen kleinen Spielplatz und Einkehr- und Verpflegungsmöglichkeiten.

An den steil aufragenden Kreuz- und Rabenfelsen riskieren wir mutige Blicke in die Tiefe.

Auf dem spannenden Pfad entlang der Felsen fühlen wir uns fast wie beim Wandern in den Alpen.

29 Klosterfelsenwege Inzigkofen

IM ROMANTISCH-FÜRSTLICHEN LANDSCHAFTSGARTEN

2.30 STUNDEN

5,2 KILOMETER

↗ 160 HÖHENMETER

↘ 160 HÖHENMETER

LEICHT ab 5 Jahren

Höllschlucht, Teufelsbrücke, Nebelhöhle: Wo die Obere Donau die letzten Felsen der Schwäbischen Alb durchbricht, lassen wir uns vom beliebten Fürstlichen Park Inzigkofen verzaubern, den die Hohenzollernfürstin Amalie Zephyrine Anfang des 19. Jahrhunderts anlegen ließ. Selten finden sich so viele abwechslungsreiche Landschaften auf so engem Raum und lassen sich so leicht erwandern. Vom Fluss durchbrochene, schroffe Kalksteinriesen und eine imposante Felsengrotte wechseln sich mit in der Sonne leuchtenden Getreidefeldern und dem fast 30 m hohen Amalienfelsen ab. Dann wieder erscheinen wie aus dem Nichts die abenteuerlich wackelige Hängebrücke und die spektakuläre Teufelsbrücke, alles miteinander verbunden durch den mäandernden Donaulauf mit seinen herrlichen Auen.

Ausgangspunkt: Bushaltestelle Inzigkofen Bahnhof, 580 m. Anreise ab Sigmaringen Bahnhof mit dem Regionalbus 450. – Mit dem Auto: Kostenfreie Parkplätze am Bahnhof Inzigkofen, 72514 Inzigkofen an der L277, GPS: N48.078548, 9.165248E.
Ausrüstung: Für die steileren Anstiege eignen sich gut profilierte Wanderschuhe am besten, besonders bei Nässe. Wechselkleidung und Handtuch in den Rucksack packen.
Anforderungen: Leichte Wandertour mit guter Infrastruktur auf romantischen Felsenpfaden, vielen Treppen und Brücken sowie einfachen Wanderwegen.
Einkehr: Das Parkstüble mit nettem, kleinem Biergarten serviert deftige Brotzeiten, Eis und selbstgemachte Kuchen; geöffnet täglich außer Mo 14.00–22.00 Uhr, So 11.00–22.00 Uhr, Schloßbühlweg 1, 72514 Inzigkofen, Tel. +49 7571 51733, parkstueble-inzigkofen.de.
Tipps: Mit dem Kanu bis zur Hängebrücke paddeln (Kanuverleih in Gutenstein und Thiergarten) und dort aussteigen, um den Park zu besichtigen. Der Amalienfelsen ist dann noch beeindruckender und erinnert an den Loreleyfelsen am Rhein. Oder gemütlich das Kloster Inzigkofen von innen besichtigen.

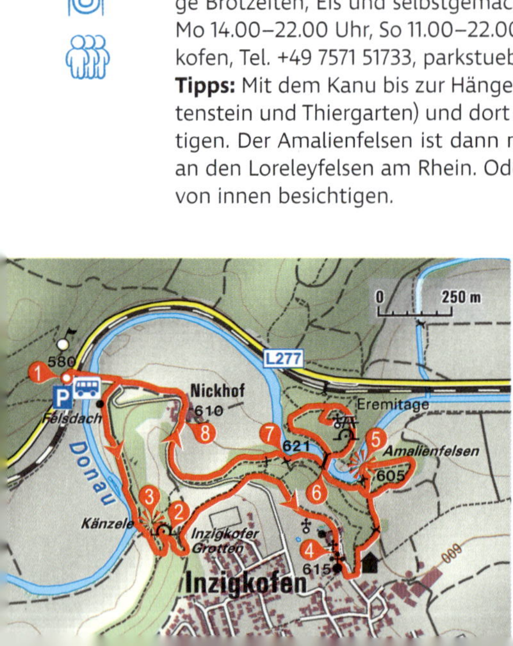

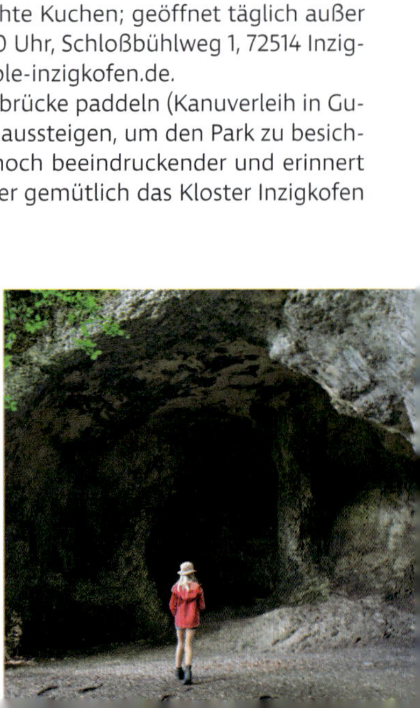

LOS GEHT'S Von der **Bushaltestelle Inzigkofen Bahnhof** ❶ gehen wir ein paar Schritte nach Norden, bestaunen die nahen Riesenfelsnasen zu unserer Linken und begrüßen die Fische und Schwäne von der Donaubrücke herunter. Nach dem Überqueren der Brücke in Richtung Känzele biegen wir gleich darauf rechts in den offiziellen Parkplatz ein und wandern vorbei am Felsdach Inzigkofen Richtung Känzele auf einem schattigen Wanderweg am Fluss entlang. 100 m weiter folgen wir dem roten Dreieck auf einen schmalen Parallelpfad, der den Kindern mehr Spaß beim Laufen macht. Am Wanderschild Unterm Känzele, wo sich auch eine Möglichkeit zum Spielen am Wasser bietet, wählen wir den linken Abzweig Richtung Känzele. Nach wenigen Minuten steigen wir an einer Verzweigung die Treppe mit dem roten Dreieck links hinauf, passieren das **Wanderschild Inzigkofer Grotten** ❷ und schreiten geradeaus durch das beeindruckende Felsentor. Den Abstecher zum **Känzele** ❸ geradeaus nehmen wir noch mit, bevor wir umdrehen, an der Verzweigung nicht rechts zum Felsentor zurückgehen, sondern links an einer geheimnisvollen Felsengrotte vorbei zum **Wanderschild Inzigkofer Grotten** ❷ und dort links hinauf Richtung Grotten weitersteigen. Wir erreichen das Wanderschild Butzenhalde Nord und halten uns links Richtung Känzele, bis wir zur nächsten Wanderkreuzung gelangen. Hier biegen wir ganz rechts Richtung Parkplatz Ehemaliges Kloster ab, spazieren einen schönen Alleeweg entlang und überqueren geradeaus die kleine Straße, bis wir gleich darauf rechts in einen schmalen Parkweg einschwenken. Wir bleiben auf dem Weg und durchschreiten die drei Jahrhunderte alte Umfassungsmauer des **Augustinerinnenklosters Inzigkofen** ❹, in der heutzutage die hiesige Volksschule zu Hause ist. Hier können wir den Kräutergarten besichtigen oder jeden 2. Sonntag auch das ganze Kloster samt Bauernmuseum.

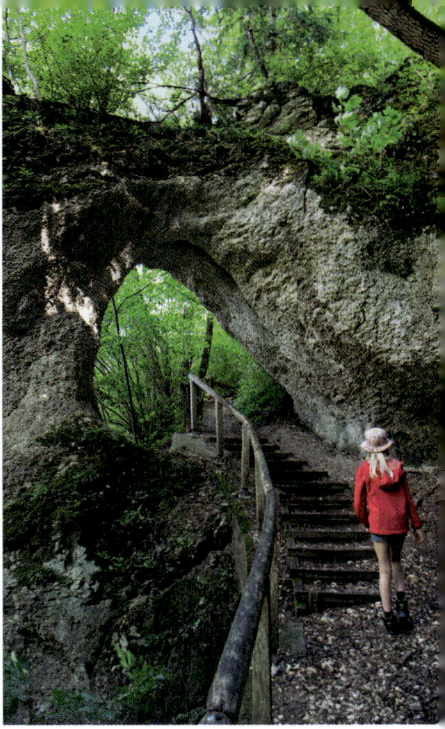

OBEN

Ein romantischer Pfad führt durch das natürlich entstandene Felsentor.

LINKS UNTEN

Beeindruckend groß sind die Grotten beim Känzele.

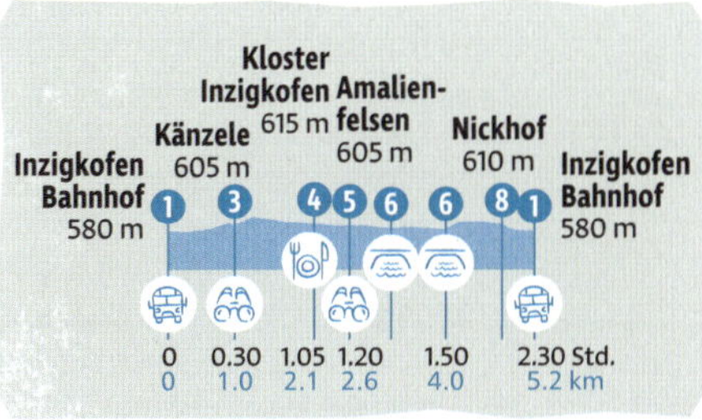

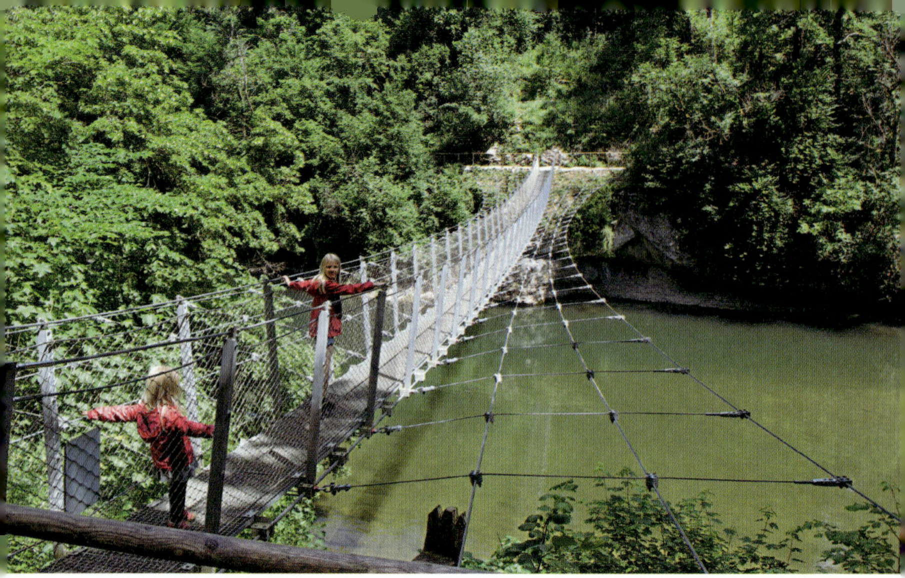

Eine abenteuerliche Hängebrücke führt in Indiana-Jones-Manier über die breite Donau.

Haben wir das Kloster passiert, sehen wir schon von oben das kleine Parkstüble. Dort kehren wir in den Biergarten ein oder wandern gleich weiter Richtung Amalienfelsen links am Parkstüble vorbei. Nach 75 m halten wir uns rechts zum Amalienfelsen und an der Steinwiese und ihrem Wanderschild geradeaus.

An einer großen Wanderkreuzung steigen wir halb rechts den steilen, unbeschilderten Bergpfad hinauf zum **Amalienfelsen** ❺, wo wir den tollen Blick auf die Donau genießen.

Der Abstieg erfolgt dann wahlweise auf der flacheren Lindenallee durch den Wald, die so gebaut wurde, dass man genau geradeaus vor sich den Turm der Kirche in Laiz sehen kann, wenn keine Bäume im Weg stehen. Wieder unten an der Wanderkreuzung angekommen, wählen wir den ebenfalls unbeschilderten zweiten Weg rechts, der wenig später mit Kloster-Felsenweg gekennzeichnet ist. An der Donau überqueren wir links am Felsen eine kleine Holzbrücke, schauen noch mal bewundernd zum mächtigen Amalienfelsen hinüber und stehen schon bald auf der abenteuerlich schaukelnden **Hängebrücke** ❻. Wir hangeln uns hinüber, biegen rechts und gleich wieder links ab, bis wir nach ein paar Minuten die Abzweigung links zur **Eremitage** nehmen. Hier haben die Fürsten früher festliche Picknicks abgehalten und die Aussicht bewundert, und so tun wir es ihnen heute etwas weniger fürstlich gerne gleich.

Nach einer genüsslichen Pause kehren wir zur Abzweigung zurück und treten linksherum den Rückweg zur Hängebrücke an, die wir erneut überqueren. Wieder am anderen Ufer, nehmen wir rechts den steilen Pfad zu einer beschilderten Gabelung und wandern dort rechts weiter zur spektakulären **Teufelsbrücke** ❼ über der **Höllschlucht**, die wir schon vom anderen Ufer aus bestaunen konnten. Der Weg führt

★Highlights

Eine sagenhafte Felsen- und Flusslandschaft hat die Fürstin Amalie Zephyrine vor rund 200 Jahren erbauen lassen.

Tolle Aussichten bieten sich vom Känzele und vom Amalienfelsen.

Faszinierende Felsgrotten erscheinen uns wie aus einem fernen Zauberland.

Die Kinder begeistern sich besonders für die Indiana-Jones-Hängebrücke über die Donau und die gewölbte Teufelsbrücke über die Höllschlucht.

uns durch einen kleinen Felsentunnel und am nächsten Wanderschild geradeaus Richtung Nickhofkreuz. Wir verlassen am Nickhofkreuz die Wanderwege und halten uns rechts auf der Teerstraße bis zur **Einöde Nickhof 8**. Nach den Häusern führt uns rechts ein Forst- und Wiesenweg mit tollen Blicken auf die umliegenden Felswände zurück zum Parkplatz. Über die Donaubrücke erreichen wir schließlich wieder die **Bushaltestelle Inzigkofen Bahnhof 1**.

Hallo Kinder!

Sicher fragt ihr euch, was es mit dem **Donaudurchbruch** auf sich hat und ob hier die Donau einfach so durch die Felsen durchgebrochen ist. Tatsächlich ging das nicht schwuppdiwupp, sondern dauerte unvorstellbar lange, nämlich einige Millionen

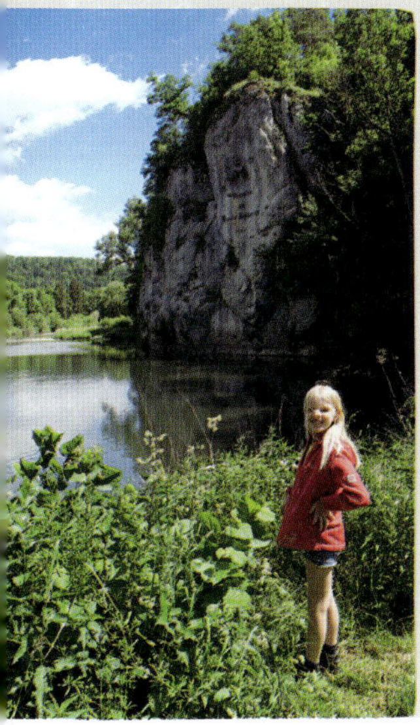

Jahre. Durch das Aufeinanderschieben der afrikanischen Kontinentalplatte auf die eurasische Platte kam es zu einer Anhebung und Auffaltung der Landmassen, die immer noch im Gange ist und die auch die Alpen jedes Jahr um einige Millimeter wachsen lässt. Im Gebiet der Schwäbischen Alb grub sich die einstmals **große Ur-Donau** immer tiefer in das sich sehr langsam hebende Gebirge ein und erschuf so Täler von bis zu 200 m Tiefe. Die Donau durchbricht auf ihrem Weg ins Schwarze Meer noch mehrere Gebirge und hinterlässt dabei so wunderschöne Landschaften wie hier im Oberen Donautal.

30 Burg Wildenstein

ÜBER DER DONAUSCHLEIFE VON ST. MAURUS

3.00 STUNDEN

7,4 KILOMETER

↗ 310 HÖHENMETER

↘ 310 HÖHENMETER

MITTEL ab 6 Jahren

Mehr Burgen geht nicht …: Eines der vielen Highlights der Schwäbischen Alb ist sicher die Wanderung auf die alte Ritterburg Wildenstein, die 200 m hoch über dem Donautal auf einem jäh ins Tal abfallenden Felsen thront. Sie ist umgeben von kleinen Vorburgruinen wie der Burg Hexenturm, die spektakulär auf einem Felszahn sitzt. Der Weg hinauf verläuft durch eine wildromantische Bannwaldschlucht mit einer gigantischen Felsengalerie, in der sich unzählige Halbhöhlen und Höhlen verbergen. Nach einer Vesper in der Wildensteiner Burgschänke geht es ans Erkunden der Aussichtsfelsen rund um die Burg und der großen hölzernen Spielburg. Auf dem Rückweg ins Tal kommen wir noch an einer Luchs-Station, der Buchbrunnenquelle und einem Schau-Kohlenmeiler vorbei, bevor wir mit herrlicher Aussicht vom Altstadtfelsen ins Donautal und zum Kloster Beuron zurück zur Donauschleife absteigen.

Ausgangspunkt: Bushaltestelle Beuron St. Maurus, 640 m. Anfahrt vom Bahnhof Sigmaringen mit dem Regionalbus 450. – Mit dem Auto: Am Wanderparkplatz an der Bushaltestelle können einige wenige Autos geparkt werden, GPS: N48.057280, E8.988351.
Ausrüstung: Gut profilierte Wanderschuhe.
Anforderungen: Mittellange Tour mit etlichen Höhenmetern auf teils steilen Pfaden. Bei Nässe ist Trittsicherheit vonnöten.
Einkehr: Auf Burg Wildenstein bietet die Burgschänke leckere Kuchen und kleine Gerichte im romantischen Innenhof; geöffnet von April bis Oktober 11.30–16.30 Uhr, an Wochenenden und Feiertagen 11.00–17.00 Uhr, außerhalb der Ferien Mo Ruhetag.
Jugendherberge Burg Wildenstein, 88637 Leibertingen-Wildenstein, Tel. +49 7466 411, jugendherberge.de.
Tipp: Auf dem Grillplatz bei der Spielburg ein ritterliches Lagerfeuer machen und Mitgebrachtes am Spieß grillen.

Kinder, auf einer Burg übernachten, das wäre doch mal ein Abenteuer!

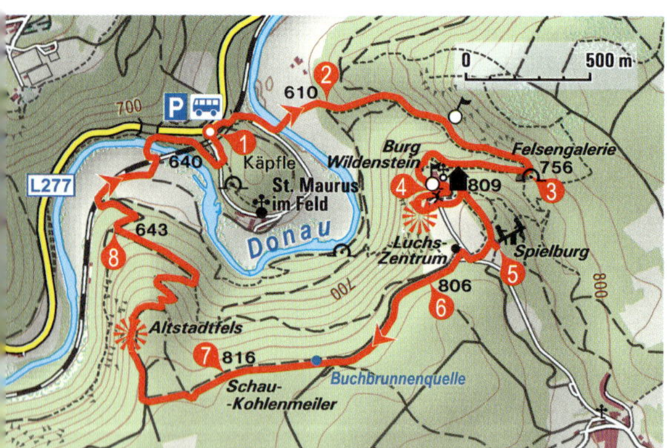

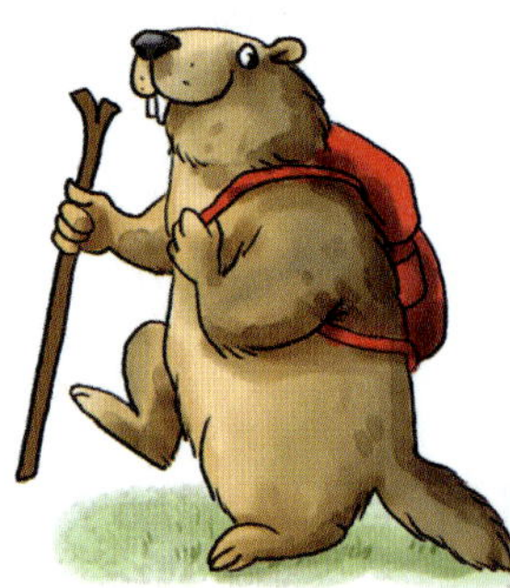

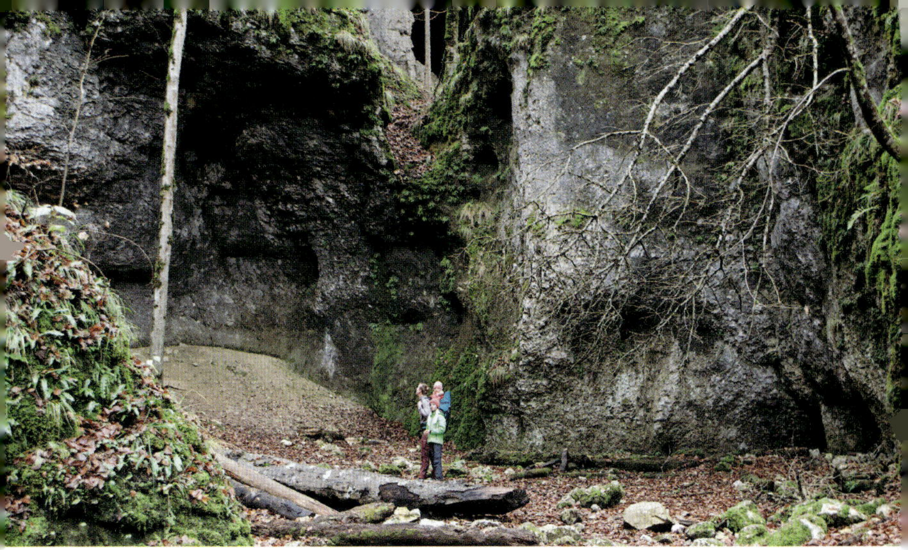

LOS GEHT'S An der **Bushaltestelle St. Maurus ①** wenden wir uns nach Süden und am Wanderschild halb links Richtung Donausteg in den Wald hinein. Wir folgen der Donauwellen-Plakette durch eine Linkskurve und zweigen nach rund 100 m links hinunter zur Donau auf einen kleinen Pfad ab. Nach einigen Serpentinen halten wir uns am Wanderschild Bahnwärterhaus rechts Richtung Donausteg. Wenig später schickt uns die Donauwellen-Plakette noch eine Etage tiefer links zum Wanderschild Donausteg, an dem wir umgeben von herrlicher Felslandschaft die Donau überqueren und bald im Wald voraus das **Wanderschild Donauhaus Abzweig ②** finden. Wir kreuzen den Forstweg geradeaus in Richtung Burg Wildenstein. Der mit Donauwelle und rotem Dreieck gekennzeichnete Pfad wird nun steiler und verläuft immer geradeaus Richtung Felsengalerie und Burg Wildenstein durch eine von Moos überzogene Bannwaldlandschaft mit immer höher aufragenden Felsmauern. An der mit Halbhöhlen und Höhlen durchsetzten **Felsengalerie ③** und am folgenden Wanderschild Oberer Tobel steuern wir jeweils nach rechts Richtung Burg. Über uns türmen sich

Vor der mächtigen Felsengalerie sind wir ganz klein.

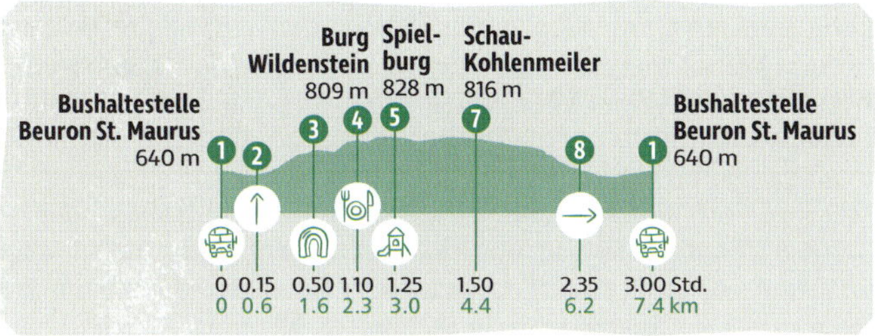

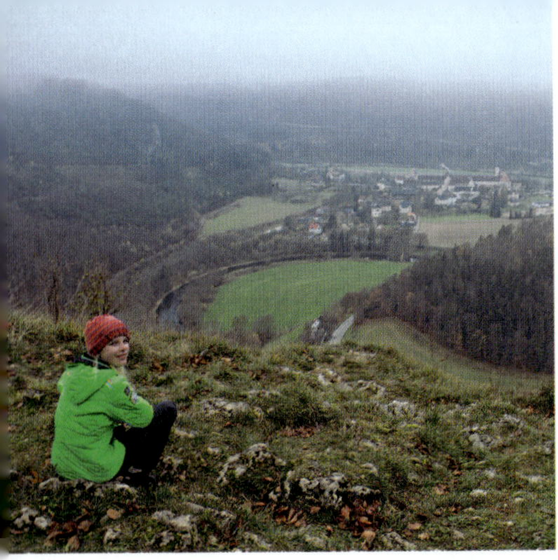

Auch im Nebel ist der Blick vom Altstadtfelsen zum Kloster Beuron sehr beeindruckend.

die Felswände auf und bald auch die Mauern der **Burg Wildenstein** ❹. Durch den Burggraben kommen wir zum Haupteingang vor den Brückenpfeilern der ehemaligen Zugbrücke. Rechts und links der Burg blicken wir über die Felsen hinunter ins Donautal, bevor die Kinder den Burghof mit der Burgschänke stürmen. Die Jugendherberge bleibt den Übernachtungsgästen vorbehalten.

Nach der Besichtigungspause setzen wir die Tour am Wanderschild Burg Wildenstein über die Wiese in Richtung Bandfelsen fort. Nach knapp 100 m zweigen wir im Wald an einer Wanderkreuzung rechts ab und laufen ein Stück auf einem Achtsamkeitspfad, der zu einem Walderlebnispfad gehört. An der Fühlstation biegen wir rechts und gleich wieder links ab, denn die Kinder zieht es zu der riesigen **Spielburg** ❺ am Waldrand. Jenseits der großen Wiese sehen wir den Wanderparkplatz und den großen Infostand über Luchse mit spannenden Details aus dem Leben dieser Tiere. Dahinter nimmt uns ein breiter Forstweg in Richtung Alpenblick auf, der sich nach wenigen Metern am **Wanderschild Donausteige** ❻ gabelt. Wir gehen links und verlassen nach gut 5 Min. den Forstweg nach rechts, dem gelben Kringel und dem roten Dreieck in Richtung Beuron hinterher. An der schönen Buchbrunnenquelle können die Kinder sich abkühlen und mit frischer Kraft zum nahegelegenen **Schau-Kohlenmeiler** ❼ weiterwandern. Wir bleiben geradeaus auf dem mit dem roten Dreieck markierten Weg, bis wir auf einen Forstweg treffen und rechts in Richtung Altstadtfelsen abbiegen. An einem Jägerstand behalten wir unsere Richtung geradeaus bei und können dann vom Altstadtfelsen das Kloster Beuron und die Bahnstrecke an der Donau steil unter uns ausmachen. Der Weg beschreibt nun eine Rechtskurve, etwa 80 m später zweigen wir auf einen versteckten Jägerpfad ab, der handschriftlich auf einem Baum als Weg ins Tal gekennzeichnet ist. Die Serpentinen führen an weich bemoosten Felsen vorbei durch den Wald bis zu einem breiteren Wanderweg, auf dem wir links hinunter zum **Wanderschild Unterm Altstadtfelsen** ❽ kommen. Wir werden nach rechts Richtung Donausteg und nach gut 100 m durch eine Linkskurve geschickt, bis wir auf den geteerten Radweg stoßen und scharf rechts abzweigen. Wir lassen uns vom Radweg nach knapp 300 m links zur Bahnbrücke lenken, überschreiten die Donaubrücke und biegen rechts ab. Ein kurzes Stück geht es noch bergauf zur geteerten Maurusstraße, die uns links hinauf zurück zur **Bushaltestelle St. Maurus** ❶ bringt.

Hallo Kinder!

Bestimmt sind euch vom Donautal aus die riesigen Felsnadeln aufgefallen, die quasi wie ein Schutzschirm vor der **Burg Wildenstein** stehen. Tatsächlich befinden sich immer noch auf jedem dieser exponierten Felsen **Überreste von Vorburgen**, von denen aus im Mittelalter die Burg Wildenstein bewacht wurde. Diese Burgen hießen **Altwildenstein**, **Unterwildenstein**, **Hexenturm** und **Hahnenkamm**, und so verwegen wie ihre Namen klingen, so abenteuerlich ist auch ihre Lage auf den Felsnadeln. Da kann es einem schon vom Hinaufschauen ganz schwindlig werden. Von unten sieht man die Ruinen heute aber nicht mehr, dazu müsst ihr zur Burg Wildenstein hinaufsteigen. Am besten ihr verbringt gleich die Nacht in der **Jugendherberge** und lasst euch bei einer Burgführung schaurige Geschichten von längst vergangenen Ritterzeiten erzählen.

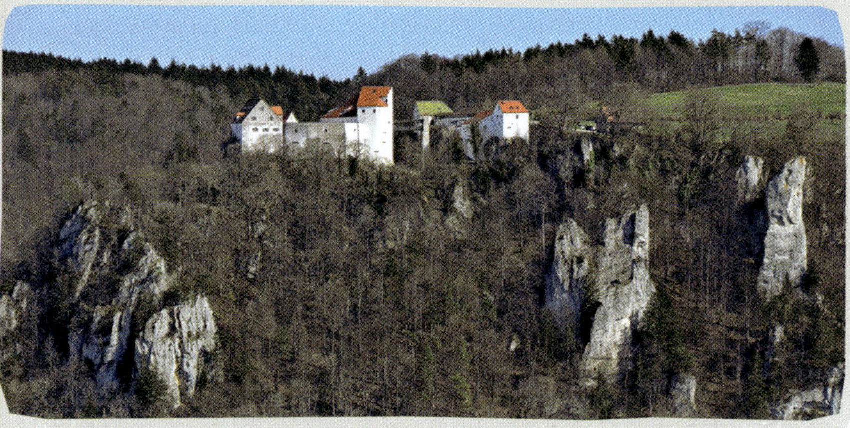

★Highlights

In der Felsengalerie erforschen wir die Höhlen und Halbhöhlen.

Auf Burg Wildenstein können wir nicht nur in der mittelalterlichen Burgschänke Pause machen, sondern auch in der Jugendherberge übernachten.

Eine große Spielburg wartet auf Ritter und Burgfräulein.

Von den verschiedenen Felsenriffen aus bestaunen wir die malerische Aussicht ins Donautal.

31

Zum Knopfmacherfelsen

VON FRIDINGEN RUND UM DEN KIRCHBERG

4.30 STUNDEN

9,1 KILOMETER

↗ 390 HÖHENMETER

↘ 390 HÖHENMETER

SCHWER ab 6 Jahren

Felsenwanderung am Donaudurchbruch: Von Fridingen aus steigen wir hoch hinauf zu den Felsriffen des Laib- und Stiegelesfelsen, von denen sich eine prachtvolle Aussicht ins Tal hinunter öffnet. Nach einer Erkundungstour in die Sperberslochhöhle geht es wieder ganz hinunter zu einer Donaufurt, die man bei normalen Verhältnissen gut auf den Trittsteinen im Fluss überqueren kann. Im Biergarten des Jägerhauses lassen wir die Umgebung auf uns wirken, während die Kinder am flachen Wasser spielen. Ein zweiter Anstieg bringt uns zum bekannten Knopfmacherfelsen. Von der Kanzel bietet sich eine der schönsten Aussichten in der gesamten Schwäbischen Alb, die auch auf vielen Postkarten abgebildet ist. Die malerische Szenerie mit den engen Donauschleifen, dem Jägerhaus tief unten im Tal und dem Schloss Bronnen in schwindelnder Höhe darüber belohnt alle Aufstiegsmühen.

Ausgangspunkt: Bushaltestelle Fridingen Mittlere Gasse, 626 m. Anfahrt vom Bahnhof Mühlheim a. d. Donau mit dem Regionalbus 310. – Mit dem Auto: Kostenfreies Parken auf dem Parkplatz Skihütte, Kirchberg 9, 78567 Fridingen an der Donau.
Ausrüstung: Bitte für diese Bergwanderung gut profilierte Wanderschuhe vorsehen, eine Stirn- oder Taschenlampe, ein Fernglas sowie Wechselkleidung und ein Handtuch für das Spielen an der Donau.
Anforderungen: Längere Tour mit vielen Höhenmetern hauptsächlich auf herrlichen Wiesen- und Waldwegen, zwischendurch immer mal wieder auf einem Forstweg. An steilen Stellen herrscht bei feuchter Witterung Rutschgefahr. An den Felskanten passen wir verstärkt auf die kleineren Wanderer auf, die Stellen sind nicht gesichert.
Einkehr: Das Jägerhaus Fridingen liegt verträumt an einer Donaufurt und besticht durch die herrliche Terrasse; geöffnet Mi–Sa 11.30–22.00 Uhr und So 11.30–18.00 Uhr, von November bis Dezember Fr und Sa 11.30–22.00 Uhr, So 11.30–17.00 Uhr, Winterpause bis April, Bronnen 7, 78567 Fridingen, Tel. +49 7466 254, jaegerhaus.de. Deftiges und Einheimisches bietet das Berghaus Knopfmacher; geöffnet täglich 10.00–

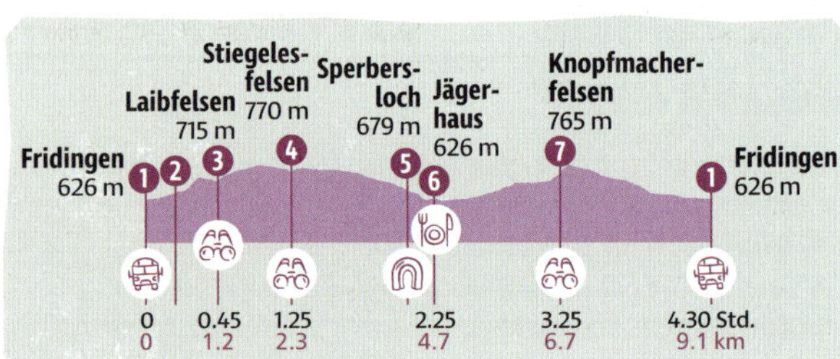

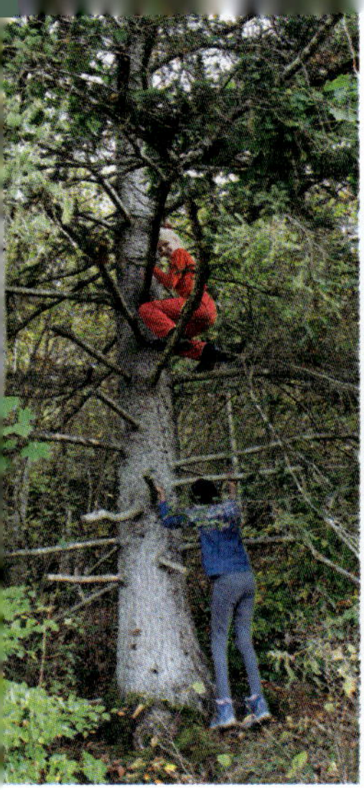

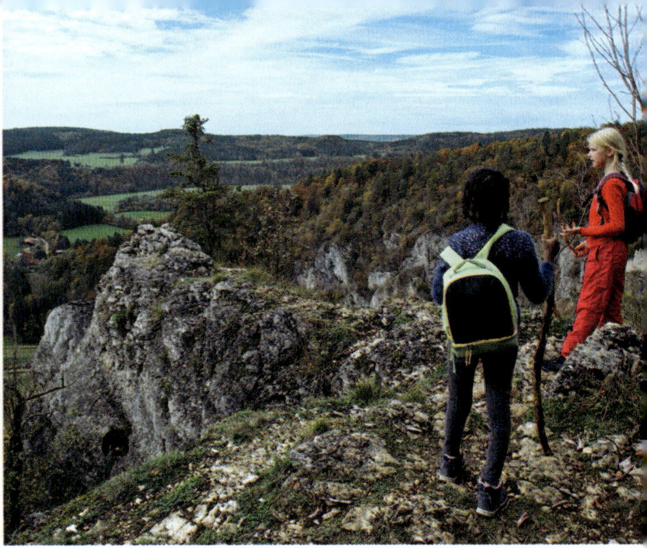

22.00 Uhr, im Winter Mo–Fr 14.00–22.00 Uhr, Sa/So/Feiertag 11.00–22.00 Uhr, Knopfmacherfelsen 1, 78567 Fridingen, Tel. +49 7463 1057, berghaus-knopfmacher.de.

Tipp: Ein gutes Fernglas mitnehmen und nach Gämsen Ausschau halten, die man früh morgens oder spät abends mit viel Glück in den Felsen kletternd beobachten kann.

Kinder haben immer Spaß beim Klettern, sei es auf Bäume oder auf Felsen.

LOS GEHT'S Unsere große Donaufelsentour beginnt an der **Bushaltestelle Fridingen Mittlere Gasse ❶**, wo wir ein paar Meter nach Osten gehen, um dann gleich rechts in die Hintere Gasse einzubiegen. An deren Ende geht es rechts und gleich wieder links um die Kirche St. Martinus herum. Dann halten wir uns an der nächsten Straße namens Kirchberg rechts und steigen zum Parkplatz Skihütte hinauf. Am Schild der **Wanderinfo Burgstall ❷** nehmen wir halb rechts den Wiesenweg Richtung Laibfelsen und passieren bald die Skipiste und die bewirtschaftete Skihütte, bis wir vor dem Wanderschild Am Antoni stehen. Hier wandern wir geradeaus weiter in Richtung Laibfelsen auf einem steinigen Wurzelpfad hinauf. Im Wald nimmt die Steilheit ab und wir stehen bald am Aussichtspunkt **Laibfelsen ❸** über dem Donautal. Die Felsen fallen hier senkrecht ab und wir passen auf, dass wir nicht zu

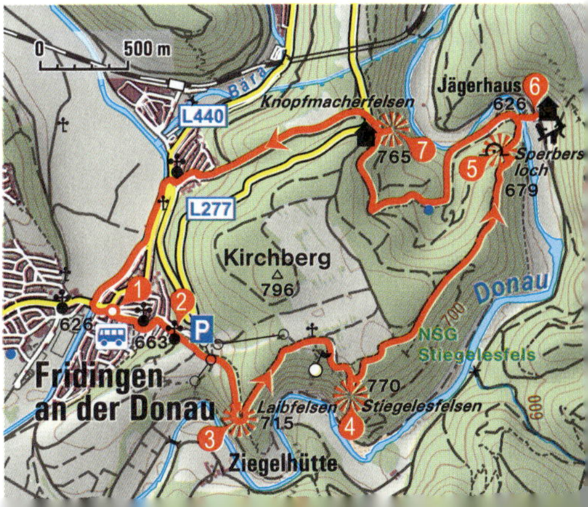

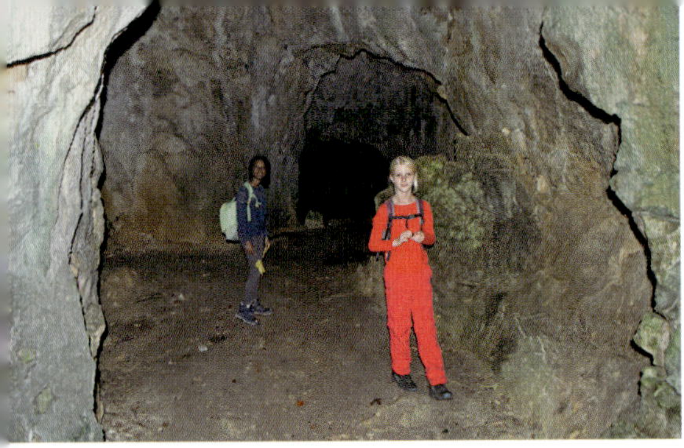

nahe an die Kante kommen.

Wir drehen um und halten uns an der Verzweigung mit dem Donauwellen-Schild rechts. Bald verlassen wir den Wald, spazieren an der niedlichen Kapelle mit der riesigen Sonnenuhr vorbei und folgen dem breiten Wanderweg durch eine Rechtskurve zu einem weiteren Aussichtspunkt mit Sitzbänken. Der Weg setzt sich am Waldrand bis zu einer Verzweigung fort, an der wir rechts in Richtung des Aussichtspunktes abbiegen und bald die markante Felsenbrücke des **Stiegelesfelsen** ❹ erreichen, die wir mit Kindern aber lieber nicht betreten, da der Fels hier senkrecht abfällt. Die engen Flussschleifen mit den schroffen Kalkfelsen im Hintergrund bieten ein faszinierendes Panorama. Wir orientieren uns weiter an der Donauwellen-Beschilderung, erst durch den Wald, dann rechts am Waldrand entlang bis zum Wanderschild Otterntäle. Wir überqueren die Wanderkreuzung in Richtung Jägerhaus und schwenken bald darauf geradeaus auf einen breiteren Forstweg ein. Nach 200 m folgen wir an einer Gabelung dem rechten Weg, markiert mit dem Wegzeichen der liegenden roten Gabel, der wir auch 200 m später an der nächsten Gabelung links nachwandern. Ein paar Meter weiter zweigt

OBEN

In der Sperberslochhöhle wird es sehr dunkel, bitte Taschenlampe nicht vergessen.

UNTEN

So macht eine Donauüberquerung richtig Freude.

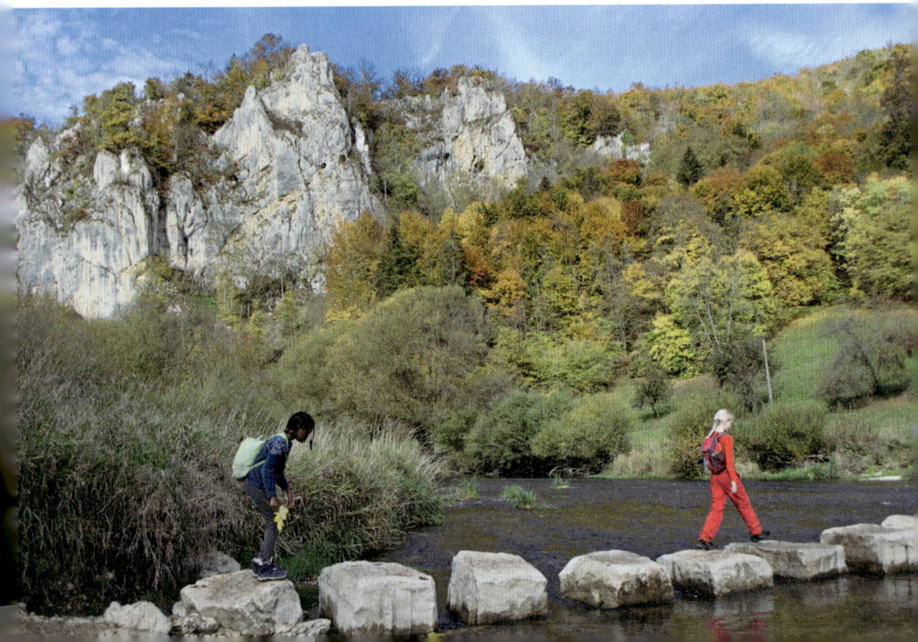

Hallo Kinder!

Auf dem **Knopfmacherfelsen** erfahrt ihr, woher der Felsen seinen Namen bekam: Laut einer Sage stürzte der Knopfmacher Fidelis Martin hier mit seinem Pferd ab, weil das Hardtfräulein ihn in die Irre geführt hat. Wer aber ist dieses **Hardtfräulein**? Hier in Beuron auf der südlichen Hardt, einem Teil des Großen Heuberges, lebte auf der Burg Werenwag ein Edelfräulein, das einen jungen Ritter so hintergangen haben soll, dass dieser sich vor Gram von einem Felsen zu Tode stürzte. Als Buße für diese Schuld muss das Edelfräulein nun immerfort als schwarzbekleidetes, trauerndes altes Hardtweible des Nachts durch Wälder und Felder streifen. Es kann sich in ein junges Fräulein verwandeln und wenn es besonders bösartig ist, leitet es verirrte Menschen in dunkle Höhlen oder nahe an Abgründe heran. Manchmal neckt es die Menschen aber auch nur oder macht das Vieh scheu. Auf der **Irndorfer Fasnet** könnt ihr dem Hardtfräulein jedes Jahr begegnen.

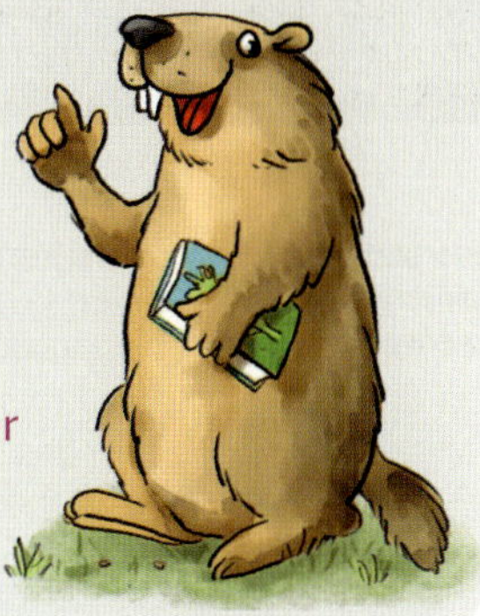

rechts ein nicht in den Karten verzeichneter Wirtschaftsweg ab, den wir ignorieren. Der Weg verläuft nun immer steiler bergab und wir kommen schnell voran. Schon sehen wir von einem Aussichtsfelsen in der Tiefe das Jägerhaus romantisch an der Donaufurt liegen und oben auf dem Steilfelsen das Schloss Bronnen thronen. Sehr steil und bei Nässe rutschig fällt der Wanderpfad nun bis zum **Sperbersloch** ❺ ab, das die Kinder gespannt mit einer Taschenlampe erkunden. Unten im Tal

★Highlights

Die Kinder erklimmen kurz vor dem Laibfelsen einen Kletterbaum.

Von oben sieht das Tal wie eine Modellbaulandschaft aus.

Vor den Abgründen am Stiegelesfelsen gruseln wir uns tüchtig.

Mit einer Taschen- oder Stirnlampe wagen sich kleine Höhlenforscher in das dunkle Sperbersloch.

Die Donaufurt am Jägerhaus ist ein idealer Spielplatz für alle Wasserratten.

Auf der Kanzel des Knopfmacherfelsens fühlen wir uns wie im Bugkorb der Titanic.

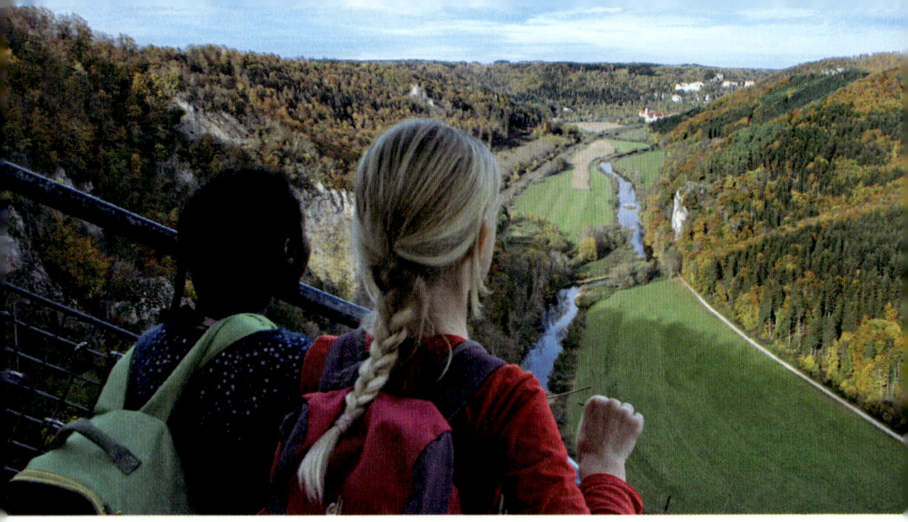

Toller Blick von der Aussichtskanzel am Knopfmacherfelsen.

angekommen führt uns das Wanderschild Jägerhaussteg West rechts über die Donaufurt und zur urigen Gartenwirtschaft **Jägerhaus 6**. Nachdem sich die Kinder auf dem Spielplatz ausgetobt, am flachen Wasser der Donau geplanscht und die Hühner und Zeburinder begrüßt haben, nehmen wir die Wanderung wieder auf und lassen uns von der Beschilderung Richtung Knopfmacherfelsen über die großen Trittsteine wieder über den Fluss und vorbei an einem Zeltplatz lenken. Nach einer Viertelstunde verlassen wir den breiten Weg zugunsten eines schmalen Pfades, der mit einem gelben Kringel markiert ist und uns rechts hinauf durch den Wald begleitet. Wir stoßen auf einen Forstweg, zweigen rechts ab, queren geradeaus eine Forstwegkreuzung und wandern den letzten halben Kilometer zum **Berghaus Knopfmacher** hinauf. Vom **Knopfmacherfelsen 7** eröffnet sich uns ein spektakulärer Postkartenblick ins Donautal bis hinüber zum Jägerhaus und Schloss Bronnen, sodass die Kinder den langen Anstieg schnell vergessen.

Auf der anderen Seite der Landstraße machen wir uns anschließend auf den Rückweg nach Fridingen, gekennzeichnet mit den blau-grünen Plaketten des Donauberglandweges. Ein breiter, sanft bergab verlaufender Wanderweg bringt uns nach einem Kilometer an den Ortsrand von Fridingen, wo wir auf der Teerstraße bergab zur Goethestraße gehen und dieser links folgen, bis wir auf die Bergstraße stoßen. Wir biegen links ab und steigen gleich rechts eine Treppe hinunter, immer auf den Spuren des Donauberglandweges. Die Treppe entlässt uns nach links auf die Bahnhofstraße, von der wir nach einigen Minuten rechts in die Obere Gasse abzweigen, um auf einem Wiesenweg nahe der Donau bis zur Brücke zu gelangen. Ein Wanderschild weist uns links zur Ortsmitte und nach 50 m finden wir rechts den Wegweiser zum Skilift, der uns in die Mittlere Gasse und zurück zur **Bushaltestelle Fridingen Mittlere Gasse 1** führt.

Halbhöhlen bei Wurmlingen

32

AM FUSS DES GROSSEN HEUBERGS NACH RIETHEIM

3.00 STUNDEN

6,6 KILOMETER

↗ 230 HÖHENMETER

↘ 230 HÖHENMETER

ab 5 Jahren

MITTEL

Höhlenforschen über dem Faulenbachtal: Auf der Wanderung von Wurmlingen nach Rietheim erkunden kleine und große Naturforscher mit der Nonnenhöhle, dem Bettelmannskeller und dem Schwarzen Tor zwei sogenannte Halbhöhlen und eine Naturbrücke. Zu Beginn entdecken die Kinder jedoch den tollen Spielplatz direkt am Faulenbach, bevor sie die 200 Höhenmeter zur Nonnenhöhle hinaufsteigen, in der sich im Bauernkrieg die Nonnen des kleinen Wurmlinger Klosters vor feindlichen Soldaten versteckt haben sollen. Ein Stückchen oberhalb davon kann man rasten und bei guter Fernsicht den wundervollen Ausblick bis zur Schweizer Alpenkette genießen. Im weiteren Verlauf des Höhenwegs liegen die Einstiege in den Bettelmannskeller und das Schwarze Loch etwas versteckt, sodass die Kinder immer aufmerksam sein müssen, damit ihnen nichts entgeht. Vom Martinskreuz an der ehemaligen Ruine Fürstenstein kann man noch mal ins Faulenbachtal hinunterblicken und sich in Rietheim auf den Holzplanken am Naturweiher vom Abstieg ausruhen.

Ausgangspunkt: Bahnhof Wurmlingen Mitte, 665 m. Anfahrt ab Villingen Bahnhof mit der Regionalbahn RE55 Richtung Ulm bis Tuttlingen, dort Umstieg in die Regionalbahn RE43 Richtung Rottweil. – Mit dem Auto: Parken an den Straßen in der Nähe des Bahnhofs Wurmlingen Mitte.

Endpunkt: Bahnhof Rietheim, 682 m. Mit der Regionalbahn RE43 Richtung Immendingen zurück nach Tuttlingen.

Ausrüstung: Gut profilierte Wanderschuhe sind empfehlenswert, denn die Höhlenzugänge sind steinig und steil. Eventuell Handtuch und Reservekleidung für das Spielen am Bach mitnehmen.

Anforderungen: Mittellange Tour auf schönen Wald- und Wanderwegen, wenig Forstwege, mit kurzem serpentinenartigen Zustieg auf den Höhenweg und kleiner Kraxeleinlage am Schwarzen Tor.

Einkehr: Unterwegs keine. Am Bahnhof Wurmlingen bietet der Gasthof zum Löwen gutbürgerliche Küche zu fairen Preisen; geöffnet Do–Di ab 17.30 Uhr, So auch 11.30–14.00 Uhr, Karlstr. 4, 78573 Wurmlingen, Tel. +49 7461 93300, loewen-wurmlingen.de.

Tipp: Die Tour kann auch in entgegengesetzter Richtung erwandert werden, der Bahnhof Rietheim liegt nur drei Haltestellen entfernt.

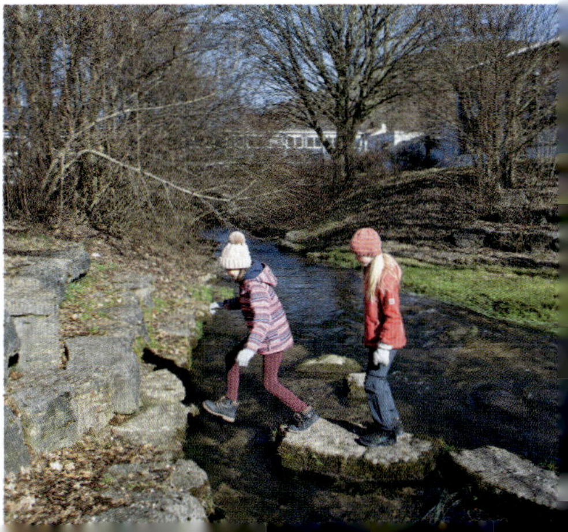

Auch im Winter macht Spielen am Bach Spaß.

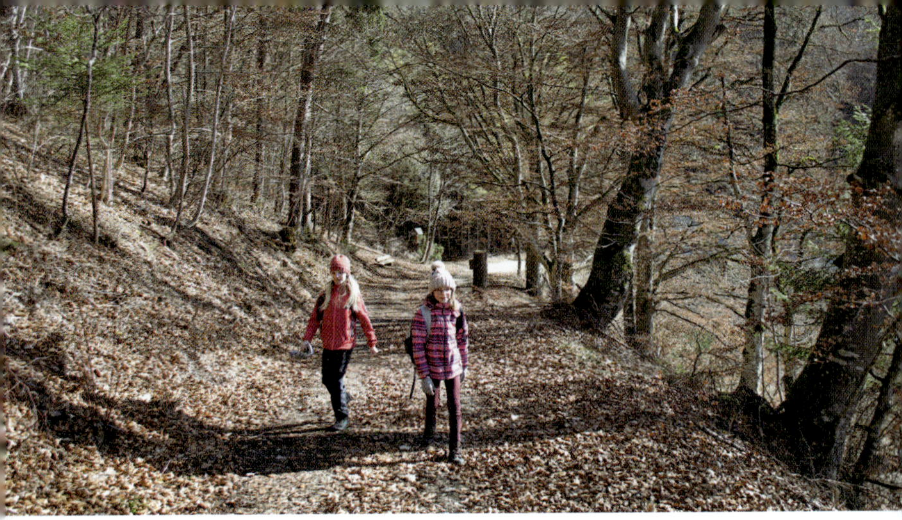

Zehn Prozent Steigung sind für Wanderkinder gar kein Problem.

LOS GEHT'S Am **Bahnsteig Wurmlingen Mitte ①** queren wir unterirdisch das Bahngleis und gelangen zur Karlstraße, die wir rechts Richtung Rußberg hinuntergehen. Vorbei am Gasthof Löwen verläuft unser Weg geradeaus über die nächsten beiden Querstraßen und bringt uns an einen kleinen, aber feinen **Abenteuerspielplatz ②** direkt am Faulenbach. Hier haben die Kinder einen idealen Zugang zum Bach und können wunderbar am Wasser spielen. Hinter dem Spielplatz wandern wir noch ein Stückchen am Bach, bis wir am Ende der Schlosshalle rechts auf die Schlossstraße kommen und in diese links einschwenken. Wir passieren das etwas unscheinbare Schloss Wurmlingen, in dem sich ein Teil der örtlichen Schulen befindet, und halten uns an der nächsten Querstraße rechts hinauf in Richtung Rußberg und der ausgeschilderten Nonnenhöhle. Nachdem wir durch eine Unterführung unter der Bundesstraße hindurchgeleitet wurden, treffen wir am **Wanderschild An der Steig ③** auf eine Straßengabelung, an der wir halb links Richtung Nonnenhöhle weitermarschieren. Für wenige Minuten geht es für uns auf einem Bürgersteig an der Landstraße entlang, bis wir am Waldrand auf einen **Wanderparkplatz ④** und das nächste Wanderschild

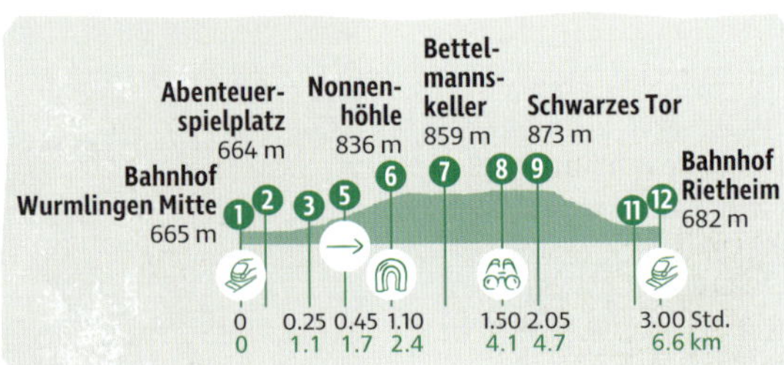

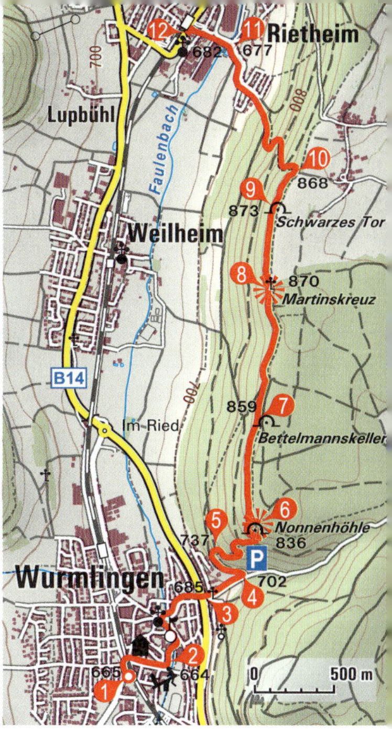

treffen, dem wir links Richtung Nonnenhöhle folgen. Nach 50 m nehmen wir an einer Gabelung rechts hinauf den mit einem gelben Kringel markierten Oberen Tannhaldeweg. Nach einigen Minuten zweigt am **Wanderschild Unterer Tannenhaldenweg ❺** ein kleiner Waldpfad rechts hinauf in Richtung Nonnenhöhle. Über einige Serpentinen schlängelt sich der Pfad durch einen jungen Buchenwald bis zur **Nonnenhöhle ❻**, nur kurz durch einen kreuzenden Forstweg unterbrochen. Das letzte sehr steile Stück zur Höhle ist mit Steinstufen gut zu erklimmen. Neugierig erforschen die Kinder das Innere der nur wenige Meter tiefen Höhle. Feuerspuren zeugen von einer regen Nutzung dieser Halbhöhle, die einstmals den Nonnen des Wurmlinger Frauenklosters als Versteck vor feindlichen Soldaten gedient haben soll. Ein paar Meter geht es noch bergauf, bis wir am nächsten Wanderschild rechts Richtung Kapf abbiegen, um einen 50 m entfernten Aussichtsplatz zu erreichen, von dem aus wir bei guter Fernsicht mithilfe der aufgestellten Bildtafeln die Schweizer Berge identifizieren können, von den Glarner bis zu den Berner Alpen.

Zurück auf unserem Wanderweg passieren wir wieder das Wanderschild Bei der Nonnenhöhe und halten uns auf dem Wanderweg immer geradeaus in Richtung Bettelmannskeller. Nach rund 10 Min. mündet der Pfad in einen Forstweg, den wir links weitergehen. Kurz darauf erreichen wir den

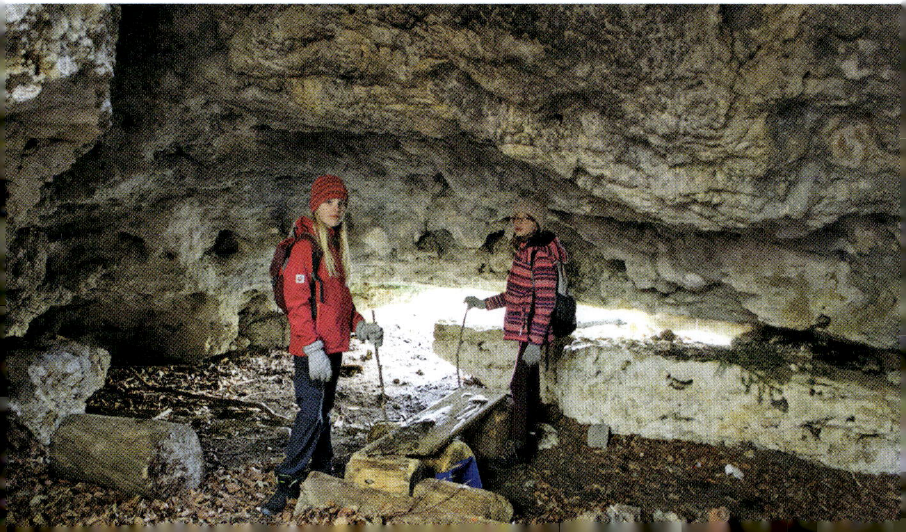

Im Bettelmannskeller könnte man es sich gemütlich einrichten.

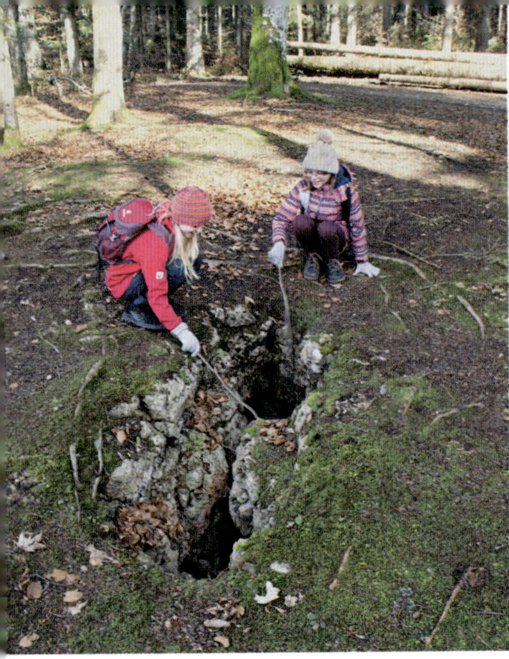

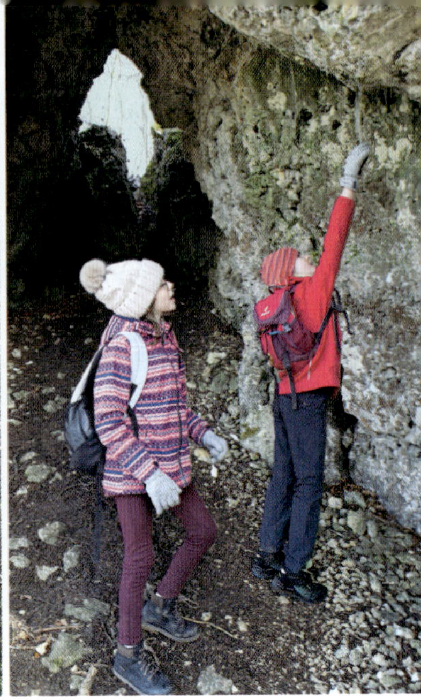

LINKS

Eine Felsspalte mitten im Wald findet man auch auf der höhlendurchsetzten Alb nur selten.

RECHTS

Lieblingsnachspeise in der Kälte: Eiszapfen.

hinter einem Baum versteckten Eingang zum **Bettelmannskeller ❼**. Die Kinder begeistern sich in diesem Felsengewölbe besonders für den natürlichen Kamin, der als Felsspalte mitten im Wald endet. Hier passen wir auf kleinere Kinder gut auf, denn sie könnten hinunterfallen.

Weiter auf unserer Route stoßen wir nach ein paar Minuten auf einen größeren Platz mit Sitzgelegenheiten und dem Wanderschild Drei Buchen, das uns geradeaus die Richtung zur ehemaligen Burg Fürstenstein anzeigt. Der nun wieder schmale Waldpfad schlängelt sich durch den Nadelwald, bis wir nach einiger Zeit links hinter einer Kuppe das große **Martinskreuz ❽** und den Platz finden, an dem sich früher ein römischer Wachturm und später die Burg Fürstenstein befunden haben. Nach einer kurzen Pause mit Aussicht auf Weilheim führt uns der Pfad am Waldrand weiter, gut mit gelben Kringeln ausgeschildert. Nach weiteren 10 Min. finden wir einen herzförmig angeschnittenen Baumstumpf und das Hinweisschild zum **Schwarzen Tor ❾**, das rund 50 m später als in den meisten Wanderkarten verzeichnet etwas versteckt links am Abhang auf kraxelfreudige Kinder wartet. Im Winter hängen lange Eiszapfen von der Decke dieser Naturbrücke.

Unser Pfad trifft dann nach einigen Minuten auf einen Forstweg. Wir biegen links ein und gelangen zum **Wanderschild Krumme Steige ❿**, das uns links hinunter auf den rot berauteten Weg Richtung Rietheim Bahnhof schickt. Wir überqueren einen breiten Holzweg und danach einen nicht verzeichneten Forstweg, halten uns aber immer mit der

★Highlights

Auf dem coolen Abenteuerspielplatz können die Kinder auch den Zugang zum Faulenbach zum Planschen nutzen.

Zwei Rastplätze locken mi der Aussicht auf die Alpen und das Faulenbachtal.

Neugierige Wanderkinder erforschen die kleinen Halbhöhlen Nonnenhöhle und den Bettelmannskeller.

Im Winter bewundern wir die Eiszapfen an der Naturbrücke Schwarzes Tor.

Am schönen Biotop mit Beachvolleyplatz lassen wir den Tag ausklingen.

roten Raute steil bergab, bis wir am Wanderschild Wasserbehälter Schmidten aus dem Wald herauskommen. Eine schmale Teerstraße bringt uns geradewegs durch ein gut mit Wegweisern versehenes Wohnviertel hinunter zum **Teichbiotop ⑪** am Faulenbach mit seinem schönen Holzplateau und dem angrenzenden Beachvolleyplatz. Von dort geht es weiter über die Brücke und schnurgerade bis zum **Bahnhof Rietheim ⑫**.

Hallo Kinder!

Auf so mancher Wanderung ist sie uns schon auf Infotafeln begegnet und auch von unserem Zielbahnhof Rietheim ist sie nur 3 km entfernt: die **Europäische Hauptwasserscheide** (EHWS). Aber was bedeutet das eigentlich genau? Eine Wasserscheide in der Natur könnt ihr euch wie einen Hausgiebel vorstellen, an dem das Regenwasser entweder rechts oder links am Dach hinunterfließt. Genauso fließt auch das Wasser an Gebirgskämmen ab. An der Europäischen Hauptwasserscheide, die sich von Gibraltar ausgehend quer durch Europa auch durch die Schwäbische Alb schlängelt, fließt der eine Teil des Regen- und Schmelzwassers durch die Rheinzuflüsse und den **Rhein in die Nordsee**, der andere Teil durch die **Donau und ihre Zuflüsse ins Schwarze Meer**. Bei Balgheim ganz in der Nähe unserer Wanderroute verläuft die EHWS den Albtrauf hoch zum Dreifaltigkeitsberg nach Norden und Richtung Villingen-Schwenningen nach Westen.

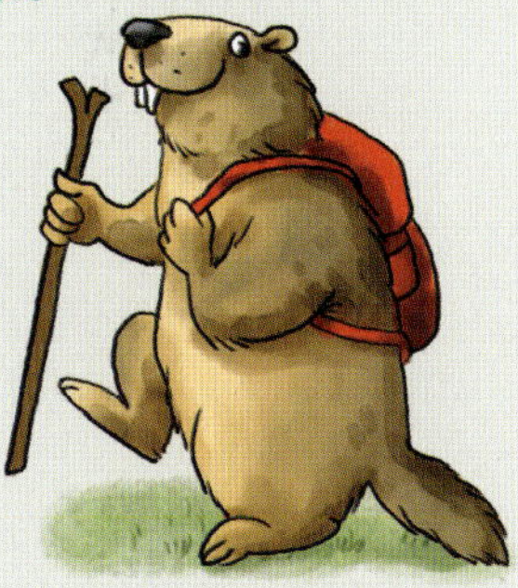

33 Auf den Dreifaltigkeitsberg

VON DENKINGEN ÜBER DEN KLIPPENECKSTEIG

4.00 STUNDEN

10,1 KILOMETER

↗ 380 HÖHENMETER

↘ 380 HÖHENMETER

SCHWER ab 6 Jahren

Flower-Power und Kreuzweg: Sehr viel Abwechslung verspricht die Rundwanderung auf dem Klippenecksteig bei Denkingen. Beginnend auf einem kleinen Stück der ehemaligen Heubergbahn-Trasse führt der Steig über herrliche Blumenwiesen und vorbei an Streuobstbäumen, die im Frühling wunderschön blühen. Dann bewundern wir die aufwendigen kleinen Kapellen an den Stationen des steil aufsteigenden Kreuzwegs, der auf dem Dreifaltigkeitsberg mit seiner weitläufigen Klosteranlage endet. Hier genießen wir die Aussicht über die Baarebene bis in den Schwarzwald, bei guter Fernsicht sogar bis in die Alpen. Auf schmalen Waldpfaden pirschen wir anschließend den Albtrauf entlang bis nahe ans Klippeneck, von dem aus sich wagemutige Segelflieger über die Albtraufkante in die Lüfte begeben. Nach dem Abstieg vom Klippeneck klingt unsere Wanderung an einer Kneippanlage aus, in der die Kinder ihre müden Arme und Beine kühlen können.

Ausgangspunkt: Bushaltestelle Denkingen Rathaus, 689 m. Ab Tuttlingen Bahnhof mit der Regionalbahn RB43 Richtung Rottweil bis Aldingen, dort Umstieg in den Regionalbus 220 Richtung Deilingen. – Mit dem Auto: Parken am Wanderparkplatz an der Wassertretanlage, Klippeneckstraße, GPS: N48.102176, E8.741043.
Ausrüstung: Gut profilierte Wanderschuhe, besonders bei feuchten Bedingungen.
Anforderungen: Längere Tour mit ordentlich Höhenmetern und steilem Anstieg auf Pfaden, Wander- und Wiesenwegen. Evtl. Handtuch für das Kneippbecken einpacken.
Einkehr: Schwäbische und internationale Gerichte serviert die klostereigene Gaststätte auf dem Dreifaltigkeitsberg; geöffnet täglich außer Mo 11.00–22.00 Uhr, Dreifaltigkeitsberg 1, 78549 Spaichingen, Tel. +49 7424 2290. Maultaschen, Spätzle und Salate finden sich in der Gaststätte Schützenhaus Denkingen; geöffnet Mi–Fr 15.30–22.00 Uhr und Fr–So 10.00–22.00 Uhr, Klippeneckstraße 20, 78588 Denkingen, Tel. +49 7424 9014423.

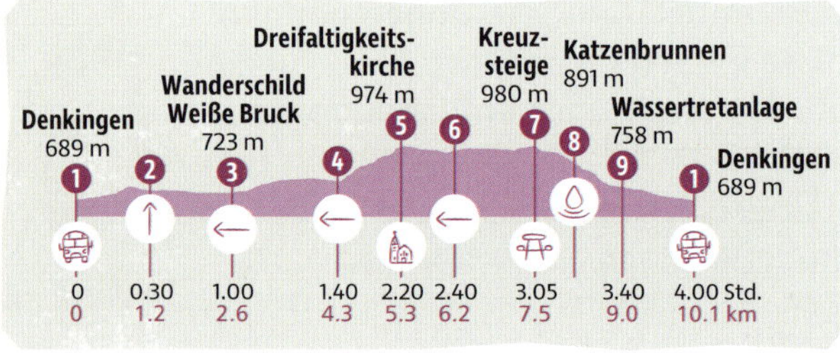

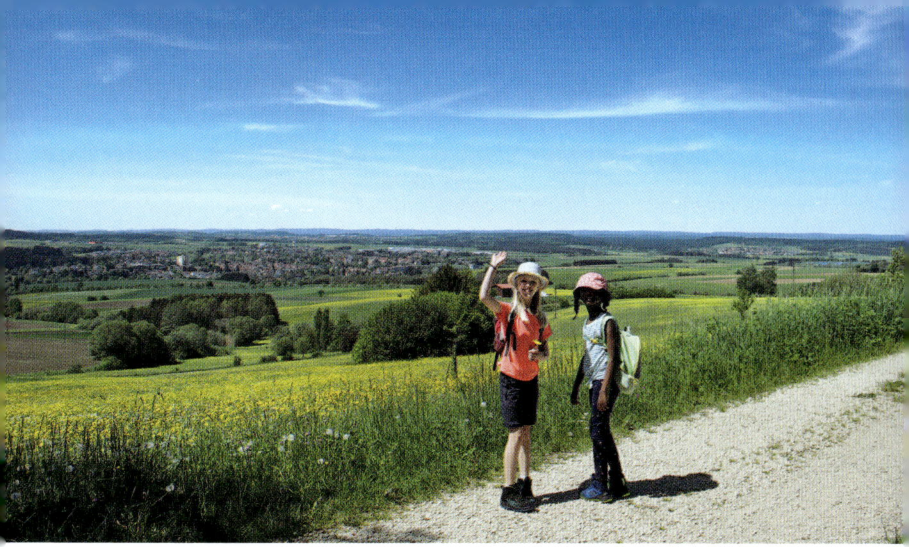

Tipp: Wer noch Kondition hat, steigt am Grillplatz Kreuzsteige den Klippenecksteig auf dem HW1-Weg noch 500 m weiter hinauf zum Wanderschild Heuberger Wasen, bewundert die startenden und landenden Segelflieger und kehrt Richtung Katzenbrunnen und Denkingen zurück auf unseren Weg.

Schöne Wandergrüße von der frühlingsbunten Baar.

LOS GEHT'S Von der **Bushaltestelle Denkingen Rathaus 1** braucht es nur ein paar Minuten auf der Hauptstraße in südlicher Richtung, bis wir links in die Bahnhofstraße einbiegen und uns schon auf der Trasse der früheren Heubergbahn befinden, die bis 1966 Fahrgäste auf den Heuberg beförderte. Wir bleiben auf der Bahnhofstraße, auch wenn die Klippeneckstraße abzweigt, und erreichen bald das Ende der Ortschaft, wo auf einem kleinen Grünstück mit Parkbank eine Infotafel der ehemaligen Heubergbahn steht. Das letzte Haus hinter der Hecke war der ehemalige Bahnhof von Denkingen. Hier schwenken wir rechts auf den gekiesten Radweg ein und stehen nach wenigen Minuten an herrlichen Streuobstwiesen mit Sicht auf die weite Ebene der Prim und können eventuell auch vereinzelte Segelflugzeuge sehen, die am Klippeneck star-

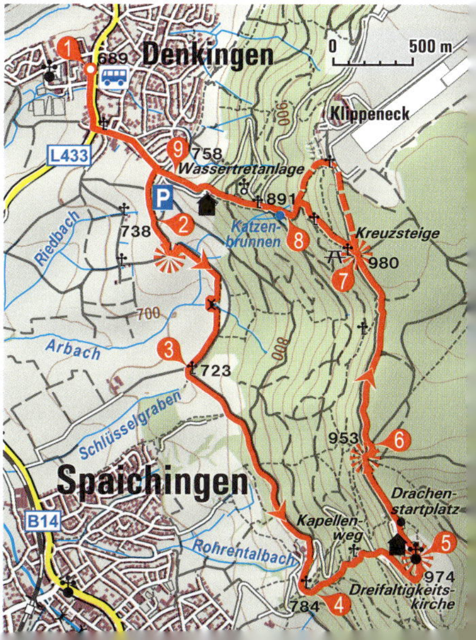

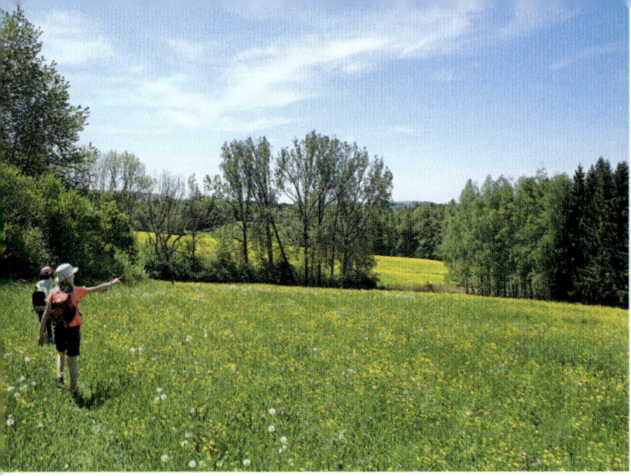

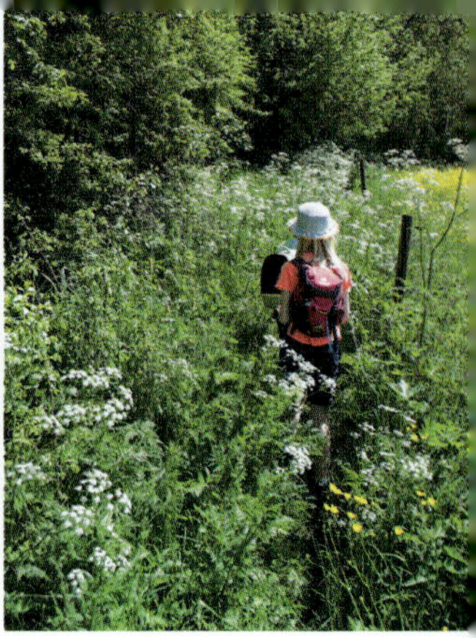

OBEN LINKS

Was gibt es Schöneres als Wiesenwege im Frühling?

OBEN RECHTS

Manche Wiesen wachsen wohl schneller.

UNTEN

Verdiente Pause in der Sitzgruppe auf dem Dreifaltigkeitsberg.

ten. Am **Wanderschild Heselen ❷** gehen wir geradeaus weiter Richtung Spaichingen bis zum nächsten Abzweig an einer Parkbank unter einem kleinen Obstbaum. Hier biegen wir links Richtung Donauwellen ab und wandern für ein kurzes Stück auf dem ehemaligen Bahndamm, bis es rechts an einem Jägerstand auf einem kaum sichtbaren Pfad, der mit einer kleinen Donauwellen-Plakette markiert ist, direkt in die im Frühling herrlich blühende Wiese hineingeht. Die Kleineren verschwinden fast im hohen Gras, während wir der Donauwellen-Plakette durch Löwenzahn- und Hahnenfußfelder folgen, bis wir einen fast unsichtbaren, aber gut hörbaren Bach überqueren und wieder auf den Damm geleitet werden. Nach ein paar Minuten erreichen wir das **Wanderschild Weiße Bruck ❸**, an dem früher einen weiße Bahnbrücke stand, biegen links Richtung Kapellenweg ab und staunen über die riesige Solaranlage zu unserer Rechten. Immer geradeaus dem gelben Kringel hinterher tauchen wir in den schattigen Wald ein und passieren nach gut 20 Min. auf dem breiten Forstweg das Wanderschild Bleiche. Kurz bevor wir auf die Haarnadelkurve der Dreifaltigkeitsstraße L431 stoßen, schwenken wir rechts in einen schmalen Wiesenpfad ein, der mit gelbem Kringel markiert ist und bald darauf die Landstraße quert. Streuobstwiesen begleiten uns, bis an einer Wegkreuzung der Wald beginnt und wir geradeaus nach 15 m an der Gedenktafel für die Muttergottes den Kapellenweg beginnen. Am gleich folgenden **Wanderschild Rotbühl ❹** biegen wir links in den steilen Weg Richtung Dreifaltigkeitsberg ab und pilgern dem gelben Kringel und den Donauwellen-Plaketten folgend von Kapelle zu Kapelle. Die Steilheit des Weges wird dabei durch groß angelegte Serpentinen etwas ent-

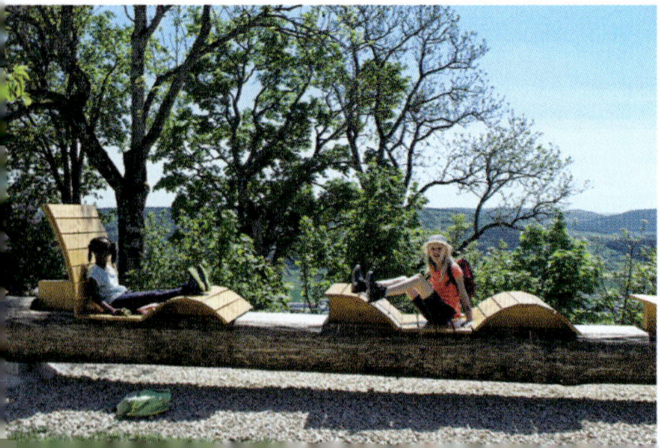

Hallo Kinder!

Hättet ihr gedacht, dass seit 1932 **Segelflugzeuge vom Klippeneck** starten? Es ist das höchstgelegene Segelfluggelände in Deutschland und zudem auch eines der ältesten. Die **thermischen Bedingungen** sind hervorragend, denn die Sonne scheint auf den steilen Hang des Albtraufs und das Land ringsum und lässt die erwärmte Luft nach oben steigen. Diesen **Auftrieb** nutzen die Segler, um ihre leichten Flugzeuge immer höher in den Himmel zu schrauben. Um überhaupt abheben zu können, lassen sie sich entweder von einer starken Seilwinde ziehen, bis sie schnell genug zum Abheben sind, oder sie werden von einem Schleppflugzeug mit Propellermotor in die Luft gezogen. An einem Erlebnistag kann man jedes Jahr ins Segelfliegen hineinschnuppern und mit einem erfahrenen Piloten eine Runde durch die Lüfte drehen.

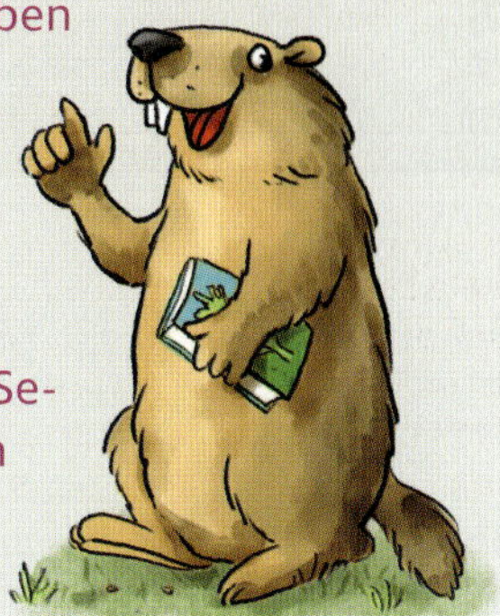

schärft und wir kommen gut voran. Am Wanderschild Amerikaner-Kapelle überschreiten wir die Landstraße, folgen dem mit Treppen versehenen Pilgerweg geradeaus und überqueren nach gut 10 Minuten ein letztes Mal die Straße, um gleich darauf vor der großen **Dreifaltigkeitskirche** ❺ zu stehen. Auf den weiten Wiesen um die Kirche können die Kinder herumtollen, die bunten Kunstwerke des Spaichinger Skulpturenfeldes oder die grandiose Aussicht bis zur Zugspitze, zu den Hegauvulkanen und zum Säntis bestaunen. Und im Nordwesten entdecken wir sogar den großen Aufzugstestturm von Rottweil (s. Tour 36).

★Highlights

Die Kinder streifen durch blühende Wiesen und Streuobstgärten.

Aufwendig gestaltete Kapellen begleiten uns während des steilen Aufstiegs.

Die Aussicht auf dem Dreifaltigkeitsberg ist beeindruckend, hier oben kann man lange verweilen und Pause machen.

Aussichtspunkte mit aufregend steilen Klippen lassen uns schaudern.

Der Katzenbrunnen und die Wassertretstelle liefern erfrischende Kühle für müde Kinderwanderfüße.

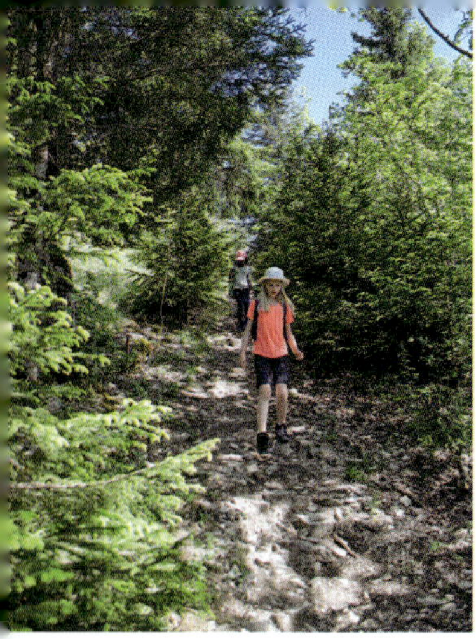

Nach der Erholungs- und Besichtigungspause brechen wir in Richtung Klippeneck auf, geradewegs auf einem breiten Wanderweg vorbei an Parkplatz und Drachenflugplatz. Am folgenden Aussichtspunkt halten wir unsere Kinder gut beisammen, denn die Felsenklippe fällt dort steil ab. 100 m später orientieren wir uns am **Wanderschild Schrofe 6** links Richtung Klippeneck und wandern auf dem kühlen Waldweg an der Albtraufkante entlang. Die beiden nächsten Abzweigungen ignorierend landen wir am großen **Rastplatz Kreuzsteige 7** mit Hütte, Grillstelle und feiner Aussicht. Am Ende des Grillplatzes weist uns das Wanderschild Kreuzsteige links hinunter auf einen steilen, steinigen Pfad. Nach 10 Min. geradeaus halten wir uns in einer scharfen Linkskurve am Schild nach Denkingen links und finden den **Katzenbrunnen 8**, wo wir unsere Wasservorräte auffüllen und uns abkühlen können. Wir bleiben auf dem Weg, bis wir auf die Straße treffen, an der es links der blauen Raute und dem gelben Kringel hinterher einen Kreuzweg hinuntergeht. Nach rund 80 m wählen wir an einer Weggabelung den linken Zweig, queren bald darauf einen breiten Forstweg und passieren den Schießstand des Schützenhauses. Jenseits der Straße finden wir links am Parkplatz des Schützenhauses einen Kiesweg, der uns parallel zur Straße zur **Wassertretanlage 9** bringt. Hier können es die Kinder noch mal richtig spritzen lassen, bevor wir hinter der Anlage links über die Straße gehen, dem gelben Kringel links auf einen kleinen Teerweg folgen und kurz vor dem Parkplatz der Wassertretanlage rechts in einen winzigen Pfad abbiegen. Wir gelangen wieder auf die Trasse der Heubergbahn und auf dem Hinweg zurück zur **Bushaltestelle Denkingen Rathaus 1**.

OBEN

Ein steiler Felsenpfad führt nach Denkingen hinunter.

UNTEN

Kleine Erfrischung am Katzenbrunnen.

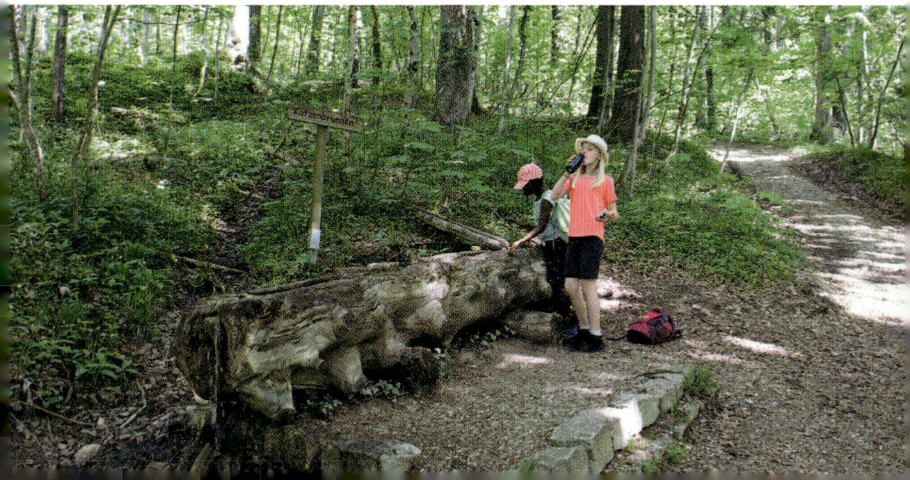

Am Fuß des Albtraufs

VON TROSSINGEN NACH AIXHEIM

34

2.30 STUNDEN

6,9 KILOMETER

↗40 HÖHENMETER

↘90 HÖHENMETER

ab 5 Jahren

MITTEL

Schattige Wälder und kühle Bäche: Mitten durch die belebte Innenstadt der alten Musikstadt Trossingen führt unsere Wandertour vorbei am schönen Jugendstil-Rathaus und der Staatlichen Musikhochschule, wo wir mit etwas Glück den StudentInnen beim Vorspielen lauschen können. Nach den letzten Häusern des Städtchens geht es an Pferdekoppeln und ausgedehnten Wiesen entlang, am Horizont erkennen wir auf dem Albtrauf die markante Dreifaltigkeitskirche auf dem gleichnamigen Berg und den über 1000 Meter hohen Hummelsberg. Gleich nach dem Wanderparkplatz Riedbrücke beginnt unser gesuchter Naturpfad. Wir begleiten den Hagenbach auf seinem Weg durch den Eichhoferwald, über kleine Holzbrücken auf dem schmalen Waldweg über Stock und Stein. Das kleine Hirschbrünnele am Fuß einer steinernen Treppe lädt zu einer schattigen und erfrischenden Rast ein, bis wir weiter zur Andachtstelle Maria im Tann gelangen, an der im Mittelalter die kleine Burganlage Schlösslebühl gestanden hat. Zwei kleine Weiher und die Bäche verwandeln den Wald hier in eine regelrechte Flussauenlandschaft. An der folgenden Schutzhütte des Aixheimer Albvereins mit Grillstelle, Spielplatz und schöner Aussicht auf die hügelige Wiesenlandschaft lässt sich hier gegen Ende der Wanderung eine weitere Pause einlegen.

Ausgangspunkt: Trossingen Stadtbahnhof, 713 m. Anfahrt ab Villingen Bahnhof mit der Regionalbahn RB42 Richtung Rottweil bis Trossingen Bahnhof, Umstieg in die Regionalbahn RB42a Richtung Trossingen Stadtbahnhof. – Mit dem Auto: Parken in Bahnhofsnähe in der Eberhardstraße. Außerhalb der Dienstzeiten der Stadtwerke kann auch auf dem Parkplatz hinter dem Restaurant Rose geparkt werden, Theresienplatz 5, 78647 Trossingen, GPS: N48.07291, E8.63235.
Endpunkt: Bushaltestelle Aixheim Rathaus, 664 m. Zurück zum Ausgangspunkt Trossingen Stadtbahnhof mit dem Regionalbus 160.
Ausrüstung: Gut profilierte Wandersandalen oder Wanderschuhe sind besonders auf den wurzeligen Waldpfaden zu empfehlen. Ein Handtuch und Kleidung zum Wechseln einpacken.
Anforderungen: Mittellange Tour auf Wanderwegen, Pfaden und Forstwirtschaftwegen, die wellenartig bergab führt, ohne längere Steigungen. Die ersten 1,5 km der Route verlaufen durch das Stadtgebiet von Trossingen.

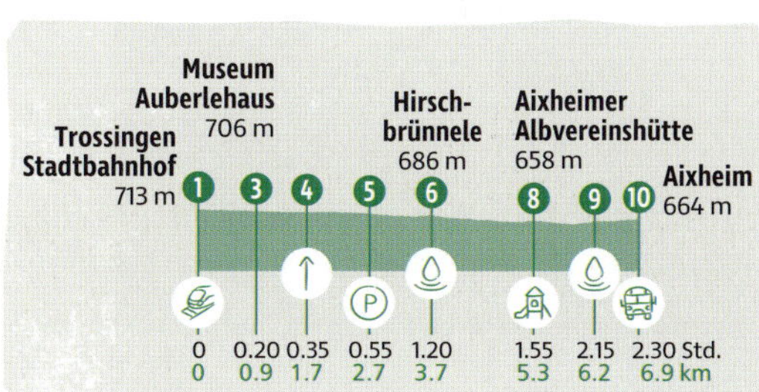

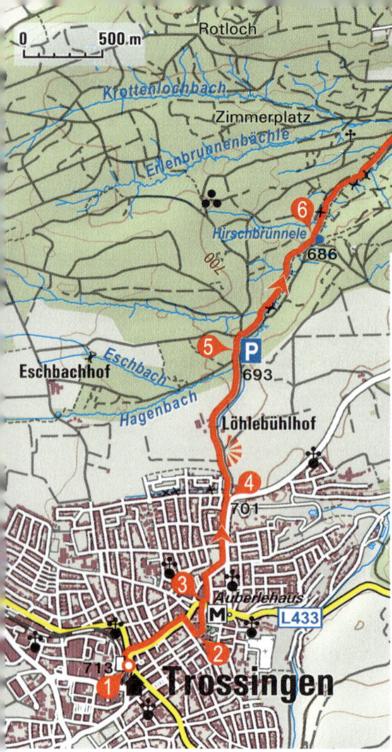

Einkehr: Unterwegs keine. Im Aixheimer Lädele bekommt man alles für eine leckere Brotzeit; geöffnet Mo–Fr 6.30–12.15 Uhr und 15.00–18.00 Uhr sowie Sa 6.30–12.15 Uhr, Aixheimer Hauptstr. 6, 78554, Aldingen-Aixheim, Tel. +49 7424 9818257.

Tipps: Leckereien im Dorfladen in Aixheim besorgen und am großen Abenteuerspielplatz hinter dem Schulgebäude an der Goethestraße verspeisen.
Oder in Trossingen am Marktplatz 6 in das Museum Auberlehaus gehen und in der Dinosaurierausstellung einen Trossinger Plateosaurus bewundern (geöffnet So 13.30–17.00 Uhr oder nach Voranmeldung, museum-auberlehaus.de).

LOS GEHT'S Vom **Trossinger Stadtbahnhof ❶** aus halten wir uns links am Infostand vorbei und biegen am Kreisel rechts in die geschäftige Hauptstraße ein, in der wir uns noch mit Proviant für die Tour eindecken können. Da wir noch das Rathaus und die Staatliche Musikhochschule sehen möchten, gehen wir nach wenigen Minuten rechts in die Hans-Lenz-Straße und stehen nach gut 100 m auf dem großen Platz vor dem alten, sehenswerten **Rathaus ❷** mit seinen spitzen Ecktürmchen. Links davon verläuft unser Weg an der Musikhochschule und an einem ersten Spielplatz vorbei durch die Grünanlage und links haltend in die Löwenstraße. Wir erreichen das **Museum Auberlehaus ❸** und queren die Marktplatzstraße geradeaus in die Moltkestraße. An deren Ende biegen wir rechts in die Butschstraße ein und gleich die nächste Straße rechts in die Bismarckstraße. Nach knapp einem halben Kilometer kommen wir zum **Wanderschild Alter Reitstall ❹** und orientieren uns geradeaus auf dem Pfad neben der kleinen Straße in Richtung Riedbrücke Parkplatz. Die Kin-

Der Physik ein Schnippchen geschlagen: eine Wippe hinauflaufen.

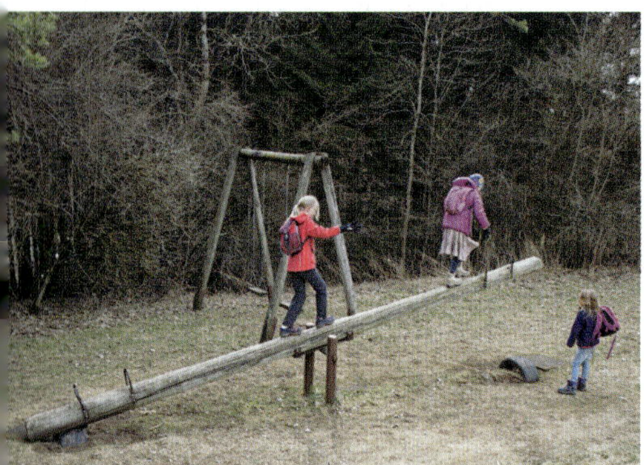

der freuen sich über die vielen Pferde, die auf den großen Koppeln weiden und den Höhenzug des Albtraufs im Hintergrund verschönern. Wir passieren einen großen Bauernhof, tauchen in den Wald ein und gelangen nach kurzer Zeit zum **Waldparkplatz Riedbrücke** ❺. Wir folgen kurz dem Wanderschild Richtung Eichhofer Wald geradeaus, um nach knapp 100 m von einem Hinweisschild mit gelbem Kringel rechts in einen Forstweg geleitet zu werden. Nach wenigen Minuten gehen

Hallo Kinder!

In diesem Wanderbuch ist immer wieder vom **Albtrauf** die Rede, aber was ist das nun genau? Eine Traufe ist ursprünglich die untere Kante eines Hausdaches, von der der Regen hinuntertröpfelt oder -träufelt. Ohne Dachrinne würde man vom Regen in die Traufe kommen, weil man direkt unter einer Dachkante deutlich schneller nass wird, als wenn man im Regen steht. Die Kante des Albtraufs zieht sich die **ganze Länge der Schwäbischen Alb von Südwesten bis nach Nordosten entlang**, auf über 200 Kilometern. Sie ist sehr markant und vom Schwarzwald und der davor gelegenen Baarhochebene als Höhenzug gut sichtbar. Hier finden wir auch die höchsten Berge der Alb wie den Plettenberg oder den Lemberg, die bis auf eine Höhe von 1000 Metern reichen. Und hier gibt es auch Wandertouren, auf denen wir mehr als 400 Höhenmeter erklimmen müssen. Da können die Wanderkinder schon mal ins Stöhnen kommen, aber am Schluss können sie auch sehr stolz auf sich sein.

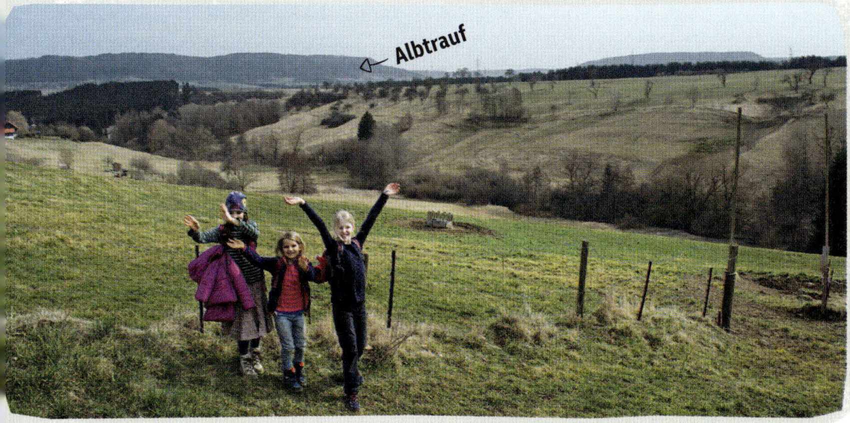

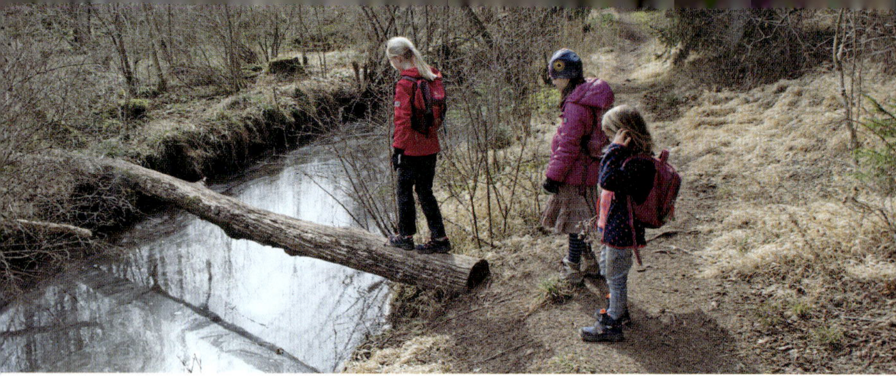

OBEN
Balanceakt am Hagenbach.

UNTEN
Fleißige Sammlerinnen im Wald.

wir an einer Verzweigung links in einen schmalen Naturpfad hinein und wandern diesen herrlich urigen Weg am **Hagenbach** entlang, nur unterbrochen durch nette Holzbrücken und kleine Bächlein, die von den Hängen des Tälchens herunterkommen. Der gelbe Kringel zeigt uns den Weg, der immer geradeaus weiter verläuft, bis wir links auf einen breiteren Forstweg einschwenken. Nach gut 50 m halten wir uns an der Verzweigung leicht links und entdecken hier eine Bank am Ende einer Treppe, die wir links hinuntersteigen. Am kleinen **Hirschbrünnele** ❻ können wir eine kurze Verschnaufpause einlegen. Im weiteren Verlauf schlängelt sich der Naturpfad parallel zum mäandernden Hagenbach, kreuzt erst einen Pfad, danach einen Forstweg und trifft nach einer Holzbrücke auf eine breite Forststraße. Wir verabschieden uns vom Naturpfad nach rechts und wandern für rund 10 Min. geradeaus, bis wir zwei Forstwege passieren und gleich danach rechts einen schmalen Pfad

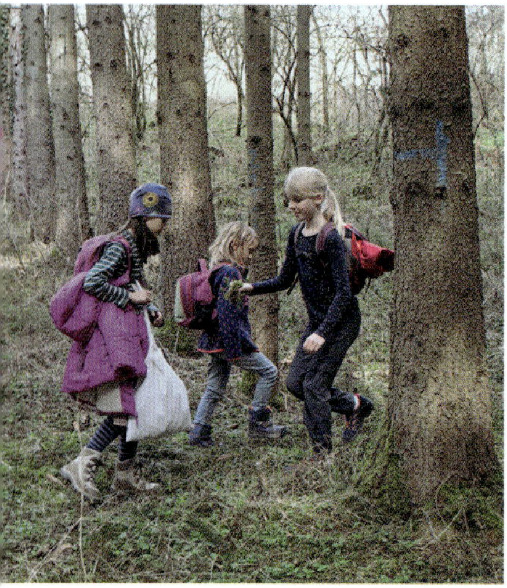

Im Wald finden sich viele natürliche Bastelutensilien, wie Ästchen, Moos oder Fichtenzapfen, aus denen ihr zu Hause zum Beispiel einen Traumfänger basteln könnt!

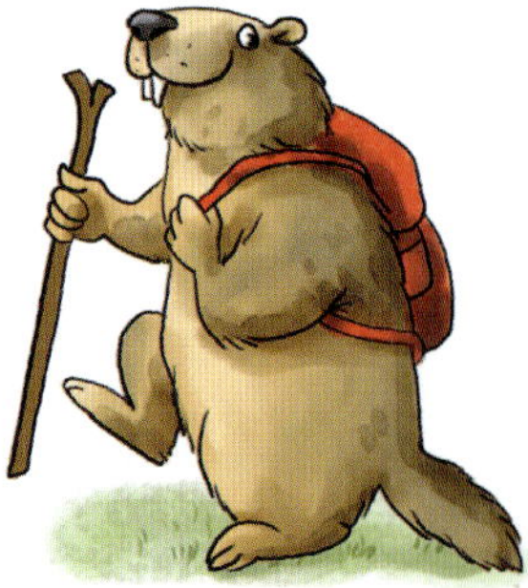

★Highlights

Auf einem spannenden Naturpfad die ursprüngliche Flussauenlandschaft bei Aixheim erkunden.

Die vielen abenteuerlichen Holzbrücken überqueren.

Auf den Spielplätzen klettern und toben.

Unterwegs im Eichhoferwald natürliche Utensilien für eine fantasievolle Bastelarbeit sammeln.

Die Aussicht auf die Höhen des Albtraufs genießen.

hinaufsteigen, der uns direkt am Krottenlochbach zu einer Treppe bringt. Wir steigen links die Treppe hinauf und finden gleich rechts einen Felsvorsprung, auf dem früher die winzige Burg Schlösslebühl stand, die von drei Seiten von Wasser umgeben war. Heute sieht man nichts mehr von ihr, dafür wurde ein Gedenkstein zu Ehren der **Maria im Tann** ❼ errichtet.

Zurück auf unserem Bachpfad staunen wir über die kleinen Weiher und Bachläufe, die sich hier am Waldrand gebildet haben und wie ein verwunschener Auenwald anmuten. Am Waldrand entlang steuern wir den Hang hinauf zur **Aixheimer Albvereinshütte** ❽, die mit ihrem Brunnen, dem Spielplatz und der Grillstelle ein beliebter Rastplatz ist. Nach einer Ess- und Spielpause wandern wir am Waldrand weiter bis zum Wegweiser Bei der Albvereinshütte, der uns rechts hinunter Richtung Brandegartweiher durch den Wald schickt. Unten angekommen stoßen wir wieder auf den Hagenbach, den wir noch bis zur gekiesten Forststraße genießen dürfen. Rechts können wir einen kurzen Abstecher zum leider privaten Angelweiher mit einer sehenswerten, kleinen Mariengrotte unternehmen, andernfalls überqueren wir die Forststraße. Nach 100 m führt uns links ein Forstweg hinauf zur Straße, die wir rechts hinaufwandern. Nach einem kleinen **Brunnen** ❾ mit herrlicher Fernsicht zum Albtrauf wenden wir uns an der Kreuzung nach rechts und wandern die Straße Auf der Breite für gut 200 m entlang. In einer Linkskurve verlassen wir sie geradeaus in eine kleinere Straße, die auch Auf der Breite heißt. Nach 50 m geht es links und sofort wieder rechts in einen kleinen Weg, der uns zwischen Hecken an Gärten und einem Hühnerstall vorbei zur St.-Georg-Kirche bringt. Links an der Kirche vorbei geleitet uns dann die Schulstraße zum Zielpunkt, der **Bushaltestelle Aixheim Rathaus** ❿.

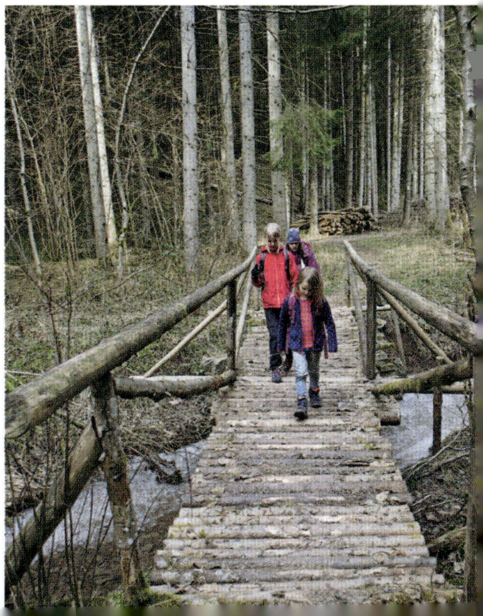

Ob uns die Brücke wohl hält?

35 Kurpark Bad Dürrheim

RUNDTOUR HINAUF ZUM KAPFWALD

2.30 STUNDEN

6,5 KILOMETER

↗ 150 HÖHENMETER

↘ 150 HÖHENMETER

MITTEL ab 5 Jahren

Kneippkur für Wanderkinder: Genau in der Mitte zwischen Schwarzwald und Schwäbischer Alb liegt Bad Dürrheim in der Baarhochmulde. Hier können wir im Kurpark allerlei Erfahrungen mit dem Element Wasser machen, sei es am über 100 m langen Gradierwerk, an dem sich weiße Salzkristalle aus der herunterfließenden Salzsole bilden, am großen Springbrunnen in der Parkmitte oder am Kneippschen Wassertretbecken mit separatem Armbad. Überall gibt es gemütliche Himmelsliegen, die die Erwachsenen austesten, während der Nachwuchs auf dem Abenteuerspielplatz herumtobt. Am Rand des Parks liegt das Narrenschopfmuseum, das uns mit zahlreichen Narrenfiguren eindrucksvoll über die Besonderheiten der schwäbisch-alemannischen Fastnacht informiert. Entlang eines Fitnessparcours und eines Vogellehrpfades erklimmen wir danach auf schmalen Waldpfaden die Anhöhe des Kapfwaldes mit dem beliebten Waldcafé, von dem aus wir den herrlichen Weitblick über die Baar zur Schwäbischen Alb genießen. Auf dem Rückweg über den Kräuterlehrpfad kommen wir noch an einem riesigen geschnitzten Holzbrunnen vorbei und durchqueren den lichten Stadtwald bis zum Kurpark zurück.

Ausgangspunkt: Busbahnhof Bad Dürrheim, 701 m. Anfahrt ab Villingen Bahnhof mit dem Regionalbus 7280. – Mit dem Auto: Kostenfreies Parken am Busbahnhof (E-Ladestation), Salinenstraße, 78073 Bad Dürrheim.

Ausrüstung: Feste und gut profilierte Wanderschuhe. Wechselkleidung bitte mitnehmen, es gibt zahlreiche Möglichkeiten für die Kinder, sich nass zu machen. Die Sole am Gradierwerk hinterlässt Salzflecken, die sich aber ganz leicht aus der Kleidung herauswaschen lassen.

Anforderungen: Mittellange Tour mit einer starken Steigung auf 1,5 km Länge. Der Anstieg auf dem Waldpfad zum höchsten Punkt der Wanderung ist steil und verwurzelt; ein Kinderwagen ist hier nur schwer hinaufzubringen.

Einkehr: Im Restaurant Waldcafé sitzt man bei einer großen Auswahl an Speisen und Getränken auf der Terrasse und hat eine herrliche Aussicht über die Baar bis zur Schwäbischen Alb hinauf; geöffnet Mi–So 11.30–21.00 Uhr, Vorm Holz 1, 78073 Bad Dürrheim, GPS: N48.02126, E8.55166, Tel. +49 7726 249, vorm-holz.de.

Tipp: Viel Zeit mitbringen und im Kurpark gemütlich picknicken.

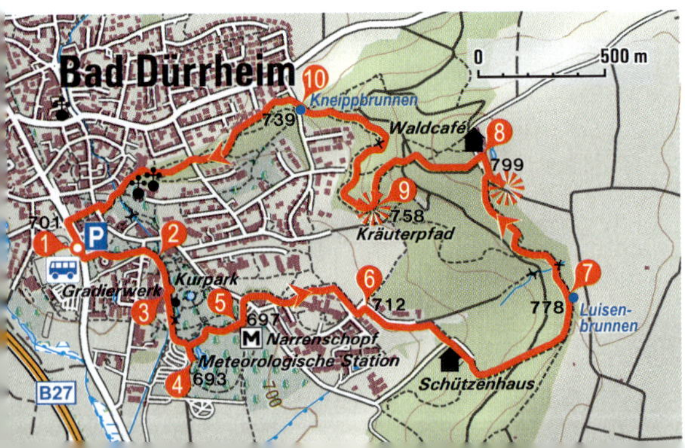

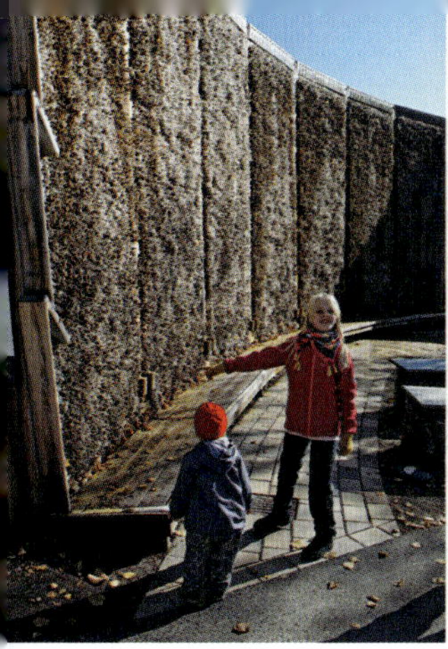

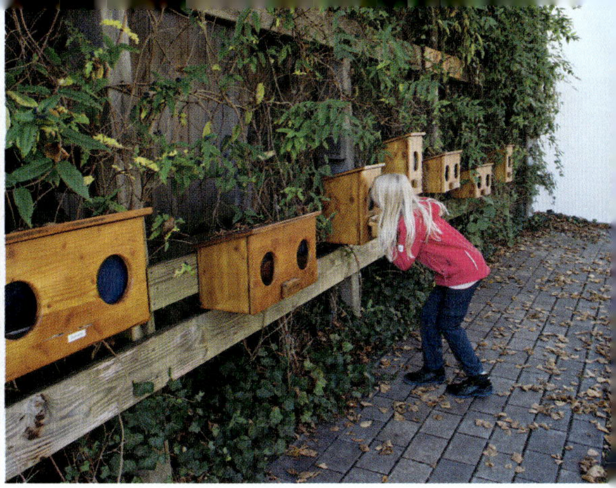

LINKS
Schaut mal, alles total versalzen!

RECHTS
Hier riecht es nach Tannen.

LOS GEHT'S Am **Busbahnhof Bad Dürrheim ①** wenden wir uns östlich dem Fachwerkgebäude des Heimatmuseums zu und spazieren durch den Durchfahrtsbogen in den Garten des Bürgerhauses, in dem die Kinder das Insektenhotel auf der Bienenweide erkunden. Der Fußweg kreuzt dann die Huberstraße und verläuft halb rechts vorbei an den Fahnenmasten zum Eingang des **Kurparks ②**. Im Park gehen wir geradeaus, erproben die Feinheit unseres Geruchssinnes an den aufgestellten Geruchskästchen und lassen uns dann am salzverkrusteten **Gradierwerk ③** der ehemaligen Saline die Soledämpfe in die Lungen strömen. Die vielen Himmelsliegen laden zum Probeliegen ein und die Kinder können den anschließenden Barfußpfad, das Wassertretbecken, die Kräuter im Kneippgarten und den abenteuerlichen Spielplatz mit dem großen Klettertrapez ausgiebig erforschen. Hinter dem Spielplatz statten wir noch kurz der **Meteorologischen Station ④** an einem kleinen künstlichen See einen Besuch ab, bevor wir umdrehen und am Seeende rechts zum steinernen Salztor wandern. Hier steht der Park ganz im Zeichen des Spielens, denn eine Boulebahn, ein Riesenschach und die große Anlage des Adventure (Mini-)Golfplatzes finden sich in unmittelbarer Nähe. Von hier sind es nur ein paar Meter bis zum **Museum Narrenschopf ⑤**, in dem sich über 300 lebensgroße Narrenfiguren in verschiedenen Trachten von früher und heute versammelt haben.

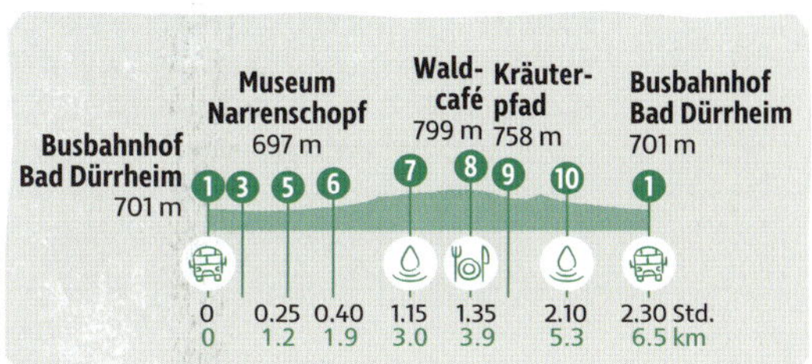

Vor dem Museum biegen wir links ab und gehen den unbeschilderten Fußweg zur Luisenstraße, die wir überqueren. Auf dem vogelkundlichen Pfad und Fitnesspfad geht es geradeaus weiter, bis der

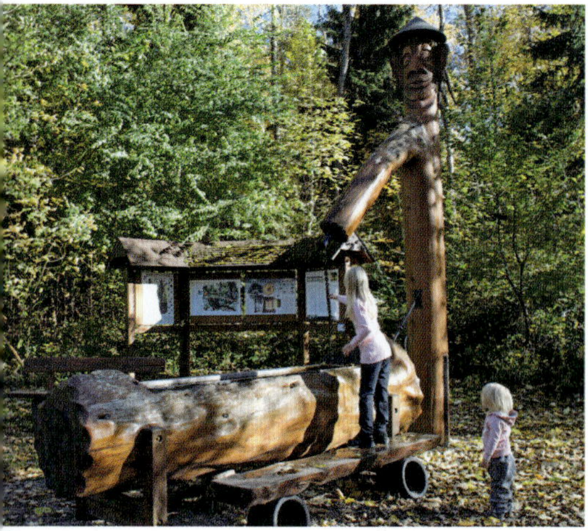

Pfad sich an der Schloss-Klinik nach rechts wendet und uns zur Straße bringt, auf der wir erst links und dann sofort rechts weitermarschieren, dem **Wanderschild Am Sunthauser Weg ❻** gemäß Richtung Waldcafé. Die Straße führt uns durch ein kleines Villenviertel in den Kapfwald hinein, wird zum Kiesweg und zweigt rechts ab in Richtung Schützenhaus und Waldcafé. Den roten Früchten der nadeltragenden Eibe hier am Wegesrand widerstehen wir, denn die Kerne der Früchte sind giftig!

Der lustige hölzerne Geselle dient als riesiger Kneipp-Brunnen.

Am Schützenhaus wird der Weg erst zur Treppe, dann zum steilen Wurzelpfad und folgt an der nächsten Verzweigung links der Waldcafé-Runde mit der gelben Raute. Wir kreuzen einen Forstweg und bleiben in Richtung Waldcafé, bis wir auf den Hirschhaldenweg stoßen. Wir halten uns links und erreichen den **Luisenbrunnen ❼**, den wir zur Erfrischung nutzen. Nach einer kleinen Holzbrücke weist das Wanderschild Neubrunnen noch 0,6 km geradeaus zum Waldcafé aus und die Kinder laufen voller Vorfreude die letzten Höhenmeter bergauf. Bevor wir uns der Kuchentafel des bekannten Cafés hingeben, gehen wir am Fahrradweg einige Meter nach rechts, um vom höchsten Punkt unserer Wanderung die tolle Aussicht über die Ebene der Baar und die Höhen der Schwäbischen Alb zu betrachten. Direkt am **Waldcafé ❽** biegen wir nach der Pause für den Rückweg links hinunter in einen anfangs noch geteerten Weg mit gelber Raute und dem Wegweiser Richtung Kapfwald/Bad Dürrheim. Nach wenigen Minuten geht ein kleiner, unscheinbarer Pfad links ab, für den es laut Schild keine Winterwartung gibt. Wir überqueren auf diesem Pfad einen weiteren Forstweg und zweigen nach 200 m, kurz bevor der Weg aus dem Wald herausführt, rechts in die ausgeschilderte **Waldcafé-runde ❾** ab, die auch gleichzeitig ein interessanter **Kräuterpfad** ist. Der wurzelige Pfad verläuft wunderschön am Waldrand entlang und schenkt uns abwechselnd weite Blicke bis in den Schwarzwald und Infos über verschiedenste einheimische Wildkräuterarten, die wir ansonsten achtlos übersehen würden. Am Wanderschild Traufweg nehmen wir links die breite Waldtreppe Richtung Grünallee und stehen gut 100 m später vor einem großen hölzernen **Kneippbrunnen ❿**. Auf der anderen Straßenseite setzen wir den Weg durch den Wald fort, bis wir die Grünallee queren und immer geradeaus durch die Parkanlagen zum Haus des Gastes und zum Rathaus gelangen. Hinter dem Haus des Gastes befindet sich links der **Busbahnhof ❶**.

Hallo Kinder!

Habt ihr euch schon einmal gefragt, warum im Herbst die grünen Blätter an den Laubbäumen gelb, rot oder braun werden? Die Eichen werden ganz rot, der Ahorn und die Birken leuchtend gelb, und schon bald fallen die Blätter ab, segeln zu Boden und bedecken unsere Wanderwege. Das **grüne Chlorophyll** in den Blättern wird nämlich im Herbst abgebaut und im Stamm eingelagert. Bei diesem Abbau entstehen rote und violette Farbstoffe. Die vorher schon im Blatt vorhandenen gelben und orangen Farbstoffe, die ansonsten vom Chlorophyll überdeckt werden, kommen nun auch zum Vorschein. Und das alles geschieht, damit der Baum die kalte und sonnenarme Winterzeit gut übersteht. Über die Blätter verdunstet der Baum sehr viel Wasser und würde im Winter verdursten, denn da ist es meist trockener und der gefrorene Boden transportiert kein Wasser. Also lagert der Baum lieber vorher das wertvolle Chlorophyll ein und wirft dann seine Blätter ab.

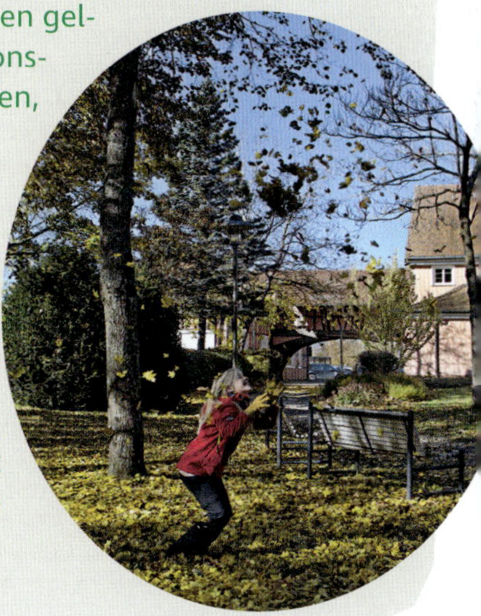

★Highlights

Im Kurpark lassen wir unsere Riechorgane verborgene Geruchsstoffe erschnüffeln.

Am Gradierwerk atmen wir gesunde, salzgesättigte Luft tief in unsere Lungen ein und bestaunen die Salzkristalle an den Douglasienhölzchen.

In den Kneippbecken kühlen wir Arme und Beine, das stärkt unser Immunsystem und macht Spaß.

Auf den Sonnenliegen im Park lässt es sich herrlich Pause machen und in die Wolken gucken.

Im Spinnennetz des Klettergerüstes können sich die Kinder in alle Richtungen austoben.

Im Waldcafé blicken wir von den Kuchenbergen bis zu den Höhen der Schwäbischen Alb.

Zurück im Kurpark spielen wir eine Partie Adventure-Golf und golfen dabei wie die Großen um Sandbänke und Wassergräben herum. Gegenüber dem Museum Narrenschopf, Tel. +49 171 6440811, www.adventure-golf-badduerrheim.de.

36 Über den Hohen Lupfen

ZUM TALHEIMER BADESEE

3.30 STUNDEN

8,0 KILOMETER

↗ 250 HÖHENMETER

↘ 250 HÖHENMETER

MITTEL ab 6 Jahren

Alpenpanorama auf dem Lupfenturm: Am Rand der Schwäbischen Alb steigen wir in Talheim auf einem gegen Ende recht steilen Waldpfad auf den 975 m hohen Lupfen, um nach Süden hin ein grandioses Panorama der Schweizer Alpenkette vom Säntis bis zu Eiger, Mönch und Jungfrau zu genießen. In den anderen Himmelsrichtungen sichten wir den Höhenzug des Schwarzwaldes und den gigantisch hohen Aufzugstestturm in Rottweil. Die tolle Rundumsicht überrascht uns und wäre ohne den Lupfenturm nicht möglich, denn der kleine Berg ist auch auf dem Gipfel mit Bäumen bewachsen. Im Abstieg kommen wir an einer schönen Grillstelle vorbei, wo wir uns stärken können, um bald darauf mit Anlauf in den Talheimer Badesee zu hüpfen, der wunderschön inmitten von Wiesen direkt am Krähenbach gelegen ist. Hier kann man den Wandertag herrlich ausklingen lassen.

Ausgangspunkt: Bushaltestelle Talheim Schule, 751 m. Anfahrt ab Trossingen Stadtbahnhof mit dem Regionalbus 117 Richtung Talheim. – Mit dem Auto: Kostenfreie Parkplätze an der Festhalle am Spielplatz ❷, Im Schecken 1, 78607 Talheim.
Ausrüstung: Gut profilierte Wanderschuhe. Badesachen für den kleinen See mitnehmen.
Anforderungen: Mittellange Tour mit kurzem, aber steilem Anstieg auf den Gipfel. Zu Beginn ist ein längeres Teerstraßenstück ohne Verkehr zu bewältigen. Der steile Pfad im Wald kann rutschig sein.
Einkehr: Unterwegs keine. Nahe dem Ausgangspunkt liegt das Lebensmittelgeschäft Susanne Irion, mit frischen Backwaren und einer Café-Ecke; geöffnet Mo–Fr 6.30–12.30 Uhr und 14.30–18.00 Uhr sowie Sa 6.30–12.30 Uhr, Mi nachmittags geschlossen, Bauerngasse 26. Im Ort gibt es noch einen türkischen Schnellimbiss und ein Gasthaus.
Tipp: Alternativ kann man entweder vor dem Lupfenturm mit toller Fernsicht brotzeiten oder an der Hütte ein Grillfeuer machen.

LOS GEHT'S Von der **Bushaltestelle Talheim Schule ❶** gehen wir die Bauerngasse in östlicher Richtung bis zum Schmiedplatz und biegen am Ende des Platzes links ab Richtung Festhalle und Lupfen Aussichtsturm. Wir passieren die **Festhalle ❷**, hinter der auch ein Spielplatz liegt, und halten uns geradeaus die kleine Straße Im Schecken steil hinauf Richtung Trossingen. Am **Wanderschild Gretle ❸** queren wir den Lupfenweg geradeaus in Richtung Lupfen und Eßlingen. Mit schönen Blicken über die Hügellandschaft erreichen wir bald darauf das **Hinweisschild Eichle ❹**, das uns links weiter zum Lupfen führt. Hier erregt ein riesiger, skurril ausgehöhlter Baumstumpf die Aufmerksamkeit der Kinder. Immer noch auf geteertem Weg kommen wir an Äckern und Feldern vorbei, links können wir schon die Spit-

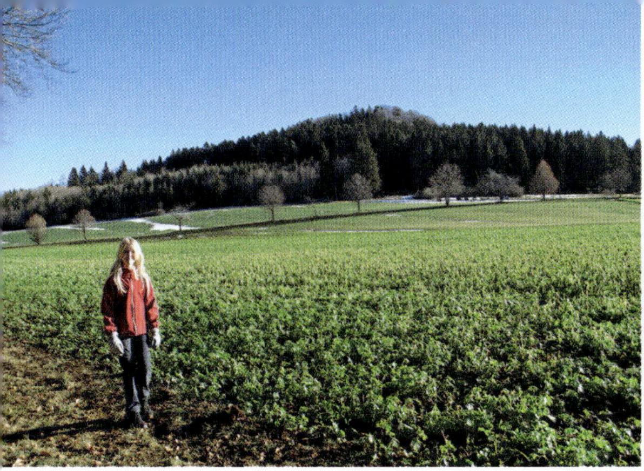

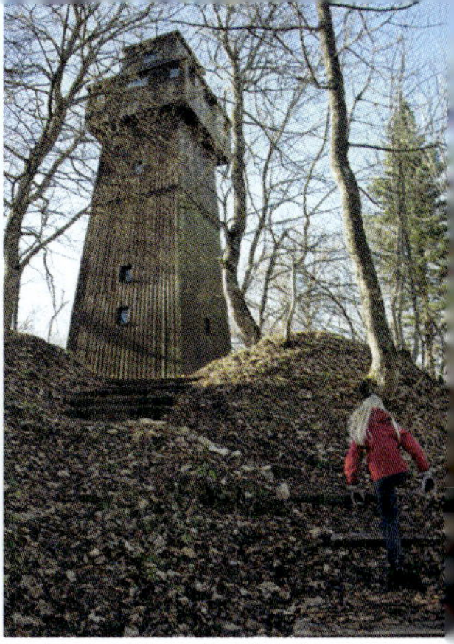

ze des Lupfenturms ausmachen. Um die schöne Landschaft noch etwas länger zu genießen, zweigen wir am **Wanderschild Schildäcker 5** rechts in Richtung Mühlbachtal ab. (Wer alternativ noch den Lupfen-Brunnen besuchen möchte, geht geradeaus weiter, hält sich an der nächsten Verzweigung rechts und trifft dann später wieder auf die Wanderroute.) Auf dem breiten Forstweg leicht bergab ignorieren wir die abzweigenden Wege und wandern geradeaus bis zu einem großen Jägerstand, hinter dem auch schon der Fichtenwald beginnt. Auf einem immer schmaler werdenden Pfad weist uns ein **Wanderschild 6** des Main-Neckar-Rhein-Weges HW3 links hinauf zum Lupfen. An den sehr steilen Stellen wird der Weg bei feuchtem Wetter etwas rutschig und im Winter eisig, doch für die meisten Wanderkinder ist das eher ein Vergnügen und stellt keine Schwierigkeit dar. An einer Verzweigung wenige Minuten später halten wir uns links, mit dem Zeichen mit dem kleinen grünen Baum und dem roten Strich, der Markierung des Fernwanderweges HW3, der von Wertheim nach Lörrach quer durch Baden-Württemberg verläuft. Der kleine Bach am Wegesrand ist für die Kinder eine willkommene Spielmöglichkeit. Bald überqueren wir einen breiten Forstweg und müssen uns unserer Hände bedienen, um den sehr steilen Beginn dieses Wegstückes zu bewältigen. Bei Nässe könnte man auch am Forstweg rechts abbiegen und nach 100 m den weniger steilen Pfad links hinauf benutzen. Dann

Der hohe Lupfen mit seinem hohen Lupfenturm verschenkt tolle Fernsichten in alle Himmelsrichtungen.

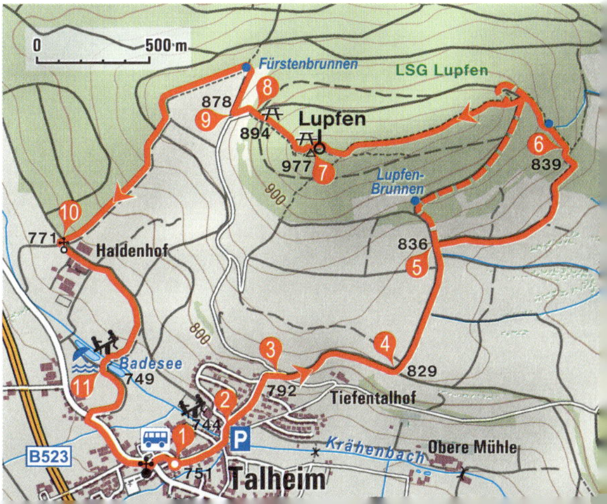

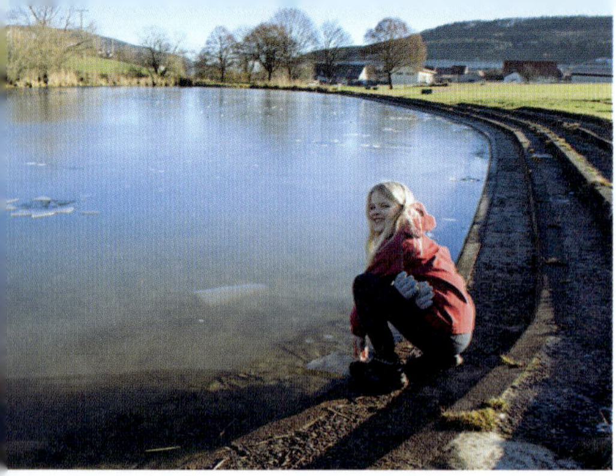

Macht faszinierende Geräusche: kleine Eisplatten über den zugefrorenen Weiher gleiten lassen.

folgen wir auf einem etwas unauffälligen, breiteren Waldweg dem Bergrücken bis hinauf zur Wanderkreuzung Lupfen Burggraben, von der aus es nurmehr wenige Meter rechts hinauf zum **Lupfenturm 7** sind. Die Turmspitze durchbricht die 1000-m-Höhenmarke und wir blicken von oben weit in alle Himmelsrichtungen. Im Winter bei Inversionswetterlage sind hier traumhafte Wolkenmeere mit der Alpenkette im Hintergrund keine Seltenheit.

Nachdem wir uns satt gesehen haben, brechen wir bergab in Richtung Talheim auf. Nach rund 10 Min. finden wir eine Hütte mit WC und die **Lupfen-Grillstelle 8**, die sich ebenfalls gut für einen längere Rast eignet. Wir stoßen auf eine Teerstraße mit Parkplatz, die wir links für knapp 100 m entlangmarschieren, um dann scharf rechts am **Wanderschild Lupfen Festplatz 9** in Richtung Fürstenbrunnen abzubiegen. An der nächsten Abzweigung geht es für uns links weg, sie liegt 10 m vor dem Fürstenbrunnen, an dem wir uns im Sommer etwas abkühlen können. Unser Weg, der auch gerne von Reitern benutzt wird, läuft nun leicht bergauf und immer am Waldrand und dem Acker entlang, beschreibt nach 5 Min. eine Linkskurve und führt uns an der nächsten Verzweigung rechts zwischen zwei gewaltig hohen Holzstapeln hindurch. Wir lassen uns hier nicht von einem nach links verlaufenden Abzweig fehlleiten, sondern peilen über einen unscheinbaren Wiesenweg geradeaus und steil bergab eine Forstwegkreuzung an, die wir überqueren. Eine knappe Viertelstunde benötigen wir, um die **Lupfenkapelle 10** an der Kreuzung zu erreichen. Wir steuern links auf den Reiterhof zu, an dem die Kinder Gelegenheit haben, die großen und kleinen Vierbeiner aus nächster Nähe zu betrachten und sich beschnuppern zu lassen. Wir folgen der Teerstraße über eine Kreuzung hinweg und ignorieren 200 m später die links abzweigende Straße. Nach weiteren 150 m biegt halb rechts ein Wiesenweg zwischen dem Feldrand und einigen Gebüschen hinunter zum Krähenbach und den beiden Teichen ab. An warmen Tagen ist hier ein Paradies für alle Wasserratten, denn der halb von Schilf umgebene **Badesee 11** liegt mitten im Grünen, bietet einen kleinen Spielplatz, Toiletten und eine Dusche und ist gratis für jedermann.

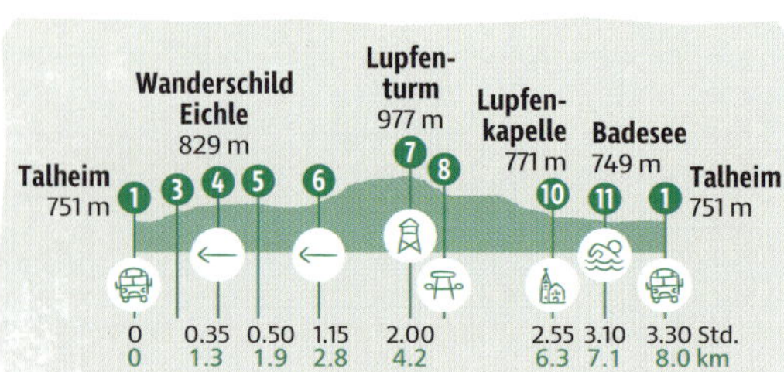

Hallo Kinder!

Wenn ihr vom Lupfenturm in Richtung Norden schaut, seht ihr einen **riesigen, gewundenen Bleistiftturm**, der seine Umgebung und die höchsten Türme der angrenzenden Stadt Rottweil um ein Vielfaches überragt. Dieses spektakuläre Bauwerk ist der **TK Elevator Testturm**, ein Aufzugstestturm, in dem zum Beispiel neuartige, seillose Magnetantriebe für Hochhausaufzüge getestet werden können. In seinem Inneren befinden sich zwölf Schächte, darunter zwei Schächte für den Feuerwehraufzug und den verglasten Besucheraufzug. Und damit könnt ihr auf die höchste Besucherplattform hinauffahren, die man in Deutschland betreten kann. Mit **232 m Höhe** liegt sie sogar höher als die Aussichtsetage des Berliner Fernsehturmes, des höchsten deutschen Turmes. Und falls ihr lieber zu Fuß lauft als den Aufzug zu nehmen: Die Treppe auf den Turm hat **1390 Stufen** und ist eine richtige Herausforderung nach einer Wanderung auf den Lupfen. Der Rekord liegt übrigens bei 6 Minuten und 56 Sekunden von unten bis ganz hoch!

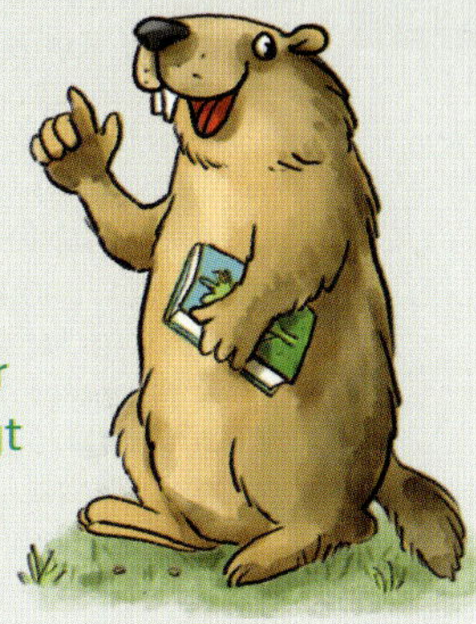

Unseren Ausgangspunkt finden wir, indem wir die Tour am Weiherweg fortsetzen, bis wir auf die Tuninger Straße stoßen. Hier können wir links an der Bushaltestelle Talheim Weiherweg auf den Bus warten oder die nächste Querstraße links wählen, um zur **Bushaltestelle Talheim Schule** ❶ zu gelangen.

★Highlights

Wir steigen auf einem abenteuerlich steilen Waldpfad den Berg hinauf.

Der Holzturm erinnert die Kinder an ein Wildwest-Fort und schenkt uns ein fantastisches Alpenpanorama.

Am Waldrand wartet eine feine Grillstelle mit Ausblick.

Ein echtes Pferdeparadies lässt die Kinderherzen höherschlagen.

Der Talheimer Badesee liegt herrlich in die Natur eingebettet und ist im Sommer ein toller Abschluss für einen gelungenen Wandertag mit Kindern.

37 Donauversinkung Immendingen

RUNDWEG VOM DONAUPARK ZUR DONAUFURT

3.30 STUNDEN

8,9 KILOMETER

↗ 90 HÖHENMETER

↘ 90 HÖHENMETER

MITTEL · ab 6 Jahren

Wo der zweitgrößte Fluss Europas im Erdboden verschwindet: Auf dieser Tour im Naturpark des Oberen Donautales wandern wir nicht nur an der Donau, sondern auch in der Donau, genaugenommen in ihrem vertrockneteten Flussbett. Kurioserweise versickert das Donauwasser kurz hinter Immendingen an rund 150 bis 200 Tagen im Jahr im Boden und hinterlässt einen trockenen breiten Kiesweg, auf dem wir ein Stück entlangspazieren können – vorausgesetzt wir gehen in der regenarmen, wärmeren Jahreszeit, wenn es nicht gerade kurz vorher starke Niederschläge gegeben hat. Aber auch in regenreicheren Zeiten lohnt sich die Strecke, denn dann können wir an einer Stelle die Donau rückwärts fließen sehen und wir können sie an der Donaufurt überqueren, ohne schwimmen zu müssen. Für den Rückweg von der Furt nach Immendingen wählen wir entweder einen Waldweg oberhalb der Donau oder wir gehen denselben spannenden Weg am Flussbett wieder zurück.

Ausgangspunkt: Bahnhof Immendingen, 657 m. Anfahrt ab Donaueschingen Bahnhof mit dem Regionalzug RE2 Richtung Konstanz. – Mit dem Auto: Kostenfreie Parkplätze am Bahnhof Immendingen, Bahnhofstraße, 78194 Immendingen.
Ausrüstung: Gut profilierte Wandersandalen oder -schuhe sind zu empfehlen, da die Tour teilweise im Flussbett auf größeren Kieseln verläuft. Kleines Handtuch zum Abtrocknen mitnehmen. Ein geländegängiger Kinderwagen eignet sich für die Feld- und Waldwege, muss jedoch an zwei Stellen über kleine Begrenzungen gehoben werden.
Anforderungen: Längere Tour auf schmalen Pfaden und Wanderwegen mit einer größeren Steigung im Wald. Etwas Rutschgefahr herrscht im Flussbett, denn die Steine können auch glitschig sein, wenn das Wasser versickert ist.
Einkehr: Direkt an der Route bietet das gemütliche Kioskcafé Nina's Ess-Art Burger und Würstchen an, auch als vegane und vegetarische Variante, sowie selbstgebackene Kuchen; Öffnungszeiten witterungsabhängig von März bis Oktober tägl. 10.00–19.00 Uhr, Sonn- und Feiertage geschlossen, Unterer Ösch 18, 78194 Immendingen, GPS: N47.930908, E8.749849, Tel. +49 173 666 8243, ninasessart.com

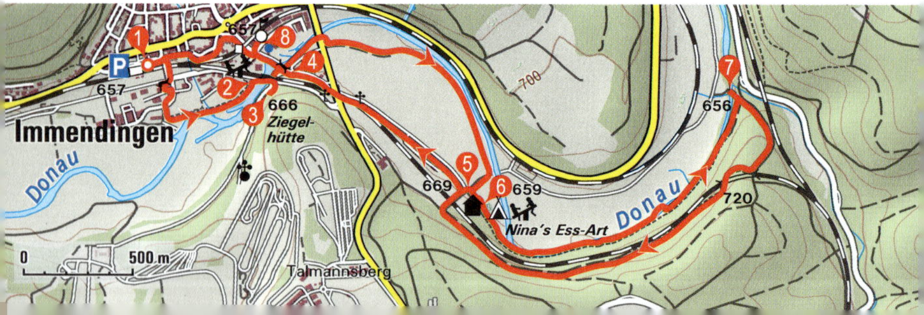

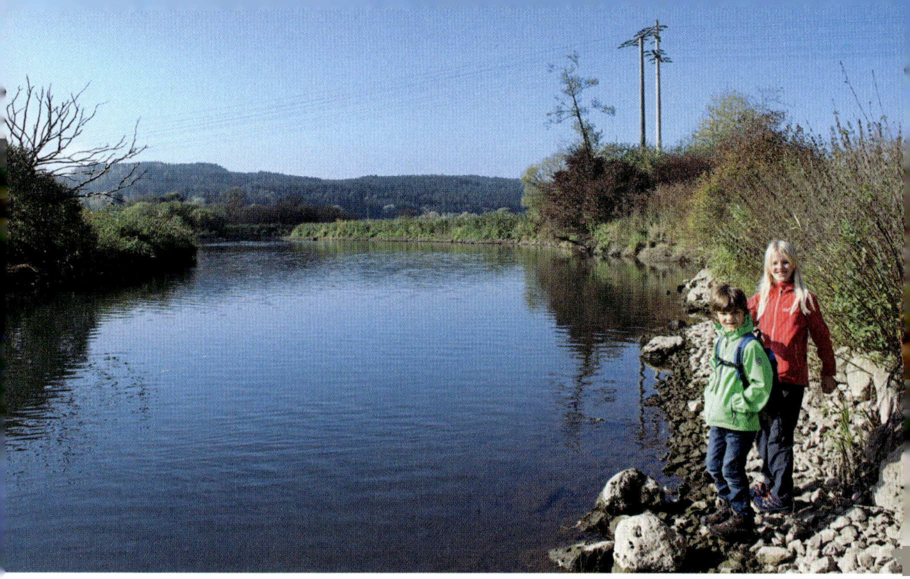

Hier scheint noch genug Wasser in der Donau zu sein.

Tipps: Gegen Ende der Wanderung können die Kinder noch wunderbar auf dem Wasserspielplatz beim Wohngebiet Donauuferpark spielen.
Für 5 € pro Person (Kinder unter 6 Jahren sind frei) und Nacht kann man am Zeltplatz von Nina's Ess-Art campen.

LOS GEHT'S Wir starten am **Bahnhof Immendingen ❶** und überqueren auf einer Fußgängerbrücke die Gleise des kleinen Eisenbahnknotenpunktes. Auf der anderen Seite der Gleisanlage biegen wir gleich rechts in den Gewerbepark ein und nach 150 m in die zweite Querstraße links. Gegenüber dem Reifenhändler beginnt gleich darauf links der **Landschaftspark Junge Donau** mit schönen Sitzgelegenheiten, Infotafeln und Stellen, an denen die Kinder ans Wasser können. Das markante Donaupark-Symbol mit den drei blauen Holzstelen zeigt uns, dass wir richtig sind. Nach einer Weile erreichen wir den ersten **Spielplatz ❷**, mit Seilrutsche und einem kleinen Steg auf den Fluss hinaus. Weiter geht es rechts über die Donaubrücke und gleich danach rechts zur Versinkung bei der **Ziegelhütte ❸**,

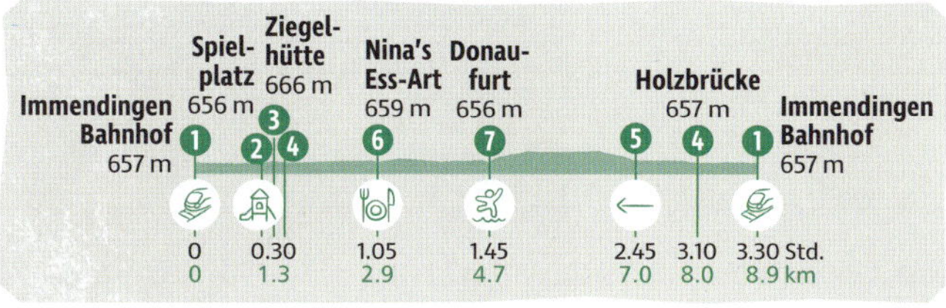

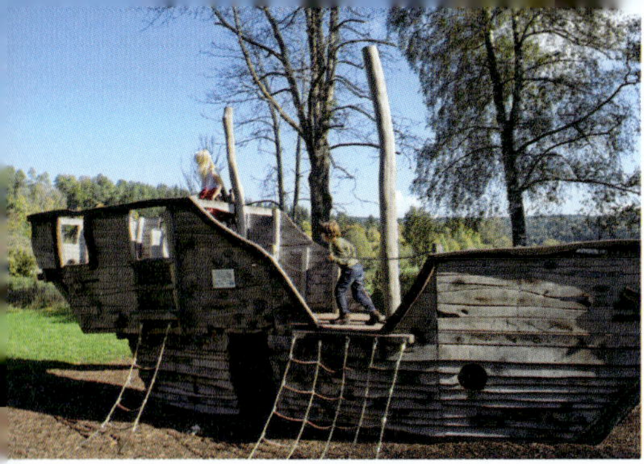

einem Hauptschluckloch. Bei höherem Wasserstand erkennt man das Versickern an den Wasserbewegungen, bei niedrigem Wasserstand am vielen Treibgut, das sich durch den Sog an den Löchern sammelt.

Wir wenden uns wieder der Brücke zu und wandern unter ihr zum Wehr und einer gedeckten **Holzbrücke ❹**.

OBEN

Ob das Piratenschiff mal über die Donau gesegelt ist?

UNTEN

An dieser Stelle versinkt das Flusswasser durch winzige Löcher im Boden.

An der Brücke wählen wir die linke Straße an der Donau entlang, bis wir nach 100 m links in einen Feldweg einschwenken, der uns unter der Landstraße hindurchführt. Hier macht der Weg eine Rechtskurve und gleich darauf zweigen wir links in einen kaum erkennbaren Wiesenweg ab. Für 20 Min. spazieren wir über eine riesige Wiese, rechts und links begleitet von den sanften Hügeln der Donautales und von den Geräuschen der Zugstrecke und der beiden Straßen. Hier können die Kinder den ganzen Kilometer bis zu einer weiteren Donaubrücke Ball oder Fangen spielen oder sich einfach nur in die Wiese legen, um die Wolken zu betrachten. An der nächsten Brücke können wir mit etwas Glück rasende Modellautos auf einer eigenen Rennstrecke auf der anderen Seite der Donau bewundern, biegen aber dann rechts auf die schmale Straße ein, bis es wenig später am Wanderschild **An der Donauversinkung ❺** links Richtung Donauversinkung und zum Café-Kiosk **Nina's Ess-Art ❻** geht. Hier toben die Kinder auf dem großen Piratenschiff mit eingebauter Rutsche herum, während die Erwachsenen die schattigen Sitzplätze am Grillplatz beziehen können. Weiter auf dem Pfad kommen wir zum ersten Mal in fühlbaren Kontakt mit dem

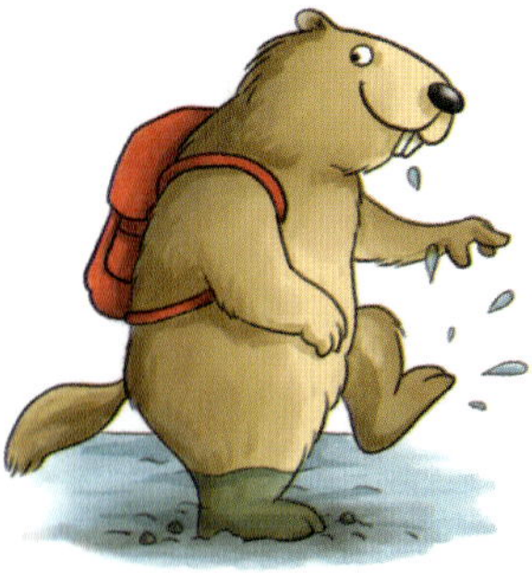

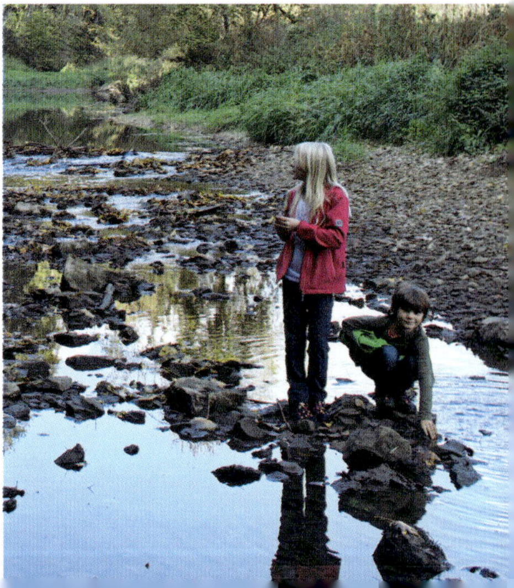

Hallo Kinder!

Sicher sammelt ihr im Urlaub am Meer auch immer **Muscheln**. Hättet ihr gedacht, dass wir diese besonderen **Weichtiere mit der harten Schale** auch bei uns quasi vor der Haustür finden können? Wenn ihr im ausgetrockneten Flussbett der Donau spazieren geht und eure Augen über den Boden streifen lasst, werdet ihr sicher einige schöne Exemplare von Bach- oder Flussmuscheln entdecken. Früher waren sie in ganz Europa in den Flüssen beheimatet, aber durch die fortschreitende Wasserverschmutzung und Fressfeinde wie den Biber sind sie mittlerweile vom **Aussterben bedroht** und werden im Naturschutzgesetz als besonders geschützte Art aufgeführt. Wenn sie in optimalen, das heißt sauberen und ruhig fließenden Gewässern leben, können sie sogar 20 Jahre und noch älter werden. Und vielleicht dienen sie danach noch dazu, eure Muschelsammlung daheim zu verschönern.

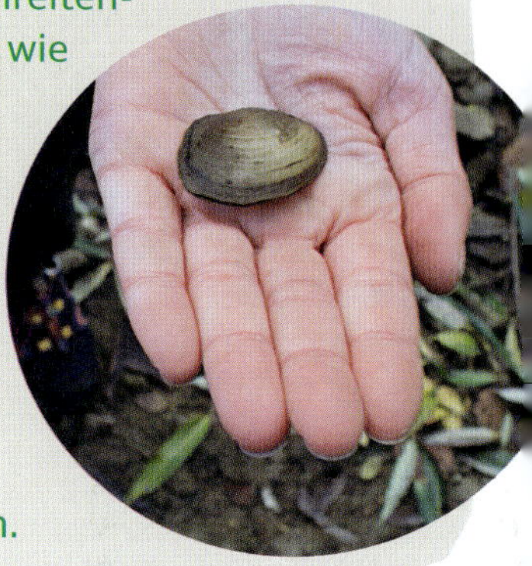

unterirdischen Karsthöhlensystem. Hier können die Kinder den Luftzug aus dem Erdinnern spüren, wenn sie ihre Hände nahe genug an die Gesteinsspalten im Boden halten, im Winter können auch Dampfschwaden oder Eiskristalle zu sehen sein. Der Pfad führt nun direkt an der Donau entlang und nach kurzer Zeit sehen wir — nichts mehr, denn die Donau ist nun je nach Jahreszeit und Witterung komplett im Flussbett versickert. Die Kinder sammeln hier am liebsten flache Steine oder auch Muscheln. Immer wieder bietet sich uns nun die Möglichkeit,

★Highlights

Sich im Landschaftspark Junge Donau über Flora und Fauna der Donau informieren und mit den Kinder am Flussufer spielen.

Zwei Spielplätze ausprobieren und ein Piratenschiff erobern.

Wettrennen auf der großen Wiese veranstalten.

Im Donaubett Schlucklöcher suchen.

Sich gruseln vor den kalten oder warmen Luftströmen aus dem Erdinneren.

Steine und Muscheln im trockenen Flussbett sammeln.

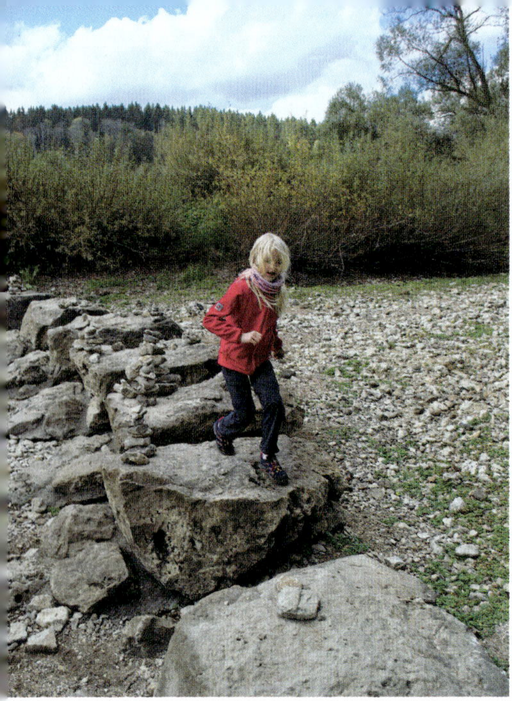

Die Donaufurt könnte man auch ohne Felsen trockenen Fußes überqueren.

in das trockene Flussbett hinabzusteigen und dort die halbe Stunde bis zur Donaufurt weiterzuwandern, oder wir bleiben auf dem Waldpfad oberhalb des Flussbettes, bis wir den Wegweiser Abzweig Donaupfad erreichen. Wir steigen links hinunter zur **Donaufurt 7** und können auf den riesigen Felsen über das gefüllte oder auch das leere Donaubett zum anderen Ufer gelangen und Steinmännchen auf den Felsen bauen. Möchten wir das Flussbett noch länger genießen, kehren wir am Wegweiser Abzweig Donaupfad auf den Donaupfad zurück und wandern auf dem Hinweg bis zum Café-Kiosk **Nina's Ess-Art 6** zurück. Oder wir erklimmen auf dem Kiesweg geradeaus die Anhöhe Richtung Hattingen Bahnhof. Nach einem halben Kilometer biegen wir rechts an der gelben Raute in einen schmalen Waldweg ein. Genau unter uns befindet sich nun der Bahntunnel und nach wenigen Meter erkennen wir die Gleise rechts unten, denen wir die nächste halbe Stunde immer leicht bergab durch den Wald folgen. Die Kinder staunen über eine Gruppe bizarr geformter Bäume, während die Erwachsenen versuchen, einen Blick ins Donautal nach Mehrlingen und Immendingen zu erhaschen. An einem weiteren Wanderschild namens An der Donauversinkung halten wir uns rechts Richtung Immendingen, spazieren auf der kleinen Teerstraße unter den Bahngleisen durch und wenden uns am nächsten Wegweiser **An der Donauversinkung 5** links Richtung Bahnhof Immendingen. Die Straße Untere Ösch bringt uns an der Kläranlage vorbei in ein kleines Immendinger Wohnviertel, bis wir wieder an der uns bekannten gedeckten **Holzbrücke 4** stehen, von der wir gut die Fischrampe betrachten können, die den Fischen beim Passieren des Wehres helfen soll. Nach dem Überqueren der Brücke spazieren wir den Radweg geradeaus weiter und können an der nächsten Querstraße rechts, dem Donaupark, einen kurzen Blick auf das **Untere Schloss 8** mit seiner netten Brunnenanlage werfen. Zurück auf dem Weg queren wir das Bahngleis, biegen danach links in die Donaustraße ein und danach die Zweite links in die Brunnenstraße. Nach gut 50 m bringen uns rechts die Blumenstraße und der anschließende Blumenweg zum ausgeschilderten **Bahnhof Immendingen 1** zurück.

Lochmühle Eigeltingen

ENTLANG DES KREBSBACHS UM DEN RESCHBERG

38

3.00 STUNDEN

7,1 KILOMETER

↗ 140 HÖHENMETER

↘ 140 HÖHENMETER

ab 5 Jahren MITTEL

Streichelbesuch bei den Ponys im Kinderparadies: Im Hegau am Rand der Schwäbischen Alb finden wir in der Eigeltinger Lochmühle ein wirkliches Paradies für alle Kinder, die Tiere gerne mögen, denn hier gibt es alles, was kreucht und fleucht zum Ansehen oder auch Streicheln, von Ponys über Alpakas, Esel, Schweine, Ziegen und verschiedenste Entenvögel. Teilweise begleiten uns die Tiere sogar beim Spaziergang durch das wunderschöne Areal, vorbei an Fachwerkgebäuden, Teichen, alten Wassermühlen, Tiergehegen und Pferdekoppeln. Hinter dem Gelände für das Ponyreiten verläuft unser Wanderweg durch das kleine Krebsbachtal im gleichnamigen Landschaftsschutzgebiet sanft bergauf. Bald überqueren wir waghalsig auf einer Holzplanke den Krebsbach und steigen steil hinauf auf den Reschberg und auf der anderen Seite gleich wieder hinunter. Am Waldrand können wir Bogenschützen beim Zielen und Schießen auf ihre künstlichen 3D-Ziele bewundern. Zurück an der Lochmühle sind die Kinder glücklich, wenn sie noch mit Zügen, Quads oder Traktoren im Miniformat auf dem Sandparcours fahren dürfen.

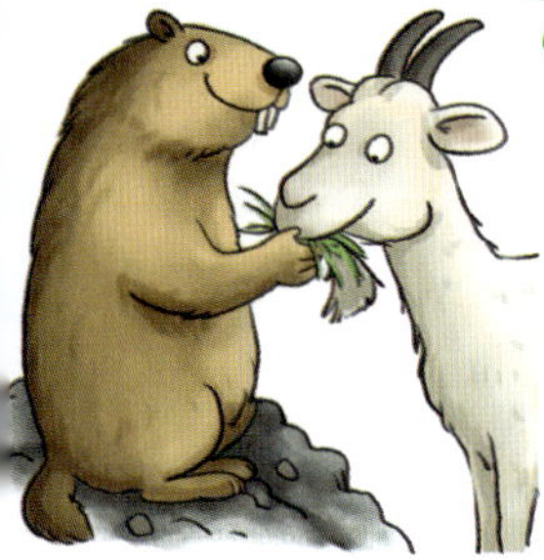

Ausgangspunkt: Bushaltestelle Eigeltingen Alte Post, 489 m. Anfahrt ab Trossingen Stadtbahnhof mit dem Regionalbus 117 Richtung Talheim. – Mit dem Auto: Kostenfreie Parkplätze (mit E-Ladestation) am Rathaus Eigeltingen, Krumme Straße 1, 78253 Eigeltingen oder Parkplatz direkt an der Lochmühle, Hinterdorfstraße 44, 78253 Eigeltingen.
Ausrüstung: Gut profilierte Wanderschuhe.
Anforderungen: Mittellange Tour mit kurzem steilem Anstieg. Bei feuchtem Wetter kann der steile Weg auf den Reschberg rutschig sein.
Einkehr: Das Restaurant Lochmühle mit herrlichem Biergarten ist täglich 11.30–21.00 Uhr geöffnet und serviert badische Küche und typisches Kinderessen; Hinterdorfstraße 44, 78253 Eigeltingen, Tel. +49 7774 93930, erlebnisgastronomie.de
Tipps: Nur 300 m von der Brücke über den Krebsbach gibt es die schöne Grillstelle Krebsbachhütte mit Himmelsliegen.
Für den Besuch der kostenfrei und ganztägig zugänglichen Lochmühle sollte man viel Zeit einplanen.

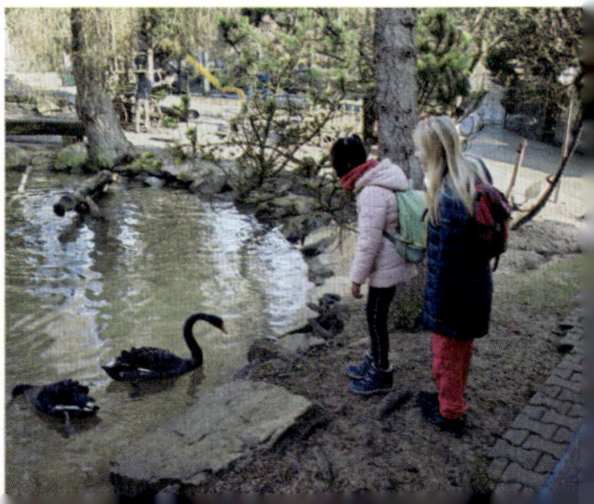

Schwarze Schwäne haben die Kinder noch nie gesehen.

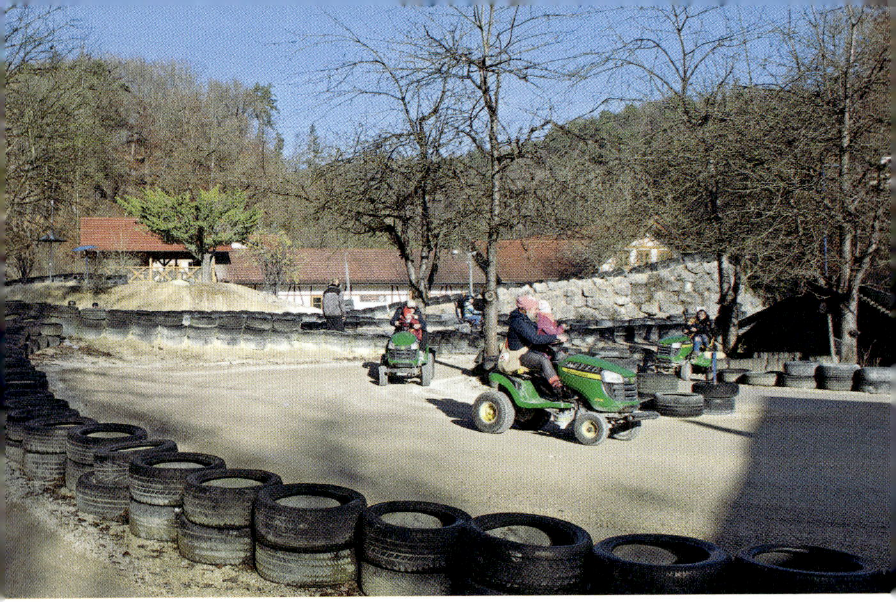

Rasant geht es mit dem Renntraktor um die Kurven.

LOS GEHT'S Von der **Bushaltestelle Eigeltingen Alte Post ❶** in der Hauptstraße gehen wir die Straße Gumpenhalde bis zum Ende hinauf und biegen rechts in die Bergstraße ein. Sie führt uns am ehemaligen Waschhaus, das im Jahr 1805 als schönes Fachwerkhaus errichtet wurde, über den Krebsbach hinüber. Am **Dorfbrunnen ❷** an der nächsten Kreuzung halten wir uns links und nach knapp 100 m auf der Hinterdorfstraße rechts Richtung Parkplatz Lochmühle. Der Breitleweg führt uns am Schulgelände vorbei und nach einer Rechtskurve auf einen großen Parkplatz. Hier überqueren wir links auf einem Schotterweg die große Wiese, freuen uns an ein paar Eseln und gelangen links zum Toreingang der **Lochmühle ❸**. 50 m weiter am Wanderschild Lochmühle Portal setzen wir die Tour rechts in Richtung Lochmühle und Krebsbachputzer fort, passieren den kleinen Teich und werden nach 50 m von der gelben Raute und dem bunten Schild der Hegauer Kegelspielwege nach links weitergeleitet. Vorbei am Parkplatz und dem Weiher durchqueren wir den urigen Außenbereich des Restau-

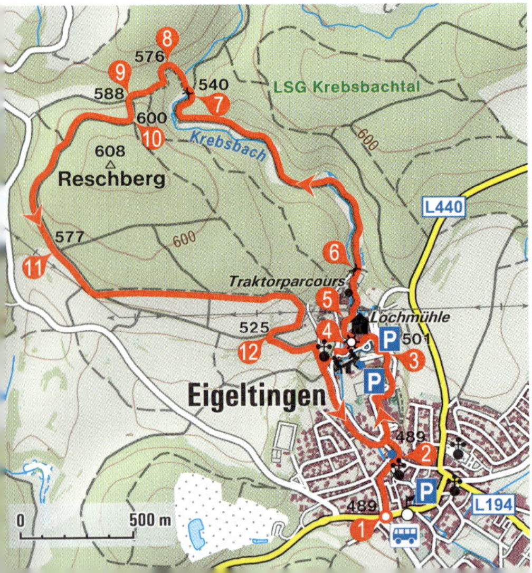

rants und steuern nach wenigen Metern rechts den nächsten Ententeich und den ersten **Spielplatz** ❹ des Tages an. Unter lautem Hühner- und Putengegacker bahnen wir uns unseren Weg geradeaus durch das Areal zu den Tierkoppeln und Stallungen, wo die Kinder Schafe und Alpakas füttern können. Den folgenden **Traktorparcours** ❺ heben wir uns für den Rückweg auf und lassen ihn zu unserer Linken liegen. Am WC führt uns der Weg rechts zwischen den beiden Teichen hindurch, danach halten wir uns links am Quadparcours entlang bis zum Wanderweg, in den wir rechts einschwenken. Zu unserer Rechten sehen wir den Ponyreitplatz. Nach der Brücke über den **Krebsbach** ❻ verläuft der

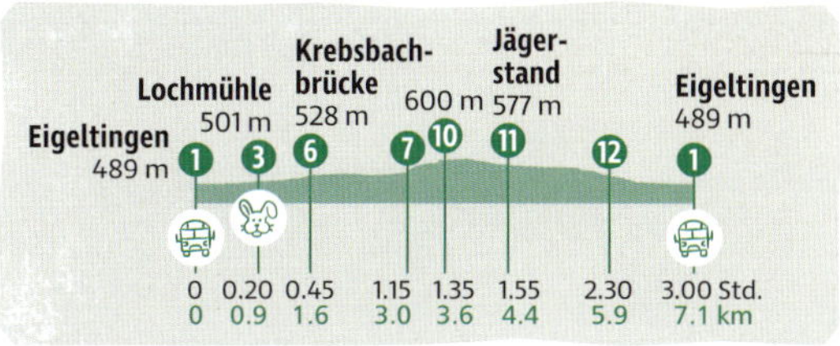

Hallo Kinder!

Findet ihr **Alpakas** auch so witzig mit ihren Frisuren und dem dicken, flauschigen Fell? Im **Streichelzoo der Lochmühle** könnt ihr die Kleinkamele hautnah bewundern und gerne auch füttern. Weltberühmt sind die Alpakas wegen ihrer Wolle, die sehr warm und weich ist und deshalb zu den wertvollsten Gewebestoffen gehört. Die **warme Wolle** benötigen sie, damit sie in den großen Höhen der Anden in Peru, Bolivien und Peru gut überleben können. In bis zu 5000 Meter Höhe sichern sie auch den dortigen Bauern den Lebensunterhalt, die die Tiere scheren und die Wolle verkaufen. Übrigens spucken Alpakas genauso wie ihre südamerikanischen Verwandten, die Lamas, in der Regel nur dann, wenn sie sich unter ihren Artgenossen **ihre Rangordnung erspucken** müssen. Sie spucken dabei vorverdautes Gras aus dem Vormagen auf ihre Rivalen. Den Menschen trifft es nur dann, wenn sich die Tiere wirklich bedroht fühlen, denn Alpakas sind sehr friedliebend und werden sogar in tiergestützten Therapieformen eingesetzt.

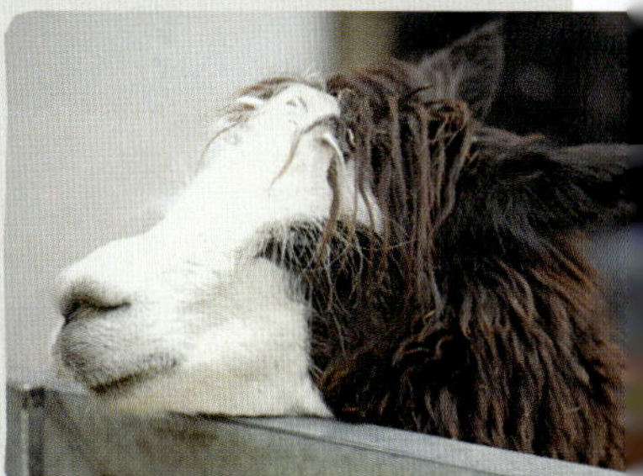

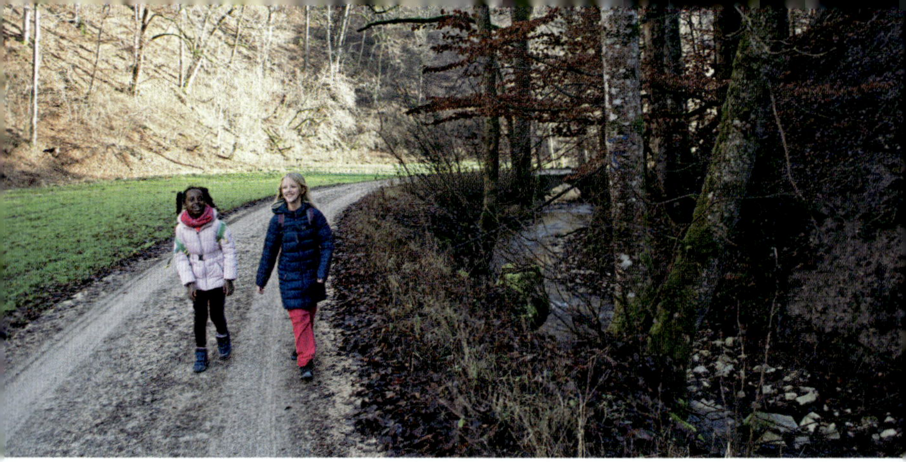

OBEN

Ist der Krebsbach erstmal an der Lochmühle vorbeigeflossen, wird es ruhiger.

UNTEN

Mit Ruhe und Konzentration kommen die Kinder trocken über den Bach.

Kiesweg links am glucksenden Bach entlang und leitet uns durch das schmale Tal sanft bergauf. Nach einer halben Stunde mit schönen Blicken auf die felsdurchsetzten Hänge erreichen wir das **Wanderschild Krebsbachtalbrücke ❼** und wagen uns links auf der Holzplanke über den Bach in Richtung Spielplatz Kohltal. Nach wenigen Minuten kommen wir an einem breiteren Wanderweg heraus und steigen hier am **Wanderschild Unterm Eichhölzle ❽** gleich wieder links hinauf auf einem Trampelpfad in Richtung Kuhbergweg. Der Weg ist in den meisten Karten nicht verzeichnet, führt uns aber zuverlässig auf einem Kammweg zum nächsten Forstweg, in den wir links einbiegen. Nach knapp 100 m zweigen wir am **Wanderschild Kuhbergweg ❾** links in Richtung »Am Käppeleweg« ab und gehen kurz darauf am **Wanderschild Käppeleweg ❿** rechts in Richtung Krebsbachputzer. Die gelbe Raute begleitet uns nun geradeaus auf dem Weg bergab durch den Laubwald, bis wir nach einer Viertelstunde an den Waldrand und zu einem links abzweigenden Forstweg gelangen. Rechts von uns steht ein **Jägerstand ⓫** und die gelbe Raute zeigt weiter geradeaus aus dem Wald hinaus. Nach knapp 200 m verläuft der Forstweg rechts den Hang hinunter, wir aber halten uns geradeaus und folgen weiter der gelben

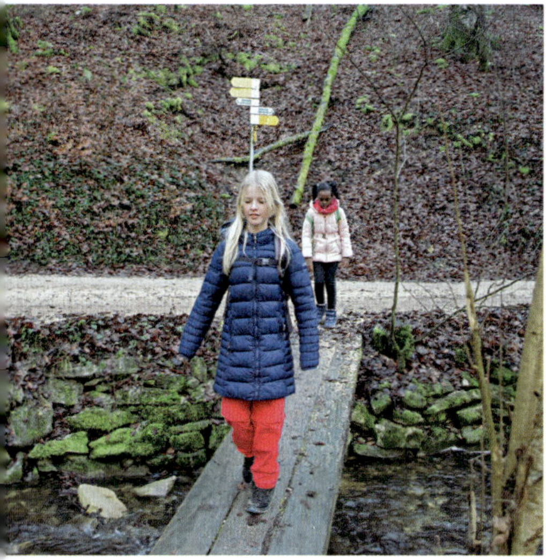

★Highlights

Mit den Puten, Enten und Hühnern durch die urige Anlage der Lochmühle stromern.

Schafe, Ponys und Alpakas streicheln.

Die Kleineren auf der Minieisenbahn fahren lassen.

Direkt am Bach durch das kleine Krebsbachtal wandern.

Den steilen Bergrücken des Reschberges erklimmen.

Auf der Himmelsliege den Bogenschützen bei der 3D-Jagd zusehen.

Auf große Ponykutschfahrt durch das Tal gehen.

Raute. Gleich darauf wählen wir an der Verzweigung den linken Sänge-Weg und finden auch die gelbe Raute sofort wieder. Die Bisons, Hirsche, Wildschweine, Hasen und Dachse, die wir nun auf den Feldern ausmachen, sind leider nicht echt, sondern Kunststoffziele für die Bogenschützen, an deren 3D-Parcours wir entlangwandern. Vorbei an einer himmlischen Liege passieren wir die nächste Kreuzung mit Ruhebänkchen und schwenken am Ende des Wiesenweges rechts auf eine Forststraße ein. Nach wenigen Minuten versperrt uns ein Zaun das Fortkommen und wir halten uns rechts auf dem Bogenweg bis zum **Wanderschild Hochbehälter Eigeltingen ⓬**. Dort biegen wir scharf links ab Richtung Lochmühle und folgen der Straße durch eine Rechtskurve. Wollen wir noch einmal zur Lochmühle zurück, biegen wir am folgenden Wanderschild Käppele links ab zur Lochmühle. Ansonsten gehen wir immer geradeaus bergab auf der Hinterdorfstraße bis zum **Dorfbrunnen ❷**. Rechts auf der Bergstraße finden wir zurück zu unserem Ausgangspunkt an der **Bushaltestelle Eigeltingen Alte Post ❶**.

Steil zieht sich der Bergrücken des Reschberges nach oben.

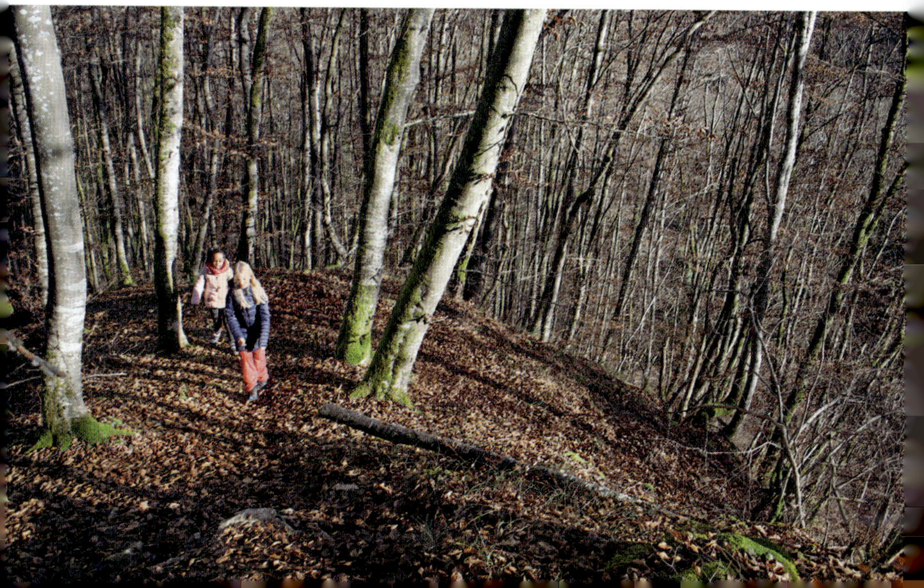

39 Eiszeitpark Engen

RUNDWEG DURCH DAS BRUDERTAL

1.30 STUNDEN

4,4 KILOMETER

↗ 90 HÖHENMETER

↘ 90 HÖHENMETER

LEICHT ab 4 Jahren

Auf den Spuren der frühen Rentierjäger: Mit dem originalgetreuen Eiszeitpark in Engen wartet die Hegaualb am südöstlichen Rand der Schwäbischen Alb mit einer seltenen Sehenswürdigkeit auf. Wir durchwandern das Brudertal und können uns lebhaft vorstellen, wie hier vor rund 15.000 Jahren die Rentierjäger auf der Lauer lagen, um ihre Beute an der Engstelle am Petersfelsen mit Wurfspeeren zu erlegen. Auf allen Vieren kriechen wir ein Stück in die Höhlengänge des Felsens hinein, die den Eiszeitmenschen als Lagerplätze dienten. Ein Moorgarten zeigt uns die verschiedenen Beeren, die hier früher wuchsen und von denen sich die Menschen ernähren konnten, und die bebilderten Infotafeln nehmen uns mit in das Alltagsleben der sogenannten Magdalénienzeit am Ende der letzten Eiszeit in Europa. Wir erklimmen die Anhöhen zu beiden Seiten des Petersfelsens und haben den gleichen Überblick über das kleine Tal wie die Rentierjäger. Jetzt müsste nur noch eine Herde Wildpferde oder Rentiere durchziehen ... Den Rückweg unternehmen wir bergab auf einem schönen Waldweg, bis die skurrilen Schlote der Hegauvulkane hinter Engen auftauchen.

Ausgangspunkt: Busbahnhof Engen Grub McDonalds, 545 m. Anfahrt ab Stockach Bahnhof mit dem Regionalbus 400 Richtung Singen. – Mit dem Auto: Kostenfreier Parkplatz Eiszeitpark an der Brudertalbrücke, GPS: N47.857442, E8.795162.

Ausrüstung: Die Klettereien auf dem steilen Petersfelsen erfordern feste Schuhe mit guter Profilsohle. Der Anstieg auf dem Gegenhang ist für einen Kinderwagen leider zu steil, man müsste ihn hinauftragen.

Anforderungen: Breite, angenehm zu laufende Wanderwege. Die Anstiege auf die Hügel können bei Nässe glatt und rutschig sein, den Petersfelsen erklimmen wir lieber nicht bei nassem Wetter.

Einkehr: Unterwegs keine. An der Bushaltestelle gibt es ein Mc Donalds-Schnellrestaurant.

LINKS

Was legen wir auf den Grill?

RECHTS

Durch das Brudertal ziehen heute keine Rentierjäger mehr.

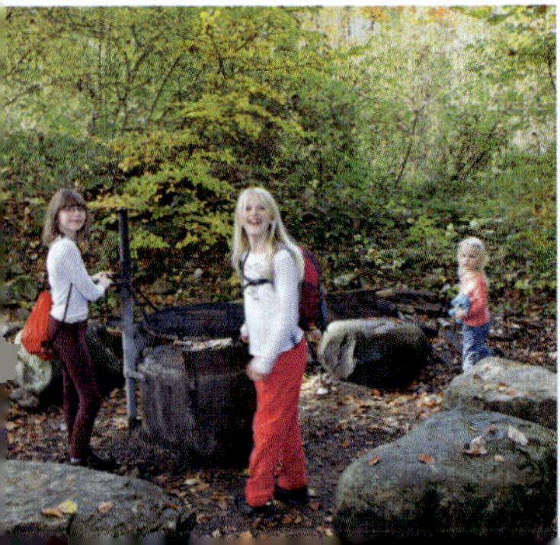

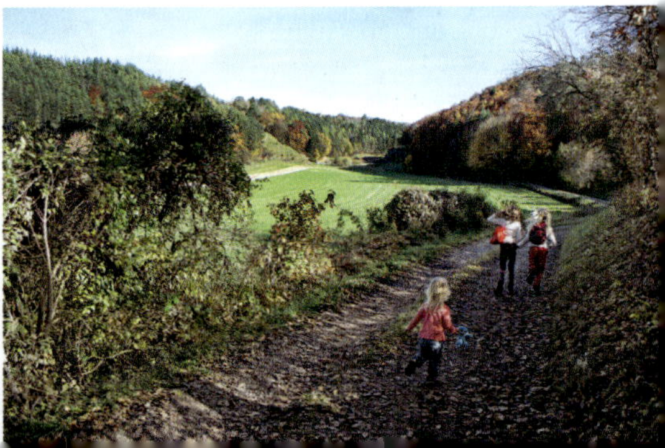

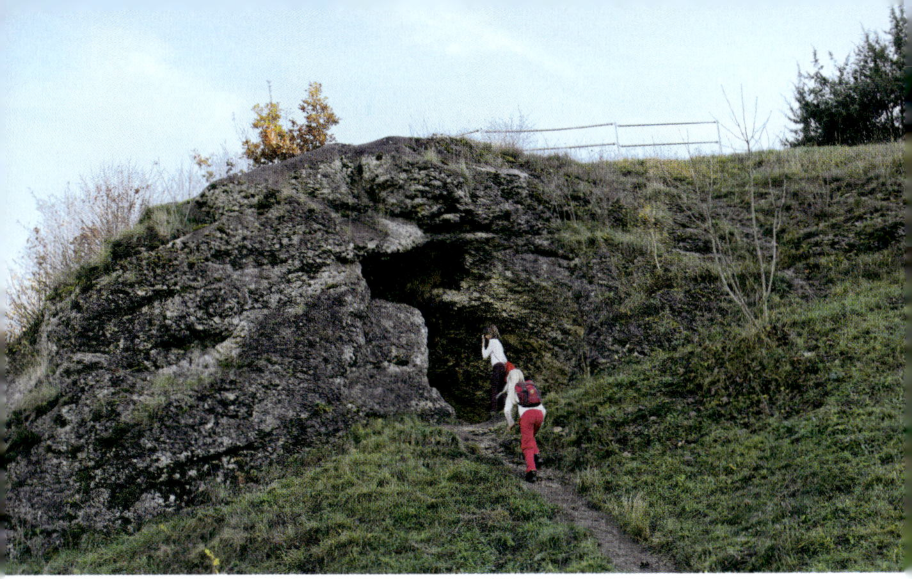

Wir erklimmen den Petersfelsen.

LOS GEHT'S An der **Bushaltestelle Engen Grub McDonalds ❶** halten wir uns in östlicher Richtung zur Autobahn hin und überqueren die Straße an der linken Seite des Verkehrskreisels. Am P+M-Parkplatz folgen wir links der Beschilderung zum Eiszeitpark, gehen unter der mächtigen Autobahnbrücke hindurch und erreichen den Wanderparkplatz Eiszeitpark. Hier marschieren wir geradeaus an Äckern und Feldern vorbei auf dem Kiesweg bis zur **Grillstelle ❷** mit einer Infotafel über die Kieslager im Brudertal und mit großen Findlingen als Sitzgelegenheit. Sobald wir das Wäldchen verlassen haben, öffnet sich der Blick auf das schmaler werdende, kleine Brudertal und wir verstehen, warum hier für die Eiszeitjäger eine ideale Stelle war, um ihrer Beute aufzulauern. Nach wenigen hundert Metern stehen wir vor dem **Petersfelsen ❸**, in dessen Bauch kleine Höhlengänge den Menschen als Unterschlupf dienten. Wir kraxeln oben auf den Felsen, auf dem man sich gut verstecken und mit den Wurfspeeren auf die Tiere zielen konnte. Nach dem ausgiebigen Studium aller Infotafeln über das Leben der Eiszeitmenschen im Brudertal steigen wir die 25 Höhenmeter auf den Gegenhang, um bei einer kleinen Vesperpause den schönen Blick über das Brudertal zu genießen. Frisch

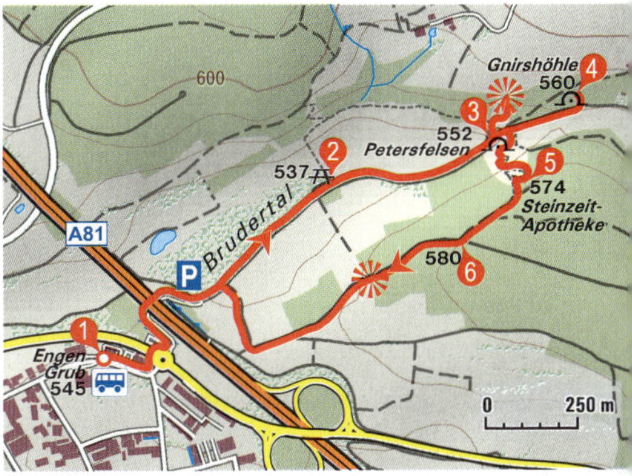

Hallo Kinder!

Habt ihr euch auch schon einmal gefragt, wie aus den wilden **Wölfen** unsere **zahmen Haushunde** entstanden sind, die besten und ältesten tierischen Freunde des Menschen? Aktuelle Forschungen in der **Gnirshöhle** weisen darf hin, dass hier im Engental eine der Stellen in Europa war, an der die Wölfe sich langsam zu Hunden entwickelten. Die Wölfe waren an den **Eiszeitmenschen** sehr interessiert, denn deren Essensreste waren für die Wölfe eine willkommene Beute, die sie nicht jagen mussten. So gelang es den Menschen nach und nach, die wilden Wölfe anzulocken und zu zähmen. Aus den **versteinerten Knochen und anderen Fossilien**, die man in der Gnirshöhle fand, konnten die Forscher durch **DNA-Analysen** beweisen, dass sich hier die Wölfe langsam von Generation zu Generation zum Hund veränderten. Die Schnauzen wurden dabei im Lauf der vielen Jahrhunderte kürzer, die Zähne kleiner und die Fellfarbe veränderte sich. So kam der Mensch schließlich auf den Hund und erfreut sich seither an ihm als Jagd- und Wachhund oder als Spielgefährte.

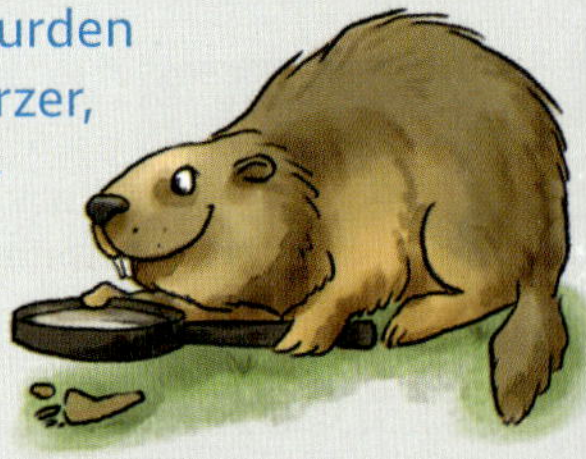

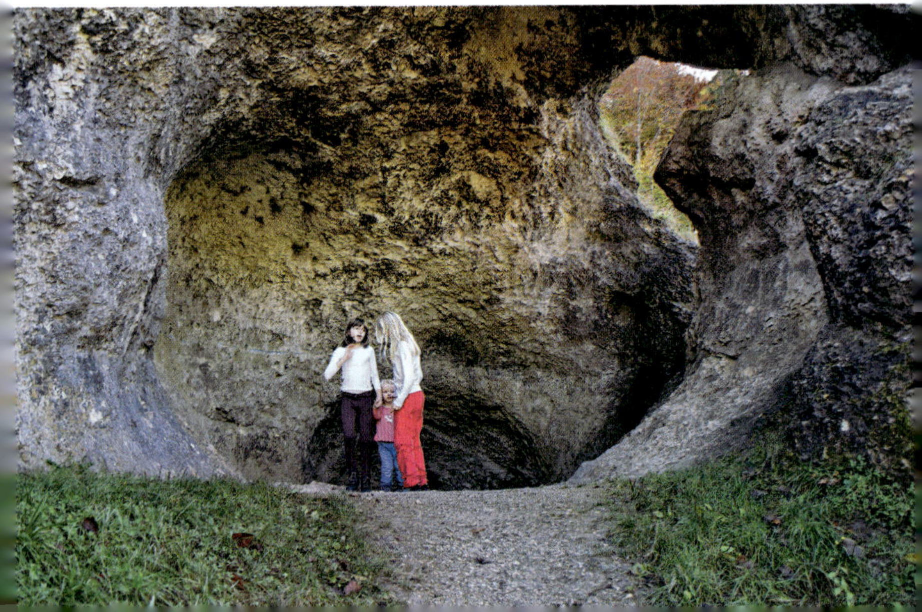

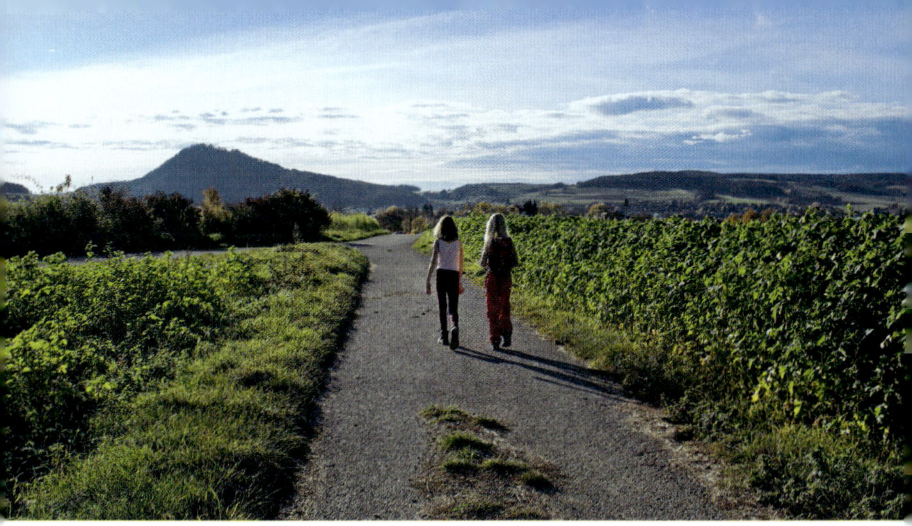

gestärkt an Leib und Seele geht es am selben Weg wieder hinunter und am Wanderschild Petersfelsen für 200 m links Richtung Aach, bis wir am Fuß der **Gnirshöhle** ❹ ankommen. Die Höhle ist nur mit Führung zu besichtigen (nach Voranmeldung im Kulturamt Engen Tel. +49 7733 502 211). Die archäologischen Fundstücke wie knöcherne Nähnadeln oder Feuersteinklingen können im Städtischen Museum Engen besichtigt werden. Wir wandern zurück zum **Petersfelsen** ❸ und steigen links den Fels auf einem Pfad hinauf, bis wir am Waldrand das Biotop und die **Steinzeitapotheke** ❺ entdecken. Dort wachsen Pflanzen wie Baldrian, Johanniskraut oder Mädesüß, die schon unsere Vorfahren als Medizin genutzt haben. Dann folgen wir dem Pfad in den Wald hinein, wenden uns nach rechts und wandern durch den Laubwald bis zum nächsten **Wanderschild** ❻, das uns rechts nach Engen weist. Nach wenigen Minuten verlassen wir den Wald und können bald am Horizont die typisch geformten Vulkankegel des Hegaus bewundern. Auf den nächsten geteerten Weg biegen wir rechts ein und stoßen nach knapp 200 m auf den vom Hinweg bekannten Kiesweg, der uns links zurück zur **Bushaltestelle Engen Grub McDonalds** ❶ bringt.

OBEN
Wanderausklang mit Vulkan im Blick.

LINKS UNTEN
In der Höhle haben sicher die Eiszeitmenschen gelebt.

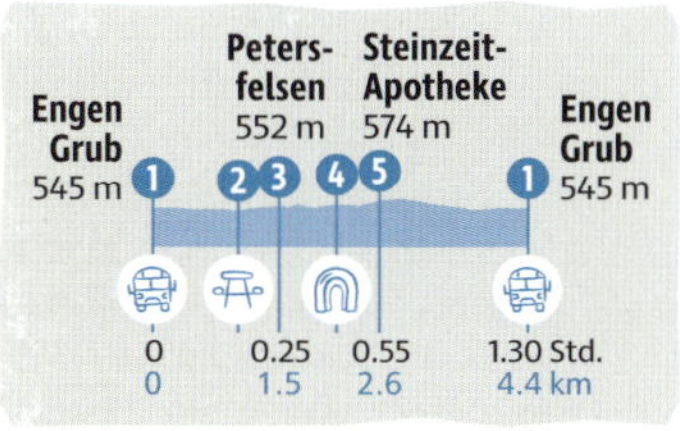

★Highlights

Aufregende Klettereien und Höhlen am Petersfelsen.

Tolle Aussicht von der Anhöhe auf das Brudertal.

Spannende Geschichte vom Leben der Eiszeitmenschen.

Entspannter Rückweg durch den schönen Laubwald mit überraschendem Vulkanblick.

40 Rund um Aach im Hegau

ÜBER DIE ALTSTADT ZUM AACHTOPF

1.30 STUNDEN

3,9 KILOMETER

↗ 110 HÖHENMETER

↘ 110 HÖHENMETER

LEICHT ab 4 Jahren

Zur mächtigsten Quelle Deutschlands: Die kurze Runde um das Hegaustädtchen Aach bietet alles, was kleine und große Wanderherzen mögen: einen Spielplatz am Flüsschen der Radolfzeller Aach, schöne Aussichten auf die skurrilen Kleinvulkane des Hegau, eine winzige, denkmalgeschützte Altstadt mit Stadttoren hoch auf dem Berg, Rastmöglichkeiten in der freien Natur, eine alte Burgruine mitten im Wald und zum Abschluss die stärkste Quelle Deutschlands, die sich kurioserweise aus der Donauversinkung bei Immendingen (siehe Tour 37) speist. Da es so viel zu entdecken gibt, sollte man sich eine Extraportion Zeit in den Rucksack packen.

Ausgangspunkt: Bushaltestelle Aach Rathaus, 478 m. Ab Busbahnhof Singen mit dem Regionalbus 400 Richtung Orsingen. – Mit dem Auto: Kostenloses Parken hinter dem Rathaus, Hauptstraße 16, 78267 Aach, oder ebenfalls in der Hauptstraße direkt an der Aachquelle, GPS: N47.846117, E8.858317.
Ausrüstung: Festes Schuhwerk mit gut profilierten Sohlen. Bitte Handtuch und Wechselkleidung für das Spielen an der Aach einpacken.
Anforderungen: Leichte Wanderung mit einigen steileren Stellen, insgesamt aber wenig Höhenmetern. Die schmalen Pfade und steilen An- und Abstiege eignen sich leider nicht für einen Kinderwagen.
Einkehr: Der Kiosk der Jägermühle an der Aachquelle mit Außenbereich bietet Kuchen und leckere Eisbecher sowie Getränke an; geöffnet mittags bis zum frühen Abend, Oberdorfstraße 6, 78267 Aach.

LOS GEHT'S Von der **Bushaltestelle Aach Rathaus** ❶ gehen wir wenige Meter in östlicher Richtung zum neuen **Mühlenplatz** ❷ mit Zugang zum Fluss und vielen Spiel- und Sitzmöglichkeiten sowie Infos über das kleine Wasserkraftwerk am Platz. Die Brücke über die Radolfzeller Aach führt uns auf die Mühlenstraße, auf die wir links abbiegen. Mit der Markierung gelbe Raute laufen wir am Wasserkraftwerk vorbei und zweigen an der Hauptstraße und an der folgenden Engener Straße jeweils rechts ab. Nach 50 m führt uns rechts die Schulstraße steil in die Höhe bis zum Aussichtspunkt am **Kriegerdenkmal** ❸. Hier kann man herrlich in der Sonne sitzen, in die Weite blicken und Kraft für die letzten Höhenmeter hinauf zur histori-

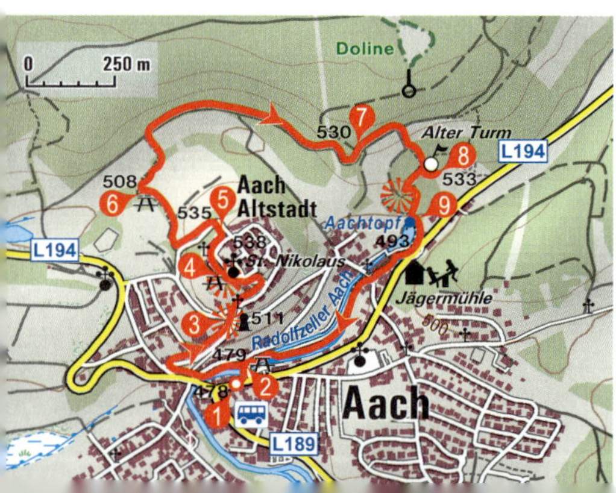

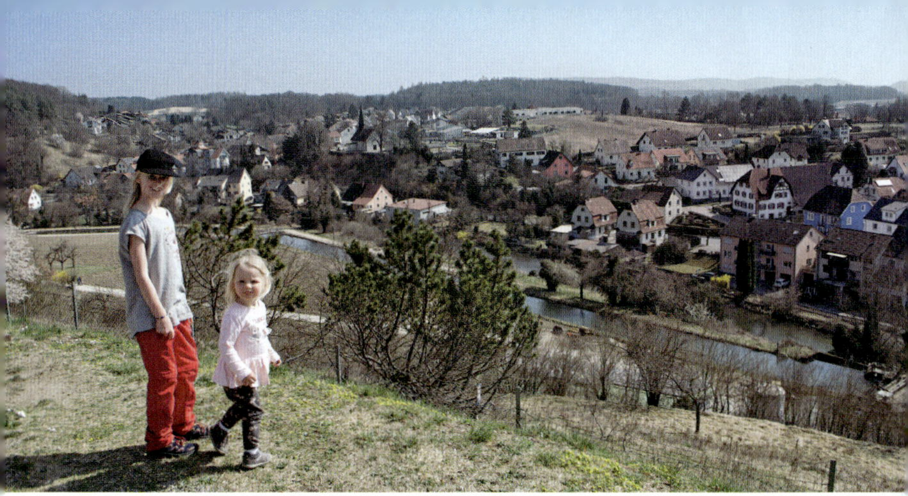

schen Altstadt tanken. Dafür überqueren wir die Oberdorfstraße, steigen geradeaus den beschilderten Fußweg Richtung Altstadt hinauf bis zur Stadtstraße, halten uns rechts und erreichen das über 800 Jahre alte Untere Tor der historischen Stadtmauer mit einem netten Wachhäuschen. Kurz darauf führt links eine Treppe hinauf in die denkmalgeschützte Altstadt. Erneut links abbiegend erreichen wir die strahlend weiße **Pfarrkirche St. Nikolaus** ❹, an der es einen Pausenplatz mit herrlicher Aussicht auf die markanten Minivulkane des Hegau gibt. Wir folgen der Straße durch eine Rechtskurve und biegen kurz vor dem Rondell in das nächste kleine Sträßchen links hinein, gekennzeichnet mit einem Stein und der Hausnummer 26. Nach knapp 50 m weist uns das **Wanderschild Hohenhalden** ❺ links bergab auf einer schmalen Teerstraße in Richtung »Hinter der Stadt«. Wenig später zweigen wir rechts auf einen Feldweg ab und nach knapp 100 m an einer

OBEN
Hoch über der Radolfzeller Aach.

UNTEN
Wächter der Altstadt.

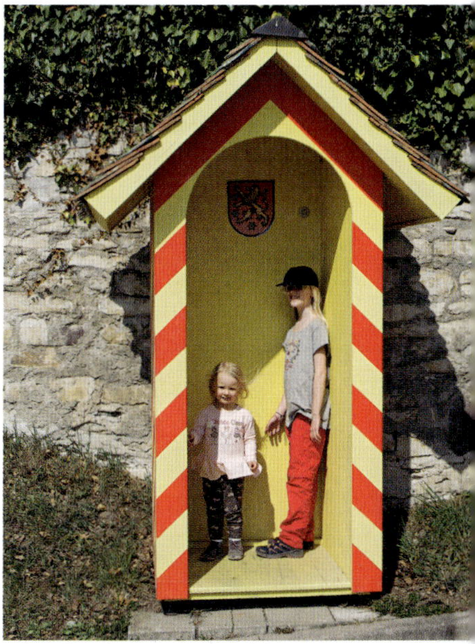

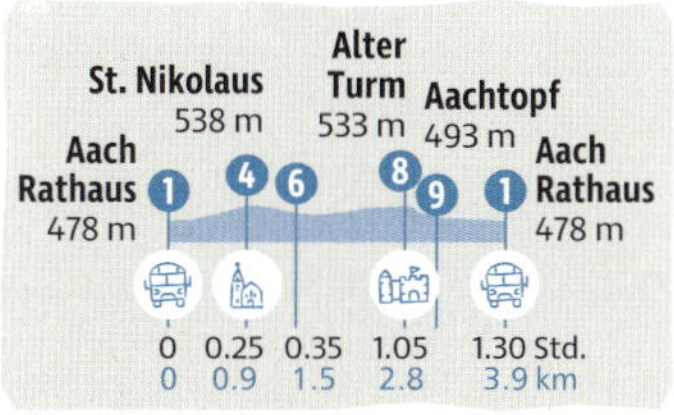

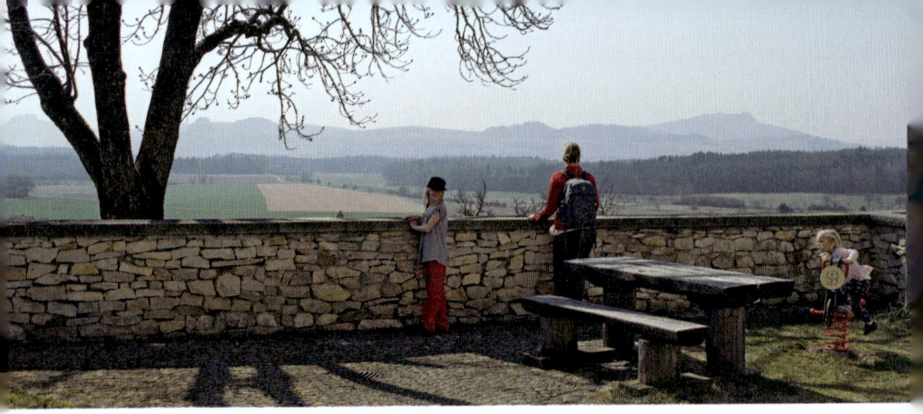

OBEN

Tolle Aussicht von der Pfarrkirche auf die Vulkankette des Hegau.

UNTEN LINKS

Aufstieg zur über 1000 Jahre alten Burgruine »Alter Turm«.

UNTEN RECHTS

Der Aachtopf ist Deutschlands wasserreichste Quelle.

Weggabelung links; unsere Route ist jeweils an einer gelben Raute erkennbar. Bald stoßen wir auf einen feinen **Grillplatz 6** mitten im Wald mit einem Kletterhügel für die Kinder. Weiter auf dem bergab verlaufenden Wanderpfad werden wir über eine Lichtung zum Wanderschild Hinter der Stadt geleitet, an dem wir rechts in Richtung Aachquelle aufwärtswandern. Am folgenden Wegweiser Buchenbühl bleiben wir geradeaus auf dem Forstweg, nun immer in Richtung Alter Turm. Gut 100 m geradeaus nach dem **Wanderschild Alter Turm 7** nehmen wir rechts einen Feldweg in Richtung des Hügels und sehen schon gleich den Turm durch den Wald schimmern. Am Waldrand verläuft der Weg erst links und dann gleich rechts hinauf durch den Wald bis zur Beschreibungstafel der ehemaligen Burg der »Edelfreien von Aach«. Die Kinder spielen an der Ruine des **Alten Turms 8** natürlich Ritter und Burgfräulein, bis wir wieder aufbrechen und, an der Beschreibungstafel rechts, wenige Minuten später einen großen Aussichtspavillon erreichen. Wir gehen links vorbei und steigen links am Hang zum **Aachtopf 9** hinunter. Unten angekommen um-

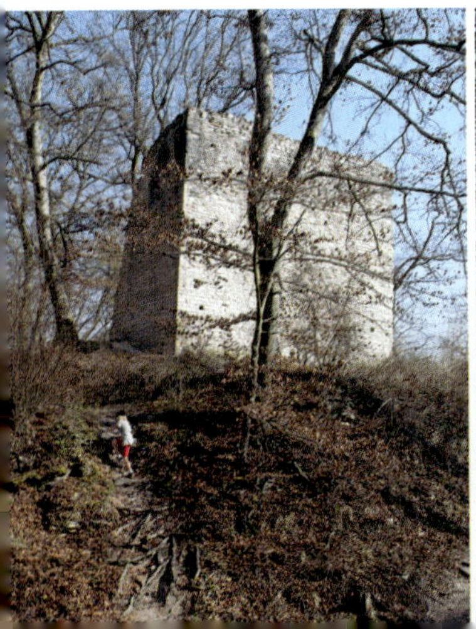

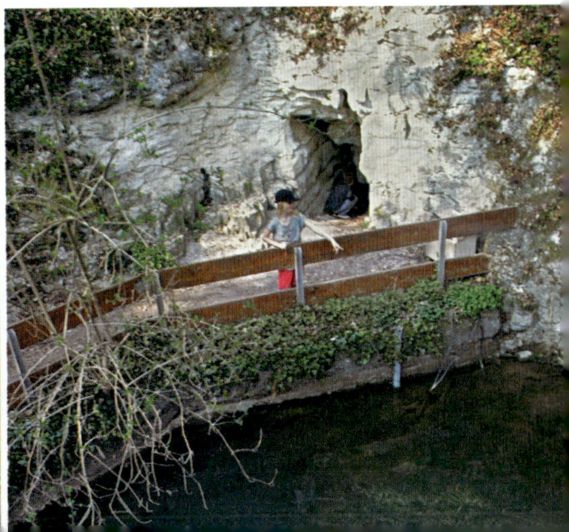

Hallo Kinder!

Wenn ihr euch **10 Millionen Jahre** zurückversetzen könntet, würdet ihr im Hegau **mindestens neun Vulkane** sehen können, deren Schlote rot glühende Lava in die Erdatmosphäre schleudern würden. Es würde verbrannt und nach Schwefel riechen, wie eine brennende Wunderkerze, und vor lauter Rauch und Qualm würdet ihr kaum etwas von der Landschaft erkennen, die wir heutzutage so wunderschön vor uns liegen sehen. Die prägnant in den Himmel ragenden Vulkankegel des **Hohenkrähen**, des **Hohentwiel** oder des **Hohenhewen**, die ein Dichter treffenderweise Gottes Kegelspiel genannt hat, sind die sichtbaren Beweise der starken **vulkanischen Aktivität im Hegau**. Der kleine Drache Kokosnuss würde sich hier bestimmt sehr wohlfühlen.

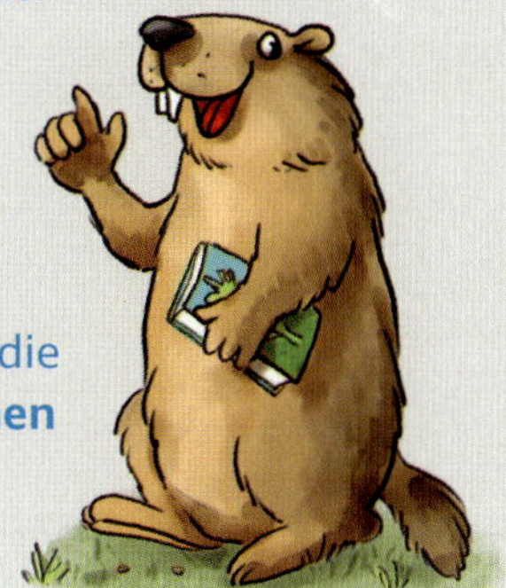

runden wir links herum den Quellsee, der in 18 Meter Tiefe aus einer Höhle mit dem bei Immendingen versickerten Donauwasser gespeist wird. An der **Jägermühle** lassen wir uns einen Eisbecher schmecken und die Kinder nutzen den kleinen Spielplatz am Fluss hinter dem Haus. Geradeaus kommen wir zur zur Oberdorfstraße und biegen rechts und gleich wieder links ab. Hier beginnt der neue Panoramaweg auf Holzbohlen direkt am Kanal der Radolfzeller Aach entlang. Am Ende schreiten wir über eine Brücke, schwenken links in die Mühlenstraße ein und treffen nach knapp 100 m wieder auf den **Mühlenplatz ❷**, den wir nur noch links überqueren müssen, um zur **Bushaltestelle Aach Rathaus ❶** zurückzugelangen.

★Highlights

Am schönen Mühlenplatz an der Aach spielen und auf der Hängematte abhängen.

Den Anblick der herrlichen Landschaft mit den Hegauer Vulkankegeln genießen.

Am Grillplatz im Wald Rast machen und den Kletterhügel besteigen.

An der Burgruine Alter Turm Ritterspiele abhalten.

Dem aufsteigenden Quellwasser im Aachtopf zusehen und zur Belohnung nach der Wanderung einen großen Eisbecher vertilgen.

Freizeit- & Schlechtwettertipps

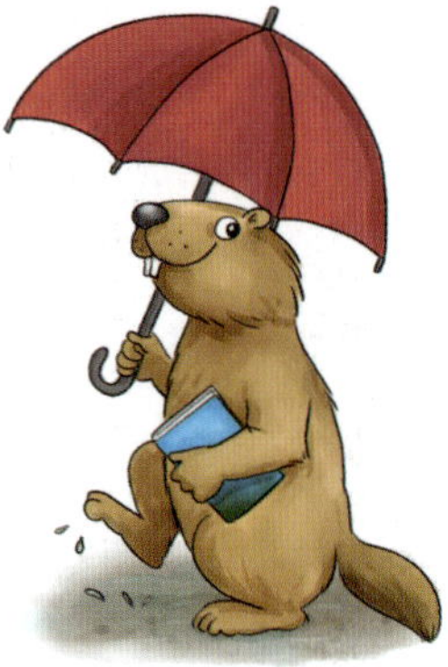

Burgen, Schlösser, Klöster

- Burg Hohenneuffen (s. Tour 1)
- Burg Hohenwittlingen (s. Tour 2)
- Schloss Lichtenstein (s. Tour 8)
- Burg Derneck (s. Tour 12)
- Klosteranlage Obermarchtal (s. Tour 14)
- Burg Straßberg (s. Tour 23)
- Erzabtei Kloster Beuron (s. Tour 27)
- Burg Wildenstein (s. Tour 30)

A1 Schloss Hohentübingen

Das altehrwürdige Schloss Hohentübingen beherbergt im Museum der Universität Tübingen sehenswerte Ausstellungen und einzigartige Schätze, wie ein 200 Jahre altes Observatorium, das erste biochemische Forschungslabor oder das älteste Riesenweinfass der Welt. Uralte Kunstwerke, Musikinstrumente und Exponate der Keltensiedlungen auf der Schwäbischen Alb lohnen den Abstecher auf den Tübinger Schlossberg. Spannende Führungen und kindgerechte Kurse runden das tolle Angebot ab.

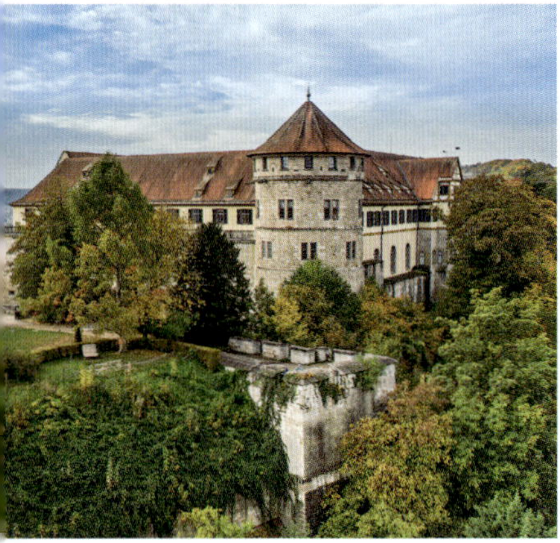

Schloss Hohentübingen, früherer Sitz der Herzöge von Württemberg.

Öffnungszeiten: Mi–So und an Feiertagen 10.00–17.00 Uhr, Do 10.00–19.00 Uhr.

Info: unimuseum.uni-tuebingen.de

Mit Bahn/Bus: Vom Tübinger Hauptbahnhof sind es rund 1,1 km zu Fuß auf den Schlossberg.

Mit dem Auto: Schloss Hohentübingen, Burgsteige 11, 72070 Tübingen. Direkt am Schloss gibt es keine Parkmöglichkeiten. Die Parkhäuser Altstadt-König in der Herrenberger Straße 2 und Altstadt-Mitte Am Stadtgraben 13 sind rund 600 m Fußweg entfernt.

A2 Burgruine Hohenmelchingen

Wildromantisch auf einer Anhöhe liegt diese Höhenburg seit über 800 Jahren im Wald bei Melchingen. Sie ist seit Langem im Verfall begriffen und wird immer mehr von der Natur überwuchert, was ihr besonders im Frühling und Sommer eine geheimnisvolle Aura verleiht. Hier können die Kinder ihrer Fantasie freien Lauf lassen und vergangene Ritterzeiten wieder zum Leben erwecken.

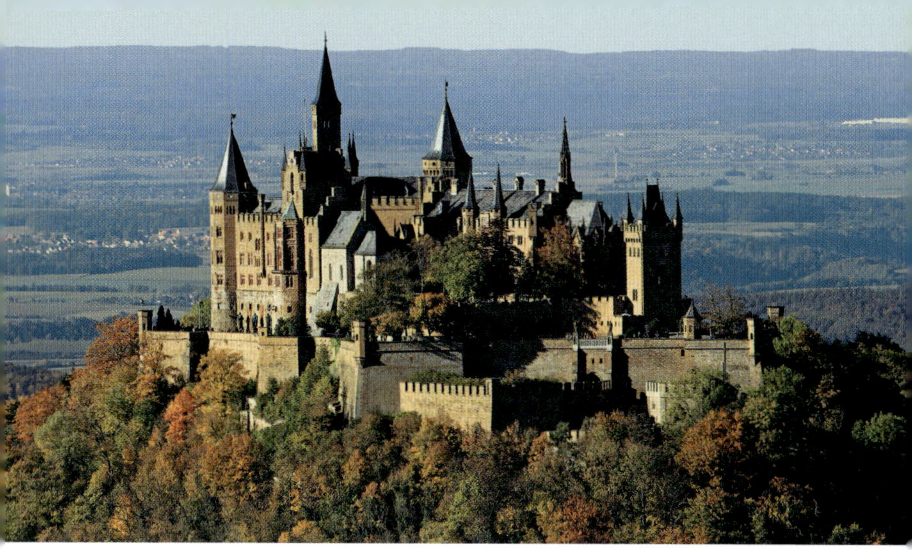

Öffnungszeiten: Rund um die Uhr zugänglich.
Info: melchingen.de
Mit Bahn/Bus: Von der Bushaltestelle Melchingen Rathaus geht man zu Fuß einen knappen Kilometer.
Mit dem Auto: Vom Wanderparkplatz Lauchertquelle ist es ebenfalls nur knapp 1 km zu Fuß zur Burg hinauf, GPS: N48.360441, E9.154688.

Gut sichtbar thront die Burg Hohenzollern auf einem Bergkegel.

A3 Burg Hohenzollern

Die prachtvoll auf dem Berg Hohenzollern gelegene Burg ist das Wahrzeichen der Region und dank ihrer Lage schon von Weitem zu sehen. Könige und Kaiser lebten und herrschten hier über viele Jahrhunderte. Bei einem Rundgang durch die Gemächer und Prunksäle kann man sehr viel über die deutsche Geschichte lernen und von der oberen Burganlage genießt man den imposanten Weitblick auf den Albtrauf und die Zollernalb.
Öffnungszeiten: Täglich 10.00–18.30 Uhr, Eintrittskarten können vorab online erworben werden.
Info: burghohenzollern.com
Mit Bahn/Bus: Ab Hechingen mit der Buslinie 306 zur Haltestelle Hechingen-Burg Hohenzollern.
Mit dem Auto: Kostenlose Parkplätze am Burgparkplatz P1, 72379 Bisingen. Transfer mit dem Pendelbus möglich (Kosten im Ticket enthalten), ansonsten ist der Fußweg rund 20 Min. lang. GPS: N48.32570, E8.96390.

A4 Schloss Sigmaringen

Das abenteuerlich auf einem steilen Kalkfelsen an der Donau gebaute Schloss Sigmaringen ist eines der größten Stadtschlösser in Deutschland und schon alleine wegen seiner 3000 Ausstellungsstücke zählenden, historischen Waffensammlung einen Besuch wert. Spezielle Audio-Guides für Kinder erzählen uns viel über die Geschichte und die einzelnen Räume und Säle des Schlosses.

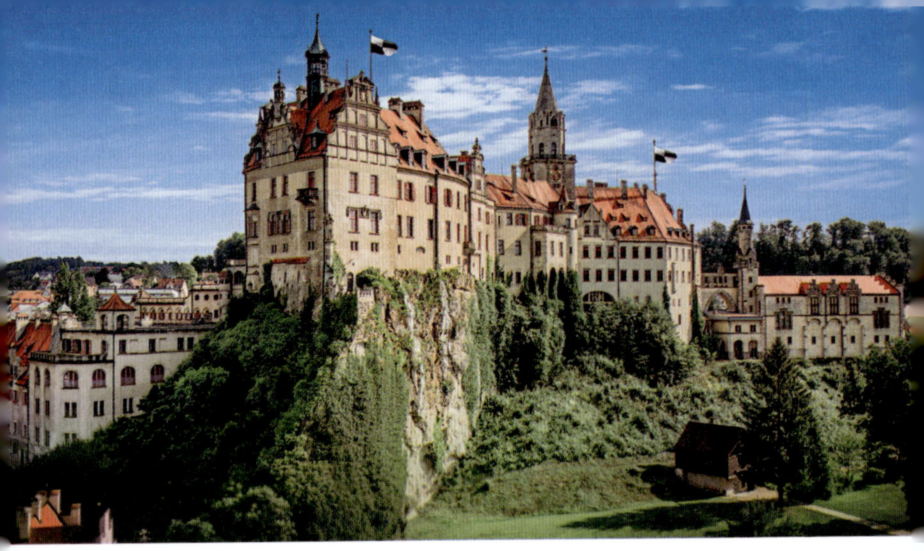

OBEN

Sieht aus wie im Märchen: das Schloss Sigmaringen.

UNTEN

Die Burg Honberg hat so manchen Krieg überstanden.

Öffnungszeiten: Täglich 9.30–17.30 Uhr, geschlossen von Anfang Januar bis Anfang März sowie Ende Juni bis Anfang Juli.
Info: hohenzollern-schloss.de
Mit Bahn/Bus: Ab Bahnhof Sigmaringen in rund 5 Min. zu Fuß erreichbar.
Mit dem Auto: Parkhaus Prinzengarten, Bahnhofstraße 2–22, 72488 Sigmaringen. E-Ladestation auf der 1. Parkhaus-Ebene vorhanden.

A5 Burgruine Honberg

Schon von Weitem sind die Türme der sehenswerten Höhenburg auf dem Honberg mitten in Tuttlingen zu sehen. Die trutzigen Wehrtürme sind so gut erhalten, weil sie nach der Zerstörung der Burg im Dreißigjährigen Krieg wieder aufgebaut wurden. Von der Wehranlage hat man einen schönen Überblick über die Stadt und ins Donautal. Im Sommer ist die Anlage der romantische Veranstaltungsort für ein Open-Air-Festival.

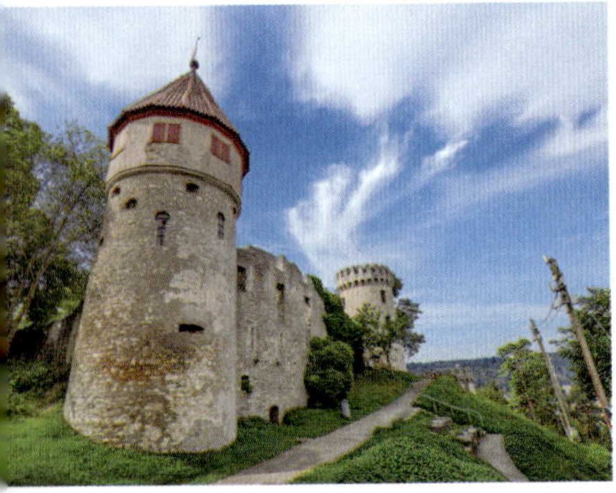

Öffnungszeiten: Rund um die Uhr geöffnet.
Info: tuttlingen.de (→ Kultur & Tourismus)
Mit Bahn/Bus: Vom ZOB Tuttlingen in der Stadtmitte sind es nur 20 Min. zu Fuß auf den Honberg.
Mit dem Auto: Kostenloses Parken auf dem Parkplatz 300 m südöstlich der Burg, von dort sind es 10 Min. zu Fuß hinauf, GPS: N47.977857, E8.827590.

Tiererlebnisse

- Streichelzoo Waldschenke Schömberg (s. Tour 19)
- Wildschweingehege am Waldheim in Albstadt-Ebingen (s. Tour 21)
- Lochmühle Eigeltingen (Tour 38)

B1 Wildgehege im Markwasen Reutlingen

Das idyllisch gelegene Wildgehege Markwasen bei Reutlingen ist zu jeder Jahreszeit einen Besuch wert. Die 300 Jahre alten Eichen und das zutrauliche Damwild schaffen eine friedvolle Atmosphäre, die nur gestört wird, wenn die Schafböcke ihre Köpfe mit voller Wucht zusammenknallen, um zu sehen, wer der Stärkste ist.

Öffnungszeiten: Rund um die Uhr geöffnet.

Info: reutlingen.de

Mit Bahn/Bus: Mit dem Bus ab Reutlingen Hauptbahnhof bis Haltestelle Markwasen, dann noch 10 Min. zu Fuß.

Mit dem Auto: Parkplatz am Restaurant Schützenhaus Reutlingen, Markwasen Gewand 2, 72762 Reutlingen, GPS: N48.468198, E9.190241.

B2 Wildgehege Eninger Weide bei Eningen

Ein wunderschönes Areal mit vielen verschiedenen Tier- und Pflanzenarten, gemütlichen Grillplätzen und einem Kinderspielplatz findet sich auf der Albhochfläche zwischen Bad Urach und Eningen unter Achalm. Das Wildgehege beherbergt Wildschweine und Rothirsche und in der Luft sind manchmal Turm- und Wanderfalken bei der Jagd zu entdecken. Vom nahen Hannersteigfels bietet sich eine herrliche Aussicht über das weite Land und den unteren See des Pumpspeicherwerkes Gleis.

Öffnungszeiten: Jederzeit zugänglich.

Info: eningen.de (→ Kultur und Freizeit).

Mit Bahn/Bus: Bushaltestelle Eninger Weide, von dort 0,5 km zu Fuß bergauf auf einem Wanderweg zum Wildgehege.

Mit dem Auto: Wanderparkplatz Eninger Weide, Eninger Weide 1, 72800 Eningen unter Achalm, GPS: N48.491874, E9.300506.

B3 Achalm-Alpaka-Farm Gomadingen

»Wer einem Alpaka zu lange in die großen, dunklen Augen schaut, ist von ihm für immer gefesselt«, lautet ein Sprichwort aus den Anden. Aber nicht nur zum Ansehen, sondern auch zum Streicheln und Spazierenführen eignen sich Alpakas vom Achalm-Alpaka-Hof hervorragend. In Begleitung ihrer Eltern dürfen hier schon 4-jährige Kinder ein Alpaka an der Leine führen. Zudem werden Seminare über die Alpaka-Haltung abgehalten und im Hofladen wird Kleidung und Bettwäsche aus Alpaka-Wolle verkauft.

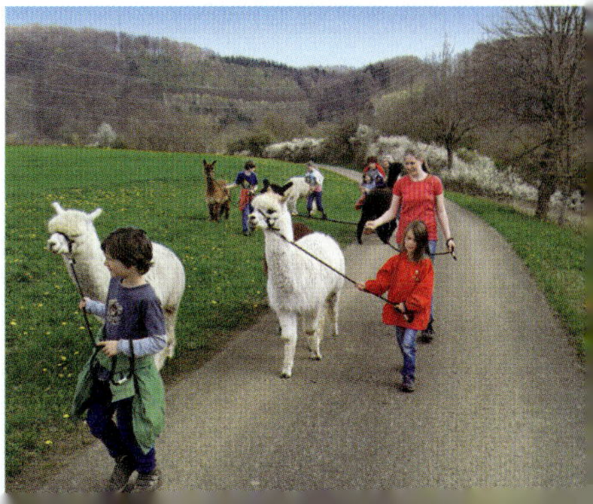

Kleine Alpaka-Karawane in Gomadingen.

Öffnungszeiten: Termine nach Voranmeldung.
Info: achalm-alpaka.de
Mit Bahn/Bus: Mit dem Bus ab Münsingen Bahnhof bis Haltestelle Wasserstetten-Pfaffental.
Mit dem Auto: Parken am Hof, Talstraße 52, 72532 Gomadingen-Wasserstetten.

B4 Gestüt Marbach

Pferdeliebhaber sind im wunderschönen Gestüt Marbach und seinen Außenstellen richtig, denn hier gibt es tolle Pferde wie Schwarzwälder Füchse oder Vollblutaraber zu erleben. Auf einer Führung durch die Stallungen und das Gelände bekommt man viele Eindrücke von diesem 500 Jahre alte Vorzeigegestüt. Kutsch- und Pferdeschlittenfahrten sind nach Voranmeldung möglich.
Öffnungszeiten: Ganzjährig für Besucher geöffnet.
Info: An allen Sonn- und Feiertagen und in den baden-württembergischen Ferien täglich werden gegen eine Gebühr Gestütsführungen um 13.30 Uhr und 15.00 Uhr angeboten. Mit der AlbCard sind die Führungen sogar kostenlos. Tel. +49 7385 9695037.
Mit Bahn/Bus: Bahnhof Marbach (Lauter) ab Ulm Hauptbahnhof ohne Umstieg.
Mit dem Auto: Parkplatz am Gestüt, Gestütshof 1, 72532 Gomadingen.

B5 Alpakahof Zollernalb

Der Alpakahof züchtet Haucaya-Alpakas und bietet geführte Alpaka-Spaziergänge, Kräuterwanderungen und Kindergeburtstage mit Schatzsuche, Alpakaführerschein und Filzen mit Alpakawolle an. Wer gerne einmal ein neugeborenes Alpaka-Baby sehen möchte, hat auf dem Alpakahof gute Chancen.
Öffnungszeiten: Wandertermine finden sich auf alpakahof-zollernalb.de.
Infos: Tel. +49 7475 4293.
Mit Bahn/Bus: Von der Bushaltestelle Burladingen-Ringingen Neuer Weg sind es rund 20 Min. zu Fuß zum Alpakahof
Mit dem Auto: Alpakahof Zollernalb, 72393 Burladingen-Ringingen, GPS: N48.328623, E9.111786.

B6 Streichelzoo Hofgut Domäne Hechingen

Einem Paradies für Kinder kommt dieser Streichelzoo mit seinem angrenzenden Spielplatz sowie dem Golf- und Minigolfplatz schon recht nahe. Ponys, Ziegen, Schafe, Hasen, Meerschweinchen, Alpakas, Enten und Emus lassen sich gerne füttern und streicheln. Und alles mit Blick auf die prächtig gelegene Hohenzollernburg.
Öffnungszeiten: Bei gutem Wetter von 9.00 Uhr bis ca. 18.00 Uhr.
Info: hofgut-domaene.de, Tel. +49 7471 96019210. Bitte Kleingeld für das Tierfutter einpacken.

In der Hofgut Domäne ist Füttern mit Hausfutter erlaubt.

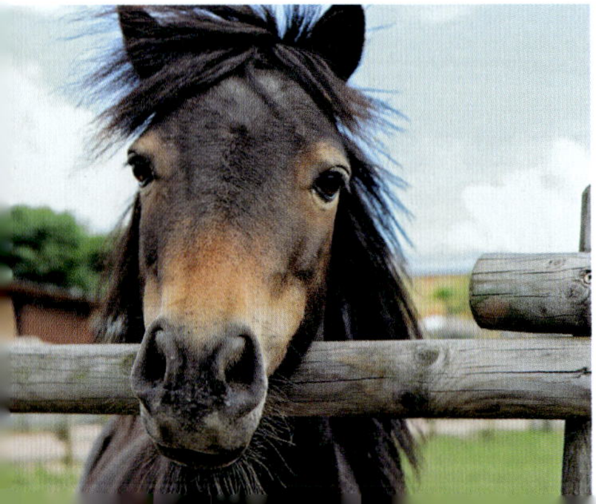

Mit Bahn/Bus: Bushaltestelle Hechingen Stockoch 1, von dort 600 m zu Fuß.
Mit dem Auto: Parkplatz vorhanden, Brielhof 1, 72379 Hechingen.

B7 Albaquarium Albstadt-Ebingen

Das über 60 Jahre alte Albaquarium zeigt in über 40 Schau-Aquarien Meeres- und Süßwasserfische sowie Terrarien mit Schlangen und Chamäleons, und sogar kleine Äffchen springen herum, während der Zitteraal Strom produziert.
Öffnungszeiten: Mo–Sa 14.00–17.00 Uhr, So/Feiertag 10.00–12.00 Uhr und 13.00–17.00 Uhr.
Info: albaquarium.de, Tel. +49 7431 4930
Mit Bahn/Bus: Bahnhof Albstadt-Ebingen, von dort 500 m zu Fuß.
Mit dem Auto: Grüngrabenstraße 20, 72458 Albstadt-Ebingen, Parken auf dem Parkplatz Bleichestraße, von dort 150 m zu Fuß.

B8 Wildgehege Meßstetten

Das große, bewaldete Wildgehege 3 km außerhalb von Meßstetten spricht besonders Familien mit Kindern an, denn neben Mufflons, Wildschweinen sowie Rot- und Damwild gibt es auch Hasen, Zwergziegen und Pfaue zu entdecken. An eigens aufgestellten Stationen können die Tiere mit Automatenfutter von den Kindern gefüttert werden. Ein Kiosk sowie der angrenzende Spielplatz mit Grillstelle komplettieren das Angebot.

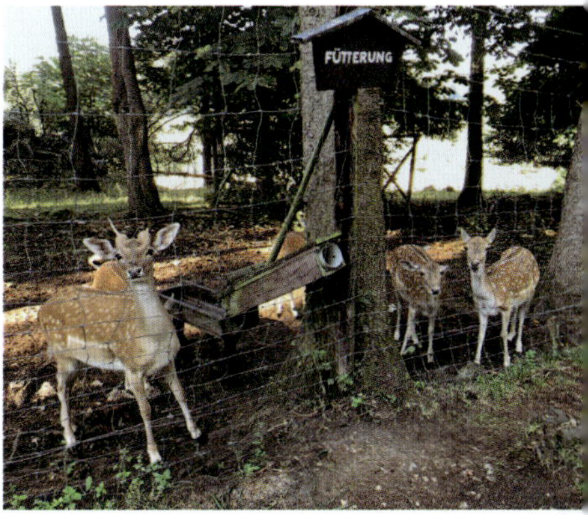

Wer sich nicht traut, aus der Hand zu füttern, gibt sein Futter einfach in die Röhre.

Öffnungszeiten: Das Wildgehege ist rund um die Uhr geöffnet, der Kiosk mit Terrasse und Garten Mo–Fr 12.00–20.00 Uhr und Sa/So 10.00–20.00 Uhr bewirtschaftet.
Info: wildgehege-messstetten.de
Mit Bahn/Bus: Es gibt leider keine Verbindung zum Wildgehege, aber ab Meßstetten sind es nur 3 km mit dem Taxi.
Mit dem Auto: Kostenfreie Parkplätze am Wildgehege, Geißbühlstraße, 72469 Meßstetten, GPS: N48.176781, E8.993463.

B9 Wildgehege auf dem Mühlberg bei Tuttlingen

Das nette, kleine Wildgehege auf dem Gipfel des Mühlbergs bei Tuttlingen-Möhringen ist besonders wegen seiner ruhigen Lage und dem dazugehörigen Spiel- und Grillplatz zu empfehlen. Mit etwas Glück entdeckt man ein winziges Hirschkälbchen im hohen Gras des Damwildgeheges.
Öffnungszeiten: Jederzeit zugänglich.
Mit Bahn/Bus: Bushaltestelle Mehrlingen Hanselebrunnen. Von dort 1,5 km zu Fuß bergauf zum Wildgehege.
Mit dem Auto: Wanderparkplatz am Mühlberg, 78532 Tuttlingen-Möhringen, GPS: N47.960373, E8.771414. Von dort 1,5 km zu Fuß bergauf.

Natur- und Erlebnisbäder

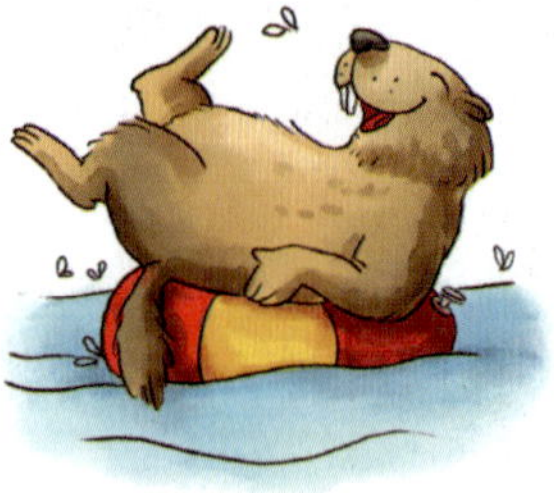

- Höhenfreibad Neuffen (s. Tour 1)
- Gönninger See (s. Tour 7)
- Stausee Schömberg (s. Tour 19)
- Naturfreibad Winterlingen (s. Tour 23)

C1 Wellenfreibad Reutlingen Markwasen

Ein Traum für alle Wasserratten ist das Wellenfreibad in Reutlingen Markwasen, denn hier gibt es stündlich 1,5 m hohe Wellen im Freien zu genießen. Im Matschpark tummeln sich die Kleineren, ein Sprungturm mit 10 m Höhe und eine 50-m-Bahn mit Überholspur für Schnellschwimmer sind eher den Größeren vorbehalten. Und auf den zwei Beachvolleyball-Plätzen, einem Basketballplatz und zwei Mini-Street-Soccer-Plätzen rollen und fliegen Bälle aller Art.
Öffnungszeiten: In der warmen Jahreszeit 6.30–20.00 Uhr, am Wochenende 7.30–20.00 Uhr.
Info: reutlinger-baeder.de, Tel. +49 7121 5823792.
Mit Bahn/Bus: Bushaltestelle Reutlingen Oberlinstraße.
Mit dem Auto: Parkplätze und E-Ladesäule am Schwimmbad, Hermann-Hesse-Straße 40, 72762 Reutlingen.

C2 Waldfreibad Eningen

Wunderbar eingebettet in die hügelige Landschaft liegt das kleine Waldfreibad im Obtal am Fuß des Albtraufs. Coole Rutschen und der Sprungturm machen das Waldfreibad auch für Kinder spannend. Eine tolle Idee sind die kleinen Holzinseln am Hang, auf denen man in der Sonne liegen und dösen kann.
Öffnungszeiten: Mai und Sept. 9.00–19.00 Uhr, Juni bis August 9.00–20.00 Uhr.
Info: eningen.de, Tel. +49 7121 880431.
Mit Bahn/Bus: Bushaltestelle Oberdigisheim Rathaus, von dort gut 1 km zu Fuß.
Mit dem Auto: Parkplatz auf der Wiese, Waldfreibad, Obtal, 72800 Eningen unter Achalm, GPS: N48.488539, E9.281355.

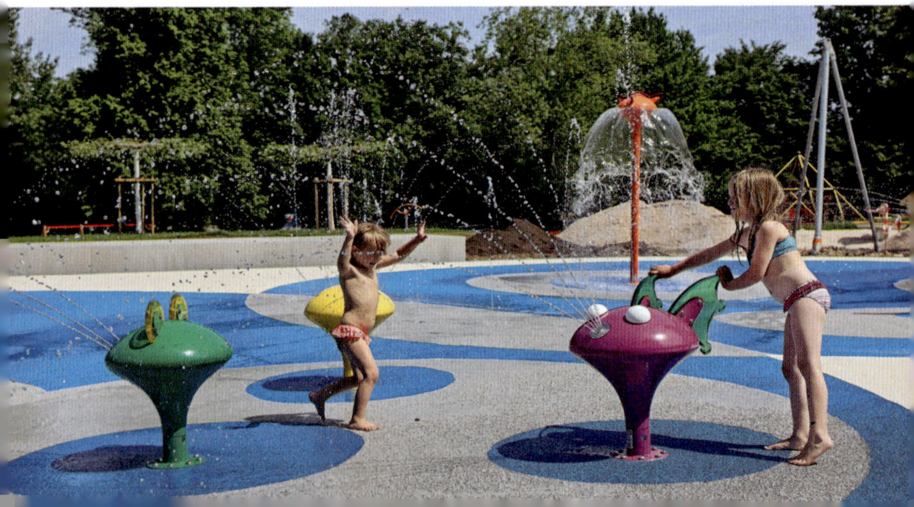

Feucht-fröhlicher Badespaß im Wellenfreibad Reutlingen.

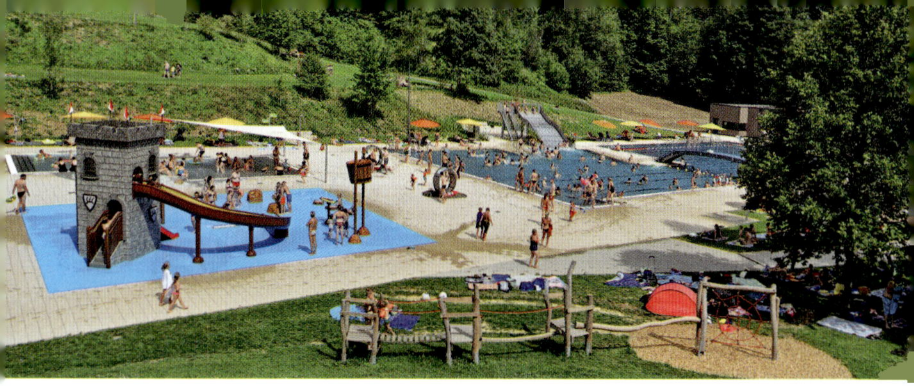

C3 Freibad Münsingen

Im Münsinger Freibad ist echte Action für die Kinder geboten.

Schön gestaltet liegt das Terrassenfreibad Münsingen mit Hügeln ringsum am grünen Waldrand und punktet bei den Wasserfans durch seinen fantasievollen Sandspielplatz und einen Wasserspielplatz mit Spritzkanonen und Piratenrutsche, wie man ihn nicht alle Tage sieht.

Öffnungszeiten: In der warmen Jahreszeit 8.00–20.00 Uhr.
Info: muensingen.de/Freibad, Tel. +49 7381 69303.
Mit Bahn/Bus: Bushaltestelle Münsingen Lichtensteinsteinstraße, von dort gut 10 Min. zu Fuß.
Mit dem Auto: Nach dem Umbau Mitte 2023 gibt es wieder reichlich Parkplätze am Freibad, Alter Seeburger Weg 2, 72525 Münsingen.

C4 Erlebnisfreibad Ehingen

Eingebettet zwischen Bäumen und grünen Hügeln bietet das Freibad alles, was Kinder glücklich macht: einen Wasserspielplatz mit Bagger, verschiedene Sprungtürme, eine lange Wasserrutsche, Riesenbillard für Fußballer, einen großen Beachvolleyballplatz und ein spritziges Babybecken mit Sonnensegel.
Öffnungszeiten: In der warmen Jahreszeit 8.00–20.00 Uhr.
Info: freibad.ehingen.de, Tel. +49 7391 770150.
Mit Bahn/Bus: Bushaltestelle Ehingen Freibad.
Mit dem Auto: Parkplätze vorhanden, Uhlandstraße 35, 89584 Ehingen (Donau).

C5 Naturbad Albstadt-Tailfingen

Wer gerne »natürlich« schwimmt, ist in Albstadt-Tailfingen gut aufgehoben. Ein Sprung vom Naturfelsen mitten ins kristallklare, unbehandelte Wasser ist ein besonderes Vergnügen für die Kinder. Mit einer 50-Meter-Bahn, großen Liegewiesen und einem tollen Spielplatz ist das Naturbad eine gelungene Alternative zu herkömmlichen Spaßbädern.
Öffnungszeiten: Von Mitte Mai bis Mitte September täglich 11.00–19.00 Uhr. Aktuelle Informationen auf der Internetseite.
Info: albstadtwerke.de/baeder/naturbad-albstadt, Tel. +49 7432 1603924.
Mit Bahn/Bus: Bushaltestelle Tailfingen Naturbad.
Mit dem Auto: Parkplätze am Schwimmbad, Freibadstraße 1, 72461 Albstadt-Tailfingen.

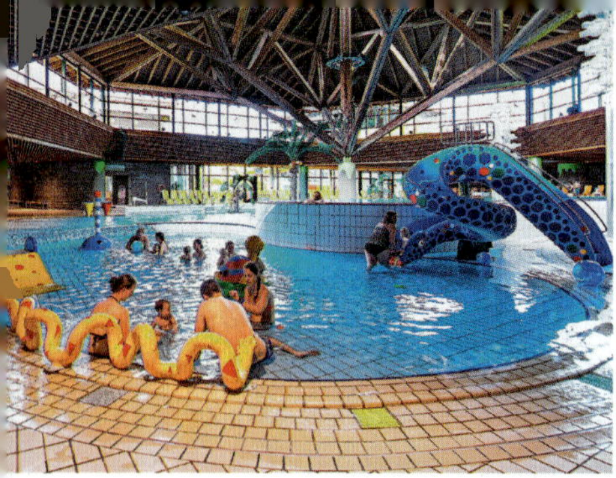

C6 badkap Hallen- und Freibad Albstadt-Ebingen

Das Freizeitbad badkap liegt inmitten grüner Natur am Rand von Albstadt-Ebingen und glänzt mit der schönen Außenanlage, einem turbulenten Wellenbad und einer Turborutsche für Kinder ab 12 Jahren. Für Kinder ab 6 Jahren wartet die Black-Hole-Rutsche mit Licht und Sound. Saunaliebhabern stehen sechs Saunen und zwei Dampfbäder zur Verfügung, und den Ausblick auf die Schwäbische Alb kann man auch draußen im Saunagarten genießen.

Öffnungszeiten: Mo 11.00–22.00 Uhr, Di–Do 10.00–22.00 Uhr, Fr 10.00–23.00 Uhr, Sa 9.00–23.00 Uhr, So und Feiertag 9.00–22.00 Uhr, in Ferienzeiten bitte Homepage beachten.

Info: badkap.de, Tel. +49 7431 981470.

Mit Bahn/Bus: Bushaltestelle Ebingen badkap.

Mit dem Auto: Parkplätze direkt am Schwimmbad, Beibruck 1, 72458 Albstadt.

OBEN

Im badkap Albstadt planschen die Kleinsten bei 34 Grad.

UNTEN

Schwimmen soweit man will im Stausee Oberdigisheim.

C7 Stausee Oberdigisheim bei Meßstetten

Wer lieber in einem herrlich gelegenen See statt im Bad schwimmt, ist am Stausee zwischen Tieringen und Nusplingen gut aufgehoben. Der Badebereich ist mit einer Bojenkette vom geschützten Bereich abgetrennt und man findet viele Stellen, um in den See zu gelangen und dort ein Stehpaddelbrett oder ein Gummiboot zu Wasser zu lassen. Ein Spielplatz und Grillstellen an den Liegewiesen lassen uns nichts vermissen, auch Umkleiden und Toiletten sind vorhanden. Manchmal schaut am Wochenende sogar ein Eiswagen vorbei.

Öffnungszeiten: Ganzjährig frei zugänglich, in der warmen Jahreszeit ist auch der DLRG Wasserrettungsdienst zugegen.

Info: stadt-messstetten.de, Tel. +49 7431 63490.

Mit Bahn/Bus: Bushaltestelle Oberdigisheim Rathaus, von dort gut 1 km zu Fuß.

Mit dem Auto: Gratis Parkplätze , 72469 Meßstetten, GPS: N48.171688, E8.885837.

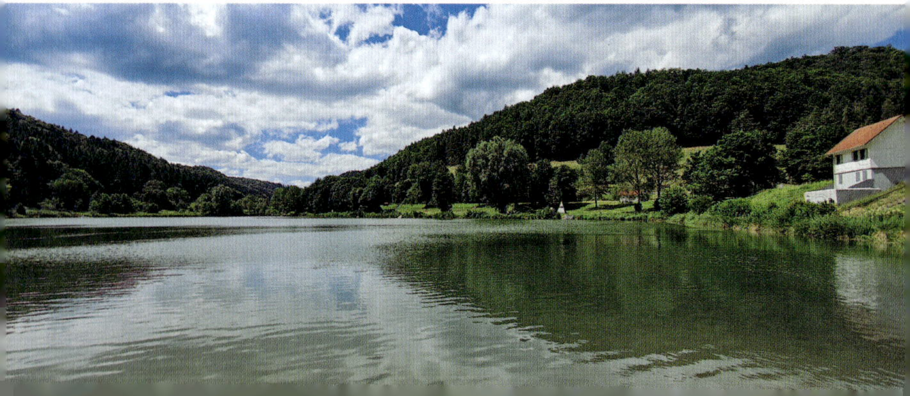

Bergwerke und Höhlen

- Schillerhöhle (s. Tour 2)
- Nebelhöhle (s. Touren 6 und 8)
- Wimsener Höhle (s. Tour 15)
- Klopfplatz Nusplingen (s. Tour 24)

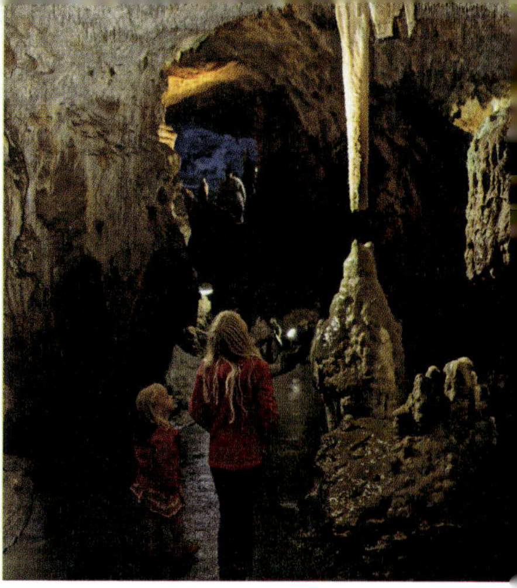

D1 Bärenhöhle Sonnenbühl

Bärenstark ist die spektakuläre Tropfsteinhöhle bei Sonnenbühl-Erpfingen, die ihren Namen von den drei Meter großen Höhlenbären hat, die hier vor Zigtausenden von Jahren lebten. Einer ist noch als Skelett im Inneren der Bärenhöhle zu besichtigen. Außerdem lebten in der Höhle Hyänen, Jaguare und Nashörner, die man anhand ihrer Zähne identifizieren konnte. Und natürlich Steinzeitmenschen. Dazu gibt es jede Menge Stalagmiten, Stalaktiten und Stalagnaten (s. »Hallo-Kinder« Tour 8) zu besichtigen.

Öffnungszeiten: Von März bis Anfang November täglich 9.00–17.30 Uhr, dann bis Ende November nur am Wochenende 9.00–17.00 Uhr.
Info: hoehlen.sonnenbuehl.de,
Tel. +49 7128 635.
Mit Bahn/Bus: Bushaltestelle Erpfingen Bärenhöhle (nur an Wochenenden mit dem Sonnenalb-Express von Mai bis Oktober, Buslinie 555 ab Reutlingen).
Mit dem Auto: Kostenfreier Parkplatz Bärenhöhle, 72820 Sonnenbühl, GPS: N48.368367, E9.220726.

OBEN
In der Bärenhöhle Sonnenbühl: Ob das mal ein Stalagnat wird?

UNTEN
In der Heidensteinhöhle in Albstadt sind die Kleinen eindeutig im Vorteil.

D2 Heidensteinhöhle Albstadt-Ebingen

Kleine und große abenteuerlustige Höhlenforscher haben an dieser 40 m langen, unbeleuchteten Steinzeithöhle ihre helle Freude. Sie krabbeln durch den niedrigen Eingang und erkunden mit ihren Taschenlampen die sehr hohe und

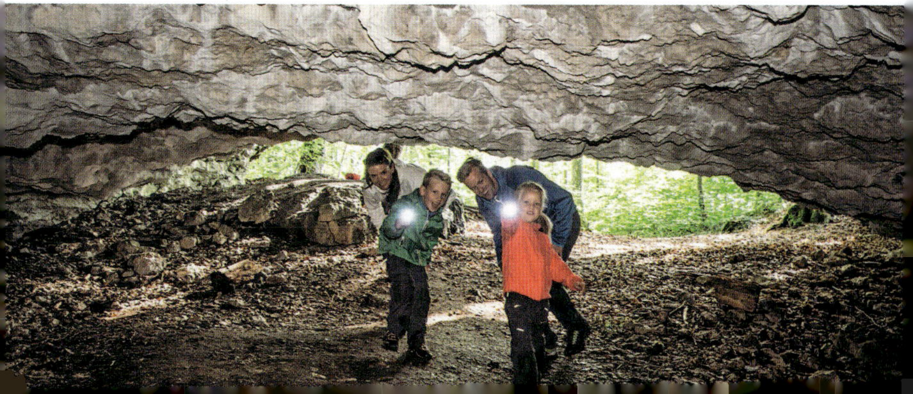

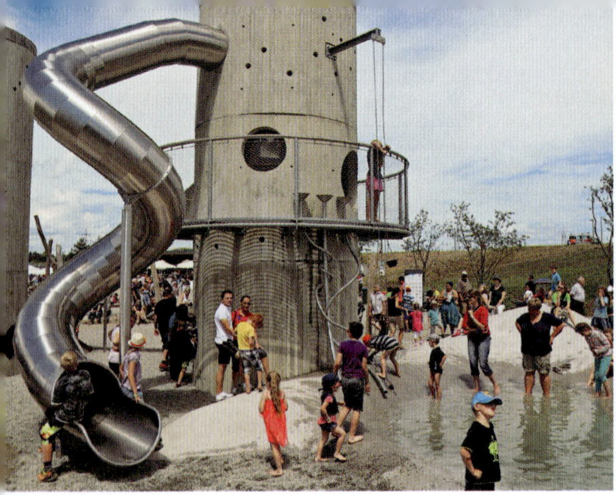 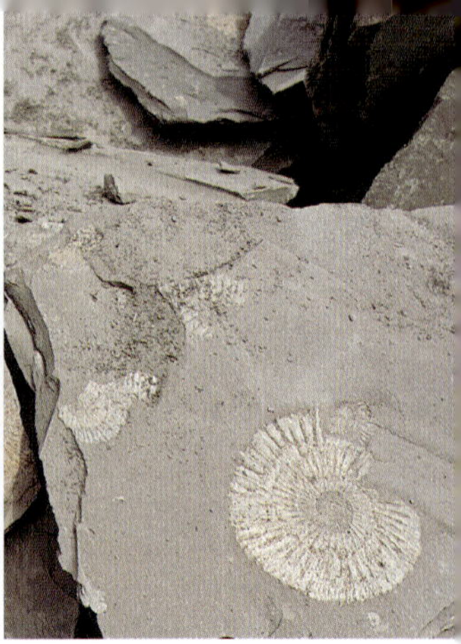

Einzigartig ist der Bergbauspielplatz im SchieferErlebnis in Dormettingen. Mit etwas Glück findet man auch Fossilien auf dem Klopfplatz.

breite Höhle, in der es Funde von Feuersteinklingen und anderen steinzeitlichen Werkzeugen gab.
Öffnungszeiten: Aus Gründen des Fledermausschutzes nur von April bis September rund um die Uhr geöffnet.
Info: albstadt-tourismus.de, Tel. +49 7431 1601204.
Mit Bahn/Bus: Bushaltestelle Ebingen Hörnaitenstraße, von dort rund 1,2 km zu Fuß.
Mit dem Auto: Parkplatz Kälberwiese, von dort 1,4 km zu Fuß, GPS: N48.224515, E9.007148.

D3 SchieferErlebnis Dormettingen

Das SchieferErlebnis ist ein großer Fossilienklopfplatz, auf dem Kinder und Erwachsene mit ausgeliehenem Hammer, Meißel und Schutzbrille losziehen, um im Schiefergestein Versteinerungen aus der Jurazeit zu finden. Daneben können sich die Kinder auf einem kreativen Bergbauspielplatz mit Riesenrutsche, Gezeitenbrunnen und einem Turm mit Riesenklangspiel austoben. Das Restaurant Schieferhaus bietet dazu alles für den großen und den kleinen Hunger.
Öffnungszeiten: Mi–So 11.30–22.00 Uhr, Fr/Sa bis 23.00 Uhr.
Info: schiefererlebnis.de, Tel. +49 7427 9472903.
Mit Bahn/Bus: Bahnhaltestelle Dotternhausen-Dormettingen.
Mit dem Auto: Kostenfreier Parkplatz SchieferErlebnis, Schiefererlebnis 1, 72358 Dormettingen, GPS: N48.231477, E8.769536.

D4 Die drei Kühstellenhöhlen bei Winterlingen

Höhlenarchäologisch bedeutsame Funde machte man vor rund 100 Jahren in der Engen Kühstelle, der Kleinen Kühstelle und der Großen Kühstelle. Neben Mammutknochen wurden auch Feuersteinwerkzeuge und Scherben von Tongefäßen in den Höhlen entdeckt. Die Große Kühstelle ist 37 m lang und kann mit einer Taschenlampe prima erkundet werden.
Öffnungszeiten: Aus Gründen des Fledermausschutzes nur von April bis September rund um die Uhr geöffnet.
Info: winterlingen.de, Tel. +49 7434 27922.

Mit Bahn/Bus: Bushaltestelle Winterlingen Fachbergsiedlung, von dort rund 3,7 km zu Fuß. GPS-Daten der Höhle: N48.2151, E9.0962.
Mit dem Auto: Parkplatz an der L449 zwischen Winterlingen und Bitz, GPS: N48.214358, E9.099898, von dort ca. 400 m zu Fuß.

D5 Kolbinger Höhle

Klein, aber oho ist diese 88 m lange Schauhöhle bei Mühlheim an der Donau. Im Inneren zeigen sich bizarre Tropfsteinfiguren, die mit Lampen effektvoll in Szene gesetzt werden. Vor der Höhle gibt es die Kolbinger Hütte, die den kleinen Hunger stillt, eine Grillstelle und einen Aussichtsfelsen mit Blick ins Donautal.
Öffnungszeiten: Von April bis Oktober Sa 13.00–17.00 Uhr, So/Feiertag 10.00–17.00 Uhr (Höhle und Hütte).
Info: albverein-kolbingen.de, Tel. +49 7463 8641.
Mit Bahn/Bus: Bushaltestelle Kolbingen Rathaus, von dort 3 km zu Fuß auf einem schönen Wanderweg.
Mit dem Auto: Wanderparkplatz Kolbinger Höhle, 78600 Kolbingen, GPS: N48.046741, E8.913919.

Wasserfälle

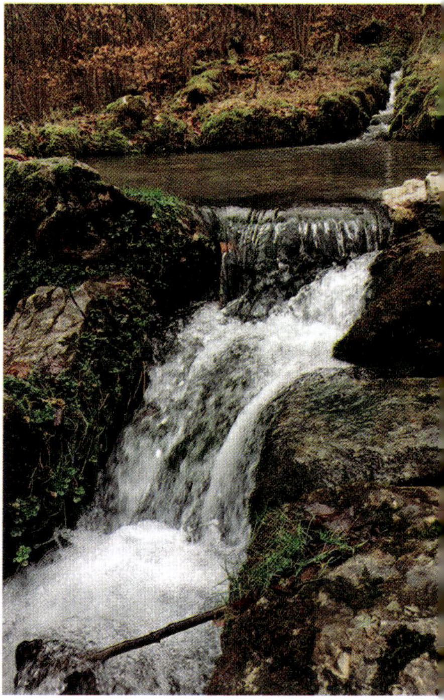

Gut geeignet für kleine Entdecker ist der Sirchinger Wasserfall.

- Uracher Wasserfall (s. Tour 3)
- Gütersteiner Wasserfall (s. Tour 3)
- Gönninger Wasserfall (s. Tour 7)
- Wasserfall Hoher Gießel (s. Tour 13)
- Wimsener Wasserfall (s. Tour 15)

E1 Sirchinger Wasserfall Bad Urach

Ähnlich dem Gütersteiner Wasserfall in Bad Urach (s. Tour 3) fließt der Sirchinger Wasserfall durch eine Felsenrinne in einen kleinen Quellteich und stürzt von dort über eine Tuffsteinnase in die Tiefe. Die dazugehörige Fischerquelle liegt gleich oberhalb des Teiches und bietet eine schöne Aussicht auf die gegenüberliegenden Felsen.
Öffnungszeiten: Täglich rund um die Uhr geöffnet.
Info: badurach-tourismus.de, Tel. +49 7125 94320.
Mit Bahn/Bus: Bushaltestelle Bad Urach Kraftwerk, von dort rund 1,4 km zu Fuß. GPS-Daten des Wasserfalls: N48.459485, E9.420406.
Mit dem Auto: Wanderparkplatz Schorrenfels am Sportplatz, Bad Urach. GPS: N48.464983, E9.414334.

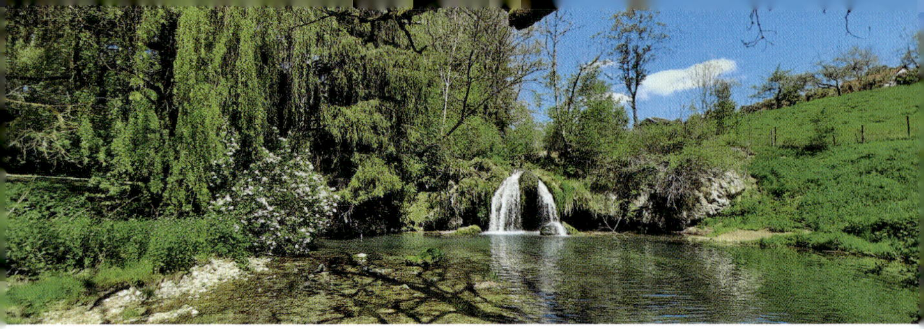

Der Veringendorfer Wasserfall Gieß liegt idyllisch in einer Talsenke.

E2 Starzel-Wasserfall bei Jungingen

Für junge Kletterer bestens geeignet ist der idyllisch gelegene Wasserfall in der tiefen Starzel-Schlucht, denn nur mithilfe des angebrachten Seils kann man zum Fuß des Wasserfalls hinuntersteigen. Aber auch von oben ist er sehenswert, besonders nach Regenfällen und wenn er zugefroren ist.

Öffnungszeiten: Täglich rund um die Uhr zugänglich.
Info: gemeinde-jungingen.de, Tel. +49 7477 8730.
Mit Bahn/Bus: Vom Bahnhof Jungingen sind es 1,8 km zu Fuß, GPS Wasserfall: N48.336707, E9.031126.
Mit dem Auto: Wanderparkplatz Jungingen, von dort 800 m zu Fuß. Am Wasser, 72417 Jungingen, GPS: N48.330663, E9.028777.

E3 Zillhauser Wasserfall bei Balingen

Der mit insgesamt 26 Metern dritthöchste Wasserfall der Schwäbischen Alb ergießt sich besonders nach Niederschlägen sehr üppig über in Schichten gestapeltes Gestein. Sehr anschaulich werden dies und die Stromerzeugung mit einer Peltonturbine an den Infotafeln erklärt.

Öffnungszeiten: Täglich rund um die Uhr zugänglich.
Info: touristinfo@balingen.de, Tel. +49 7433 170119.
Mit Bahn/Bus: Bushaltestelle Zillhausen Bitzestraße, von dort 400 m zu Fuß, GPS Wasserfall: N48.255170, E8.920233.
Mit dem Auto: Parkplatz Wasserfall, Hochholzstraße 46, 72336 Balingen-Zillhausen, von dort 400 m zu Fuß.

E4 Veringendorfer Wasserfall Gieß

Der Wasserfall Gieß sprudelt besonders nach Regengüssen heftig über eine Kalktuffstufe in einen blaugrünen Teich. Bevor sein Wasser dauerhaft für das E-Werk abgezogen wurde, war er der größte Wasserfall weit und breit. Amazonasfeeling kommt auf, wenn man hinter dem Wasservorhang in eine Halbhöhle steigt. Ein fast schon mythisches Fleckchen Erde.

Öffnungszeiten: Täglich rund um die Uhr zugänglich.
Info: veringenstadt.de, Tel. +49 7577 9300.
Mit Bahn/Bus: Vom Bahnhof Veringendorf 500 m zu Fuß, GPS Wasserfall: N48.160249, E9.201522.
Mit dem Auto: Parkplatz am Bahnhof Veringendorf, Büttnaustraße 15, 72519 Veringenstadt.

Hochseilgärten, Türme und Waldabenteuer

- Schönbergturm Pfullinger Unterhose (s. Tour 6)
- Rossbergturm bei Gönningen (s. Tour 7)
- Abenteuerpark Schloss Lichtenstein (s. Tour 8)
- Gomadinger Sternbergturm (s. Tour 9)
- Raichberg-Turm in Albstadt-Onstmettingen (s. Tour 17)
- Kletterpark Waldheim in Albstadt-Ebingen (s. Tour 21)
- Lupfenturm (s. Tour 36)
- TK Elevator Testturm Rottweil (s. Tour 36)

F1 Hoher Turm Trochtelfingen

Der 28 m hohe Hohe Turm der Trochtelfinger Stadtmauer war einst sogar zwei Stockwerke höher, als er zur Verteidigung der Stadt diente. Durch seine Schießscharten, die fast 3 m dicken Mauern und den Umfang von fast 50 m wirkt der Turm sehr trutzig. Leider kann er nicht bestiegen werden. Ein kleines Heimatmuseum liegt gleich nebendran.

Öffnungszeiten: Von außen jederzeit zu besichtigen.

Info: trochtelfingen.de, Tel. +49 7124 480.

Mit Bahn/Bus: Bushaltestelle Trochtelfingen Schloss.

Mit dem Auto: Parkplatz Eberhard-von-Werdenberg-Halle, Siemensstraße 4, 72818 Trochtelfingen. Adresse Hoher Turm: Am hohen Turm 5.

F2 Augstbergturm Trochtelfingen-Steinhilben

Bei guter Wetterlage sind vom 30 m hohen Augstbergturm sogar die Alpen zu erkennen. Aber auch bei weniger guter Sicht ist ein Rundumblick übers Land lohnenswert, wenn man mal die 140 Stufen erklommen hat.

Öffnungszeiten: Rund um die Uhr zugänglich. Bewirtet vom Albverein Steinhilben sonn- und feiertags von Ostern bis Anfang November.

Info: trochtelfingen.de, Tel. +49 7124 480.

Mit Bahn/Bus: Bushaltestelle Steinhilben, Augstbergstraße. Von dort rund 1,5 km zu Fuß, GPS N48.297399, E9.276656.

Mit dem Auto: Parkplatz Augstbergturm, 72818 Trochtelfingen, GPS: N48.301581, E9.277343.

F3 Kletterturm Pfadfinderzentrum Schachen

Große und kleine Kletterer, die ihr Können prüfen wollen, sind auf dem 9 m hohen Kletterturm des Pfadfinderzentrums Schachen bei Münsingen gut aufgehoben. 30 Touren auf 250 m² mit vielen Schwierigkeitsgraden warten auf Einsteiger und

OBEN
Seit 1963 lässt sich der Augstbergturm besteigen.

UNTEN
Viel Platz für Anfänger und Könner bietet der Kletterturm Schachen.

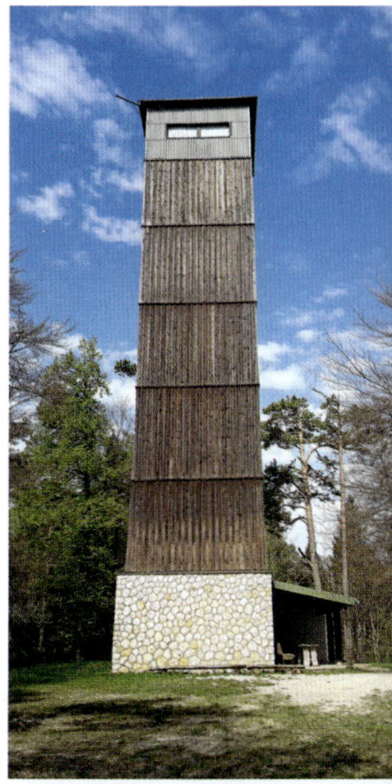

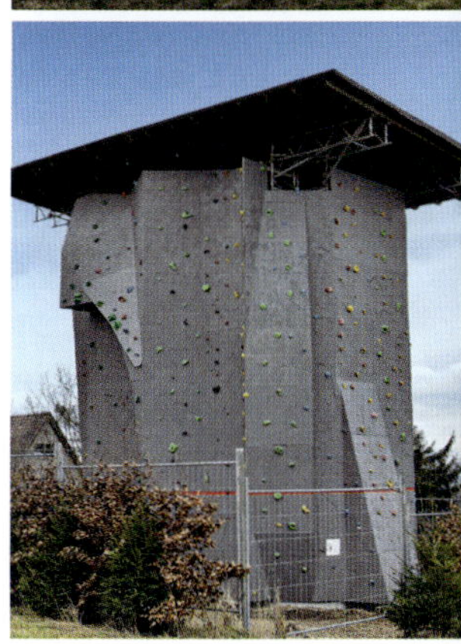

Profis. Und nebendran steht eine 3 m hohe Boulderwand zur freien Benutzung.
Öffnungszeiten: Nach Absprache mit der VCP-Geschäftsstelle oder der Hausleitung, Tel. +49 7383 343.
Info: muensingen.com und vcp-schachen.de.
Mit Bahn/Bus: Bushaltestelle Buttenhausen Wasserstetter Straße, von dort 2 km zu Fuß auf den Schachen.
Mit dem Auto: Am Gelände des Pfadfinderzentrums Schachen 1, 72525 Münsingen, GPS: N48.357030, E9.459714.

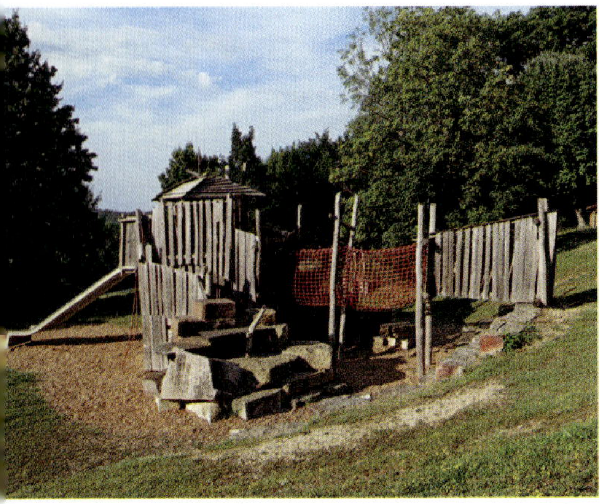

Die Burg auf dem Oberhohenberg darf erstürmt werden.

F4 Erlebnistreff Burg Oberhohenberg

Mitten auf dem zweithöchsten Gipfel der Schwäbischen Alb, dem Oberhohenberg, lockt ein Erlebnistreff für Groß und Klein. Während die Kleineren auf der hölzernen Spielburg und der Seilrutsche toben und Ritterkämpfe durchfechten, sitzen die Größeren am Lagerfeuer oder vor der bewirtschafteten Hütte. Die Burgruine Oberhohenberg wurde mit einer spannenden Hängebrücke und vielen Infoelementen aufgewertet und bietet eine herrliche Aussicht über das Land.
Öffnungszeiten: Täglich rund um die Uhr geöffnet. Vom 1. Mai bis 3. Oktober So/Feiertag ab 10.00 Uhr wird die Hütte durch die Albverein-Ortsgruppe Schörzingen bewirtschaftet.
Info: stadt-schoemberg.de, Tel. +49 7427 94020.
Mit Bahn/Bus: Von der Bushaltestelle Delkhofen Spittel 2 km zu Fuß.
Mit dem Auto: Wanderparkplatz Oberhohenberg, 72355 Schömberg, GPS: N48.167284, E8.761629.

F5 Lembergturm

Den höchsten Punkt der gesamten Schwäbischen Alb erreicht man, wenn man den eiffelturmartigen Lembergturm auf dem Lemberg besteigt. Der Stahlgerüstturm aus dem Jahr 1899 verlangt Schwindelfreiheit, denn der Bau ist sehr luftig und er schwankt bei etwas Wind leicht. Die Aussicht von dort oben reicht weit in die Alpen bis zum Mont Blanc.
Öffnungszeiten: Rund um die Uhr. Bewirtet vom Albverein Gosheim, Öffnungszeiten unter lemberg-huette.de
Info: sav-gosheim.de, Tel. +49 176 84362552.
Mit Bahn/Bus: Bushaltestelle Gosheim Rathaus, von dort 2 km zu Fuß.
Mit dem Auto: Lembergparkplatz, Lembergstraße, 78559 Gosheim, GPS: N48.144277, E8.747574, von dort 1 km zu Fuß.

F6 Hirsch-Erlebniswald Mahlstetten

Nach einer Wanderrunde durch das Lippachtal (s. Tour 25) bleibt noch genügend Power für den Hirsch-Erlebniswald mit acht spannenden Kletterparcours hoch oben in den Bäumen. Eine Nummer gemütlicher geht es auf den Hirsch-Märchengolfbahnen für große und kleine Golfer zu. Zur Stärkung kann man anschließend in der dazugehörigen Kirchbühlhütte einkehren. Der Klettergarten ist für Kinder ab 1,20 m Größe erlaubt.

Öffnungszeiten: Von März bis Oktober 10.00–17.00 Uhr, je nach Wetterlage bitte vorher telefonisch informieren.

Info: hirsch-erlebniswald.de, Tel. +49 7429 9161426.

Mit Bahn/Bus: Bushaltestelle Mahlstetten Rathaus, von dort 500 m zu Fuß.

Mit dem Auto: Parkplatz am Kletterpark, Kirchbühl 2, 78601 Mahlstetten.

F7 out&back-Kletterpark Sigmaringen

Auf dem Erlebnisgelände warten verschiedenste Aktivitäten. Neben Minigolf, Bogenschießen oder Human-Table-Soccer ist es vor allem der Kletterpark, der den Kindern am meisten Spaß macht. Ob in den Nieder- oder Hochseilparcours, auf der 10-m-Riesenschaukel, auf dem Sprungstamm oder in der Kletterwand, für jede Alters- und Fähigkeitsstufe wird hier etwas Spannendes und Herausforderndes geboten. Im angeschlossenen Steakhouse Palmengarten können sich die Kletterer mit Steaks, Burgern oder Schnitzeln stärken.

Öffnungszeiten: 1. Mai bis 3. Okt. jeden Sa 14.30–17.30 Uhr, in den Pfingst- und Sommerferien zusätzlich Di und Do 14.30–17.30 Uhr.

Info: kletterpark-sigmaringen.de, Tel. +49 7571 50411.

Mit Bahn/Bus: Bushaltestelle Sigmaringen Gasthaus Donau, von dort 500 m zu Fuß.

Mit dem Auto: Parkplätze in der Umgebung des Kletterparks, Georg-Zimmerer-Straße 6, 72488 Sigmaringen.

LINKS
Die Slackline im Hirsch-Erlebniswald für besonders Mutige.

RECHTS
Geschicklichkeit fordert und fördert der out&back Kletterpark.

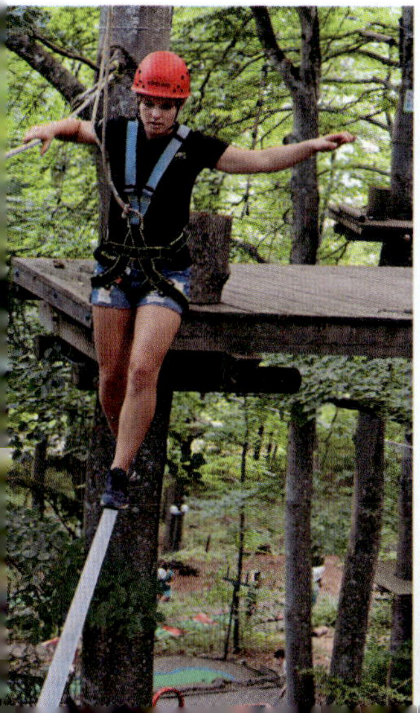

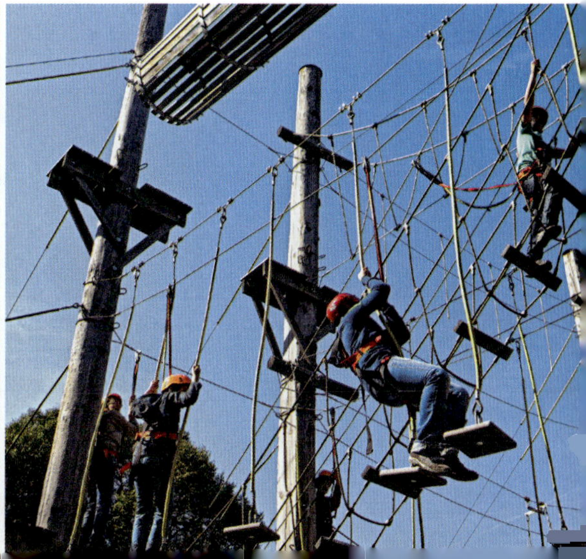

Outdoor-Funparks, Rodelbahnen und Minigolf

- Sommerrodelbahn Donnstetten (s. Tour 4)
- Adventure-Golf Bad Dürrheim (s. Tour 35)
- Kindereisenbahn und Miniaturdorf Waldschenke Schömberg (s. Tour 19)
- Erlebnisgastronomie Lochmühle Eigeltingen (s. Tour 38)

G1 Freizeitpark Traumland in Sonnenbühl

Im Freizeitpark Traumland auf der Bärenhöhle bleibt kein Auge trocken und kein Fahrgeschäft ungenutzt. Eine Wildwasserbahn und der Wasserspielplatz sorgen für Abkühlung, während es im Biberhopser im freien Fall nach unten geht und im Riesenrad steil nach oben. Dieses Spielparadies für größere und kleinere Kinder lässt sich prima mit einem Besuch der bekannten Bärenhöhle kombinieren (s. Freizeittipp D1)

Öffnungszeiten: April und September/Oktober 10.00–17.00 Uhr, Mai–August 10–18 Uhr.

Info: freizeitpark-traumland.de, Tel. +49 7128 2158.

Mit Bahn/Bus: Die Bushaltestelle Erpfingen Bärenhöhle wird von Mai bis Oktober angefahren.

Mit dem Auto: Wanderparkplatz Bärenhöhle Erpfingen, 72820 Sonnenbühl, GPS: N48.370670, E9.214085.

G2 Freizeitanlage an der Lauchert in Gammertingen

Einen tollen Wasser- und Abenteuerspielplatz zu beiden Seiten der Lauchert erleben die Kinder am Ortsrand von Gammertingen. Besonders der Wasserspielplatz mit Strand ist ein beliebter Treffpunkt für alle Wasser- und Matschfreunde. Die Liegewiesen, eine Kletterpyramide, eine Kneippanlage, ein Duftgarten und ein Barfußpfad verteilen sich harmonisch über das große Gelände und lassen auch noch Platz für Blumenwiesen und Sitzbänke.

Das Traumland in Sonnenbühl ist ein Riesenspaß besonders für alle kleineren Kinder.

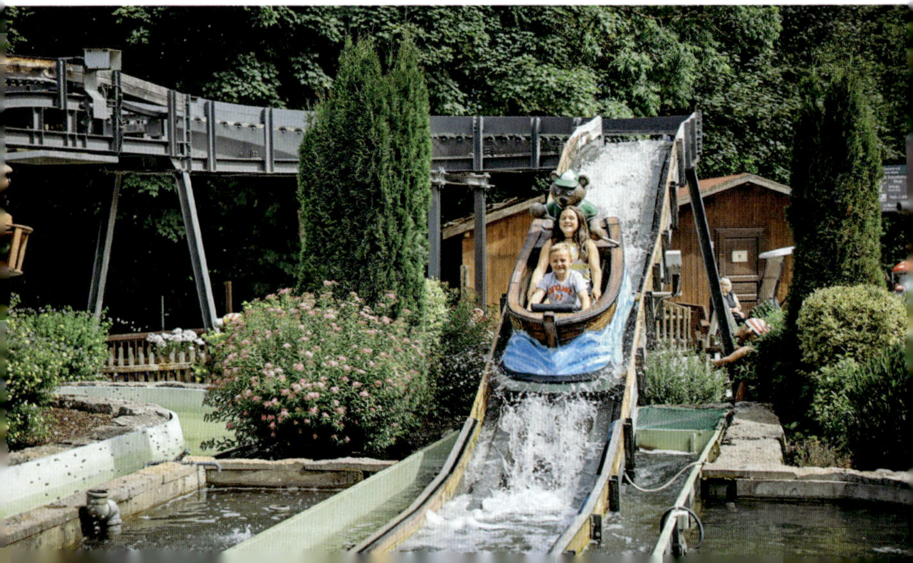

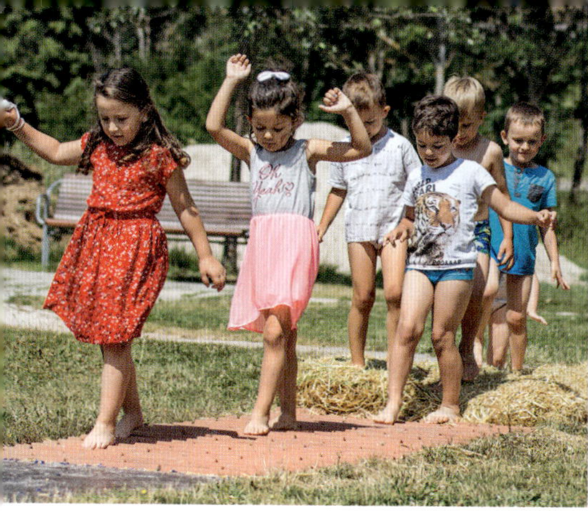

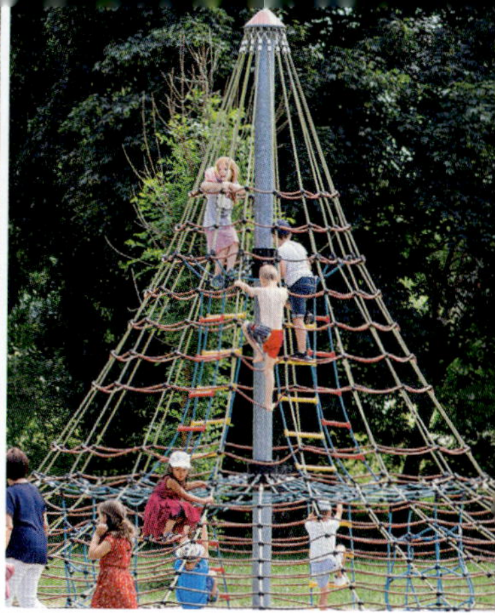

Öffnungszeiten: Rund um die Uhr geöffnet.
Info: gammertingen.de, Tel. +49 7574 4060.
Mit Bahn/Bus: Bahnhof Gammertingen, von dort zu Fuß 800 m.
Mit dem Auto: Freizeitanlage an der Lauchert, Reutlinger Straße, 72501 Gammertingen, GPS: N48.256361, E9.210735.

Baden, Schaukeln, Matschen, Klettern und vieles mehr: In der Gammertinger Freizeitanlage an der Lauchert.

G3 Bikepark Albstadt

Im Bikepark Albstadt kann man unter sechs verschiedenen Trails wählen. Für Anfänger gibt es einen dreistündigen Einsteigerkurs mit Trainerstunde und gestellter Ausrüstung. Hochgezogen auf den Schlossberg wird man von einem Schlepplift. In der Chillout Area (Kiosk) kann man sich erholen und hat einen tollen Ausblick auf den Hang.
Öffnungszeiten: Von Juni bis September Fr 13.00–19.00 Uhr, Sa, So und Feiertage 10.00–17.00 Uhr, von März bis Mai und im Oktober nur am Wochenende, dann aber bei jedem Wetter.
Info: bikepark-albstadt.de, Tel. +49 172 7603320.
Mit Bahn/Bus: Bushaltestelle Tailfingen, Neuweiler Straße, von dort 500 m zu Fuß.
Mit dem Auto: Parkplätze am Bikepark vorhanden, Melbernsteigstraße 43, 72461 Albstadt-Tailfingen.

G4 Spielplatz Roßberg (Freizeitverein Albstadt-Ebingen)

Ein wunderschöner, von Freiwilligen errichteter und gepflegter Spielplatz mit Stallungen für Pferde, Schafe, Ziegen und vielem mehr steht auf dem Roßberg oberhalb von Albstadt-Ebingen. Eine echte Pferdekutsche, tolle Klettertürme, eine Seilrutsche und weitere Spielgeräte aus Holz wurden hier vom eigens gegründeten Verein zu einem wahren Musterspielplatz arrangiert, auf dem die Kleinen Ponyreiten dürfen und der von den Vereinsmitgliedern bewirtet wird.
Öffnungszeiten: Der Spielplatz ist jederzeit zugänglich, Bewirtung von März bis November Mi und Sa 14.00–18.00 Uhr, So 13.00–18.00 Uhr und an jedem 1. Sonntag im Monat 11.00–18.00 Uhr.

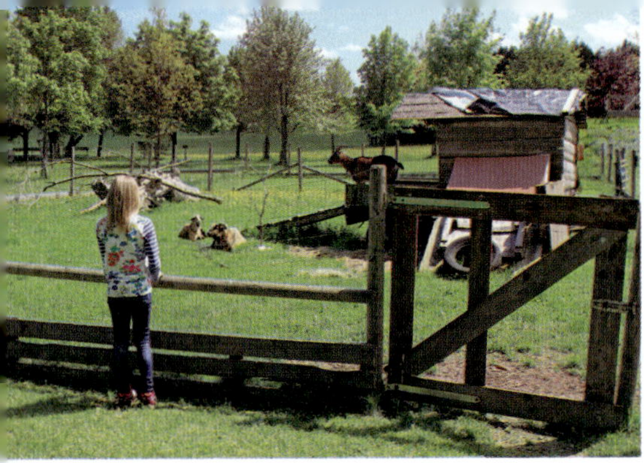

Info: rossberg-freizeitverein.de, Tel. +49 7431 72544.
Mit Bahn/Bus: Bushaltestelle Ebingen Süßer Grund, von dort 1,7 km zu Fuß, GPS N48.209088, E9.068184.
Mit dem Auto: Wanderparkplatz Roßberg, GPS: N48.211362, E9.065437, von dort 300 m zu Fuß zum Spielplatz.

OBEN

Der Abenteuerspielplatz auf dem Roßberg besitzt ein eigenes Tiergehege.

UNTEN

Außergewöhnliche Spielgeräte verspricht das Freizeitgelände Blumersberg.

G5 Sport- und Freizeitgelände Blumersberg Meßstetten

Die preisgekrönte Spiellandschaft ist ein Vorbild für gelungene Spielplatzgestaltung und in vielen Bereichen sogar barrierefrei nutzbar, zum Beispiel die barrierefreie Schaukel und ein Trampolin. Der Fitnessparcours und die Grillstellen sprechen eher die Erwachsenen an, während die Kinder vielleicht lieber im Dirtpark radeln, die Seilrutsche hinuntersausen oder auf dem Wasserspielplatz matschen. Und sogar an einen Kiosk mit Toiletten wurde gedacht.
Öffnungszeiten: Rund um die Uhr geöffnet.
Info: stadt-messstetten.de, Tel. +49 7431 63490.
Mit Bahn/Bus: Bushaltestelle Meßstetten Neukauf, von dort 600 m zu Fuß.
Mit dem Auto: Parkplätze vorhanden, Oskar-Wettstein-Straße, 72469 Meßstetten-Blumersberg, GPS: N48.174282, E8.959039.

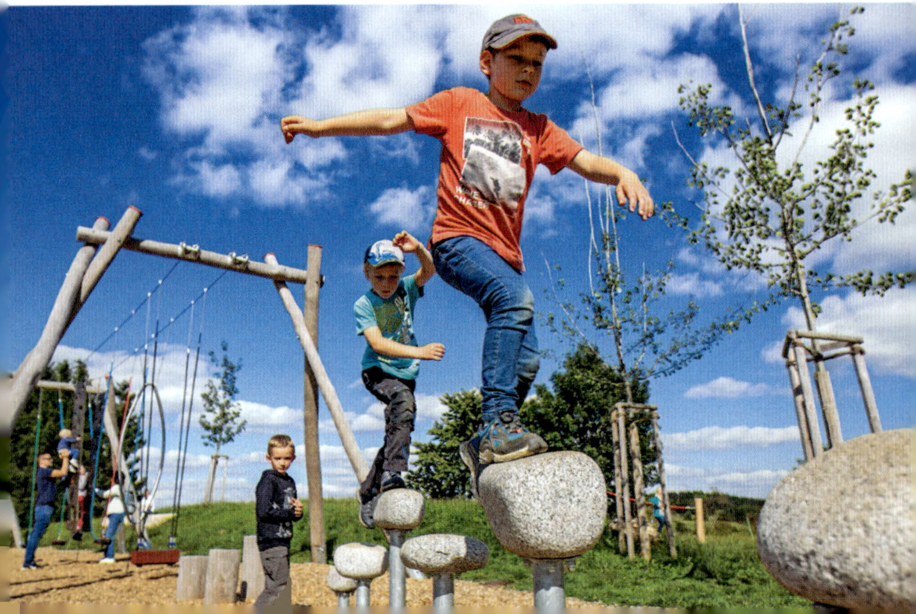

Indoor-Fun, Kletter- und Boulderspaß

H1 Easy Bowl Metzingen

Eine Runde Bowling verspricht auch Kindern Spaß. Bis 9 Jahre wird für Kinder beim Easy Bowl in Metzingen sogar eine Bande an der Bahn ausgefahren, um die Kugel besser ins Ziel zu führen. Billard, Darts und leckeres Essen runden den Indoor-Spaß perfekt ab.

Öffnungszeiten: Di–Do 15.00–23.00 Uhr, Fr–Sa 15.00–1.00 Uhr, So 10.00–22.00 Uhr.

Info: easybowl-metzingen.de, Tel. +49 7123 200575.

Mit Bahn/Bus: Bushaltestelle Metzingen Eisenbahnstraße, von dort 250 m zu Fuß.

Mit dem Auto: Parken entweder direkt vor dem Haus oder in der Tiefgarage, Auchtertstr. 7–9, 72555 Metzingen.

H2 DAV Kletterzentrum Reutlingen

Klettern bringt Spaß und hält Körper und Geist fit. Also rein in die Kletterhalle und rauf auf die 17 Meter hohe Wand! Wer erst mal reinschnuppern möchte, kann dies in einem 2-stündigen, angeleiteten Kurs; Turnschuhe genügen dazu völlig.

Öffnungszeiten: Mo/Di/Do/Fr 13.00–23.00 Uhr, Mi 9.30–23.00 Uhr, Wochenende 10.00–22.00 Uhr.

Info: kletterzentrum-reutlingen.de, Tel. +49 7121 9885564.

Mit Bahn/Bus: Bushaltestelle Haltestelle Schieferstraße, von dort 400 m zu Fuß.

Mit dem Auto: DAV Kletterzentrum Reutlingen, Rommelsbacherstr. 65, 72760 Reutlingen. Parken außerhalb der Schulzeiten auf dem Parkplatz des Albert-Einstein Gymnasiums.

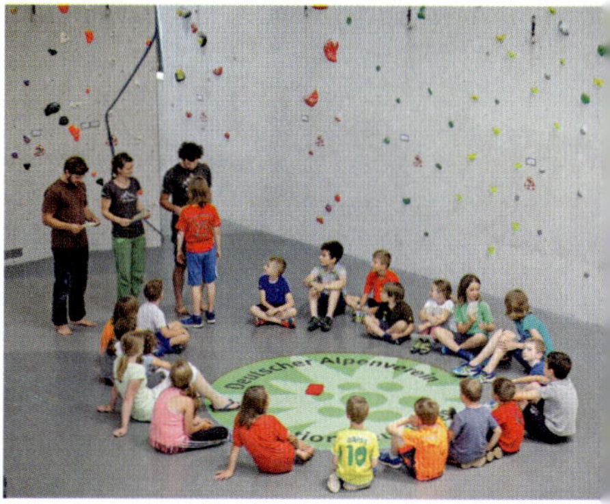

Kinderkurs beim DAV Reutlingen.

H3 Eishalle/Jump and Fun Hüpfburgenland Reutlingen

Im Winter übers herrlich glatte Eis gleiten und im Sommer auf riesigen Hüpfburgen springen oder den Wabbelberg und die Riesenrutsche hinunterrutschen: All das und noch viel mehr wie Eisstockschießen, eine Eis-Disco und im Sommer eine Wasserrutsche bietet die Eishalle Reutlingen rund ums Jahr an.

Öffnungszeiten: Infos unter eishalle-reutlingen.de.

Mit Bahn/Bus: Bushaltestelle Schieferstraße, von dort 100 m zu Fuß.

Mit dem Auto: Parkplatz vorhanden, Rommelsbacher Straße 55, 72760 Reutlingen.

H4 Berolino Spiele- und Kletterwelt Balingen

Die Spiele- und Kletterwelt hält zwei getrennte Bereiche für kleine und große Kinder unter einem Dach bereit. Klettertürme, Rutschen, Trampoline und viele Fahrzeuge warten auf die Jüngeren, während die Älteren im XL-Bereich auf der

Freifallrutsche ihren Mut und im Spidertower ihre Geschicklichkeit beweisen können. Und der Ninja-Parcours will in Rekordzeit bewältigt werden.
Öffnungszeiten: Do/Fr/Schulferien Baden-Württemberg 14.00–19.00 Uhr, Sa/So/Feiertage 10.00–19.00 Uhr.
Info: berolino-balingen.de, Tel. +49 7433 9072160.
Mit Bahn/Bus: Bushaltestelle Schmieden Brücke, von dort 500 m zu Fuß.
Mit dem Auto: Parkplatz vor der Halle, Am Bangraben 30, 72336 Balingen.

H5 Kunsteisbahn Balingen

Hier können alle großen und kleinen Eisläufer auf glatten Kufen ein paar Runden drehen, beim Eishockey zuschauen oder sich am Eiskunstlauf versuchen. Fürs leibliche Wohl sorgt ein Kiosk mit kleinen Snacks.
Öffnungszeiten: Eiszeiten und weitere Infos unter balingen.de.
Mit Bahn/Bus: Bushaltestelle Realmarkt, von dort 300 m zu Fuß.
Mit dem Auto: Parkplätze vorhanden, Wasserwiesen 11, 72336 Balingen.

H6 Kinderspieleland Trossingen

Auf 1.500 m² Fläche können sich Kinder jeden Alters austoben. Der Irrgarten mit Seilen und Kletternetzen endet in coolen Wellenrutschen, in den Elektrokarts fahren die Kleinen gegeneinander Rennen und auf dem Riesenkrokodil und den Trampolinen wird gehüpft, gepurzelt und gekullert.
Öffnungszeiten: Di–Fr 13.00–19.00 Uhr, Sa/So/Feiertage und in den Ferien 11.00–19.00 Uhr.
Info: kinderspieleland-trossingen.de, Tel. +49 7425 7527.
Mit Bahn/Bus: Bushaltestelle Trossingen Ernst-Haller-Straße, von dort 500 m zu Fuß.
Mit dem Auto: Parkplätze in der Achauerstraße 45/2, 78647 Trossingen.

H7 Kletterwand des DAV Sigmaringen

Zweimaliges kostenloses Schnupperklettern bietet der Deutsche Alpenverein Sektion Sigmaringen auf seiner Kletterwand in der Liebfrauenschule an. Ein Übungsleiter führt in die Anfänge des Wandkletterns ein und zeigt grundlegende Sicherungs- und Klettertechnik.
Öffnungszeiten: Termine werden mit den Tourenleitern vereinbart.

Kletterausflug des Jugend-DAV Sigmaringen.

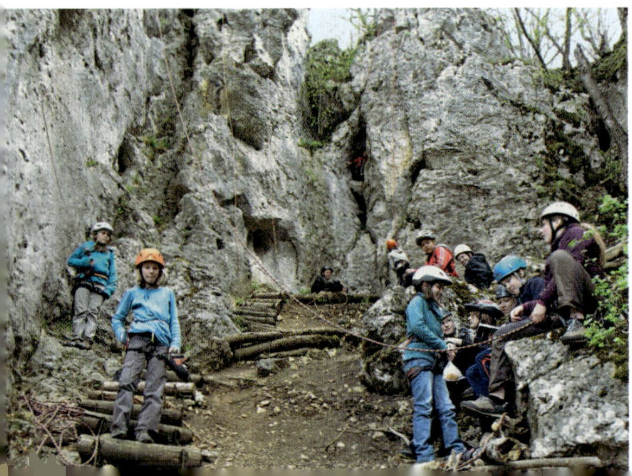

Info: dav-sigmaringen.de, Tel. +49 152 38040398.
Mit Bahn/Bus: Bushaltestelle Am Schönenberg Sigmaringen, von dort 300 m zur Liebfrauenschule.
Mit dem Auto: Parken an der Liebfrauenschule Sigmaringen, Liebfrauenweg 2, 72488 Sigmaringen.

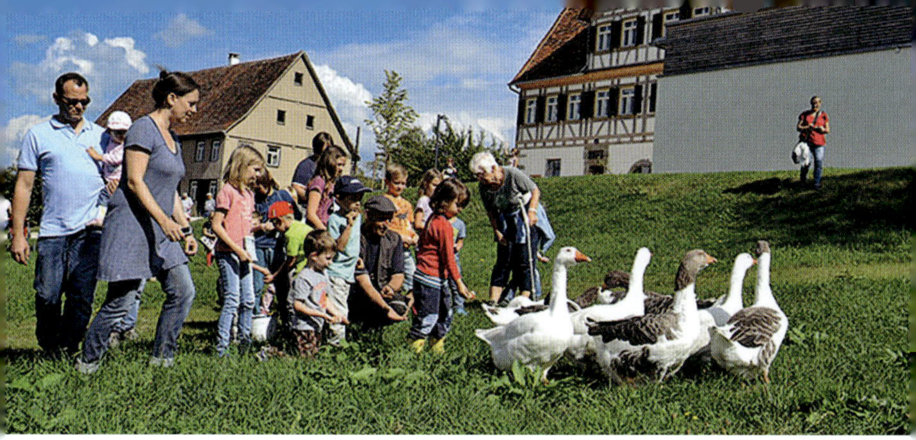

Fütterspaß mit Gänsen im Freilichtmuseum Beuren.

Museen und Sternwarte

- Museum Auberlehaus in Trossingen (s. Tour 34)

11 Freilichtmuseum Beuren

Originale Gebäude aus verschiedenen Dörfern der Alb wurden im Freilichtmuseum Beuren wiederaufgebaut und zeigen den Dorfalltag aus vergangenen Zeiten. Die zahlreichen Vorführungen besonders in den Ferien und die in den Ställen und auf den Weiden lebenden Hühner, Schafe, Hasen, Gänse und Ziegen bringen Leben in das Dorfmuseum.
Öffnungszeiten: April bis November Di–So 9.00–18.00 Uhr, an Feiertagen auch Mo geöffnet.
Info: freilichtmuseum-beuren.de, Tel. +49 711 390241890.
Mit Bahn/Bus: Bushaltestelle Beuren Freilichtmuseum.
Mit dem Auto: In den Herbstwiesen, 72660 Beuren, GPS: N48.574236, E9.412912. Der Museumsparkplatz ist 100 m vom Eingang entfernt und ausgeschildert. Handleiterwagen sind an der Kasse erhältlich.

12 Sternwarte Reutlingen

Sterne, Planeten, Gasnebel und weit entfernte Galaxien können Kinder und Erwachsene in der Sternwarte Reutlingen erkunden. Ist der Himmel bewölkt, erscheint der Sternenhimmel im dazugehörigen Planetarium an einer Kuppeldecke. Dazu gibt es ausführliche Informationen der sternenkundigen Fachleute.
Öffnungszeiten: Infos über die regelmäßigen Führungen unter sternwarte-reutlingen.de oder Tel. +49 7121 410069.
Mit Bahn/Bus: Bushaltestelle Reutlingen Bismarckstraße, von dort 100 m zu Fuß.
Mit dem Auto: Parkmöglichkeiten an den angrenzenden Schulparkplätzen außerhalb der Schulzeiten, Karlstr. 40, 72764 Reutlingen.

13 Zündapp-Museum Sigmaringen

Wer historisch alte Motorräder mag, wird im Zündapp-Museum in Sigmaringen sicher fündig. Rund 100 Motorräder, Roller und Mopeds, aber auch Boots- und Flugmotoren aus den Jahren 1917 bis 1984 und ein Exemplar des viersitzi-

gen Rollermobils Zündapp Janus können im Gebäude der Brauerei Zoller-Hof besichtigt werden.
Öffnungszeiten: Do–So 11.00–17.00 Uhr; das Museum zieht ab Juli 2023 in das Brauwerk Zoller-Hof, Fürst-Wilhelm-Straße 5-7.
Info: zuendappmuseum.de, Tel. +49 170 7774427.
Mit Bahn/Bus: Bahnhof Sigmaringen, von dort 300 m zu Fuß.
Mit dem Auto: Hinter dem Brauwerk befindet sich das Parkhaus Prinzengarten, Bahnhofstraße 2-22, 72488 Sigmaringen.

14 Campus Galli in Meßkirch

Hier kann man etwas Einmaliges erleben: Den Bau einer mittelalterlichen Klosterstadt mit den Mitteln, die vor 1000 Jahren zu Verfügung standen. In der Schmiede werden die Nägel und Werkzeuge von Hand geschmiedet, das Holz wird mit Äxten behauen und der Steinmetz bearbeitet mit Hammer und Meißel seine Steine. Daneben gibt es Korbflechter, Seilmacher, Weber, Spinner und Landwirte. Auch die Bekleidung der Menschen ist mittelalterlich: Die Frauen sind mit einem Leinenkleid bekleidet und die Männer mit einer Leinentunika und einer Leinenhose.

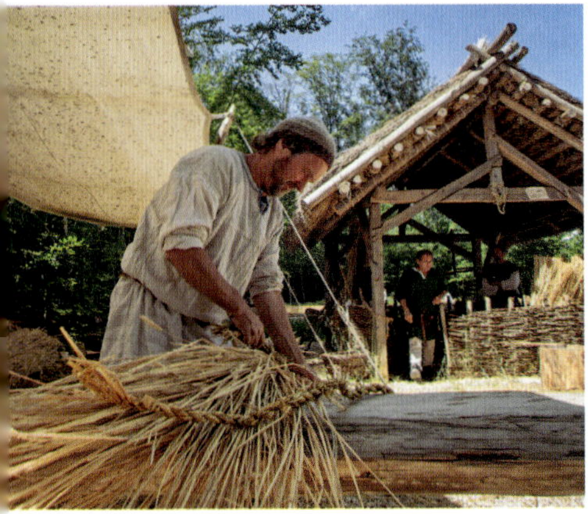

Einen Blick ins Mittelalter bietet der Campus Galli.

Öffnungszeiten: 1. April–28. Okt. 10.00–18.00 Uhr, 29. Okt.–5. Nov. 10.00–17.00 Uhr, Mo Ruhetag.
Info: campus-galli.de, Tel. +49 7575 2061423.
Mit Bahn/Bus: Bushaltestelle Rohrdorf Campus Galli.
Mit dem Auto: Ausreichend Parkplätze vorhanden, Hackenberg 92, 88605 Meßkirch, GPS: 48.033144, E9.109426.

15 Freilichtmuseum Neuhausen ob Eck

25 historische Gebäude vom Schulhaus über die Schmiede oder das Dorfkaufhaus lassen sich im Freilichtmuseum Neuhausen ob Eck erkunden. So arbeiteten und lebten unsere Vorfahren auf dem Dorf. Durch die vielen, täglichen Vorführungen in der Dorfmühle, der Sägerei oder beim Dorfspaziergang mit der Schweinehirtin und ihren Vierbeinern bekommen Kinder und Erwachsene ein Gefühl für das Leben in früheren Zeiten vermittelt.
Öffnungszeiten: Von Ende März bis Anfang November Dienstag bis Sonntag 9.00–18.00 Uhr, an Feiertagen auch Mo geöffnet.
Info: freilichtmuseum-neuhausen.de, Tel. +49 7461 9263200.
Mit Bahn/Bus: Bushaltestelle Neuhausen ob Eck Freilichtmuseum, von dort 600 m zu Fuß.
Mit dem Auto: Großer Parkplatz vorhanden, Museumsweg 1, 78579 Neuhausen ob Eck, GPS: N47.980838, E8.928881.

Bähnle und Kutschen

J1 Kutschfahrten Pferdepension Bächtle in Münsingen

Warm in Decken gehüllt geht es unter Glockengeläut mit dem Pferdeschlitten der Pferdepension Bächtle durch die verschneite Winterlandschaft der Alb bei Münsingen. Und im Sommer wird umgespannt auf den Planwagen oder die historische Kutsche für vier Personen.

Öffnungszeiten: Gefahren wird je nach Witterung rund um das ganze Jahr.
Info: pferdepensionbaechtle.de, Tel. +49 7381 1287.
Mit Bahn/Bus: Bushaltestelle Münsingen Albklinik, von dort 300 m zu Fuß.
Mit dem Auto: Parken am Pferdehof, Ziegelhäuser 25, 72525 Münsingen, GPS: N48.400410, E9.488164.

J2 Schwäbische Alb-Bahn

Ein Traum für alle Freunde und Liebhaber historischer Eisenbahnen ist die Strecke zwischen Münsingen, Engstingen und Trochtelfingen, die im Sommer von der Dampflok T3 Nr. 930 befahren wird. Auf dieser Nostalgietour können sich die Kinder am offenen Fenster den Fahrtwind um die Nase wehen lassen und die schöne Landschaft des Biospährengebietes an sich vorbeiziehen lassen. Teilweise werden auch historische Schienenbusse für Sonderfahrten eingesetzt, die das Herz jedes Modelleisenbahners höherschlagen lassen.

Öffnungszeiten: Aktuelle Fahrpläne unter alb-bahn.com oder Tel. +49 800 4447673.

J3 Sonnenalb-Kutschfahrten Sonnenbühl

Mit der Kutsche oder dem Planwagen durch die Sonnenalb-Landschaft zu fahren ist für Kinder und Erwachsene ein besonderes Erlebnis. Das Pferdegetrappel der gemütlichen Haflinger und deren natürliches Reisetempo ist ein Genuss für die Seele und unterm Kutschbock warten schon Erfrischungen für das leibliche Wohlergehen.

Öffnungszeiten: Gefahren wird rund ums Jahr, wenn das Wetter passt.
Info: sonnenalb-kutscher.de, Tel. +49 7128 927521.
Mit Bahn/Bus: Bushaltestelle Willmandingen Rathausstraße, von dort 100 m zu Fuß.
Mit dem Auto: Parken in der nahen Umgebung möglich. Rathausstraße 3, 72820 Sonnenbühl-Willmandingen.

Darf es eine romantische Kutschfahrt durch den Schnee sein? Oder eine zünftige Planwagenfahrt auf der Sonnenalb?

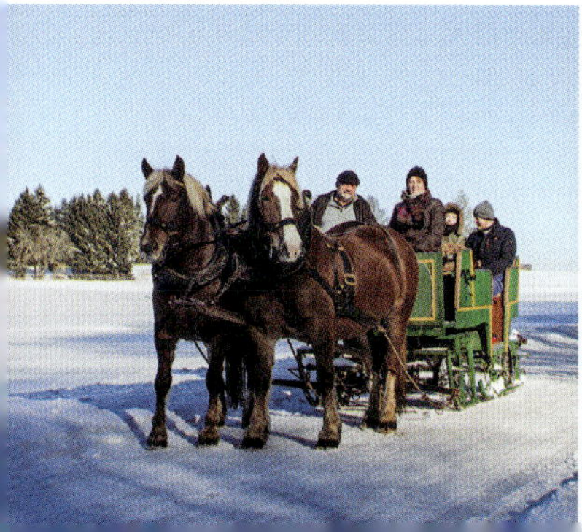

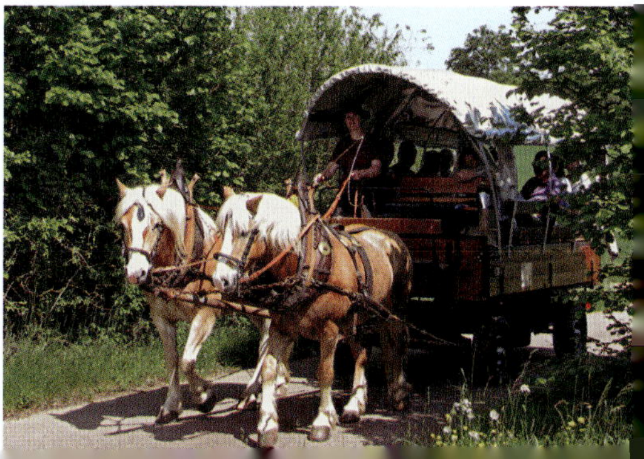

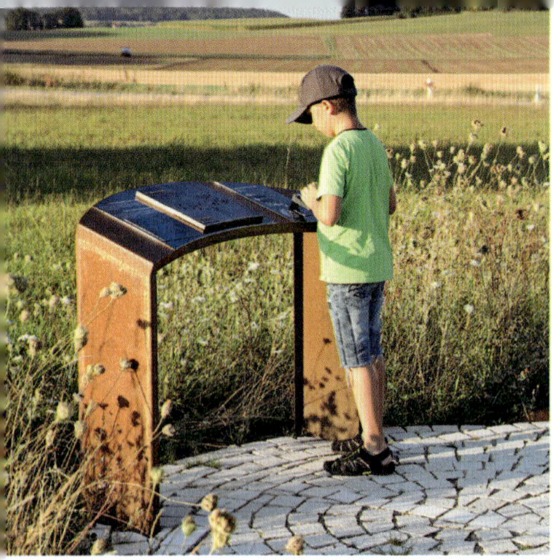

An den Kelten-Stationen kann mit einer Handkurbel ein Hörspiel gehört werden.

Themenpfade

- Schlossfelsenpfad (s. Tour 20)
- Lochmühle Eigeltingen (s. Tour 25)
- Albbär-Familienweg Bärenthal (s. Tour 26)

K1 Kelten-Erlebnis-Pfad Heidengraben

Barrierefrei und multimedial mit einer App geführt verläuft der Kelten-Erlebnis-Pfad zwischen den Orten Grabenstetten und Neuffen. Er vermittelt für historisch Interessierte auf 6 km Länge mit digitalen 360-Grad-Rekonstruktionen, Luftbildaufnahmen, Hörspielen und Videoanimationen auf dem Handy einen Eindruck, wie die Keltenstämme auf der Alb die größte Siedlung in Mitteleuropa errichteten und bis zur Eroberung durch die Römer bewohnten.

Info: kelten-erlebnis-pfad.de, Tel. +49 7125 96860.

Mit Bahn/Bus: An Sonn- und Feiertagen Bushaltestelle Erkenbrechtsweiler Burrenhof, von dort 500 m zu Fuß zum Infopavillon Burrenhof.

Mit dem Auto: Wanderparkplatz Hochholz/Astropfad, GPS: N48.537760, E9.411619. Von dort 500 m zu Fuß zum Infopavillon Burrenhof.

K2 Naturerlebnispfad Häulesrain bei Hohenstein-Meidelstetten

Dieser Naturerlebnispfad hält 16 Stationen mit interessanten Themen wie Bienen, Wacholderheiden oder Schafweiden bereit. Erforschen mit allen Sinnen ist das Motto der verschiedenen Bereiche, die die Kinder auf nur 3 km durch die unterschiedlichen Landschaftsformen geboten bekommen.

Info: gemeinde-hohenstein.de, Tel. +49 7387 98700. Zwischen den Hohensteiner Ortsteilen Ödenwaldstetten und Eglingen liegt übrigens das einzige Kindernaturschutzgebiet Deutschlands mit Spielstationen und kindgerechten Schautafeln. Kindernaturschutzgebiet Hüttenstuhlburren, GPS: N48.352855, E9.400263.

Mit Bahn/Bus: Bushaltestelle Meidelstetten von dort 700 m zu Fuß.

Mit dem Auto: Wanderparkplatz Naturerlebnispfad Häulesrain, Erpfinger Str. 40, 72531 Hohenstein-Meidelstetten, GPS: N48.347194, E9.300141.

K3 Walderlebnispfad Erpfingen Sonnenbühl

Folge dem Marienkäfer über den 2,5 km langen, fantasievoll gestalteten Walderlebnispfad im Sonnenbühler Ortsteil Erpfingen und telefoniere mit dem Baumtelefon oder schieße Fichtenzapfen mit dem Katapult ins Ziel. Und bis zur Sommerbobbahn Erpfingen ist es auch nur ein Katzensprung.

Info: sonnenbuehl.de, Tel. +49 7128 92518.

Mit Bahn/Bus: Bushaltestelle Erpfingen Sonnenmatte, von dort 1,6 km zu Fuß.

Mit dem Auto: Parkplätze auf dem Wanderparkplatz an der Sommerrodelbahn im Hartweg, 72820 Sonnenbühl. GPS: N48.352178, E9.187574.

K4 Märchenpfad Hechingen

Der Märchenpfad Hechingen lädt alle Kinder ein, an zehn verschiedenen Stationen in der Natur allseits bekannte Kindermärchen der Gebrüder Grimm noch näher kennenzulernen. Hänsel und Gretel sind genauso vertreten wie Rumpelstilzchen, Rotkäppchen oder Schneewittchen, und an einigen Stationen auf diesem 1 km langen Rundweg zur Martinsquelle können die Kinder auch aktiv werden und mitmachen.

Info: hechingen-tourismus.de, Tel. +49 7471 940220.

Mit Bahn/Bus: Bushaltestelle Hechingen Engel-/Friedrichstraße, von dort 1 km zu Fuß.

Mit dem Auto: Wanderparkplatz Märchenpfad Hechingen, GPS: N48.362565, E8.948010.

K5 Schaukelpfad Donau

Auf einem 5 km langen barrierefreien Rundweg entlang der Donau zwischen Sigmaringen und Laiz kommen die Kinder dank der zwölf entlang dem Weg verteilten Schaukeln ganz auf ihre Kosten. Ob Traktorreifen, Matrosen-, Himmels- oder Rollstuhlschaukel, auf der Tour an der renaturierten Donau gibt es keine Langeweile.

Info: sigmaringen.de (→ Familie und Bildung), Tel. +49 7571 106116.

Mit Bahn/Bus: Bushaltestelle Sigmaringen Gasthaus Donau, von dort 600 m zu Fuß zum Einstieg in den Pfad am Restaurant Palmengarten.

Mit dem Auto: Parken an der Festhalle, Hauptstraße 52, 72488 Sigmaringen oder am Burgwiesensee, In den Burgwiesen 9, 72488 Sigmaringen.

LINKS

Fichtenzapfen-Schießanlage auf dem Walderlebnispfad Erpfingen Sonnenbühl.

RECHTS

Die Bremer Stadtmusikanten am Märchenpfad Hechingen.

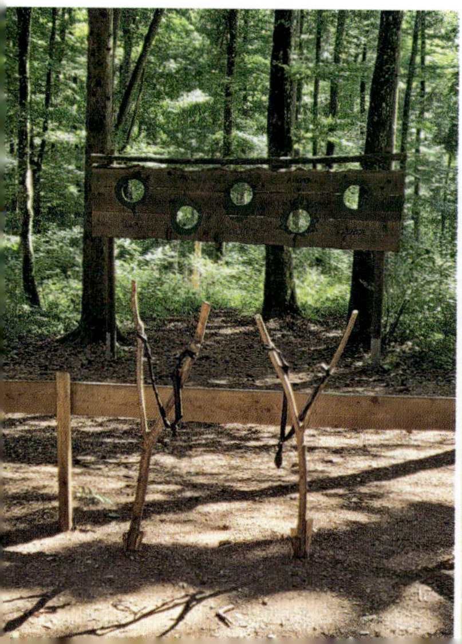

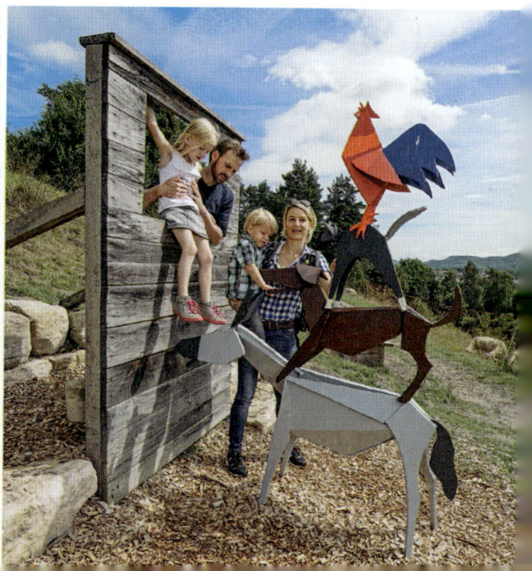

Stichwortverzeichnis

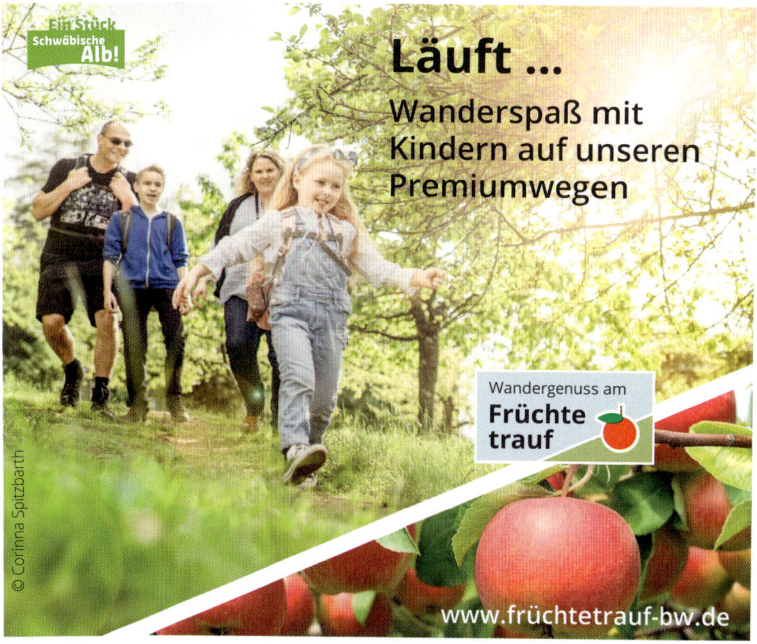

Bildnachweis: Alle 247 Fotos vom Autor mit Ausnahme der Bilder von S. 65 (Gestüt Marbach, Claudia Gille), S. 76 li. (Werner Grundmann über Pixabay), S. 86 (Brüder Tress), S. 121 (Sven Lachmann über Pixabay), S. 137 (Joe Straker über Pixabay), S. 155 (Olga Ernst), S. 191 (Lochmühle Eigeltingen), S. 202 (Dennis Stratmann), S. 203 (Oliver Stanschus), S. 204 o. (Hohenzollernschloss Sigmaringen – Meli Straub), S. 204 u. (Stadt Tuttlingen), S. 205 (Achalm-Alpaka), S. 206 (Hofgut Domäne), S. 207 (Zollernalb-Touristinfo), S. 208 (Freibad Reutlingen, Ralph Koch), S. 209 (Stadt Münsingen), S. 210 o. (badkap), S. 210 u. (Stadt Meßstetten), S. 211 u. (Albstadt Tourismus), S. 212 li. und re. (SchieferErlebnis Dormettingen), S. 213 (Bad Urach Tourismus), S. 214 (Michael Saible über Wikimedia), S. 215 o. (Lothar Heinzelmann), S. 215 u. (Cornelia Schrenk), S. 216 (Stadt Schömberg), S. 217 li. (Oliver Bitzer), S. 217 re. (Jörg Stadler), S. 218 (Freizeitpark Traumland), S. 219 li. und re. (Hubert Möhrle), S. 220 o. (Zollernalb-Touristinfo), S. 220 u. (Roland Beck), S. 221 (DAV Reutlingen), S. 222 (Anna Bregenzer), S. 223 (Freilichtmuseum Beuren), S. 224 (Campus Galli), S. 225 li. (Stefanie Bächtle), S. 225 re. (www.sonnenalb-kutscher.de), S. 226 (Manuela Merkle), S. 227 li. (Gemeinde Sonnenbühl), S. 227 re. (Stadt Hechingen).

Impressum

Umschlagbild: Wanderkinder auf dem Zeller Horn mit Blick auf die Burg Hohenzollern (Tour 17).

Bildnachweis: Siehe Seite 231.

Der Autor: Marcel Gisler ist in Ottobrunn bei München aufgewachsen und hat in den Alpen die Leidenschaft für das Bergwandern entwickelt. Nach 20 Jahren in der Industrie sattelte der studierte Lebensmitteltechnologe um, betreute erst 7 Jahre lang als Tagespapa Kleinkinder aus der Nachbarschaft und zieht nun seine eigenen Kinder groß. Er wohnt im naturnahen Bötzingen und wandert in der Freizeit am liebsten mit seinen Kindern und deren Freunden über die Höhen von Kaiserstuhl und Schwarzwald.

Kartografie: 40 Wanderkärtchen im Maßstab 1:25.000, 1:35.000 und 1:50.000, Geodaten © OpenStreetMap und Mitwirkende. Kartografisches Design: Freytag & Berndt Prag, freytagberndt.cz
Zwei Übersichtskarten 1:500.000 und 1:1200000 © Freytag & Berndt, Wien

Illustrationen: Alle Illustrationen von Stephanie Stickel (stephanie-stickel.de).

Werk-Nr.: 3377

1. Auflage 2023

ISBN 978-3-7633-3377-6

MIX
Papier aus verantwortungsvollen Quellen
FSC® C147178

BIO-FARBEN
mit Pflanzenöl

Der mit Celluloseacetatfolie beschichtete Umschlag ist recyclebar, das Buch kann im Altpapier entsorgt werden.

Wir freuen uns über jeden Korrekturhinweis zu diesem Wanderbuch!
Bitte per E-Mail an: **leserzuschrift@rother.de**

ROTHER BERGVERLAG · Keltenring 17 · D-82041 Oberhaching
Tel. +49 89 608669-0 · rother.de